Gonglu Gongcheng Shigong Hetong Guanli Yu Feiyong Jianli

公路工程施工合同管理与费用监理

董丽艳　主编
尤晓昕　主审

人民交通出版社

内 容 提 要

合同管理和费用监理是施工监理工作的两项重要任务。本书主要内容包括合同法律、招标投标、工程计量与支付、合同管理、施工索赔及工程经济知识。本书全部使用了最新版的规范和相关文件,主要参考的规范有:《公路工程基本建设项目概算预算编制方法》(JTG B06—2007)、《公路工程标准施工招标资格预审文件》和《公路工程标准施工招标文件》(2009年版)。特别是在合同管理内容方面,全部采用了最新《公路工程标准文件》中的合同条款的内容进行编写。

本书可作为高等院校公路监理及相关专业的教材使用,也可作为监理培训教学的参考书,还可供从事公路工程建设、施工、设计、监理等工程技术与管理人员参考。

图书在版编目(CIP)数据

公路工程施工合同管理与费用监理 / 董丽艳主编. --北京:人民交通出版社,2011.11
ISBN 978-7-114-09490-3

Ⅰ.①公… Ⅱ.①董… Ⅲ.①道路工程-经济合同-管理②道路工程-工程造价-监督管理 Ⅳ.①U415.1

中国版本图书馆 CIP 数据核字(2011)第 226669 号

书　　名:	公路工程施工合同管理与费用监理
著 作 者:	董丽艳
责任编辑:	尤晓昕
出版发行:	人民交通出版社
地　　址:	(100011) 北京市朝阳区安定门外外馆斜街3号
网　　址:	http://www.ccpress.com.cn
销售电话:	(010) 59757969,59757973
总 经 销:	人民交通出版社发行部
经　　销:	各地新华书店
印　　刷:	北京鑫正大印刷有限公司
开　　本:	787×980　1/16
印　　张:	24
字　　数:	502 千
版　　次:	2011 年 11 月　第 1 版
印　　次:	2011 年 11 月　第 1 次印刷
书　　号:	ISBN 978-7-114-09490-3
印　　数:	0001—4000 册
定　　价:	38.00 元

(有印刷、装订质量问题的图书由本社负责调换)

前　言

合同管理和费用监理是施工监理工作的两项重要任务。施工监理的依据是合同，监理工程师所进行的监理工作实际上是合同管理工作，无论是进行质量、安全、环保监理，还是进行进度控制或计量支付，监理工程师都应按合同办事。质量合格是支付施工费用及办理施工合同造价结算的前提。因此，费用监理是质量控制的重要手段，是促使承包人履行质量义务的重要保障，通过费用监理中的拒付、扣款等方式，可以有力地制约和激励承包人履行质量义务，保障施工质量。

本书针对公路监理专业的教学需求，以及从事费用监理和合同管理工作所需的业务知识需求，全面系统地介绍了合同管理与费用监理等内容。本书的内容包括：合同法律、招标投标、工程计量与支付、合同管理、施工索赔及工程经济知识。本书除用作高等院校公路监理及相关专业教材之外，也可作为监理培训教学参考书，还可供从事公路工程建设、施工、设计、监理等工程技术人员、工程经济人员和各级管理干部参考。

本书全部使用了最新版的规范和相关文件，本书主要参考的规范有：《公路工程基本建设项目概算预算编制办法》（JTGB06—2007）、《公路工程标准施工招标资格预审文件》和《公路工程标准施工招标文件》（2009年版）。特别是在合同管理内容方面，全部采用了最新《公路工程标准文件》中的合同条款的内容进行编写。

本书由董丽艳主编，尤晓昕主审。参加本书编写的人员有：周海霞（编写第一单元模块一），王力强（编写第二单元模块二、模块三），吴英大（编写第四单元），其余部分由董丽艳编写。全书由董丽艳统稿。

本书在编写过程中，查阅和检索了许多工程管理及监理方面的信息、资料和有关书籍，并借鉴了有关内容，在此向原作者及提供第一手资料者表示衷心感谢。

由于作者水平有限，错误和疏漏在所难免，敬请各位读者和专业人士批评指正。

编　者
2011年10月

目 录

第一单元 合同法律知识 ... 1
模块一 《合同法》概述 ... 3
知识点一 《合同法》基本内容 ... 3
知识点二 合同的定义与分类 ... 3
知识点三 合同订立和履行的基本原则 ... 8
知识点四 合同订立的形式 ... 9
知识点五 合同条款与文本 ... 10
知识点六 合同订立的方式与程序 ... 12
知识点七 合同的成立与生效 ... 17
知识点八 缔约过失责任 ... 19
知识点九 合同的效力 ... 19
知识点十 合同的担保 ... 23
知识点十一 合同履行的概念和原则 ... 26
知识点十二 抗辩权的行使 ... 28
知识点十三 合同的保全 ... 29
知识点十四 违约责任 ... 30
知识点十五 合同的变更、转让、解除与终止 ... 32
知识点十六 合同的鉴证、公证和管理 ... 35
知识点十七 合同争议的解决方式 ... 37

模块二 《招标投标法》概述 ... 43
知识点一 《招标投标法》立法目的及基本内容 ... 44
知识点二 《招标投标法》适用范围和对象 ... 45
知识点三 招投标活动的原则与特点 ... 47
知识点四 招标的方式与选择 ... 48
知识点五 招标人与招标代理 ... 49
知识点六 招标与投标行为的规定 ... 51
知识点七 开标、评标和中标的要求与规定 ... 53
知识点八 法律责任 ... 54

第二单元 公路工程施工招标与投标 ... 63
模块一 施工招标与投标概述 ... 65

知识点一　公路工程施工招标与投标程序 ………………………… 65
　　知识点二　施工招标条件 ………………………………………… 66
　　知识点三　项目法人的职责 ……………………………………… 66
　　知识点四　《公路工程标准文件》概述 …………………………… 67
　　知识点五　资格预审 ……………………………………………… 69
　　知识点六　招标文件的内容 ……………………………………… 80
　　知识点七　投标人须知 …………………………………………… 86
　　知识点八　工程量清单 …………………………………………… 100
　　知识点九　施工招标开标程序 …………………………………… 109
　　知识点十　评标方法 ……………………………………………… 111
　　知识点十一　公路工程施工合同文件的签订及其构成 ………… 120
　　知识点十二　投标工作概述 ……………………………………… 123
模块二　投标报价计算 ……………………………………………… 131
　　知识点一　建设项目投资额的测算体系 ………………………… 131
　　知识点二　投标报价的程序 ……………………………………… 132
　　知识点三　投标报价前的准备工作 ……………………………… 133
　　知识点四　标价构成分析 ………………………………………… 135
　　知识点五　划分工程项目、核实工程量 ………………………… 138
　　知识点六　直接工程费计算 ……………………………………… 142
　　知识点七　其他工程费的计算 …………………………………… 147
　　知识点八　间接费、利润、税金的计算 ………………………… 153
　　知识点九　标价的工程量清单 …………………………………… 157
　　知识点十　投标报价的分析与决策 ……………………………… 161
　　知识点十一　报价技巧 …………………………………………… 165
模块三　公路工程定额 ……………………………………………… 168
　　知识点一　定额的基本知识 ……………………………………… 168
　　知识点二　定额的分类 …………………………………………… 169
　　知识点三　预算定额的组成 ……………………………………… 174
　　知识点四　定额的套用 …………………………………………… 176
第三单元　工程计量与支付 ………………………………………… 187
模块一　工程计量 …………………………………………………… 189
　　知识点一　计量的必要性及程序 ………………………………… 189
　　知识点二　工程计量的规定和基本要求 ………………………… 190
　　知识点三　工程计量的组织形式和计量方式 …………………… 191
　　知识点四　工程计量的原则 ……………………………………… 192

知识点五　工程计量记录和计量分析 …………………………… 193
　　知识点六　计量规则和计量方法 ……………………………… 194
　　知识点七　开办项目的计量方法 ……………………………… 195
　　知识点八　路基工程计量方法 ………………………………… 195
　　知识点九　路面工程计量方法 ………………………………… 197
　　知识点十　桥梁工程计量方法 ………………………………… 198
　　知识点十一　隧道工程计量方法 ……………………………… 200
　　知识点十二　安全设施及预埋管线计量方法 ………………… 200
　　知识点十三　绿化工程的计量 ………………………………… 201
　模块二　工程费用支付 …………………………………………… 201
　　知识点一　费用支付的基本程序及原则 ……………………… 201
　　知识点二　费用支付的合同规定 ……………………………… 202
　　知识点三　费用支付项目的分类 ……………………………… 204
　　知识点四　清单支付项目的支付 ……………………………… 204
　　知识点五　开工预付款的支付 ………………………………… 206
　　知识点六　材料预付款的支付 ………………………………… 208
　　知识点七　质量保证金的支付 ………………………………… 209
　　知识点八　其他合同支付项目的支付 ………………………… 210
　　知识点九　支付程序与支付 …………………………………… 211

第四单元　合同管理内容 …………………………………………… 217
　模块一　工程转让与分包的管理 ………………………………… 219
　　知识点一　转让与分包的法律特征和规定 …………………… 219
　　知识点二　一般分包的管理 …………………………………… 221
　　知识点三　指定分包的管理 …………………………………… 223
　　知识点四　工程分包的监理要点 ……………………………… 225
　模块二　工程的风险管理 ………………………………………… 228
　　知识点一　风险的分类 ………………………………………… 228
　　知识点二　风险管理 …………………………………………… 230
　　知识点三　工程保险的概念和种类 …………………………… 232
　模块三　工程变更的管理 ………………………………………… 234
　　知识点一　工程变更的原因与内容 …………………………… 235
　　知识点二　工程变更的提出 …………………………………… 238
　　知识点三　工程变更的申请与审批程序 ……………………… 240
　　知识点四　工程变更单价的确定方法 ………………………… 242
　　知识点五　工程变更管理的注意事项 ………………………… 245

模块四　工程延期的管理 ··· 246
　　　　知识点一　工程延误的原因 ·· 246
　　　　知识点二　工程延期的内容 ·· 246
　　　　知识点三　工期延期的申请与审批程序 ···························· 247
　　　　知识点四　工期延期审批的依据及注意事项 ······················· 247
　　　　知识点五　承包人延误的处理 ······································ 248
第五单元　公路工程施工索赔 ·· 251
　　模块一　施工索赔概述 ··· 253
　　　　知识点一　索赔的概念与特征 ······································ 253
　　　　知识点二　索赔的作用及分类 ······································ 254
　　　　知识点三　索赔原因分析 ·· 255
　　　　知识点四　索赔的申请与审批程序 ································· 256
　　模块二　索赔工作要求 ··· 258
　　　　知识点一　索赔的意向通知 ·· 258
　　　　知识点二　索赔的证据和依据 ······································ 259
　　　　知识点三　索赔通知的编写 ·· 260
　　　　知识点四　索赔的审查 ·· 261
　　模块三　索赔费用计算及索赔权利分析 ································· 262
　　　　知识点一　索赔费用的构成 ·· 262
　　　　知识点二　索赔费用的计算方法 ··································· 264
　　　　知识点三　发包人的索赔 ·· 272
　　　　知识点四　索赔中可引用的合同条款 ······························· 273
　　　　知识点五　承包人违约的处理 ······································ 284
　　　　知识点六　发包人违约的处理 ······································ 285
　　　　知识点七　合同争议的解决 ·· 288
第六单元　工程经济基础知识 ·· 297
　　模块一　复利分析基本原理 ··· 299
　　　　知识点一　资金时间价值的概念和意义 ··························· 299
　　　　知识点二　利息与利率 ·· 299
　　　　知识点三　现金流量图 ·· 302
　　　　知识点四　资金等值计算 ·· 303
　　模块二　技术经济分析的基本方法 ······································ 307
　　　　知识点一　静态分析方法 ·· 308
　　　　知识点二　动态分析方法 ·· 311
　　　　知识点三　多方案评价 ·· 321

知识点四　价值工程 ………………………………………………… 325
　　单元精练 …………………………………………………………… 330
附录1　其他工程费费率表 ……………………………………………… 346
附录2　间接费费率表 …………………………………………………… 352
附录3　复利系数表 ……………………………………………………… 354
参考文献 ………………………………………………………………… 372

第一单元　合同法律知识

模块一 《合同法》概述

知识点一 《合同法》基本内容

《中华人民共和国合同法》(以下简称"合同法")于1999年3月15日第九届全国人民代表大会第二次会议审议通过。《合同法》分为总则、分则、附则三篇,共23章428条,《合同法》于1999年10月1日起施行。《合同法》是调整平等主体的自然人、法人、其他组织之间设立、变更、终止民事权利义务关系的法律规范的总称。《合同法》是规范市场交易的基本法律,是我国社会主义市场经济法律体系的重要组成部分,是与企业、公司的生产经营和个人生活密切相关的法律,是市场经济条件下人们维护自己合法权益的最有效和最普遍的法律工具。

1. 《合同法》适用于各类民事主体基于平等自愿等原则所订立的民事合同

《合同法》包括总则和分则两大部分。总则是主要规范合同的订立、合同的有效、无效、合同的履行、变更、解除、保全及合同的责任等问题。分则列出了15种合同的具体规定,包括:买卖合同、供用电、水、气、热力合同、赠与合同、借款合同、租赁合同、融资租赁合同、承揽合同、建设工程合同、运输合同、技术合同、保管合同、仓储合同、委托合同、行纪合同、居间合同。

民事合同的主要特点在于主体的平等性和独立性、内容的等价有偿性以及合同订立的自愿性,凡不具有这些特点的合同一般不能作为合同法规范的对象。

2. 《合同法》调整财产以及与财产有关的民事关系,对非财产交易不进行调整

对涉及婚姻、收养、监护等有关身份关系的协议,适用其他法律的规定。

知识点二 合同的定义与分类

1. 合同与法律

《合同法》中对合同的解释是:合同是平等民事主体的自然人、法人、其他组织之间订立、变更、终止民事权利、义务关系的协议。当事人订立合同,应当具有相应的民事权利能力和民事行为能力。当事人依法可以委托代理人订立合同。

订立合同是一种法律行为,但合同并不等于法律,合同只有在依法成立时,才具有法律约束力。所以,合同的订立必须以法律为前提,合同必须服从法律(法规),违反法律的合同是无效合同。

另一方面,当合同依法成立后,即具有法律效力受国家强制力的保障,此时违反合同,人民法院依守约方的请求强制违约方实际履行或承担其他违约责任,这就是合同与法律的关系。法律代表了行为规则的普遍性,合同是法律在某一具体事件中的应用,是法律的特殊表现形式,是规则的普遍性与特殊性的关系。因此,当事人之间的合同关系,实际上是一种法律关系。

(1) 自然人

自然人是指基于出生而依法成为民事法律关系主体的有生命的人。

自然人既包括公民,也包括外国人和没有国籍的人,他们都可以作为合同法律关系的主体。

自然人是主体,这就意味着不仅具有中国国籍的公民可以在我国签订合同,外国人乃至无国籍的人都可以在中国与别人签订合同成为合同当事人。

作为主体的自然人必须具备相应的民事权利能力和民事行为能力。

对于自然人来说,其权利能力都是相同的,而且自然人的权利能力始于出生,终于死亡。因此,一般在论述合同的一般生效要件时,并不必考虑自然人的权利能力,而仅仅论述其行为能力。

我国关于自然人行为能力的规定为:不满10周岁为无民事行为能力人;10周岁以上不满18周岁为限制民事行为能力人;18周岁以上为完全民事行为能力。另外,我国还有一条具有中国特色的规定,即16周岁以上不满18周岁的自然人,以自己的劳动收入为主要生活来源的,视为完全民事行为能力。

(2) 法人

法人与自然人相对,是对一个社会组织的人格化,它是具有民事权利能力和民事行为能力,依法独立享有民事权利和承担民事义务的组织。法人的民事权利能力和民事行为能力,从法人成立时产生,到法人终止时消灭。

《中华人民共和国民法通则》第三十七条规定的法人存在的必备条件如下:

①依法成立。

②有必要的财产或者经费。

③有自己的名称、组织机构和场所。

④能够独立承担民事责任。

注意:区别"法人"与"法定代表人"的概念。

我国《中华人民共和国民法通则》第三十八条规定:"依照法律或者法人组织章程规定,代表法人行使职权的负责人,是法人的法定代表人。"他依照法律或者法人组织章程的规定,代表法人行使职权。

(3) 其他组织

其他组织是指依法成立,但不具备法人资格,而能以自己的名义参与民事活动的经营实体或者法人的分支机构等社会组织。

在现实生活中,这些组织也被称为非法人组织。如不具备法人资格的劳务承包企业、合伙企业、个人独资企业等。

(4)法律关系

合同当事人双方的关系是合同法律关系。法律关系是以法律规范的存在为前提,根据法律事实与行为而产生的权利义务关系,是由法律规范的当事人之间的权利义务关系。法律关系是以法律为前提而产生的社会关系,没有法律的规定,就不可能形成相应的法律关系。构成法律关系的要素有三个:主体、客体和内容。

主体是指法律关系的参加者、当事人,它是权利的享受者和义务的承担者。在我国,法律关系主体一般包括国家、机构和组织(法人)以及公民(自然人)。

法律关系客体是指法律关系主体之间的权利和义务所指向的对象。它是构成法律关系的要素之一。

法律关系客体是一个历史的概念,随着社会历史的不断发展,其范围和形式、类型也在不断地变化着。总体来看,由于权利和义务类型的不断丰富,法律关系客体的范围和种类有不断扩大和增多的趋势,归纳起来有以下几类:物、人身、精神产品(智力成果)、行为结果。

合同法律关系的内容即合同主体(当事人)各方的权利和义务。

2. 合同的代理

(1)代理的概念和特征

代理是代理人在代理权限内,以被代理人的名义实施的,其民事责任由被代理人承担的法律行为。代理具有以下特征:

①代理人必须在代理权限范围内实施代理行为。

②代理人以被代理人的名义实施代理行为。

③代理人在被代理人的授权范围内独立地表现自己的意志。

④被代理人对代理行为承担民事责任。

(2)代理的种类

根据代理权产生的依据不同,可将代理分为委托代理、法定代理和指定代理。

委托代理是基于被代理人对代理人的委托授权行为而产生的代理。在委托代理中,被代理人所作出的授权行为属于单方的法律行为,仅凭被代理人一方的意思表示,即可以发生授权的法律效力。被代理人有权随时撤销其授权委托。代理人也有权随时辞去所受委托。但代理人辞去委托时,不能给被代理人和善意第三人造成损失,否则应承担赔偿责任。

在建设工程中涉及的代理主要是委托代理,如果授权范围不明确,则应当由被代理人向第三人承担民事责任,代理人负连带责任,代理人的连带责任是在被代理人无法承担责任的基础上承担的。

法定代理是指根据法律的直接规定而产生的代理。法定代理主要是为维护无行为能力或限制行为能力人的利益而设立的代理方式。

指定代理是根据人民法院和有关单位的指定而产生的代理。指定代理只在没有委托代理人和法定代理人的情况下适用。在指定代理中,被指定的人称为指定代理人,依法被指定为代理人的,如无特殊原因不得拒绝担任代理人。

(3) 无权代理

无权代理的类型,根据我国《中华人民共和国民法通则》第六十六条的规定,无权代理包括以下三种类型:

①没有代理权的代理。即当事人在实施代理行为时,根本未获得被代理人的授权。

②超越代理权的代理。即代理人虽然有被代理人的授权,但其实施的代理行为,不在被代理人的授权范围内,而是超越了被代理人的授权。其超越代理权所实施的代理行为构成无权代理。

③代理权已终止后的代理。即代理人获得了被代理人的授权,但代理授权所规定的代理期限届满后,代理人继续实施代理行为,其超过代理权存续期限所为的代理行为,构成无权代理。

无权代理的特征包括以下三个方面:

①行为人以他人的名义独立对第三人为意思表示,其行为符合代理行为的表面特征。

②行为人不具有代理权,这是无权代理的本质特征。

③无权代理行为的法律效果是不确定的,并非绝对不能产生代理的法律后果。

对于无权代理行为,"被代理人"可以根据无权代理行为的后果对自己有利或不利的原则,行使"追认权"或"拒绝权"。行使追认权后,将无权代理行为转化为合法的代理行为。但"本人知道他人以自己的名义实施民事行为不作否认表示的,视为同意"。

(4) 表见代理

表见代理,是指代理人虽然不具有代理权,但因一些外在表面现象,足以使善意第三人相信代理人对被代理人有代理权而与代理人为法律行为,由此产生的法律效果直接由被代理人承担的一种代理制度。

表见代理属于广义的无权代理,但它与狭义的无权代理不同,表见代理人与被代理人之间有使第三人误信表见代理人有代理权的事由,从而法律使其发生与有权代理相同的法律效果。表见代理制度的意义在于维护善意第三人的利益,维护交易安全。

表见代理的成立要件包括以下4个方面:

①代理人不具有代理权。如果代理人实际上拥有代理权,则属于有权代理,不发生表见代理的情况。

②客观上存在使第三人相信表见代理人有代理权的理由,即存在所谓的"外表授权"。

③第三人善意。即第三人不知道也不应知道表见代理人不具有代理权,表见代理只维护善意第三人的利益。

④表见代理人与第三人实施的代理行为除不具备代理权要件外,须具备代理民事法律行为的其他有效要件。

造成第三人误信表见代理人具有代理权的原因很多,主要有:

①被代理人以书面或口头形式直接或间接地对第三人表示以他人为自己的代理人,而事实上并未对其进行授权,第三人信赖被代理人的表示而与该人为法律行为。

②被代理人将有证明代理权存在的文件交给他人,第三人信赖此文件而与该人为法律行为。

③因委托授权不明,代理人超越代理权实施代理行为,但第三人误信其代理行为仍在代理权之内。

④代理关系终止后,被代理人未采取必要的措施公示代理关系终止的事实,并收回代理人持有的代理权证书,以致造成第三人不知代理关系已终止。

⑤被代理人知道他人以自己的名义进行活动而不制止,使第三人误认其有代理权。

表见代理的法律效力主要表现为以下三个方面:

①当第三人主张代理行为的效力时,表见代理发生与有权代理同样的法律效果,既表见代理人代理行为所设定的权利、义务由被代理人承担,被代理人不得以表见代理人无代理权抗辩善意第三人。

②被代理人承担代理行为的法律效果后,如因此造成损失的,有权向代理人请求赔偿。

③对表见代理,被代理人不得主张无效,但第三人可以主张无效。

(5) 代理关系的终止

委托代理关系的终止包括以下4种情况:

①代理期间届满或者代理事项完成。

②被代理人取消委托或代理人辞去委托。

③代理人死亡或代理人失去民事行为能力。

④作为被代理人或者代理人的法人终止。

指定代理或法定代理关系的终止包括以下4种情况:

①被代理人取得或者恢复民事行为能力。

②被代理人或代理人死亡。

③指定代理的人民法院或指定单位撤销指定。

④监护关系消灭。

3. 合同的分类

合同还可以按照不同的标准,从不同的角度,进行不同的分类。

(1) 有名合同与无名合同

有名合同,又称典型合同,是指法律上已经确定了一定的名称及规则的合同。《合同法》分则中一共规定了15种有名合同。

无名合同,又称非典型合同,是指法律上并未确定一定的名称及规则的合同。

(2) 单务合同与双务合同

单务合同,是指合同当事人仅有一方承担义务。

双务合同,是指合同的双方当事人互负对待给付义务的合同关系。

区分单务合同和双务合同的法律意义在于合同履行中当事人的抗辩权不同。

(3) 有偿合同与无偿合同

有偿合同，是指一方通过履行合同规定的义务而给付对方某种利益，对方要得到该利益必须为此支付相应代价的合同。

无偿合同，是指一方给付某种利益，对方取得该利益时并不支付任何报酬的合同。

区分有偿合同和无偿合同的法律意义在于当事人的合同责任不同。

(4) 要式合同与非要式合同

要式合同，是指法律规定或当事人约定必须采取特殊形式订立的合同。

非要式合同，是指依法无需采取特定形式订立的合同。

(5) 诺成合同与实践合同

诺成合同，是指以缔约当事人意思表示一致为充分成立条件的合同，即一旦缔约当事人的意思表示达成一致即告成立的合同。实践合同，是指除当事人意思表示一致以外尚需交付标的物才能成立的合同。在这种合同中仅有当事人的合意，合同尚不能成立，还必须有一方实际交付标的物的行为或其他给付，才能成立合同关系。实践中，大多数合同均为诺成合同，实践合同仅限于法律规定的少数合同，如保管合同、自然人之间的借款合同。

区分诺成合同和实践合同，对于判定合同是否成立以及当事人之间的法律关系具有重大意义。

(6) 主合同与从合同

主合同，是指不依赖其他合同而能独立存在的合同。

从合同，是指以其他合同的存在为存在前提的合同，又称为附属合同。

一般而言，主合同无效，从合同也无效。

知识点三 合同订立和履行的基本原则

《合同法》总则第一章对合同法的基本原则作了明确的规定，它既是当事人在合同的订立、履行、变更、解除、转让、承担违约责任时，应遵守的基本原则，又是人民法院和仲裁机构在审理、仲裁合同纠纷时应当遵循的原则。

1. 双方平等原则

《合同法》规定：合同当事人的法律地位平等，一方不得将自己的意志强加给另一方。

该条规定的平等主要指在合同当事人之间的民事主体资格平等、地位平等、权利义务平等以及受法律保护平等。本原则强调的是一种程序意义上的平等，即过程和机会上的平等，而不是实际结果的均等。

2. 合同自由原则

《合同法》规定：当事人依法享有自愿订立合同的权利，任何单位和个人不得非法干预。

订立合同必须在协商一致的前提下完成,当事人根据自己的意愿订立合同,不受其他单位和个人的非法干预。

3. 公平原则

《合同法》规定:当事人应当遵循公平原则确定各方的权利和义务。

对于公平的含义有两种解释:一是主观主义的公平,即只要当事人双方自愿达成的交易,无论其对待给付的客观价值是否均衡,都认为是公平的;二是客观主义的公平,即双方的对待给付必须在客观上保持价值均衡,才认为是公平的。

4. 诚实信用原则

《合同法》规定:当事人行使权利、履行义务应当遵循诚实信用原则。

诚信原则是合同法中的一项基本原则,它是指民事主体在从事民事活动时,应诚实守信,以善意的方式履行其义务,不得滥用权利及规避法律或合同规定的义务。

诚实信用原则贯穿于合同订立和履行的全过程。

(1)在合同订立阶段,尽管合同尚未成立,但当事人彼此间已具有订约上的联系,应依据诚实信用原则,负有通知、照顾、保护等附随义务。

(2)在合同订立以后,尚未履行以前,当事人双方都应当依据诚实应用原则,严守诺言,认真做好各种履约准备。

(3)在合同的履行阶段,遵守诚信原则,要求当事人除了应履行法律和合同规定的义务以外,还应履行依诚信原则所产生的各种附随义务。

(4)在合同关系终止以后,尽管双方当事人不再承担合同义务,但亦应根据诚信原则的要求,承担某些必要的附随义务,包括保密、忠实等义务。

5. 合法与公序良俗原则

《合同法》规定:当事人订立、履行合同,应当遵守法律、行政法规,尊重社会公德,不得扰乱社会经济秩序,损害社会公共利益。

此条是关于合同法上的合法原则的规定。合法原则是合同法的重要原则,合法原则中所说的遵守法律、行政法规,实际上是指不违反法律、行政法规的禁止性规定。

这一条也从一个侧面反映了我国民事立法的社会本位,也就是说在保护私权的同时,要兼顾社会公共利益。

6. 依法履行义务原则

《合同法》第八条规定:依法成立的合同,对当事人具有法律约束力。当事人应当按照约定履行自己的义务,不得擅自变更或者解除合同。

合同自由(自愿)原则是合同法的核心原则,平等原则是自由原则的前提和基础,而公平原则、诚实信用原则则是合同自由原则的补充与完善。

知识点四 合同订立的形式

当事人订立合同,有书面形式、口头形式和其他形式。

1. 书面形式

书面形式是指合同书、信件和数据电文(包括电报、电传、传真、电子数据交换和电子邮件)等可以有形地表现所载内容的形式。

订立合同一般宜采用书面形式。合同的书面形式可以分为当事人约定的形式和法定形式。约定的书面形式是指当事人在合同中明确规定合同必须采用书面形式。法定的书面形式,是指法律和行政法规规定在某种合同关系中应当采用书面形式。

《合同法》第十条第二款规定:"法律、行政法规规定采用书面形式的,应当采用书面形式。当事人约定采用书面形式的,应当采用书面形式。"《合同法》明确规定,非自然人之间的借款合同、租赁期限为6个月以上的租赁、融资租赁合同、建设工程合同、技术开发合同以及技术转让合同等六种合同,应当采用书面形式。为了贯彻合同自愿原则,《合同法》第三十六条进一步规定:"法律、行政法规规定或者当事人约定采用书面形式订立合同,当事人未采用书面形式但一方已经履行主要义务,对方接受的,该合同成立。"

其主要优点在于:第一,它可以提醒人们认真地签订合同;第二,由于书面形式的确定性,它有助于纠纷的解决。因为在发生纠纷的情况下,依据书面合同可以清楚地确定当事人之间的权利义务,及时解决合同纠纷;第三,有利于实现政府对特定交易的必要监管。

2. 口头形式

口头形式是指当事人面对面地谈话或者以通信设备如电话交谈达成协议。以口头订立合同的特点是直接、简便、快速,数额较小或者现款交易通常采用口头形式。如在自由市场买菜、在商店买衣服等。口头合同是老百姓日常生活中广泛采用的合同形式。口头形式当然也可以适用于企业之间,但口头形式没有凭证,发生争议后,难以取证,不易分清责任。

3. 其他形式

除了书面形式和口头形式,合同还可以其他形式成立。我们可以根据当事人的行为或者特定情形推定合同的成立,或者也可以称之为默示合同。此类合同是指当事人未用语言明确表示成立,而是根据当事人的行为推定合同成立,如租赁房屋的合同,在租赁房屋的合同期满后,出租人未提出让承租人退房,承租人也未表示退房而是继续交房租,出租人仍然接受租金。根据双方当事人的行为,可以推定租赁合同继续有效。再如,当乘客乘上公共汽车并达到目的地时,尽管乘车人与承运人之间没有明示协议,但可以依当事人的行为推定运输合同成立。

知识点五 合同条款与文本

根据《合同法》的规定:合同的内容由当事人约定,一般包括以下条款。

1. 当事人的名称或者姓名和住所

在合同中明确写明姓名是为了确定合同的主体。合同中写明住所的意义在于通过确定住所,有利于决定债务履行地、诉讼管辖、涉外法律适用的准据法、法律文书送达的地点等事宜。当然如果合同中没有规定住所,只要当事人是确定的,也不应当影响合同的效力。

2. 标的

标的是合同的权利义务关系。标的是一切合同的主要条款。此处需要指出,合同的标的与标的物是有区别的,标的物是指合同的权利义务所指向的对象。

举例说明,在房屋租赁中,标的是房屋租赁关系,而标的物是所租赁的房屋。

标的和标的物并不是永远共存的。一个合同必须有标的,而不一定有标的物。

举例说明,在提供劳务的合同中,标的是当事人之间的劳务关系。而在劳务合同中,就没有标的物。

合同的种类很多,合同的标的也多种多样,比如:

(1)有形财产

有形财产指具有价值和使用价值并且法律允许流通的有形物。如依不同的分类有生产资料与生活资料、种类物与特定物、可分物与不可分物、货币与有价证券等。

(2)无形财产

无形财产指具有价值和使用价值并且法律允许流通的不以实物形态存在的智力成果。如商标、专利、著作权、技术秘密等。

(3)劳务

劳务指不以有形财产体现其成果的劳动与服务。如运输合同中承运人的运输行为,保管与仓储合同中的保管行为,接受委托进行代理、居间、行纪行为等。

(4)工作成果

工作成果指在合同履行过程中产生的、体现履约行为的有形物或者无形物。如承揽合同中由承揽方完成的工作成果,建设工程合同中由承包人完成的建设项目,技术开发合同中的委托开发合同的研究开发人完成的研究开发工作等。

3. 数量与质量

标的物的质量和数量是确定合同标的物的具体条件,是某一标的区别于同类另一标的的具体特征。质量条款在一般情况下并不是合同的必要条款,如果当事人在合同中没有约定质量条款或约定的质量条款不明确,可以根据《合同法》第六十一条和第六十二条的规定填补漏洞,不能宣布合同不成立。一般认为,当事人、标的和数量是必要条款,缺少则合同不成立。

4. 价款或者报酬

价款,一般是针对标的物而言的,如,买卖合同中的标的物应当规定价格;而报酬是针对服务而言的,如在提供服务的合同中,一方提供一定的服务,另一方应当支付相应的报酬。价款和报酬是有偿合同的主要条款。

5. 履行期限、地点和方式

履行期限是有关当事人实际履行合同的时间规定。履行地点是指当事人依据合同规定履行其义务的场所。履行方式是指当事人履行合同义务的方法。如是采取现实交付还是采取占有改定方式,是采用买受人自提还是采用出卖人送货的方式等。

6. 违约责任

违约责任,是指违反有效的合同义务而承担的责任。当事人可以事先约定违约金的数额、幅度,可以预先约定损害赔偿额的计算方法甚至确定具体数额,同时也可以通过设定免责条款限制和免除当事人可能在未来发生的责任。所以当事人应当在合同中尽可能地就违约责任作出具体规定。这是违约责任与侵权责任的主要区别。

7. 解决争议的方法

解决争议的方法,是指将来一旦发生合同纠纷,应当通过何种方式来解决纠纷。

解决争议的途径主要有:一是双方通过协商和解;二是由第三人进行调解;三是通过仲裁解决;四是通过诉讼解决。当事人可以约定解决争议的方法,如果意图通过诉讼解决争议是不用进行约定的,通过其他途径解决都要事先或者事后约定。依照仲裁法的规定,如果选择适用仲裁解决争议,除非当事人的约定无效,即排除法院对其争议的管辖。但是,如果仲裁裁决有问题,可以依法申请法院撤销仲裁裁决或者申请法院不予执行。当事人选择和解、调解方式解决争议,都不能排除法院的管辖,当事人可以提起诉讼。

当事人可以参照各类合同的示范文本订立合同。

一般认为,当事人、标的和数量是合同的必要条款,缺少则合同不能成立。其他条款是非必要条款,缺少了人民法院可以依据合同法的第六十一条、第六十二条和第一百二十五条等有关规定予以明确。

知识点六 合同订立的方式与程序

《合同法》第十三条规定:当事人订立合同,采取要约、承诺方式。即合同的订立程序,包括要约和承诺两个阶段。

1. 要约

(1)要约的定义

《合同法》第十三条规定,要约是希望和他人订立合同的意思表示,该意思表示应当符合下列规定:内容具体确定;明经受要约人承诺,要约人即受该意思表示约束。

一项订约的建议要成为一个要约,要取得法律效力,必须具备一定的条件。如不具备这些条件,作为要约在法律上就不能成立。要约成立的要件有以下4个:

①要约是特定合同当事人的意思表示。发出要约的目的在于订立合同,要约人必须使接收要约的相对方能够明白是谁发出了要约以便作出承诺。因此,发出要约的人必须能够确定,必须能够特定化。作为要约人只要能够特定即可,并不一定需要说明要约人的具体情况,也不一定需要知道他究竟是谁。一个要约,如果处于能够被承诺的状态就可以,不需要一切情况都清清楚楚。如自动售货机,消费者不需要了解究竟是哪家公司安置,谁是真正的要约人。只要投入货币,作出承诺,便会完成交易。

②要约必须向要约人希望与之缔结合同的相对人发出。
③要约必须具有缔约目的并表明经承诺,即受此意思表示的拘束。
④要约的内容必须具备足以使合同成立的主要条件。

要约的4个要件中最重要的有两个:一是内容具体确定;二是表明经受要约人承诺,要约人即受该意思表示约束。本条规定了要约的三个要件。至于要约是否必须向特定人发出,在多数情况下是这样的,但在某些特殊场合则有例外,如悬赏广告,构成要约的商业广告等,因此,对该条件未作规定。

专家提示

> 内容具体确定中的"具体",是指要约的内容必须具有足以使合同成立的必要条款,表明经受要约人承诺,要约人即受该意思表示约束。这就是说,要约必须具有订立合同的意图。这也是要约和要约邀请的区别。

(2)要约邀请

要约邀请是希望他人向自己发出要约的意思表示。寄送的价目表、拍卖公告、招标公告、招股说明书、商业广告等为要约邀请。商业广告的内容符合要约规定的,视为要约。

在合同实务中,要注意要约与要约邀请的区别。要约邀请,是一方当事人邀请另一方当事人向自己发出要约。要约是以订立合同为目的具有法律意义的意思表示行为,一经发出就产生一定的法律效果。而要约邀请的目的是让对方对自己发出要约,是订立合同的一种预备行为,在性质上是一种事实行为,并不产生任何法律效果,即使对方依邀请对自己发出了要约,自己也没有承诺的义务。因此,要约邀请本身不具有法律意义。在实际生活中,拍卖公告、招标、寄送价目表的、招股说明书、商业公告、广告等,都属于要约邀请。

要约与要约邀请,虽然有本质的不同,但在实际生活中,区分这两者并非很容易的事情。下面拟举几种实践中的典型行为予以进一步说明:

①商业广告。商业广告符合要约规定的,则视为要约;否则,为要约邀请。在我国司法实践中,常常以是否包含合同主要条款作为判断一项广告是要约还是要约邀请的主要标准。也就是说,如果广告中包含了合同的主要条款,如提出了名称、价款、型号、性能等内容,应视为一种要约;如果没有具备合同主要条款,则认为只是要约邀请。例如,广告中声称:"我公司现有某型号的水泥1 000吨,每吨价格50元,先来先买,欲购从速",或者在广告中声称保证有现货供应,都可以依据具体情况将广告视为要约。但是应当指出的是,仅仅以广告是否包含合同的主要条款来作出区分是不够的,即使要约人提出了未来合同的主要条款,但如果他在提议中声明不受要约的拘束,或提出需要进一步协商,或提出需要最后确认等,都将难以确定他具有明确的订约意图,因此不能认为该广告是要约。

②价目表的寄送。生产厂家和经营者为了推销某种商品,常常向不特定的相对人派发或寄送某些商品的价目表。此种发出价目表的行为,虽包含了商品名称及价格条款,且含有行为人希望订立合同的意思,但由于从该行为中并不能确定行为人具有一经对方承诺即接受承诺后果的意图,而只是向对方提供某种信息,希望对方向自己提出订约条件,因此,该行为只是要约邀请,而不是要约。当然,如果行为人向不特定的相对人派发某种商品的订单,并在订单中明确声明愿受承诺的约束,或者从订单的内容可以确定他具有接受承诺后果拘束的意图,应认为该订单不是要约邀请,而是要约。

③拍卖公告。拍卖公告是指拍卖人在报纸、电视等媒介上以公开方式向社会作出拍卖某物(或者财产权利)的表示。对拍卖公告各国合同法一般认为属于要约邀请,因为在该表示旨在引诱他人参加竞投,并不包括合同成立的主要条件,特别是未包括价格条款。拍卖公告不是要约,而竞投、报价则属于要约。

④招标公告。所谓招标公告是指招标人采取招标通告的形式,向不特定主体发出的,以吸引或邀请相对方发出要约为目的的意思表示。它属于要约邀请而不是要约。顺便指出的是,投标则为要约,因为是投标人根据招标人所公布的标准和条件向招标人发出以订立合同为目的的意思表示,在投标人投标以后必须要有招标人的承诺,合同才能成立。

⑤招股说明书。其目的也在于邀请他人向发出该说明书的人提出订立合同的要约,所以,也不属于要约,而属于要约邀请。

⑥自动售货机。自动售货机设置以后,如果备有货物,则认为是向不特定的公众发出要约。也就是说设置人已向公众发出了订约的意思表示,且发出此种表示后,任何人投入约定的货币,可认为作出承诺并使合同成立。

⑦商品标价陈列。从我国的交易习惯来看,对商品陈列应区分各种不同情况以确定其性质。如果是在柜台上陈列的标价商品或在货价上放置的标价商品,可以认为是要约,如果有顾客要求购买,商店不能拒绝;但对于在邻街的橱窗内陈列的商品,如果没有标明正在出售,即使附有标价,也不能认为是要约,而只能认为是起装饰和宣传作用的陈列和展览。

⑧自选商场。自选商场货架上陈列的商品,如果陈列有明确的标价,则不能认为是起装饰和宣传作用的陈列,应认为是正在向顾客出售的商品,因此,陈列商品应为要约。当顾客拿取货架上的商品,尚未在交款处交款,应认为没有作出承诺,所以在交款以前顾客可将已挑选商品退回,因为合同并未订立。

(3)要约的生效与撤回

要约到达受要约人时生效。

采用数据电文形式订立合同,收件人指定特定系统接收数据电文的,该数据电文进入该特定系统的时间,视为到达时间;未指定特定系统的,该数据电文进入收件人的任何系统的首次时间,视为到达时间。

撤回要约的通知应当在要约到达受要约人之前或者与要约同时到达受要约人。

任何一项要约都是可以撤回的,只要撤回的通知先于或同时与要约到达受要约人,便能产生撤回的效力。允许要约人撤回要约,是尊重要约人的意志和利益的体现。由于撤回是在要约到达受要约人之前作出的,因此在撤回时要约并没有生效,撤回要约也不会影响到受要约人的利益。

(4)要约的撤销

撤销要约的通知应当在受要约人发出承诺通知之前到达受要约人。

有下列情形之一的,要约不得撤销:

①要约人确定了承诺期限或者以其他形式明示要约不可撤销。

②受要约人有理由认为要约是不可撤销的,并已经为履行合同作了准备工作。

撤销与撤回都可以使要约作废,且都只能在承诺作出之前实施。但两者的区别在于:第一,发生的时间不同。撤回发生在要约并未到达受要约人即其生效之前,而撤销则发生在要约已经到达并生效但受要约人尚未作出承诺的期限内。第二,是否受到法律的限制不同。由于要约的撤回发生于要约生效之前,因此法律对要约的撤回并没有限制。而撤销要约时要约已经生效,因此对要约的撤销必须有严格的限定,即在若干法定情形不得撤销。而且如果因为撤销要约而给受要约人造成损害的,要约人应负赔偿责任。此种责任一般认为是缔约上过失责任。但如果可以构成侵权,则应当认为是侵权责任与缔约上过失责任的竞合。

(5)要约失效

有下列情形之一的,要约失效:

①拒绝要约的通知到达要约人。

②要约人依法撤销要约。

③承诺期限届满,受要约人未作出承诺。

④受要约人对要约的内容作出实质性变更。

上述①属于明示拒绝;③属于默示拒绝。

要约失效的4种情形,要约人只有撤销要约才能使要约失效,其他三种情形均掌握在受要约人手中。

实质性变更:有关合同标的、数量、质量、价款或者报酬、履行期限、履行地点和方式、违约责任和解决争议方法等的变更,是对要约内容的实质性变更。

2. 承诺

(1)承诺的要求

承诺是受要约人同意要约的意思表示。这是对于承诺的定义。

承诺是指受要约人同意接受要约的条件以订立合同的意思表示。具备以下条件的意思表示才能认其为承诺:

①必须由受要约人向要约人作出的意思表示。

②必须是在要约的有效期限内达到要约人的意思表示。

③必须与要约的内容一致才能构成是承诺;承诺不可以对要约进行实质性更改,但可以进行非实质性更改。

这是承诺最核心的要件,承诺必须是对要约完全的、单纯的同意。因为受要约人如果想与要约人签订合同,必须在内容上与要约的内容一致,否则要约人就可能拒绝受要约人而使合同不能成立。如果受要约人在承诺中对要约的内容加以扩张、限制或者变更,便不能构成承诺,而应当视为对要约的拒绝。但认为同时提出了一项新的要约,称为反要约。

判断承诺的内容是否与要约的内容一致并非易事,受要约人对要约简单地回答同意并不多见,因此,必须对受要约人的承诺进行分析。如果仅仅是表述的形式不同,而不是实质的不一致,则不应当否定承诺的效力。如果承诺中提出了一些新的条件,就要分析这些新的条件是否从实质上改变了要约的内容,如果没有从实质上改变要约、则应当认为是对要约的承诺,如果从实质上改变了要约的内容,则不应认为是一项承诺,而应是对要约的拒绝并可能构成反要约。

④必须是表明受要约人决定与要约人订立合同的意思表示。

⑤必须是符合要约的要求的意思表示。

根据我国《合同法》第二十二条,承诺应当以通知的方式作出。这就是说,受要约人必须将承诺的内容通知要约人,但受要约人应采取何种通知方式,应根据要约的要求确定。如果要约规定承诺必须以一定的方式作出,否则承诺无效,那么承诺人作出承诺时,必须符合要约人规定的承诺方式,在此情况下,承诺的方式成为承诺生效的特殊要件。例如要约要求承诺应以发电报的方式作出,则不应采取邮寄的方式。如果要约没有特别规定承诺的方式,则不能将承诺的方式作为有效承诺的特殊要件。

(2)承诺的期限

承诺应当在要约确定的期限内到达要约人。

要约没有确定承诺期限的,承诺应当依照下列规定到达:

①要约以对话方式作出的,应当即时作出承诺,但当事人另有约定的除外。

②要约以非对话方式作出的,承诺应当在合理期限内到达。

(3)承诺期限的起点

要约以信件或者电报作出的,承诺期限自信件载明的日期或者电报交发之日开始计算。信件未载明日期的,自投寄该信件的邮戳日期开始计算。要约以电话、传真等快速通信方式作出的,承诺期限自要约到达受要约人时开始计算。

(4)承诺的生效与撤回

承诺通知到达要约人时生效。承诺不需要通知的,根据交易习惯或者要约的要求作出承诺的行为时生效。

承诺可以撤回。撤回承诺的通知,应当在承诺通知到达要约人之前或者与承诺通知同时到达要约人。

(5)新要约

受要约人超过承诺期限发出承诺的,除要约人及时通知受要约人该承诺有效的以外,为新要约。

专家提示

承诺迟延的情况：

受要约人在承诺期限内发出承诺，按照通常情形能够及时到达要约人，但因其他原因承诺到达要约人时超过承诺期限的，除要约人及时通知受要约人因承诺超过期限不接受该承诺的以外，该承诺有效。

知识点七 合同的成立与生效

1. 合同成立

根据《合同法》的规定，下列情形下合同成立：

（1）承诺生效时合同成立。

（2）当事人采用合同书形式订立合同的，自双方当事人签字或者盖章时合同成立。

（3）当事人采用信件、数据电文等形式订立合同的，可以在合同成立之前要求签订确认书。签订确认书时合同成立。

（4）法律、行政法规规定或者当事人约定采用书面形式订立合同，当事人未采用书面形式但一方已经履行主要义务，对方接受的，该合同成立。

（5）采用合同书形式订立合同，在签字或者盖章之前，当事人一方已经履行主要义务，对方接受的，该合同成立。

2. 合同的成立地点

（1）承诺生效的地点为合同成立的地点。

（2）采用数据电文形式订立合同的，收件人的主营业地为合同成立的地点；没有主营业地的，其经常居住地为合同成立的地点。

（3）当事人采用合同书形式订立合同的，双方当事人签字或者盖章的地点为合同成立的地点。

（4）当事人约定了合同成立地点的，约定的地点为合同成立的地点。

专家提示

合同的成立地，对于确定法院管辖权及选择法律的适用都具有重要意义，因此明确合同成立的地点十分重要。

采用书面形式订立合同，合同约定的签订地点地与实际签字或者盖章地点不符的，人民法院应当认定约定的签订地为合同签订地；合同没有约定签订地，双方当事人签字或者盖章不在同一地点的，人民法院应当认定最后签字或者盖章的地点为合同签订地。（《合同法解释（二）》第4条）

3. 合同的生效

《合同法》规定下列情形合同生效：

(1) 依法成立的合同,自成立时生效。

(2) 法律、行政法规规定应当办理批准、登记等手续生效的,依照其规定。

(3) 当事人对合同的效力附生效条件的合同,自条件成就时生效。

所附条件是指合同当事人自己约定的、未来有可能发生的、用来限定合同效力的某种合法事实。所附条件有以下特点：

①所附条件是由双方当事人约定的,并且作为合同的一个条款列入合同中。其与法定条件的最大区别就在于后者是由法律规定的,不由当事人的意思取舍并具有普遍约束力的条件。因此、合同双方当事人不得以法定条件作为所附条件。

②条件是将来可能发生的事实。过去的、现存的事实和将来必定发生的事实或者必定不能发生的事实不能作为所附条件。此外,法律规定的事实也不能作为附条件,如子女继承父亲遗产要等到父亲死亡,就不能作为条件。

③所附条件是当事人用来限制合同法律效力的附属意思表示。它同当事人约定的所谓供货条件、付款条件是不同的,后者是合同自身内容的一部分,而附条件合同的所附条件只是合同的附属内容。

④所附条件必须是合法的事实。违法的事实不能作为条件,如双方当事人不能约定某人杀死某人作为合同生效的条件。

所附条件可分为生效条件和解除条件。生效条件是指使合同的效力发生或者不发生的条件。在此条件出现之前,也即本条所说的条件成就之前,合同的效力处于不确定状态,当此条件出现后,即条件成就后,合同生效;当条件没有出现(或成就),合同也就不生效。例如甲与乙签订买卖合同,甲同意把房子卖给乙,但是条件是要在甲调到外地工作过后。这个条件一旦出现后,则卖房的合同即生效。解除条件又称消灭条件,是指对具有效力的合同,当合同约定的条件出现(即成就)时,合同的效力归于消灭;若确定该条件不出现(不成就),则该合同仍确保其效力。

附条件的合同中,所附条件的出现对该合同的法律效力有决定性作用,根据本条的规定,附条件合同在所附条件出现时分为两种情况:生效条件的出现使该合同产生法律效力;附解除条件的合同中,解除条件的出现使该合同失去效力。

(4) 当事人对合同的效力附生效期限的合同,自期限届至时生效。

合同生效是指合同产生法律约束力。合同生效后,其效力主要体现在以下几个方面：

①在当事人之间产生法律效力。一旦合同成立生效后,当事人应当依合同的规定,享受权利,承担义务。

②合同生效后产生的法律效果还表现在对当事人以外的第三人产生一定的法律拘束力。合同的这一效力表现,称为合同的对外效力。合同一旦生效后,任何单位或个人都不得侵犯当事人的合同权利,不得非法阻挠当事人履行义务。

③合同生效后的法律效果还表现在,当事人违反合同的,将依法承担民事责任,必要时人民法院也可以采取强制措施使当事人依合同的规定承担责任、履行义务,对另一方当事人进行补救。

知识点八　缔约过失责任

1. 缔约过失责任的概念

缔约过失责任,是指当事人在订立合同的过程中,因违背诚实信用原则,而致对方损失时所应承担的损害赔偿责任。

注意违约责任与缔约过失责任的区别。缔约过失责任发生于合同订立阶段,适用于合同未成立、合同未生效、合同无效等情况。违约责任,承担违约责任的前提是合同已成立并生效。

2. 缔约过失责任的适用

根据《合同法》的规定,当事人在订立合同过程中有下列情形之一,给对方造成损失的,应当承担损害赔偿责任:

(1)假借订立合同,恶意进行磋商。

所谓"假借"就是根本没有与对方订立合同的目的,与对方进行谈判只是个借口,目的是损害对方或者第三人的利益,恶意地与对方进行合同谈判。如通则举的一个例子:甲知道乙有转让餐馆的意图,甲并不想购买该餐馆,但为了阻止乙将餐馆卖给竞争对手丙,却假意与乙进行了长时间的谈判。当丙买了另一家餐馆后,甲中断了谈判。后来乙以比丙出价更低的价格将餐馆转让了。

(2)故意隐瞒与订立合同有关的重要事实或者提供虚假情况。

(3)有其他违背诚实信用原则的行为。

此外,当事人在订立合同过程中知悉的商业秘密,无论合同是否成立,不得泄露或者不正当地使用。泄露或者不正当地使用该商业秘密给对方造成损失的,应当承担损害赔偿责任。

负有缔约过失责任的当事人,应当赔偿受损害的当事人。赔偿应当以受损害的当事人的损失为限。这个损失包括直接利益的减少,如谈判中发生的费用,还应当包括受损害的当事人因此失去的与第三人订立合同的机会的损失。

知识点九　合同的效力

合同效力,是指合同在法律上的约束力。根据《合同法》的规定,从效力角度可以将合同划分为有效合同、无效合同、效力待定合同和可变更、可撤销的合同四大类。

1. 有效合同

有效合同,又称为生效合同,是指符合法律规定的有效要件,因而对当事人具有法律约束力的合同。

根据《合同法》的规定，合同生效应具备以下要件：

(1)合同当事人具有相应的民事权利能力和民事行为能力。

(2)意思表示真实。

(3)合同内容不违反法律、行政法规或者社会公共利益。

(4)订立合同的程序和形式合法(包括办理法定的登记、审批手续)。

依法成立的合同，自成立时生效。合同的成立有不同情况。

2. 无效合同

无效合同，是指不具备合同有效要件因而在法律上对当事人无约束力的合同。合同无效不同于合同未成立。

有下列情形之一的，合同无效：

(1)一方以欺诈、胁迫的手段订立合同，损害国家利益。

(2)恶意串通，损害国家、集体或者第三人利益。

(3)以合法形式掩盖非法目的。

(4)损害社会公共利益。

(5)违反法律、行政法规的强制性规定。

合同中的下列免责条款无效：①造成对方人身伤害的；②因故意或者重大过失造成对方财产损失的。

格式条款具有以上情形的，或者提供格式条款一方免除其责任、加重对方责任、排除对方主要权利的，该条款无效。

欺诈：一方当事人故意告知对方虚假情况，或者故意隐瞒真实情况，诱使对方当事人作出错误意思表示的，为欺诈行为。

胁迫：以给公民及其亲友的生命健康、荣誉、名誉、财产等造成损害，或者以给法人的荣誉、名誉、财产等造成损害为要挟，迫使对方违背真实的意思表示的，认定为胁迫行为。

只有使用欺诈与胁迫手段损害国家利益时，方能认定合同无效。

特别要注意该规定与可变更、可撤销合同的有关规定的区别。

所谓恶意串通合同，所谓恶意串通的合同，就是合同的双方当事人非法勾结，为牟取私利，而共同订立的损害国家、集体或者第三人利益的合同。

3. 效力待定合同

效力待定合同，是指合同虽然已经成立，但因其不完全符合有关生效要件，故其效力尚未确定的合同。一般须经有权人表示承认才能生效。

效力待定合同的适用情形：

(1)限制民事行为能力人依法不能独立订立的合同。

(2)无权代理人以被代理人的名义订立的合同。

(3)无处分权人处分他人财产而订立的合同。

相对人可以催告法定代理人在一个月内予以追认。法定代理人未作表示的，视为拒绝追认。合同被追认之前,善意相对人有撤销的权利。撤销应当以通知的方式作出。

行为人没有代理权、超越代理权或者代理权终止后以被代理人名义订立合同,相对人有理由相信行为人有代理权的,该代理行为有效。

法人或者其他组织的法定代表人、负责人超越权限订立的合同,除相对人知道或者应当知道其超越权限的以外,该代表行为有效。

无处分权的人处分他人财产,经权利人追认或者无处分权的人订立合同后取得处分权的,该合同有效。

4. 可变更、可撤销的合同

可变更、可撤销合同,是指因意思表示不真实,当事人一方有权请求人民法院或仲裁机构予以变更或撤销的合同。

可变更、可撤销合同的适用情形如下:

(1)因重大误解订立的合同。

(2)在订立合同时显失公平的合同。

(3)以欺诈、胁迫手段或乘人之危订立的合同。

受损害方有权请求人民法院或仲裁机构变更或者撤销该合同。

当事人请求变更的,人民法院或仲裁机构不得撤销。

可撤销合同的具有如下特点:

(1)可撤销的合同在未被撤销前,是有效的合同。

(2)可撤销的合同一般是意思表示不真实的合同。

(3)可撤销合同的撤销要由撤销权人通过行使撤销权来实现。

有下列情形之一的,撤销权消灭:

(1)具有撤销权的当事人自知道或者应当知道撤销事由之日起一年内没有行使撤销权。

(2)具有撤销权的当事人知道撤销事由后明确表示或者以自己的行为放弃撤销权。

专家提示

(1)重大误解:行为人因对行为的性质、对方当事人、标的物的品种、质量、规格和数量等的错误认识,使行为的后果与自己的意思相悖,并造成较大损失的,可以认定为重大误解。

(2)显失公平:一方当事人利用优势或者利用对方没有经验,致使双方的权利与义务明显违反公平、等价有偿原则的,可以认定为显失公平。

(3)乘人之危:一方当事人乘对方处于危难之机,为牟取不正当利益,迫使对方作出不真实的意思表示,严重损害对方利益的,可以认定为乘人之危。

(4)本规定中的"一年"是除斥期间,而不是诉讼时效。也就是说,在此期间内,不存在期间的中断或者中止的问题,这"一年"是一个不变的期间,具有撤销权的当事人不能要求延长该期间。

(5)具有撤销权的当事人知道撤销事由后明确表示或者以自己的行为放弃撤销权的撤销权是具有撤销权的当事人的一种权利,因此当事人可以行使撤销权,也可以放弃撤销权。

(6)具有撤销权的当事人放弃撤销权后,造成的法律效果就是,该撤销权消灭,合同产生绝对的效力,该当事人不得再以相同的理由要求撤销该合同,而应按照合同的规定履行自己的义务,否则就构成违约。

5. 合同被确认无效或被撤销的法律后果

(1)合同无效或者被撤销后,因该合同取得的财产,应当予以返还;不能返还或者没有必要返还的,应当折价补偿。有过错的一方应当赔偿对方因此所受到的损失,双方都有过错的,应当各自承担相应的责任。

(2)追缴财产。当事人恶意串通,损害国家、集体或者第三人利益的,因此取得的财产收归国家所有或者返还集体、第三人。

 专家提示

● 返还财产:

(1)返还财产是指合同当事人在合同被确认无效或者被撤销以后,对已交付给对方的财产享有返还请求权,而已接受该财产的当事人则有返还财产的义务。当事人的权利义务关系应当恢复到合同订立前的状态。

(2)在无效合同或者被撤销的合同中,返还财产可分为两种情况:单方返还财产和双方返还财产。

(3)返还财产不考虑当事人双方的过错问题。

● 折价补偿:

(1)合同无效或被撤销后,如果不能返还或者没有必要返还,则应当折价补偿。

(2)不能返还包括事实上的不能返还(如取得的物品已经被消费掉)和法律上的不能返还(如取得的财产转让给了善意第三人)。

(3)没有必要返还,是指根据实际情况返还的意义不大或者返还的费用过高的,当事人可以协商确定或者由法院判定不适用返还原物的责任方式。

● 赔偿损失:

本条规定"有过错的一方应当赔偿对方因此所受到的损失,双方都有过错的,应当各自承担相应的责任。"在合同被确认无效或者被撤销后,一般都会产生损害赔偿的责任。在合同被确认无效或者被撤销后,凡是因合同的无效或者被撤销而给对方当事人造成的损失,主观上有故意或者过失的当事人都应当赔偿对方的财产损失。

知识点十　合同的担保

合同的担保,是指根据法律规定或者合同约定,合同双方当事人为保障合同切实履行所采取的具有法律约束力的措施担保应依据《中华人民共和国担保法》(以下简称《担保法》)的规定进行。《担保法》规定的担保方式有保证、抵押、质押、留置、定金。

1. 保证

保证是指保证人以自己的名义作为债务人的关系人,向债权人约定,当债务人不履行合同时,保证人按照约定履行债务或者承担责任的一种担保方式。保证合同履行的第三人是保证人,被担保履行合同的义务人为被保证人。

保证人应与被担保合同的债权人订立保证合同。

保证合同是从合同。保证人以自己的资产和名义作出担保,因此保证人承担保证责任的意思表示是保证合同成立的根本条件。订立保证合同时,应符合合同的订立原则,应采用书面形式。

保证的法律特征如下:

(1)保证人应为主合同当事人以外的第三人,他是以自己的名义担保合同的履行,而不是合同义务的代理人,在义务人不履行合同时,承担保证责任。

(2)具有代为清偿债务能力的法人、其他组织或者公民,可以作保证人。

学校、幼儿园、医院等以公益为目的的事业单位、社会团体不得为保证人,企业法人的分支机构、职能部门不得为保证人,国家机关不得为保证人,但经国务院批准为使用外国政府或者国际经济组织贷款进行转贷的除外。

(3)保证合同是从合同,以主合同的存在和有效为前提,主合同无效,则保证无效。

(4)保证的方式有一般保证和连带责任保证。

一般责任保证是指保证人仅对债务人不履行负补充责任的保证。一般保证的保证人在主合同纠纷未经审判或者仲裁,并就债务人财产依法强制执行仍不能履行债务前,对债务人可以拒绝承担保证责任。因此,在一般保证中,保证人仅在债务人的财产不足以完全清偿债权的情况下,才负保证责任。

当事人在保证合同中约定保证人与债务人对债务承担连带责任的,为连带责任保证。连带责任保证的债务人在主合同规定的债务履行期届满没有履行债务的,债权人可以要求债务人履行债务,也可以要求保证人在其保证范围内承担保证责任。当事人对保证方式没有约定或者约定不明确的,按照连带责任保证承担保证责任。

(5)保证担保的范围包括主债权及利息、违约金、损害赔偿金和实现债权的费用。保证合同另有约定的,按照约定。当事人对保证担保的范围没有约定或者约定不明确的,保证人应当对全部债务承担责任。

(6)一般保证和连带责任保证的保证人享有债务人的抗辩权。债务人放弃对债务的抗辩权的,保证人仍有权抗辩。抗辩权是指债权人行使债权时,债务人根据法定事由,对抗债权人行使请求权的权利。

(7)保证人承担保证责任后,有权向债务人追偿。

公路工程施工承包合同中,通常采用保证作为合同担保。在订立合同之前,一般由承包人开户银行出具履约保证书(又叫银行保函),对承包人在合同中的义务做出保证。如果承包人违约,业主可以向银行索赔,银行应在保证限额内向业主赔偿。

2. 抵押

抵押是合同当事人一方(债务人)用自己或第三方财产为另一方当事人(债权人)提供清偿债务的权利的一种担保方式。债务人或者第三人为抵押人,债权人为抵押权人,提供担保的财产为抵押物。

债务人不履行债务时,债权人对依法变卖、拍卖或折价该财产所得的价款,具有优先受偿的权利。

可以抵押的财产包括:

(1)抵押人所有的房屋和其他地上定着物。

(2)抵押人所有的机器、交通运输工具和其他财产。

(3)抵押人依法有权处分的国有的土地使用权、房屋和其他地上定着物。

(4)抵押人依法有权处分的国有的机器、交通运输工具和其他财产。

(5)抵押人依法承包并经发包方同意抵押的荒山、荒沟、荒丘、荒滩等荒地的土地使用权。

(6)依法可以抵押的其他财产。

抵押人可以将前款所列财产一并抵押。

不得抵押的财产,《担保法》同时也规定了下列财产不得设定抵押:

(1)土地所有权。

(2)耕地、宅基地、自留山等集体所有的土地使用权。但依法可以抵押的除外,如乡村企业厂房占用的土地使用权,依法可以与地上厂房同时抵押。

(3)学校、幼儿园、医院等以公益为目的的事业单位、社会团体的教育设施,医疗卫生设施和其他社会公益设施。

(4)所有权、使用权不明或有争议的财产。

(5)依法被查封、扣押、监管的财产。

(6)依法不得抵押的其他财产。

抵押人和抵押权人应当以书面形式订立抵押合同。

当事人进行财产抵押的,应当在相应财产的登记部门办理抵押物登记,抵押合同自登记之日起生效。

抵押的效力包括以下几个方面:

(1)抵押担保的范围包括:主债权及利息、违约金、损害赔偿金和实现抵押权的费用。

当事人另有约定的,可以按照约定。

(2)抵押权不得与债权分离而单独转让或者作为其他债权的担保。

(3)抵押权与其担保的债权同时存在,债权消灭的,抵押权也消灭。

抵押权的实现。同一财产向两个以上债权人抵押的,拍卖、变卖抵押物所得的价款按照以下规定清偿:①抵押合同已登记生效的,按照抵押物登记的先后顺序清偿;顺序相同的,按照债权比例清偿;②抵押合同自签订之日起生效的,该抵押物已登记的,按照第①项规定清偿;未登记的,按照合同生效时间的先后顺序清偿,顺序相同的,按照债权比例清偿。抵押物已登记的先于未登记的受偿。

抵押担保,主要用于借款合同或对外贸易合同。

抵押在现行的公路工程施工承包合同中也常采用,如规定承包人履行合同时,应以现场的施工机械作抵押。

3. 质押

(1)质押是指债权人或第三人将其动产或某种权利(如支票、存款单、可以转让的股份、股票、专利权等)移交给债权人占有,将其作为债权的担保。当债务人不履行债务时,债权人依法对该动产或权利有优先受偿权。债务人或者第三人为出质人,债权人为质权人,移交的动产为质物。

(2)出质人和质权人应当以书面形式订立质押合同。

(3)质押合同自质物移交于质权人占有时生效。

(4)质押担保的范围包括:主债权及利息、违约金、损害赔偿金、质物保管费用和实现质权的费用。质押合同另有约定的,按照约定。

质物保管:质权人负有妥善保管质物的义务。因保管不善致使质物灭失或者毁损的,质权人应当承担民事责任。质权人不能妥善保管质物可能致使其灭失或者毁损的,出质人可以要求质权人将质物提存,或者要求提前清偿债权而返还质物。

质押生效包括以下两种情况:

(1)以依法可以转让的股票出质的,出质人与质权人应当订立书面合同,并向证券登记机构办理出质登记。质押合同自登记之日起生效。

(2)以依法可以转让的商标专用权、专利权、著作权中的财产权出质的,出质人与质权人应当订立书面合同,并向其管理部门办理出质登记。质押合同自登记之日起生效。

4. 留置

留置权是用标的物作为担保的一种形式,该担保主要发生在保管合同、运输合同、加工承揽合同发生的债权,债务人不履行债务的,债权人有留置权。

债权人按照合同约定占有债务人的动产,债务人不按照合同约定的期限履行债务的,债权人有权依照《担保法》规定留置该财产,以该财产折价或者以拍卖、变卖该财产的价款优先受偿。

留置担保的范围包括主债权及利息、违约金、损害赔偿金、留置物保管费用和实现留置权的费用。

5. 定金

当事人可以约定一方向对方给付定金作为债权的担保。债务人履行债务后,定金应当抵作价款或者收回。给付定金的一方不履行约定的债务的,无权要求返还定金;收受定金的一方不履行约定的债务的,应当双倍返还定金。

定金应当以书面形式约定。当事人在定金合同中应当约定交付定金的期限。定金合同从实际交付定金之日起生效。

定金的数额由当事人约定,但不得超过主合同标的额的20%。

知识点十一 合同履行的概念和原则

1. 合同履行的概念及原则

合同的履行是指合同依法成立以后,当事人双方按照约定的标的、数量、质量、价款或报酬、履行时间、地点和方式,全面完成各自所承担的合同义务,从而使该合同所产生的当事人的权利得以全部实现,当事人的经济目的得以达到的整个行为过程。

《合同法》第六十条规定,当事人应当按照约定全面履行自己的义务。当事人应当遵循诚实信用原则,根据合同的性质、目的和交易习惯履行通知、协助、保密等义务。

合同生效后,当事人不得因姓名、名称的变更或者法定代表人、负责人、承办人的变动而不履行合同义务。

 专家提示

合同履行的法律意义在于:

(1)它能使当事人自合同成立生效之日起,就关注自己和对方合同义务的履行情况,促使合同义务得到全面正确的履行。

(2)它能够使当事人尽早发现对方不能履行或不能完全履行合同义务的情况,以便采取措施,避免自己的损失或减少损失。

合同履行是整个合同法的核心。

《合同法》第六十条规定了合同履行的原则,即全面履行原则和诚实信用原则。

当事人应当履行的"通知、协助、保密等义务"称为合同的随附义务。

2. 合同约定不明的补救和处理

《合同法》第六十一条规定,合同生效后,当事人就质量、价款或者报酬、履行地点等内容没有约定或者约定不明确的,可以协议补充;不能达成补充协议的,按照合同有关条款或者交易习惯确定。

专家提示

该条规定了当事人就合同中质量等内容的补充确定。

合同的标的、数量是合同的必备条款,需由当事人明确约定。当事人没有约定,或者约定不明确的,合同内容无法确定,合同不成立。

当事人约定了合同的标的、数量,不影响合同成立。对质量、价款、履行地点、履行方式、履行期限、履行费用未做出约定,或者约定不明确,当事人可以协议补充确定。不能达成补充协议的,可以通过合同的有关条款或者交易习惯确定。

当事人就有关合同内容约定不明确,依照第六十条规定仍不能确定的,适用下列规定:

(1)质量要求不明确的,按照国家标准、行业标准履行;没有国家标准、行业标准的,按照通常标准或者符合合同目的特定标准履行。

(2)价款或者报酬不明确的,按照订立合同时履行地的市场价格履行;依法应当执行政府定价或者政府指导价的,按照规定履行。

专家提示

执行政府定价、政府指导价的原则为:

执行政府定价或者政府指导价的,在合同约定的交付期限内政府价格调整时,按照交付时的价格计价。逾期交付标的物的,遇价格上涨时,按照原价格执行;价格下降时,按照新价格执行。逾期提取标的物或者逾期付款的,遇价格上涨时,按照新价格执行;价格下降时,按照原价格执行。

(3)履行地点不明确,给付货币的,在接受货币一方所在地履行;交付不动产的,在不动产所在地履行;其他标的,在履行义务一方所在地履行。

(4)履行期限不明确的,债务人可以随时履行,债权人也可以随时要求履行,但应当给对方必要的准备时间。

(5)履行方式不明确的,按照有利于实现合同目的的方式履行。

(6)履行费用的负担不明确的,由履行义务一方负担。

3. 涉他合同

(1)涉及第三人的合同,又称涉他合同,包括为第三人的合同和由第三人履行的合同。

(2)向第三人履行的合同的责任:当事人约定由债务人向第三人履行债务的,债务人未向第三人履行债务或者履行债务不符合约定,应当向债权人承担违约责任。

向第三人履行的合同,又称利他合同,或者为第三人合同,指双方当事人约定,由债务人向第三人履行债务,第三人直接取得请求权的合同。合同的第三人亦称受益人。向第三人履行的合同在生活中可多见。例如投保人与保险人订立保险合同,可以约定保险人向作为第三人的被保险人、受益人履行,被保险人、受益人享有保险金请求权。

债务人不向第三人履行合同的,债权人按照约定有权请求其向第三人履行,或者向第三人赔偿损失;第三人也有权请求债务人履行,或者赔偿损失。债务人瑕疵履行的,债权人有权请求其向第三人承担瑕疵履行责任,第三人也有权请求债务人承担瑕疵履行责任。

(3)由第三人履行的合同的责任:当事人约定由第三人向债权人履行债务的,第三人不履行债务或者履行债务不符合约定,债务人应当向债权人承担违约责任。

由第三人履行的合同,又称第三人负担的合同,指双方当事人约定债务由第三人履行的合同。例如甲乙约定,甲欠乙的钱由丙偿付,即是由第三人履行的合同。丙之所以能向乙清偿,多是因甲丙之间另有对价关系。由丙直接向乙清偿债务,可省多环履行的烦劳。

由第三人履行的合同以债权人、债务人为合同双方当事人,第三人不是合同的当事人。第三人只负担向债权人履行,不承担合同责任。第三人同意履行后又反悔的,或者债务人事后征询第三人意见,第三人不同意向债权人履行的,或者第三人向债权人瑕疵履行的,违约责任均由债务人承担。第三人不履行的,债务人可以代第三人履行;债务人不代为履行,应当赔偿损失。第三人瑕疵履行的,瑕疵责任由债务人承担。

(4)纠纷的解决:当事人一方因第三人的原因造成违约的,应当向对方承担违约责任。当事人一方和第三人之间的纠纷,依照法律规定或者按照约定解决。

知识点十二 抗辩权的行使

抗辩权是指在双务合同中,当事人一方享有依法对抗对方要求或者否认对方权利主张的权利。包括同时履行抗辩权、先履行抗辩权和不安抗辩权。

(1)同时履行抗辩权

同时履行抗辩权,是指在双务合同中应当同时履行的一方当事人有证据证明另一方当事人在同时履行的时间不能履行或者不能适当履行,到履行期时其享有不履行或者部分履行的权利。

《合同法》规定,当事人互负债务,没有先后履行顺序的,应当同时履行。一方在对方履行之前有权拒绝其履行要求。一方在对方履行债务不符合约定时,有权拒绝其相应的履行要求。

> **专家提示**
>
> 同时履行抗辩权属延期的抗辩权,只是暂时阻止对方当事人请求权的行使,非永久的抗辩权。对方当事人完全履行了合同义务,同时履行抗辩权消灭,当事人应当履行自己的义务。当事人行使同时履行抗辩权致使合同迟延履行的,迟延履行责任由对方当事人承担。

（2）先履行抗辩权（有的资料称后履行抗辩权）

先履行抗辩权，是指在双务合同中应当先履行的一方当事人未履行或者不适当履行，到履行期限的对方当事人享有不履行、部分履行的权利。

（3）不安抗辩权（有的资料称先履行抗辩权）

不安抗辩权，指双务合同成立后，应当先履行的当事人有证据证明对方不能履行义务，或者有不能履行合同义务的可能时，在对方没有履行或者提供担保之前，有权中止履行合同义务。

《合同法》规定，应当先履行债务的当事人，有确切证据证明对方有下列情形之一的，可以中止履行：

①经营状况严重恶化。

②转移财产、抽逃资金，以逃避债务。

③丧失商业信誉。

④有丧失或者可能丧失履行债务能力的其他情形。

当事人没有确切证据中止履行的，应当承担违约责任。

当事人依照规定中止履行的，应当及时通知对方。对方提供适当担保时，应当恢复履行。中止履行后，对方在合理期限内未恢复履行能力并且未提供适当担保的，中止履行的一方可以解除合同。

专家提示

（1）行使不安抗辩权，举证责任在先履行合同义务的当事人，其应当有证据证明对方不能履行合同或者有不能履行合同的可能性。

（2）当事人行使不安抗辩权后，应当立即通知对方当事人。

（3）不安抗辩权属延期抗辩权，当事人仅是中止合同的履行。倘若对方当事人提供了担保或者做了对待给付，不安抗辩权消灭，当事人应当履行合同。对方当事人的提供担保或者对待给付，履行不安抗辩权的再抗辩权。

（4）应当先履行的当事人行使了不安抗辩权，对方当事人既未提供担保，也不能证明自己的履行能力，行使不安抗辩权的当事人有权解除合同。

（5）当事人行使不安抗辩权错误的，应当承担违约责任。

知识点十三　合同的保全

债的保全措施，是指法律赋予债权人制止债务人财产减少的权利以保证其债权实现的一种措施，分为代位权和撤销权。

代位权和撤销权共为合同的保全。保全，又称责任财产的保全，指债权人行使代位权和撤销权，防止债务人的责任财产不当减少，以确保无特别担保的一般债权得以清偿。

从保全责任财产的角度,保全属于一般担保的手段。保全责任财产,最终使债权得以保障,从这个意义上来说,保全又为债权的保全。

1. 代位权

《合同法》规定,因债务人怠于行使其到期债权,对债权人造成损害的,债权人可以向人民法院请求以自己的名义代位行使债务人的债权,但该债权专属于债务人自身的除外。

债权人代位权的行使应通过人民法院,代位权的行使范围以债权人的债权为限。债权人行使代位权的必要费用,由债务人负担。

专属于债务人自身的债权指基于抚养关系、扶养关系、赡养关系、继承关系产生的给付请求权和劳动报酬、退休金、抚恤金、安置费、人寿保险、人身伤害赔偿请求权等权利。

债权人代位权成立的条件:
(1) 债权人对债务人的债权合法。
(2) 债务人怠于行使其到期债权,对债权人造成损害。
(3) 债务人的债权已到期。
(4) 债务人的债权不是专属于债务人自身的债权。

2. 撤销权

撤销权是指债权人对债务人滥用其财产处分权而损害债权人的债权行为,请求法院予以撤销的权利。

《合同法》规定,因债务人放弃其到期债权或者无偿转让财产,对债权人造成损害的,债权人可以请求人民法院撤销债务人的行为。债务人以明显不合理的低价转让财产,对债权人造成损害,并且受让人知道该情形的,债权人也可以请求人民法院撤销债务人的行为。

撤销权的行使范围以债权人的债权为限。债权人行使撤销权的必要费用,由债务人负担。

撤销权自债权人知道或者应当知道撤销事由之日起一年内行使。自债务人的行为发生之日起五年内没有行使撤销权的,该撤销权消灭。

债权人撤销债权的构成要件:
(1) 债务人实施了一定的处分财产的行为。
(2) 债务人处分财产的行为已经发生法律效力。
(3) 债务人处分财产的行为已经损害债权人的债权。
(4) 债务人处分财产的行为已经具有主观恶意。

知识点十四　违约责任

当事人一方不履行合同义务或者履行合同义务不符合约定的,应承担法律责任,简称违约责任。

1. 违约形态分类

违约形态表现多样,不少学者对此都有归纳,如有的将债务不履行分为拒绝给付、给付不能、不完全给付、迟延给付4种状态,有的则强调预期违约、根本违约、部分违约。这些归类都有一定道理,但又难免有所疏漏。若从分类入手,可将违约形态分为4级,如图1-1所示。

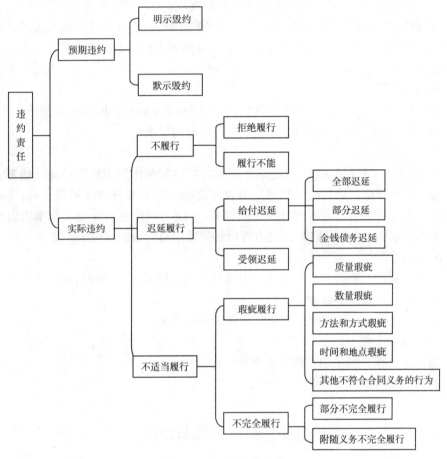

图1-1 违约形态的分类

2. 承担违约责任的方式

根据《合同法》的规定,当事人承担违约责任的方式主要有:继续履行、支付违约金、赔偿损失、定金制裁、采取其他补救措施等。

(1)继续履行

继续履行,又称为实际履行,是指当债务人不履行合同义务时,债权人可以请求人民法院或仲裁机构强制债务人实际履行合同义务。继续履行意味着当事人不得以其他方式代替合同义务的履行。当事人订立合同均基于一定目的。只有合同义务得到全面履行,当事人的订约目的才能最终实现。《合同法》第一百一十条、第一百一十四条第二款有规定。

(2) 采取补救措施

采取补救措施主要适用于当事人交付的标的物质量不符合约定的情形,采取返工、修理、重做等措施。

(3) 支付违约金

违约金是指按照当事人的约定或者法律的规定,一方当事人违约时,应当向对方支付的一定数额的货币。约定的违约金低于造成的损失的,当事人可以请求人民法院或者仲裁机构予以增加;约定的违约金过分高于造成的损失的,当事人可以请求人民法院或者仲裁机构予以适当减少。

(4) 支付赔偿金

赔偿金是指由于当事人一方的过错不履行或不完全履行合同给对方造成损失时,在违约金不足以弥补损失时,而向对方支付不足部分的货币。

(5) 定金制裁

当事人可以依照《担保法》约定一方向对方给付定金作为债权的担保。债务人履行债务后,定金应当抵作价款或者收回。给付定金的一方不履行约定的债务的,无权要求返还定金;收受定金的一方不履行约定的债务的,应当双倍返还定金。当事人既约定违约金,又约定定金的,一方违约时,对方可以选择适用违约金或者定金条款。

(6) 解除合同

根据《合同法》规定,如果当事人一方违约致使合同无法按期履行或无法实现合同目的,则合同可以解除而不必继续履行。

违约责任的免除,违约责任的免除存在于三种情况:

(1) 非违约方免于追究。

(2) 当事人在合同中约定的免责事由出现。

(3) 发生不可抗力事件。

知识点十五　合同的变更、转让、解除与终止

1. 合同的变更

合同的变更是指合同成立后,当事人在原合同的基础上对合同的内容进行修改或者补充。当事人协商一致,可以变更合同。合同变更需要当事人协商一致,但有的情况下,仅有当事人协商一致是不够的,当事人还应当履行法定的程序。《合同法》规定,当事人协商一致,可以变更合同。法律、行政法规规定变更合同应当办理批准、登记等手续的,依照其规定。

合同的变更需要办理手续的有关规定:

(1) 中外合作经营企业法第七条规定,中外合作者在合作期限内协商同意对合作企业合同作重大变更的,应当报审查批准机关批准;变更内容涉及法定工商登记项目、税务

登记项目的,应当向工商行政管理机关、税务机关办理变更登记手续。

(2)外资企业法第十条规定,外资企业分立、合并或者其他重要事项变更,应当报审查批准机关批准,并向工商行政管理机关办理登记变更手续。

合同的变更可以是合同标的的变更,也可能是合同数量的增加或者减少,可能是履行地点的变化,也可能是履行方式的改变,既可能是合同履行期的提前或者延期,也可能是违约责任的重新约定。当事人给付价款或者报酬的调整更是合同变更的主要原因。此外,合同担保条款以及解决争议方式的变化也会导致合同的变更。

合同的变更的概念,不包括合同当事人的改变。

当事人对合同变更的内容约定不明确的,推定为未变更。

2. 合同的转让

合同转让是指合同主体的变更,它是合同变更的一种特殊形式。合同转让后,原合同主体之间的权利义务关系随之全部消失或部分消失。合同转让包括三种情况:合同权利的转让(债权的转让)、合同义务的转让(债务的转让)以及合同权利、义务的一并转让。

合同转让的一般法律规定如下:

(1)权利的转移

债权人转让权利的,应当通知债务人。未经通知,该转让对债务人不发生效力。原债权人无权撤销转让权利的通知。只有在受让人同意的情况下,债权人才能撤销其转让权利的通知。

债权人转让权利的,受让人取得与债权有关的从权利,但该从权利专属于债权人自身的除外。

(2)义务的转移

债务人将合同的义务全部或者部分转移给第三人的,应当经债权人同意。

债务人转移义务的,新债务人应当承担与主债务有关的从债务,但该从债务专属于原债务人自身的除外。

(3)抗辩权的行使

债务人接到债权转让通知后,债务人对让与人的抗辩,可以向受让人主张。

债务人转移义务的,新债务人可以主张原债务人对债权人的抗辩。

(4)无效转让

债权人可以将合同的权利全部或者部分转让给第三人,但有下列情形之一的除外:

①根据合同性质不得转让。

②按照当事人约定不得转让。

③依照法律规定不得转让。

(5)概括转让

当事人一方经对方同意,可以将自己在合同中的权利和义务一并转让给第三人。

(6)合并、分立后的概括承受

当事人订立合同后合并的,由合并后的法人或者其他组织行使合同权利,履行合同义务。当事人订立合同后分立的,除债权人和债务人另有约定的以外,由分立的法人或者其他组织对合同的权利和义务享有连带债权,承担连带债务。

3. 合同终止的情形

有下列情形之一的,合同的权利义务终止:

(1)债务已经按照约定履行。

(2)合同解除。

(3)债务相互抵销。

(4)债务人依法将标的物提存。

(5)债权人免除债务。

(6)债权债务同归于一人。

(7)法律规定或者当事人约定终止的其他情形。

4. 合同终止后的义务

合同的权利义务终止后,当事人应当遵循诚实信用原则,根据交易习惯履行通知、协助、保密等义务。

当事人一方违反后合同义务规定,给对方当事人造成损失,对方当事人有权请求赔偿实际损失,且人民法院应当支持。

5. 合同的解除

合同的解除包括:约定解除和法定解除。

(1)约定解除

当事人约定解除合同包括两种:协商解除和约定解除权。

当事人协商一致,可以解除合同。当事人可以约定一方解除合同的条件。解除合同的条件成熟时,解除权人可以解除合同。

> **专家提示**
>
> (1)协商解除,指合同生效后,未履行或未完全履行之前,当事人以解除合同为目的,经协商一致,订立一个解除原来合同的协议。比如,乙公司向甲公司订购了一批服装面料,准备生产时装,但由于乙公司的生产订单被取消,乙公司不再需要订购的面料,于是与甲公司协商一致解除合同。
>
> (2)协商解除是双方的法律行为,应当遵循合同订立的程序,即双方当事人应当对解除合同意思表示一致,协议未达成之前,原合同仍然有效。如果协商解除违反了法律规定的合同有效成立的条件,比如,损害了国家利益和社会公共利益,解除合同的协议不能发生法律效力,原有的合同仍要履行。
>
> (3)约定解除权,指当事人在合同中约定,合同履行过程中出现某种情况,当事人一方或者双方有解除合同的权利。

协商解除与约定解除权的区别。协商解除和约定解除权,虽然都是基于当事人双方

的合意,但二者有区别,表现在:

①协商解除是当事人双方根据已经发生的情况,达成解除原合同的协议;而约定解除权是约定将来发生某种情况时,一方或双方享有解除权。

②协商解除不是约定解除权,而是解除现存的合同关系,并对解除合同后的责任分担、损失分配达成共识;而约定解除权本身不导致合同的解除,只有在约定的解除条件成就时,通过行使解除权方可使合同归于消灭。

③协商解除主要是对双方当事人的权利义务关系重新安排、调整和分配;而约定解除权主要是对当事人提供补救,使其有可能通过行使解除权来维护自己的权益。

(2)法定解除

有下列情形之一的,当事人可以解除合同:

①因不可抗力致使不能实现合同目的。

②在履行期限届满之前,当事人一方明确表示或者以自己的行为表明不履行主要债务。

③当事人一方迟延履行主要债务,经催告后在合理期限内仍未履行。

④当事人一方迟延履行债务或者有其他违约行为致使不能实现合同目的。

⑤法律规定的其他情形。

> **专家提示**
>
> 法定解除与约定解除既有区别又有联系。其区别表现在:法定解除是法律直接规定解除合同的条件,当条件具备时,解除权人可直接行使解除权,将合同解除;而约定解除是双方的法律行为,一方的行为不能导致合同解除。其联系表现在:约定解除可以对法定解除作补充。比如约定违反合同中的任何一项规定,不论程度如何,均可解除合同。

(3)合同解除的法律后果

合同解除后,尚未履行的,终止履行;已经履行的,根据履行情况和合同性质,当事人可以要求恢复原状、采取其他补救措施,并有权要求赔偿损失。

知识点十六 合同的鉴证、公证和管理

1. 鉴证

鉴证是指工商行政管理机关根据合同双方当事人的自愿申请,对双方所立合同的真实性和合法性进行审查的一种制度。

除国家规定必须鉴证的合同外,合同的鉴证实行自愿原则。

对经济合同鉴证的范围,主要包括:法人、公民、其他组织及他们之间订立的建设工程施工、加工承揽、货物运输、供用电、仓储保管、财产租赁、借款、财产保险、科技协作、联

营、企业承包、企业租赁等合同。

(1) 审查内容

经济合同的鉴证,应当依照国家法律、行政法规和政策的规定,审查其下列内容:

①签订经济合同的当事人是否合格,是否具有权利能力和行为能力。

②经济合同当事人的意思表示是否真实。

③经济合同的内容是否符合国家的法律、行政法规。

④经济合同的主要条款内容是否完备、文字表述是否准确、合同签订是否符合法定程序。

经济合同的鉴证,应当由当事人双方到工商行政管理局办理。如需委托他人代办鉴证的,代理人必须持有委托证明。

(2) 申请鉴证应当提供下列材料:

①经济合同正本、副本。

②营业执照或副本。

③签订经济合同法定代表人或委托代理人资格证明。

④其他有关证明材料。

(3) 鉴定的结果

①鉴证人员应当认真审查当事人提供的合同文本及有关证明材料是否真实、合法。经审查符合鉴证条件的,予以鉴证。鉴证人员应当在合同文本上签名,加盖工商行政管理局经济合同鉴证章。

②如果当事人提供的合同文本及证明材料不完备,应告诉当事人予以补正。对不真实、不合法的经济合同,应当向当事人说明不予鉴证的理由,并在合同文本上注明。

③工商行政管理局发现自己对经济合同的鉴证有错误时,应予撤销。

2. 公证

公证是国家公证机构依法证明当事人之间签订合同行为的真实性、合法性的法律制度。公证机关对签订合同的双方在自愿的前提下所签订的合同内容,双方代表的资格等进行认真审核后,出具公证书。

我国的公证机构是司法部领导下的各级公证处,它代表国家行使公证权。我国公证实行自愿原则。

任何合同是否需要经过公证,不是法定的必要程序。

没有经过公证的有效合同与公证的合同,具有同等的法律效力。

3. 公证与鉴证的比较

合同公证与鉴证的相同点:

原则、内容和范围、目的相同。合同公证与鉴证,除另有规定外,都实行自愿申请原则;合同鉴证与公证的内容和范围相同;合同鉴证与公证的目的都是为了证明合同的合法性与真实性。

合同公证与鉴证的区别分括以下几个方面:

(1) 出证的机关不同

合同鉴证机关，是我国各级工商行政管理机关。公证机关是司法行政机关下属的公证处。

(2) 出证的性质不同

对合同进行鉴证，是一种行政管理制度，属于行政监督措施。

公证，则是一种司法制度，属司法性质。

(3) 证明的范围不同

鉴证，只适用于合同，是对合同的有效性和合法性的一种证明。而公证，则对法律行为、有法律意义的文书和事实的合法性都可以进行证明。

(4) 出证的方式不同

鉴证时，鉴证人应在原合同文本上签属鉴证意见，并签名和加盖工商行政管理局合同鉴证章，同时发给当事人鉴证通知书。而公证时，公证人员应按统一的格式出具公证书，不能在原合同文书上签字盖章。

(5) 法律效力不同

经过鉴证的合同，如果一方违约，当事人可向原鉴证机关申请调解或按约定去仲裁；也可以发生纠纷直接向人民法院诉讼。经过鉴证的合同不能作为申请法院强制执行的依据。而且，只能在我国行政区域内具有法律约束力。

经过公证的合同，如果一方不履行时，当事人可以向公证处申请，公证处认为真实、合法，而且具备了一定条件，则可证明此合同有强制执行的效力，当事人可向有管辖权的人民法院申请执行。经过公证的合同，同时具有域内域外的法律效力。

知识点十七　合同争议的解决方式

合同争议是指在合同履行中双方当事人对权利和义务所发生的争执。《合同法》第一百二十八条指出："当事人可以通过和解或者调解解决合同争议。当事人不愿和解、调解或者和解、调解不成的，可以根据仲裁协议向仲裁机构申请仲裁。涉外合同的当事人可以根据仲裁协议向中国仲裁机构或者其他仲裁机构申请仲裁。当事人没有订立仲裁协议或者仲裁协议无效的，可以向人民法院起诉。"根据以上规定，合同在履行过程中，合同争议的出来方式有协商、调解、仲裁、诉讼等4种。

1. 协商解决

协商是指合同纠纷发生后，由合同当事人就合同争议的问题进行磋商，双方都作出一定的让步，在彼此都认为可以接受的基础上达成和解协议的方式。协商在合同各方当事人之间进行，一般没有外界参与。

2. 和解与调解

和解是指当事人自行协商解决因合同发生的争议。调解是指在第三人的主持下协调双方当事人的利益，使双方当事人在自愿的原则下解决争议的方式。和解、调解可以在诉讼外进行,也可以在诉讼中某个阶段进行。用和解和调解的方式能够便捷地解决争议,省时、省力,又不伤双方当事人的和气,因此,提倡解决合同争议首先利用和解和调解的方式。当事人不愿和解、调解或者和解、调解不成功的,可以根据达成的仲裁协议申请仲裁。但和解与调解并非当事人申请仲裁或提起诉讼的必经程序。

3. 仲裁

仲裁是指合同当事人根据仲裁协议将合同争议提交给仲裁机构并由仲裁机构作出裁决的方式。仲裁机构是依照法律规定成立的专门裁决合同争议的机构。仲裁机构作出的裁决具有法律约束力。仲裁机构不是司法机关,其裁决程序简便,处理争议较快。当事人发生合同纠纷,可以根据事先或者事后达成的仲裁协议向仲裁机构申请仲裁。涉外合同的当事人不仅可以约定向中国仲裁机构申请仲裁,也可以约定向国外的仲裁机构申请仲裁。

仲裁协议有两种类型:一种是各方当事人在争议发生前订立的,表示愿意将将来发生的争议提交仲裁机构解决的协议,这种协议一般包括在合同当中而作为合同的一项条款,被称为仲裁条款;另一种是当事人在争议发生后订立表示愿意将合同争议提交仲裁机构解决的协议。仲裁协议的内容一般包括仲裁的内容、仲裁地点、仲裁机构等。申请仲裁需要合同双方当事人订立仲裁协议,没有订立仲裁协议,一方当事人不能申请仲裁。当事人没有订立仲裁协议或者订立的仲裁协议无效,可以向人民法院起诉,通过诉讼解决合同争议。

4. 诉讼

必须具备民事诉讼法规定的相关实质要件。

值得注意的是,当事人应当根据实际情况选择其中的一个或几个方式,但是,如果当事人一旦选择了仲裁的方式就不能再向人民法院起诉。人民法院的判决、裁定、调解书和仲裁机构的裁决书是发生法律效力的法律文书,当事人应当自动履行;拒不履行的,对方当事人可以申请人民法院强制执行。

专家提示

解决争议应坚持协商为主、调解优先的原则。

实例展示

1. 表见代理案例

佛山中院判决××饮食服务娱乐公司诉××花园房地产公司服务合同纠纷案

【案例回放】

佛山市三水区××花园房地产有限公司(以下简称××花园公司)的员工叶某、程某、陈某、李某、卢某、陈某(均为该公司中层管理人员)从 2002 年 4 月至 2003 年 5 月期间,在佛山市三水区××饮食服务娱乐有限公司(以下简称××公司)进行签单消费,上述 6 人所签单据的单位名称一栏都注明为"××花园公司",消费目的为××花园公司员工用餐或公务接待等,累计签单欠款共55 216.20元。后卢某、陈某与××花园公司发生股权矛盾离开该公司,××公司知悉后多次派人向××花园公司催收欠款,××花园公司确认并同意偿付叶某、程某、陈某、李某4人的签单消费欠款共计25 520.30元,但××花园公司以卢某、陈某两人并无授权签单消费为由拒绝支付剩余欠款。××公司在2005年4月4日向佛山市三水区人民法院起诉请求××花园公司继续偿付卢某、陈某两人的签单欠款共计29 695.90元。

佛山市三水区人民法院审理认为,根据一般的交易观念和经验法则,结合××公司和××花园公司在交易过程中形成的××花园公司其他员工在结算单据上签名对服务费用进行确认的交易习惯,且××花园公司在卢某、陈某以××花园公司名义签单后到法庭审理前一直未向××公司提出异议,认定卢某、陈某两人在服务结算单上的签名行为,是代表××花园公司对服务费用的确认行为,其法律后果应当由××花园公司承担。据此判决:佛山市三水区××花园房地产有限公司须在判决生效之日起十日内向佛山市三水区××饮食娱乐有限公司支付服务费29 695.90元,逾期给付,则按照中国人民银行同期商业贷款利率加倍支付迟延履行期间的债务利息,诉讼费用2 166元由佛山市三水区××花园房地产有限公司负担。

宣判后,上诉人××花园公司不服原审判决,向广东省佛山市中级人民法院提起上诉称:上诉人××花园公司根本不知道卢某、陈某两人的签单消费活动,事前没有上诉人××花园公司的授权,事后也没有上诉人××花园公司的追认,上诉人××花园公司与被上诉人××公司之间没有任何书面甚至口头约定卢某、陈某的签单消费均由上诉人××花园公司负责。请求二审法院撤销原审判决,驳回被上诉人××公司的诉讼请求。2005年8月30日,佛山市中级人民法院依照《中华人民共和国民事诉讼法》第一百五十三条第一款第(一)项之规定,判决:驳回上诉,维持原判。二审案件受理费2 166元,由上诉人佛山市三水区××花园房地产有限公司负担。

【案例评析】

本案争议焦点是卢某、陈某两人签单消费的债务是否应由××花园公司承担给付责任。

《中华人民共和国合同法》第四十九条规定:"行为人没有代理权、超越代理权或者代理权终止后以被代理人名义订立合同,相对人有理由相信行为人有代理权的,该代理行为有效。"最高人民法院《关于贯彻执行〈中华人民共和国民法通则〉若干问题的意见》第五十八条规定:企业法人的法定代表人和其他工作人员,以法人名义从事的经营活动,给他人造成经济损失的,企业法人应当承担民事责任。在民商事活动中,对职务行为的认定适用外观主义原则,只要在客观上具备执行职务的特征,又以法人名义实施,相对人有理由相信该行为是执行职务的行为,就可以认定该工作人员的行为是执行职务的行为,即形成职务上的表见代理。这是因为合同上的交易安全是交易环境应当具有的一种确定状态,亦即交易者基于对交易行为合法性的信赖及对交易行为效果确定性的正当期待而进行的交易,应当获得法律的肯定性评价。

本案中,卢某和陈某在签单期间是上诉人××花园公司的中层管理人员,两人所签单据显示的消费单位均为上诉人××花园公司,消费目的为上诉人××花园公司员工用餐或公务接待等,依据一般交易观念和经验法则可以判断,被上诉人××公司作为以收受现金为享受权利方式的饮食服务娱乐经营者,除非上诉人××花园公司授权过叶耀松、程某、陈某、李某、卢某、陈某6人可以在被上诉人××公司签单消费外,被上诉人××公司不可能准许上列6人在长达一年时间内累计签单消费达5万余元,且上列6人签单消费均注明是员工用餐或公务接待,上诉人××花园公司在被上诉人××公司起诉前亦从未对上列6名签单人员签单消费提出过异议,上诉人××花园公司又确认并偿付与卢某、陈某两人签单方式完全相同的叶某、程某、陈某、李某4人的签单。

结合案件情况,应认定卢某、陈某两人在被上诉人××公司处的签单消费行为,已形成职务上的表见代理,其法律后果即两人签单消费的债务应由××花园公司承担给付责任。

2. 要约与要约邀请的区别案例

【案例回放】

某百货公司因建造一栋大楼,急需钢材,遂向本省的甲、乙、丙钢材厂发出传真,传真中称:"我公司急需标号为01型号的钢材200吨,如贵厂有货,请速来传真,我公司愿派人前往购买。"三家钢材厂在收到传真以后,都先后向百货公司回复了传真,在传真中告知它们备有现货,且告知了钢材的价格。而甲钢材厂在发出传真的同时,便派车给百货公司送去了100吨钢材。在该批钢材送达之前,百货公司得知丙钢材厂所生产的钢材质量较好,且价格合理,因此,向丙钢材厂去传真,称:"我公司愿购买贵厂200吨01型号钢材,盼速送货,运费由我公司负担。"在发出传真后第二天上午,丙钢材厂发函称已准备发货。下午,甲钢材厂将100吨钢材送到百货公司,被告知,他们已决定购买丙钢材厂的钢材,因此不能接受其送来的钢材。甲钢材厂认为,百货公司拒收货物已构成违约,双方因协商不成,甲钢材厂遂向法院提起诉讼。

【案例评析】

确定本案被告是否构成违约,前提是判定该买卖合同是否成立。根据《合同法》的规定:当事人订立合同,采取要约和承诺的方式。承诺生效时合同成立。要判定本案合同是否成立,关键在于认定被告向原告所发出的传真在性质上是要约,还是要约邀请?《合同法》第十四条、十五条分别对要约和要约邀请作了规定。本案被告向原告发出的传真,在性质上属要约邀请,而非要约。现依据《合同法》的有关规定具体分析如下:

(1)从当事人的意愿角度来看,应属于要约邀请。

要约是希望和他人订立合同的意思表示,一项要约应当含有当事人受要约拘束的意愿,表明一经受要约人承诺,合同即告成立,要约人即受该意思表示约束,故要约是一种能导致合同关系产生的法律行为。而要约邀请则是希望对方主动向自己提出订立合同的意思表示,不能导致合同关系的产生,只能诱导他人向自己发出要约。如果当事人在其订约的建议中提出其不愿意接受要约的拘束力,或特别声明其提议是要约邀请,而非要约,则应认为该提议在性质上是要约邀请,而非要约。

本案中,被告向原告发出的传真称:"如贵厂有货,请速来传真,我厂愿派人前往购买","请速来传真"表明被告希望原告向自己发出要约;"我厂愿派人前往购买"应理解为是派人前去协商购买,而并不是前往原告处提货,一般在原告尚未来函告知价格等情况,被告亦未派人前去查验钢材质量的情况下,不能决定要购买该货物,而且是被告送货上门。

可见,该传真是要约邀请,而非要约。本案被告在给丙钢材厂发去的传真中明确指出:"盼速发货,运费由我公司负担"。可见,该传真内容中已明确具有被告愿受该传真拘束的意思,一旦发货,被告不仅要接受货物,而且要承担运费。

(2) 从传真的内容上来看,是要约邀请而非要约。

要约的意思表示不应当抽象笼统,模糊不清,而应当具体确定,只要受要约人接受该要约后就能够使合同成立。具体来说应当按《合同法》第十二条规定的合同条款具体作出明确的意思表示。即使不能按《合同法》第十二条规定的合同条款具体作出明确的意思表示,至少应提出合同主要条款,也即决定着未来合同是否成立并生效的核心条款,这样才能因承诺人的承诺而成立合同。其余欠缺条款可以按《合同法》第六十二条处理。而要约邀请,则旨在希望对方当事人提出要约,故不必包含合同的主要条款。

在本案中,由于未来合同是买卖合同,所以被告向原告发出的传真,如果构成要约,就必须具备买卖合同要具备的主要条款。从本案来看,被告在传真中只明确规定了标的和数量(200吨01型号的钢材),但并未提价款,被告显然是希望原告向其告知价款,以进一步与其协商是否购买其钢材。由于传真内容中缺少价格条款,不符合要约的构成条件,所以只能视为要约邀请。

至于原告回复传真和发运钢材的行为,法律上应认定为是一种要约行为。原告以传真告知货物的价格并发出货物来作出订立合同的提议,该提议已具备了未来合同的基本条款,且表明了原告愿意订立合同的明确意思。相对而言被告则处于承诺人的地位,被告可以承诺也可以不承诺,被告拒收货物,表明其拒绝承诺,所以合同根本没有成立,自然不能要求被告承担违约责任。

(3) 按照《合同法》的规定,在合同不成立情况下,如果一方当事人在缔约过程中具有过失,则应当根据诚实信用原则,承担缔约过失责任。但从本案来看,被告发出传真及拒绝收货,都不能认定其具有过失,因此,也不应当承担缔约过失责任。

【审判结果】

百货公司不构成违约,不承担缔约过失责任。

3. 抗辩权的行使

【案例回放】

2000年8月10日,河南省××有限公司(以下简称××公司)与深圳××经济开发公司(以下简称开发公司)在河南省郑州市签订购销合同一份。

合同约定:××公司供给开发公司国际中级毛绿豆(含水量2%)3 000吨,每吨价格

985元,总货款2 955 000元,于同年9月20日前交货,并负责办理商检证、免疫证、产地证、供货证和化验单。需方开发公司在合同生效后预付22万元定金,8月底付足货款的50%,包括定金共1 477 500元,余下货款在货到后付清。合同签订后,开发公司于2000年8月11日给付合同定金22万元,并在收到××公司提供的商检、产地等证和河南省经贸委的绿豆计划外销售批件后,于同年8月25日将合计金额为1 257 500元的两张汇票交给××公司。××公司收到定金及汇票后,于9月13日向需方发出毛绿豆3 000吨,并要求需方收到货物后结清余款。需方开发公司在验货后发现:毛绿豆的含水量高出合同约定标准4%,无法制浆,所以,需方以供方履约有瑕疵为由,拒付余款。而××公司则认为:合同约定需方在"货到后结清余款",但需方在收货后迟迟未将余款结清,构成违约,双方遂发生纠纷。

【案例评析】

本案涉及到后履行抗辩权(有些学者称其为"先履行抗辩权")的构成和行使问题。

在本案中,××公司与开发公司签订的购销合同依法有效,对双方当事人均有法律约束力。按照合同,供需双方当事人互负给付义务,××公司负有"提供符合约定标准的绿豆"的义务,开发公司则负有"支付约定的货款与定金"的义务,且根据合同约定,双方的履行次序依次是:需方支付定金及部分货款,然后供方供货,最后需方结清余款。但在本案中,在需方按时支付定金及部分货款后,供方提供的货物并不符合合同约定,《合同法》第六十七条规定:"当事人互负债务,有先后履行顺序,先履行一方未履行的,后履行一方有权拒绝其履行要求。先履行一方履行债务不符合约定的,后履行一方有权拒绝其相应的履行要求。"

因此,根据《合同法》第六十七条的规定,需方有权拒绝支付余款。

4. 不安抗辩权的行使

【案例回放】

甲为一著名相声表演艺术家,乙为一家演出公司。甲、乙之间签订了一份演出合同,约定甲在乙主办的一场演出中出演一个节目,由乙预先支付给甲演出劳务费五万元。后来,在合同约定支付劳务费的期限到来之前,甲因一场车祸而受伤住院。乙通过向医生询问甲的伤情得知,在演出日之前,甲的身体有康复的可能,但也不排除甲的伤情会恶化,以至于不能参加原定的演出。基于上述情况,乙向甲发出通知,主张暂不予支付合同中所约定的五万元劳务费。

【案例评析】

本案中,乙方的行为属于行使不安抗辩权的行为。

本案中,甲、乙双方的债务是因同一双务合同而发生,并且按合同约定,乙方有先履行给付演出劳务费的义务。在该双务合同成立后,甲方因车祸而造成身体伤害,以致有届时不能履行出场演出义务的可能。乙方在询问医生,得知甲方届时履行其出场演出义务的能力尚不确定时,对甲方发出了通知,告知甲方其演出劳务费不能按合同原定予以提前支付,这是乙方行使不安抗辩权的正当行为,完全符合不安抗辩权行使的法定要件,符合民法中的诚实信用原则和公平原则。对于乙方的该种行为,在法律上和法理上都是应当给予支持的。

5. 代位权的行使

【案例回放】

2005年3月张某欲与他人合伙做生意,因资金紧张,向王某借款10万元。双方签订了借款合同,约定借款期限为一年,利率同银行同期贷款利率。一年后,由于张某做生意失败,无力清偿该笔欠款。王某得知张某的好友齐某为了买房,曾于2003年1月向张某借款5万元,借款期限为三年,对是否支付利息没有约定。该笔借款虽已到期,但张某并未向齐某催讨。王某遂将齐某诉之法院,请求行使其代位求偿权。

【审判结果】

经审理,法院依法判决齐某在判决书生效后10日内向王某清偿5万元。

【案例评析】

该案涉及合同法中代位权诉讼的相关法律问题。

债权人的代位权是指,当债务人怠于行使其权利,而危害到债权人的债权时,债权人可以取代债务人的地位,行使债务人的权利。

我国《合同法》第七十三条第一款规定:"因债务人怠于行使其到期债权,对债权人造成损害的,债权人可以向人民法院请求以自己的名义代位行使债务人的债权,但该债权专属于债务人自身的除外。"该条规定明确了在债务人怠于行使其到期债权损害了债权人利益的情况下,债权人可以提起代位权诉讼。

模块二 《招标投标法》概述

招投标是一种国际上普遍应用的、有组织的市场交易行为,是贸易中一种工程、货物或服务的买卖方式。通常是采购人事先提出采购的条件和要求,邀请众多的交易对象参与竞争,按照规定的程序从中择优选定成交者的过程。

为了规范招标投标活动,调整在招标投标过程中产生的各种关系的法律,1999年8月30日中华人民共和国第九届全国人民代表大会常务委员会第十一次会议通过了《中华人民共和国招标投标法》,于2000年1月1日起执行。《中华人民共和国招标投标法》(以下简称《招标投标法》)的制定标志着我国的工程采购活动进入了法制化、规范化、程序化的轨道。

《招标投标法》是国家用来规范招标投标活动、调整在招标投标过程中产生的各种关系的法律规范的总称。

按照法律效力的不同,招标投标法律规范分为三个层次:

第一层次是由全国人大及其常委会颁发的招标投标法律。

第二层次是由国务院颁发的招标投标行政法规以及有立法权的地方人大颁发的地

方性招标投标法规。

第三层次是由国务院有关部门颁发的有关招标投标的部门规章以及有立法权的地方人民政府颁发的地方性招标投标规章。

本模块所称的《招标投标法》，是属第一层次上的，即由全国人民代表大会常务委员会制定和颁布的招标投标法律。

《招标投标法》是整个招标投标领域的基招标投标法，一切有关招标投标的法规、规章和规范性文件都必须与《招标投标法》相一致。

在公路工程建设的各个环节都需要通过招标的方式选择勘察设计单位、施工承包单位、监理咨询单位以及材料、设备供应单位等，按照招投标的相关程序和要求完成招投标工作，双方签订合同文件，然后履行合同，完成项目。

知识点一 《招标投标法》立法目的及基本内容

《招标投标法》共六章，六十八条。第一章为总则，规定了《招标投标法》的立法宗旨、适用范围、强制招标的范围以及招标投标活动中应遵循的基本原则；第二至四章根据招标投标活动的具体程序和步骤，规定了招标、投标、开标、评标和中标各阶段的行为规则；第五章规定了违反上述规则应承担的法律责任，上述几章构成了《招标投标法》的实体内容；第六章为附则，规定了《招标投标法》的例外适用情形以及生效日期。

《招标投标法》的制定，是为了规范招标投标活动，保护国家利益、社会公共利益和招标投标活动当事人的合法权益，提高经济效益，保证项目质量。

招标投标立法的根本目的，是维护市场平等竞争秩序，完善社会主义市场经济体制。从上述根本目的出发，《招标投标法》的直接立法目的有以下4点：

（1）规范招标投标活动。规定了招标投标程序以及法律责任，当事人违反这些程序性规则要承担相应的法律责任，确保招投标活动的规范化、程序化，并形成有效的监督管理机制。

（2）提高经济效益。招标就是择优。招标的最大特点是通过集中采购，让众多的投标人进行竞争，以最低或较低的价格获得最优的货物、工程或服务。

（3）保证项目质量。通过招标投标活动，选择有资质、有能力、有经验的承包人，使项目质量得以保证。

（4）保护国家利益、社会公共利益和招标投标活动当事人的合法权益。无论是规范招标投标活动，还是提高经济效益，或保证项目质量，最终目的都是为了保护国家利益、社会公共利益，保护招标投标活动当事人的合法权益。也只有在招标投标活动得以规范，经济效益得以提高，项目质量得以保证的条件下，国家利益、社会公共利益和当事人的合法权益才能得以维护。因此，保护国家利益、社会公共利益和当事人的合法权益，是《招标投标法》最直接的立法目的。

知识点二 《招标投标法》适用范围和对象

1.《招标投标法》适用范围

《招标投标法》的调整范围,是在中华人民共和国境内发生的招标投标活动,但香港、澳门地区除外。

2.《招标投标法》适用对象

《招标投标法》的适用对象是招标投标活动,即招标人对货物、工程和服务事先公布采购条件和要求,吸引众多投标人参加竞争,并按规定程序选择交易对象的行为。《招标投标法》的调整对象既包括招标、投标、开标、评标、定标等各个环节的活动,也包括政府部门对招标投标活动的行政监督、规范。

《招标投标法》适用于在中华人民共和国境内进行的一切招标投标活动。只要是在我国境内进行的招投标活动,都必须遵循一套标准的程序,即《招标投标法》中规定的程序。不仅包括《招标投标法》列出必须进行招标的活动,而且包括必须招标以外的所有招标投标活动。也就是说,凡是在中国境内进行的招投标活动,不论招标主体的性质、招标采购的资金性质、招标采购项目的性质如何,都要适用《招标投标法》的有关规定。

3. 强制招标范围

在中华人民共和国境内进行下列工程建设项目包括项目的勘察、设计、施工、监理以及与工程建设有关的重要设备、材料等的采购,必须进行招标:

(1)大型基础设施、公用事业等关系社会公共利益、公众安全的项目。

(2)全部或者部分使用国有资金投资或者国家融资的项目。

(3)使用国际组织或者外国政府贷款、援助资金的项目。

法律或者国务院对必须进行招标的其他项目的范围有规定的,依照其规定。

中华人民共和国国家发展计划委员会令(第3号令)《工程建设项目招标范围和规模标准规定》,具体规定了不同招标项目的招标金额及各类项目的解释。

关系社会公共利益、公众安全的基础设施项目的范围主要包括:

(1)煤炭、石油、天然气、电力、新能源等能源项目。

(2)铁路、公路、管道、水运、航空以及其他交通运输业等交通运输项目。

(3)邮政、电信枢纽、通信、信息网络等邮电通讯项目。

(4)防洪、灌溉、排涝、引(供)水、滩涂治理、水土保持、水利枢纽等水利项目。

(5)道路、桥梁、地铁和轻轨交通、污水排放及处理、垃圾处理、地下管道、公共停车场等城市设施项目。

(6)生态环境保护项目。

(7)其他基础设施项目。

关系社会公共利益、公众安全的公用事业项目的范围主要包括:

(1)供水、供电、供气、供热等市政工程项目。

(2)科技、教育、文化等项目。
(3)体育、旅游等项目。
(4)卫生、社会福利等项目。
(5)商品住宅,包括经济适用住房。
(6)其他公用事业项目。

使用国有资金投资项目的范围主要包括:
(1)使用各级财政预算资金的项目。
(2)使用纳入财政管理的各种政府性专项建设基金的项目。
(3)使用国有企业事业单位自有资金,并且国有资产投资者实际拥有控制权的项目。

国家融资项目的范围主要包括:
(1)使用国家发行债券所筹资金的项目。
(2)使用国家对外借款或者担保所筹资金的项目。
(3)使用国家政策性贷款的项目。
(4)国家授权投资主体融资的项目。
(5)国家特许的融资项目。

使用国际组织或者外国政府资金的项目的范围主要包括:
(1)使用世界银行、亚洲开发银行等国际组织贷款资金的项目。
(2)使用外国政府及其机构贷款资金的项目。
(3)使用国际组织或者外国政府援助资金的项目。

4. 招标金额

上述规定范围内的各类工程建设项目,包括项目的勘察、设计、施工、监理以及与工程建设有关的重要设备、材料等的采购,达到下列标准之一的,必须进行招标:
(1)施工单项合同估算价在 200 万元人民币以上的。
(2)重要设备、材料等货物的采购,单项合同估算价在 100 万元人民币以上的。
(3)勘察、设计、监理等服务的采购,单项合同估算价在 50 万元人民币以上的。
(4)单项合同估算价低于第(1)、(2)、(3)项规定的标准,但项目总投资额在 3 000 万元人民币以上的。

这是对强制招标制度及其范围的规定。这是《招标投标法》的核心内容之一,也是最能体现立法目的的条款之一。

强制招标,是指法律规定某些类型的采购项目,凡是达到一定数额的,必须通过招标进行,否则采购单位要承担法律责任。

在《招标投标法》中,强制招标的范围着眼于"工程建设项目",而且是工程建设项目全过程的招标,包括从勘察、设计、施工、监理到设备、材料的采购。

对于依照《招标投标法》及其他法律、法规规定必须进行招标的项目,任何单位和个人不得通过化整为零或任何其他方式规避招标。违反规定,将受到责令改正、罚款、暂停资金拨付和处分的处罚。

知识点三　招投标活动的原则与特点

1. 招投标活动的原则

招标投标活动应当遵循公开、公平、公正和诚实信用的原则,即"三公"原则和诚信原则。

"公开"原则,就是要求招标投标活动具有高的透明度,实行招标信息、招标程序公开,即发布招标通告,公开开标,公开中标结果,使每一个投标人获得同等的信息,知悉招标的一切条件和要求。

"公平"原则,就是要求给予所有投标人平等的机会,使其享有同等的权利并履行相应的义务,不歧视任何一方。

"公正"原则,就是要求评标时按事先公布的标准对待所有的投标人。

鉴于"三公"原则在招标投标活动中的重要性,《招标投标法》始终以其为主线,在总则及各章的各个条款中予以具体体现。

所谓诚实信用原则,也称诚信原则,是民事活动的基本原则之一。这条原则的含义是,招标投标当事人应以诚实、善意的态度行使权利,履行义务,以维持双方的利益平衡,以及自身利益与社会利益的平衡。从这一原则出发,《招标投标法》规定了不得规避招标、串通投标、泄露标、骗取中标、转包合同等诸多义务,要求当事人遵守,并规定了相应的罚则。

2. 招标采购活动的特点

招标采购是最富有竞争的一种采购方式。与其他采购方式相比,招标采购至少应具备以下要素:

(1)程序规范。在招标投标活动中,从招标、投标、评标、定标到签订合同,每个环节都有严格的程序、规则。这些程序和规则具有法律拘束力,当事人不能随意改变。

(2)编制招标、投标文件。在招标投标活动中,招标人必须编制招标文件,投标人据此编制投标文件参加投标,招标人组织评标委员会对投标文件进行评审和比较,从中选出中标人。因此,是否编制招标、投标文件,是区别招标与其他采购方式的最主要特征之一。

(3)公开性。招标投标的基本原则是"公开、公平、公正",将采购行为置于透明的环境中,防止腐败行为的发生。招标投标活动的各个环节均体现了这一原则。

(4)一次成交。在投标人递交投标文件后到确定中标人之前,招标人不得与投标人就投标价格等实质性内容进行谈判。也就是说,投标人只能一次报价,不能与招标人讨价还价,并以此报价作为签订合同的基础。

以上4个要素,基本反映了招标采购的本质,也是判断一项采购活动是否属招标采购的标准和依据。

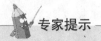

专家提示

一个完整的招标投标过程,包括招标、投标、开标、评标和定标 5 个环节。招标作为起始步骤,其程序规范与否,直接关系到以后各个环节能否顺利进行,对于整个招投标过程有着非常重要的意义。

知识点四　招标的方式与选择

1. 招标方式

招标分为公开招标和邀请招标。

公开招标,是招标人在指定的报刊、电子网络或其他媒体上发布招标公告,吸引众多的投标人参加投标竞争,招标人从中择优选择中标单位的招标方式。简单地说公开招标就是指招标人以招标公告的方式邀请不特定的法人或者其他组织投标。

邀请招标,也称选择性招标,由招标人根据自己的经验和有关供应商、承包人资料,如企业信誉、设备性能、技术力量、以往业绩等情况,选择一定数目的企业(一般应邀请 5~10 家为宜,不能少于 3 家),向其发出投标邀请书,邀请他们参加投标竞争。简单地说邀请招标,是指招标人以投标邀请书的方式邀请特定的法人或者其他组织投标。

国家重点项目和地方重点项目应当进行公开,不宜公开招标的项目,经批准可进行邀请招标。

在某些特定情况下,如由于项目技术复杂或有特殊要求,涉及专利权保护,受自然资源或环境限制,新技术或技术规格事先难以确定等原因,可供选择的具备资格的投标单位数量有限,实行公开招标不适宜或不可行。在这种情况下,招标人可选用——邀请招标。

《工程建设项目施工招标投标办法》(七部委 2003 年 30 号令)中写明了建设施工项目可以邀请招标及可以不进行施工招标的情形。

公开招标和邀请招标的区别主要在于:

(1)发布信息的方式不同。公开招标采用公告的形式发布,邀请招标采用投标邀请书的形式发布。

(2)选择的范围不同。公开招标因使用招标公告的形式,针对的是一切潜在的对招标项目感兴趣的法人或其他组织,招标人事先不知道投标人的数量;邀请招标针对已经了解的法人或其他组织,而且事先已经知道投标者的数量。

(3)竞争的范围不同。由于公开招标使所有符合条件的法人或其他组织都有机会参加投标,竞争的范围较广,竞争性体现得也比较充分,招标人拥有绝对的选择余地,容易获得最佳招标效果;邀请招标中投标人的数目有限,竞争的范围有限,招标人拥有的选择余地相对较小,有可能提高中标的合同价,也有可能将某些在技术上或报价上更有竞争力的承包人漏掉。

(4)公开的程度不同。公开招标中,所有的活动都必须严格按照预先指定并为大家所知的程序和标准公开进行,大大减少了作弊的可能;相比而言,邀请招标的公开程度逊色一些,产生不法行为的机会也就多一些。

(5)时间和费用不同。由于邀请招标不发公告,招标文件只送几家,使整个招投标的时间大大缩短,招标费用也相应减少。公开招标的程序比较复杂,从发布公告,投标人作出反应,评标,到签订合同,有许多时间上的要求,要准备许多文件,因而耗时较长,费用也比较高。

2. 邀请招标的限制

国务院发展计划部门确定的国家重点建设项目和各省、自治区、直辖市人民政府确定的地方重点建设项目,以及全部使用国有资金投资或者国有资金投资占控股或者主导地位的工程建设项目,应当公开招标。有下列情形之一的,经批准可以进行邀请招标:

(1)项目技术复杂或有特殊要求,只有少量几家潜在投标人可供选择的。

(2)受自然地域环境限制的。

(3)涉及国家安全、国家秘密或者抢险救灾,适宜招标但不宜公开招标的。

(4)拟公开招标的费用与项目的价值相比,不值得的。

(5)法律、法规规定不宜公开招标的。

国家重点建设项目的邀请招标,应当经国务院发展计划部门批准;地方重点建设项目的邀请招标,应当经各省、自治区、直辖市人民政府批准。

全部使用国有资金投资或者国有资金投资占控股或者主导地位的并需要审批的工程建设项目的邀请招标,应当经项目审批部门批准,但项目审批部门只审批立项的,由有关行政监督部门批准。

3. 不招标的情况

需要审批的工程建设项目,有下列情形之一的,由审批部门批准,可以不进行施工招标:

(1)涉及国家安全、国家秘密或者抢险救灾而不适宜招标的。

(2)属于利用扶贫资金实行以工代赈需要使用农民工的。

(3)施工主要技术采用特定的专利或者专有技术的。

(4)施工企业自建自用的工程,且该施工企业资质等级符合工程要求的。

(5)在建工程追加的附属小型工程或者主体加层工程,原中标人仍具备承包能力的。

(6)法律、行政法规规定的其他情形。

不需要审批但依法必须招标的工程建设项目,有前款规定情形之一的,可以不进行施工招标。

知识点五 招标人与招标代理

招标人有权自行选择招标代理机构,委托其办理招标事宜。任何单位和个人不得以任何方式为招标人指定招标代理机构。

招标人具有编制招标文件和组织评标能力的,可以自行办理招标事宜。任何单位和个人不得强制其委托招标代理机构办理招标事宜。

依法必须进行招标的项目,招标人自行办理招标事宜的,应当向有关行政监督部门备案。

招标代理机构是依法设立、从事招标代理业务并提供相关服务的社会中介组织。

1. 招标代理机构的资格认定

(1)工程建设项目招标代理(以下简称工程招标代理),是指工程招标代理机构接受招标人的委托,从事工程的勘察、设计、施工、监理以及与工程建设有关的重要设备(进口机电设备除外)、材料采购招标的代理业务。

(2)从事工程建设项目招标代理业务的招标代理机构,其资格由国务院或者省、自治区、直辖市人民政府的建设行政主管部门认定,具体见《工程建设项目招标代理机构资格认定办法》(中华人民共和国建设部令第154号)。

(3)工程招标代理机构资格分为甲级、乙级和暂定级。

(4)甲级工程招标代理机构可以承担各类工程的招标代理业务;乙级工程招标代理机构只能承担工程总投资1亿元人民币以下的工程招标代理业务;暂定级工程招标代理机构只能承担工程总投资6 000万元人民币以下的工程招标代理业务。

工程招标代理机构可以跨省、自治区、直辖市承担工程招标代理业务。

任何单位和个人不得限制或者排斥工程招标代理机构依法开展工程招标代理业务。

甲级工程招标代理机构资格由国务院建设主管部门认定。乙级、暂定级工程招标代理机构资格由工商注册所在地的省、自治区、直辖市人民政府建设主管部门认定。

2. 招标代理机构资格条件

(1)是依法设立的中介组织,具有独立法人资格。

(2)与行政机关和其他国家机关没有行政隶属关系或者其他利益关系。

(3)有固定的营业场所和开展工程招标代理业务所需设施及办公条件。

(4)有健全的组织机构和内部管理的规章制度。

(5)具备编制招标文件和组织评标的相应专业力量。

(6)具有可以作为评标委员会成员人选的技术、经济等方面的专家库。

(7)法律、行政法规规定的其他条件。

招标代理机构应当在招标人委托的范围内办理招标事宜,并遵守《招标投标法》关于招标人的规定。

3. 招标代理机构的法律责任

工程招标代理机构应当与招标人签订书面合同,在合同约定的范围内实施代理,并按照国家有关规定收取费用;超出合同约定实施代理的,依法承担民事责任。

工程招标代理机构应当在其资格证书有效期内,妥善保存工程招标代理过程文件以及成果文件。

工程招标代理机构不得伪造、隐匿工程招标代理过程文件以及成果文件。

工程招标代理机构在工程招标代理活动中不得有下列行为：

(1)与所代理招标工程的招投标人有隶属关系、合作经营关系以及其他利益关系。

(2)从事同一工程的招标代理和投标咨询活动。

(3)超越资格许可范围承担工程招标代理业务。

(4)明知委托事项违法而进行代理。

(5)采取行贿、提供回扣或者给予其他不正当利益等手段承接工程招标代理业务。

(6)未经招标人书面同意，转让工程招标代理业务。

(7)泄露应当保密的与招标投标活动有关的情况和资料。

(8)与招标人或者投标人串通，损害国家利益、社会公共利益和他人合法权益。

(9)对有关行政监督部门依法责令改正的决定拒不执行或者以弄虚作假方式隐瞒真相。

(10)擅自修改经招标人同意并加盖了招标人公章的工程招标代理成果文件。

(11)涂改、倒卖、出租、出借或者以其他形式非法转让工程招标代理资格证书。

(12)法律、法规和规章禁止的其他行为。

申请资格升级的工程招标代理机构或者重新申请暂定级资格的工程招标代理机构，在申请之日起前一年内有前款规定行为之一的，资格许可机关不予批准。

有下列情形之一的，资格许可机关或者其上级机关，根据利害关系人的请求或者依据职权，可以撤销工程招标代理资格：

(1)资格许可机关工作人员滥用职权、玩忽职守作出准予资格许可的。

(2)超越法定职权作出准予资格许可的。

(3)违反法定程序作出准予资格许可的。

(4)对不符合许可条件的申请作出资格许可的。

(5)依法可以撤销工程招标代理资格的其他情形。

以欺骗、贿赂等不正当手段取得工程招标代理资格证书的，应当予以撤销。

这是关于委托代理招标和招标人自行招标的规定。

招标人是依照招标投标法规定提出招标项目、进行招标的法人或者其他组织。

"依法必须进行招标的项目"，即《招标投标法》第三条所列的强制招标项目。为确保这类招标项目取得良好的效果，必须严把招标人自行招标这道关口。行政监督部门根据本条第二款的规定，对招标人是否具备自行招标的条件进行审查。符合条件的，准许其自行办理招标事宜；不符合条件的，要求其委托代理机构办理招标事宜。

知识点六 招标与投标行为的规定

1. 关于招标的规定

(1)对投标人进行资格审查

招标人可以根据招标项目本身的要求,在招标公告或者投标邀请书中,要求潜在投标人提供有关资质证明文件和业绩情况,并对潜在投标人进行资格审查。国家对投标人的资格条件有规定的,依照其规定。

资格审查分为资格预审和资格后审。

(2)对投标人要公平、公正

招标人不得以不合理的条件限制或者排斥潜在投标人,不得对潜在投标人实行歧视待遇。

(3)招标人要编制招标文件

招标人应当根据招标项目的特点和需要编制招标文件。招标文件应当包括:招标项目的技术要求、对投标人资格审查的标准、投标报价要求和评标标准等、所有实质性要求和条件以及拟签订合同的主要条款。国家对招标项目的技术、标准有规定的,招标人应当按照其规定在招标文件中提出相应要求。招标项目需要划分标段、确定工期的,招标人应当合理划分标段、确定工期,并在招标文件中载明。

招标文件不得要求或者标明特定的生产供应者以及含有倾向或者排斥潜在投标人的其他内容。

(4)组织现场踏勘

招标人根据招标项目的具体情况,可以组织潜在投标人踏勘项目现场。

(5)保密要求

招标人不得向他人透露已获取招标文件的潜在投标人的名称、数量以及可能影响公平竞争的有关招标投标的其他情况。招标人设有标底的,标底必须保密。

招标人收到投标文件后,应当签收保存,不得开启。

(6)招标文件修改或澄清

招标人对已发出的招标文件进行必要的澄清或者修改的,应当在招标文件要求提交投标文件截止时间至少十五日前,以书面形式通知所有招标文件收受人。该澄清或者修改的内容为招标文件的组成部分。

2. 投标人的有关规定

(1)投标人资格

投标人是响应招标、参加投标竞争的法人或者其他组织。

投标人应当具备承担招标项目的能力;国家有关规定对投标人资格条件或者招标文件对投标人资格条件有规定的,投标人应当具备规定的资格条件。

(2)投标人编制投标文件

投标人应当按照招标文件的要求编制投标文件。投标文件应当对招标文件提出的实质性要求和条件作出响应。招标项目属于建设施工的,投标文件的内容应当包括拟派出的项目负责人与主要技术人员的简历、业绩和拟用于完成招标项目的机械设备等。

投标人根据招标文件载明的项目实际情况,拟在中标后将中标项目的部分非主体、非关键性工作进行分包的,应当在投标文件中载明。

(3) 投标文件的递交

投标人应当在招标文件要求提交投标文件的截止时间前,将投标文件送达投标地点。在招标文件要求提交投标文件的截止时间后送达的投标文件,招标人应当拒收。

(4) 投标文件的修改或撤回

投标人在招标文件要求提交投标文件的截止时间前,可以补充、修改或者撤回已提交的投标文件,并书面通知招标人。补充、修改的内容为投标文件组成部分。

两个以上法人或者其他组织可以组成一个联合体,以一个投标人的身份共同投标。联合体各方均应当具备承担招标项目的相应能力;国家有关规定或者招标文件对投标人资格条件有规定的,联合体各方均应当具备规定的相应资格条件。由同一专业的单位组成的联合体,按照资质等级较低的单位确定资质等级。联合体各方应当签订共同投标协议,明确约定各方拟承担的工作和责任,并将共同投标协议连同投标文件一并提交招标人。联合体中标的,联合体各方应当共同与招标人签订合同,就中标项目向招标人承担连带责任。招标人不得强制投标人组成联合体共同投标,不得限制投标人之间的竞争。

3. 禁止性规定

(1) 投标人不得相互串通投标报价,不得排挤其他投标人的公平竞争,损害招标人或者其他投标人的合法权益。

(2) 投标人不得与招标人串通投标,损害国家利益、社会公共利益或者他人的合法权益。

(3) 禁止投标人以向招标人或者评标委员会成员行贿的手段谋取中标。

(4) 投标人不得以低于成本的报价竞标,也不得以他人名义投标或者以其他方式弄虚作假,骗取中标。

知识点七　开标、评标和中标的要求与规定

1. 开标的规定

开标,应当在招标文件确定的提交投标文件截止时间的同一时间公开进行,开标地点应当为招标文件中预先确定的地点。

开标由招标人主持,邀请所有投标人参加。

招标人在招标文件要求提交投标文件的截止时间前收到的所有投标文件,开标时都应当当众予以拆封、宣读。开标过程应当记录,并存档备查。

2. 评标的规定

(1) 评标委员会

评标由招标人依法组建的评标委员会负责。依法必须进行招标的项目,其评标委员会由招标人的代表和有关技术、经济等方面的专家组成,成员人数为五人以上单数,其中技术、经济等方面的专家不得少于成员总数的三分之二。

与投标人有利害关系的人不得进入相关项目的评标委员会,已经进入的应当更换。

评标委员会成员的名单,在招标结果确定前应当保密。

(2)评标纪律

评标委员会成员应当客观、公正地履行职务,遵守职业道德,对所提出的评审意见承担个人责任。

评标委员会成员不得私下接触投标人,不得收受投标人的财物或者其他好处。

评标委员会成员和参与评标的有关工作人员不得透露对投标文件的评审和比较、中标候选人的推荐情况以及与评标有关的其他情况。

(3)安全保障工作

招标人应当采取必要的措施,保证评标在严格保密的情况下进行。任何单位和个人不得非法干预、影响评标的过程和结果。

3. 中标的规定

中标人的投标应当符合下列条件之一。

(1)能够最大限度地满足招标文件中规定的各项综合评价标准。

(2)能够满足招标文件的实质性要求,并且经评审的投标价格最低;但是投标价格低于成本的除外。

中标人确定后,招标人应当向中标人发出中标通知书,并同时将中标结果通知所有未中标的投标人。中标通知书对招标人和中标人具有法律效力。中标通知书发出后,招标人改变中标结果的,或者中标人放弃中标项目的,应当依法承担法律责任。

招标人和中标人应当自中标通知书发出之日起三十日内,按照招标文件和中标人的投标文件订立书面合同。招标人和中标人不得再行订立背离合同实质性内容的其他协议。招标文件要求中标人提交履约保证金的,中标人应当提交。

依法必须进行招标的项目,招标人应当自确定中标人之日起十五日内,向有关行政监督部门提交招标投标情况的书面报告。

投标人如果不按照要求提交履约担保或者不按照时间规定签订书面合同的,将被取消中标资格,同时将被没收投标担保金。

知识点八 法律责任

1. 不招标与肢解招标的法律责任

违反招标投标法规定,必须进行招标的项目而不招标的,将必须进行招标的项目化整为零或者以其他任何方式规避招标的,责令限期改正,可以处项目合同金额千分之五以上千分之十以下的罚款;对全部或者部分使用国有资金的项目,可以暂停项目执行或者暂停资金拨付;对单位直接负责的主管人员和其他直接责任人员依法给予处分。

2. 招标代理机构招违反规定的法律责任

招标代理机构违反招标投标法规定,泄露应当保密的与招标投标活动有关的情况和资料的,或者与招标人、投标人串通损害国家利益、社会公共利益或者他人合法权益的,处五万元以上二十五万元以下的罚款,对单位直接负责的主管人员和其他直接责任人员处单位罚款数额百分之五以上百分之十以下的罚款;有违法所得的,并处没收违法所得;情节严重的,暂停直至取消招标代理资格;构成犯罪的,依法追究刑事责任。给他人造成损失的,依法承担赔偿责任。前款所列行为影响中标结果的,中标无效。

3. 招标人限制或排斥潜在投标人的法律责任

招标人以不合理的条件限制或者排斥潜在投标人的,对潜在投标实行歧视待遇的,强制要求投标人组成联合体共同投标的,或者限制投标人之间竞争的,责令改正,可以处一万元以上五万元以下的罚款。

4. 招标人泄露投标人信息的法律责任

依法必须进行招标的项目的招标人向他人透露已获取招标文件的潜在投标人的名称、数量或者可能影响公平竞争的有关招标投标的其他情况的,或者泄露标底的,给予警告,可以并处一万元以上十万元以下的罚款;对单位直接负责的主管人员和其他直接责任人员依法给予处分;构成犯罪的,依法追究刑事责任。前款所列行为影响中标结果的,中标无效。

5. 评标委员会成员违反纪律的法律责任

评标委员会成员收受投标人的财物或者其他好处的,评标委员会成员或者参加评标的有关工作人员向他人透露对投标文件的评审和比较、中标候选人的推荐以及与评标有关的其他情况的,给予警告,没收收受的财物,可以并处三千元以上五万元以下的罚款,对有所列违法行为的评标委员会成员取消担任评标委员会成员的资格,不得再参加任何依法必须进行招标的项目的评标;构成犯罪的,依法追究刑事责任。

6. 招标人自行确定中标人的法律责任

招标人在评标委员会依法推荐的中标候选人以外确定中标人的,依法必须进行招标的项目在所有投标被评标委员会否决后自行确定中标人的,中标无效。责令改正,可以处中标项目金额千分之五以上千分之十以下的罚款;对单位直接负责的主管人员和其他直接责任人员依法给予处分。

7. 招标人与投标人进行合同前谈判的法律责任

依法必须进行招标的项目,招标人违反招标投标法规定,与投标人就投标价格、投标方案等实质性内容进行谈判的,给予警告,对单位直接负责的主管人员和其他直接责任人员依法给予处分。前款所列行为影响中标结果的,中标无效。

上述的罚则都是对招标人的,大家将来如果参与招标工作,一定要注意这些,做个遵守法律的人;如果大家做投标工作,可以依此来确定自己的投标是否公平、公正,从而用法律来保护自己。大家要知法、懂法,更重要的是要用法律保护自己的权益。

8. 投标人串通投标的法律责任

投标人相互串通投标或者与招标人串通投标的,投标人以向招标人或者评标委员会成员行贿的手段谋取中标的,中标无效,处中标项目金额千分之五以上千分之十以下的罚款,对单位直接负责的主管人员和其他直接责任人员处单位罚款数额百分之五以上百分之十以下的罚款;有违法所得的,并处没收违法所得;情节严重的,取消其一年至二年内参加依法必须进行招标的项目的投标资格并予以公告,直至由工商行政管理机关吊销营业执照;构成犯罪的,依法追究刑事责任。给他人造成损失的,依法承担赔偿责任。

9. 投标人违背诚信原则的法律责任

投标人以他人名义投标或者以其他方式弄虚作假,骗取中标的,中标无效,给招标人造成损失的,依法承担赔偿责任;构成犯罪的,依法追究刑事责任;依法必须进行招标的项目的投标人有前款所列行为尚未构成犯罪的,处中标项目金额千分之五以上千分之十以下的罚款,对单位直接负责的主管人员和其他直接责任人员处单位罚款数额百分之五以上百分之十以下的罚款;有违法所得的,并处没收违法所得;情节严重的,取消其一年至三年内参加依法必须进行招标的项目的投标资格并予以公告,直至由工商行政管理机关吊销营业执照。

10. 中标人转让或肢解中标项目的法律责任

中标人将中标项目转让给他人的,将中标项目肢解后分别转让给他人的,违反招标投标法规定将中标项目的部分主体、关键性工作分包给他人的,或者分包人再次分包的,转让、分包无效,处转让、分包项目金额千分之五以上千分之十以下的罚款;有违法所得的,并处没收违法所得;可以责令停业整顿;情节严重的,由工商行政管理机关吊销营业执照。

11. 招标人与中标人不按规定订立合同的法律责任

招标人与中标人不按照招标文件和中标人的投标文件订立合同的,或者招标人、中标人订立背离合同实质性内容的协议的,责令改正;可以处中标项目金额千分之五以上千分之十以下的罚款。

12. 中标人不订立合同的法律责任

中标人不履行与招标人订立的合同的,履约保证金不予退还,给招标人造成的损失超过履约保证金数额的,还应当对超过部分予以赔偿;没有提交履约保证金的,应当对招标人的损失承担赔偿责任。中标人不按照与招标人订立的合同履行义务,情节严重的,取消其二年至五年内参加依法必须进行招标的项目的投标资格并予以公告,直至由工商行政管理机关吊销营业执照。因不可抗力不能履行合同的,不适用本条规定。

专家提示

这些是对投标人的罚则,请大家要特别注意。

13. 干扰招标工作的单位或个人的法律责任

任何单位违反招标投标法规定,限制或者排斥本地区、本系统以外的法人或者其他组织参加投标的,为招标人指定招标代理机构的,强制招标人委托招标代理机构办理招标事宜的,或者以其他方式干涉招标投标活动的,责令改正;对单位直接负责的主管人员和其他直接责任人员依法给予警告、记过、记大过的处分,情节较重的,依法给予降级、撤职、开除的处分。个人利用职权进行前款违法行为的,依照前款规定追究责任。

对招标投标活动依法负有行政监督职责的国家机关工作人员徇私舞弊、滥用职权或者玩忽职守,构成犯罪的,依法追究刑事责任;不构成犯罪的,依法给予行政处分。

依法必须进行招标的项目违反《招标投标法》规定,中标无效的,应当依照《招标投标法》规定的中标条件从其余投标人中重新确定中标人或者依照《招标投标法》重新进行招标。

实例展示

1. 串通投标案例

【案例回放】

2006年6月16日,某县矿业公司决定对所属的某铁矿进行内部投标,经审查确定19位内部职工有投标资格。投标前,有投标资格的赵某、钱某、孙某、李某、周某、吴某经过多次协商,决定由吴某以30万元多一点的标额中标(正常中标标额应在100万元以上),并由吴某拿出50万元分给赵某、钱某、孙某、李某、周某。

在招标过程中,赵某等5人采取辱骂、威胁等方式迫使其他潜在投标人放弃投标,或以低价投标,最终吴某以30.1万元的价格中标。中标后吴某依照事先的约定拿出50万元分给五人。

后该案被群众举报到当地检察机关,当地检察机关经调查取证后认定群众的举报属实,遂以该5人为被告向人民法院提起公诉。

【审判结果】

人民法院在审理该案的过程中认为本案的被告不仅有串通投标行为,而且情节严重,构成串通招投标罪。法院最后采纳了第三种意见,判决赵某等构成串通招投标罪,并给予了相应的处罚。

【案例评价】

本案涉及到串通招投标罪的认定问题。

第一,赵某等人的行为构成串通招投标行为。《招标投标法》第三十二条规定:"投标人不得以相互串通投标报价,不得排挤其他投标人的公平竞争,损害招标人或者其他投标人的合法权益。"本案中赵某等人不仅主观上有串通投标的故意,而且在客观上多次实施私下串通并决定由吴某以低价中标的行为。这些行为不仅排挤其他投标人的公平竞争,而且损害了作为招标人的某县矿业公司的合法权益,构成了串通投标行为。

第二,赵某等人构成串通招投标罪。根据《招标投标法》第五十三条和《刑法》第二百二十条第一款的规定,串通投标行为只有情节严重的才构成犯罪。在本案中,被告的串通投标行为不仅使某县矿业公司遭受70余万元的可得利益的损失,同时也使其他投标人失去公平竞争的机会,损害了其他投标人的利益。另外由于被告在串通投标过程中使用暴力及以暴力相威胁等恶劣手段,在社会上造成了极坏的影响,所以被告的串通投标行为应认定为情节严重,被告的串通投标行为构成串通招投标罪,依法应受相应的处罚,该县人民法院的判决是正确的。

2. 评标委员会成员违反纪律案例

【案例回放】

2006年9月,某市决定在该市的中心地段修建占地500亩的中央花园,预计投资2.5亿元人民币,于2009年8月前建成,由市城建局负责招标。10月7日市城建局在当地的媒体上发布了招标公告。

公告发布后,在截止日前,已有多家单位投标,其中该市园林建筑公司、市第一建筑公司、市第二建筑公司等8家单位经资格审查合格。

市城建局成立了以王教授、赵总工程师、李总工程师、马总经济师、朱总经济师5人组成的评标委员会(其中朱总经济师是市第一建筑公司的顾问)。

市第一建筑公司为了获取该工程的建筑权,向朱总经济师打听评标委员会的组成人员的名单,并送给朱总经济师人民币5 000元,朱总经济师欣然接受了市第一建筑公司的送礼,替公司向其他几位评标委员打招呼。

在评标的过程中,朱总经济师多次和市第一建筑公司的领导吃饭和娱乐,并多次向市第一建筑公司透露评标的具体情况。

在朱总经济师的努力下,市第一建筑公司最终获得了该中央花园的修建权。

后该案被市园林建筑公司、市第二建筑公司等单位举报到有关部门,有关部门经过调查取证,证实举报属实,依照《中华人民共和国招标投标法》的有关规定给予朱总经济师如下的处理:①给予警告、没收赃款5 000元人民币并罚款10 000元的处罚;②取消朱总经济师担任评标委员会成员的资格。

【案例评析】

本案涉及到评标委员会成员的违法行为及其应承担的法律责任问题。

第一,在本案中,朱总经济师担任评标委员会成员,不符合法律的规定。《中华人民共和国招标投标法》第三十七条规定:"与投标人有利害关系的人,不得进入相关项目的评标委员会,已经进入的应当更换。"本案中,朱总经济师在主观上明知自己是市第一建筑公司的顾问,与投标人之间存在利害关系,在客观上仍然担任该招标项目评标委员会成员,违反了相关法律规定。

第二,为了保证评标的公正,《中华人民共和国招标投标法》第四十四条规定:"评标委员会成员应当客观、公正地履行职务,遵守职业道德,对所提出的评审意见承担个人责任。评标委员会成员不得私下接触投标人,不得收受投标人的财物或者其他好处。评标委员会成员和参与评标的有关工作人员不得透露对投标文件的评审和比较、中标候选人的推荐情况以及与评标有关的其他情况。"

在本案中,朱总经济师作为评标委员会成员,不仅接受投标人宴请,收受投标人的奖金5 000元,而且多次向市第一建筑公司透露评标的具体情况,违反了《招标投标法》第四十四条的规定,是比较严重的违法行为。

第三,朱总经济师应承担相应的法律责任。《中华人民共和国招标投标法》第五十六条规定:"评标委员会成员收受投标人的财物或者其他好处的,评标委员会成员或者参加评标的有关工作人员向他人透露对投标文件的评审和比较、中标候选人的推荐以及与评标有关的其他情况的,给予警告,没收收受的财物,可以并处三千元以上五万元以下的罚款,对有所列违法行为的评标委员会成员,取消担任评标委员会成员的资格,不得再参加任何依法必须进行招标的项目的评标;构成犯罪的,依法追究刑事责任。"

本案中有关部门根据朱总经济师作为评标人不仅收受投标人 5 000 元现金,而且透露与投标有关情况的违法事实,做出了警告、没收违法所得、罚款的处罚决定,无疑是正确的。

3. 工程代理案例

北京××电气有限责任公司与北京××招标代理有限公司委托合同纠纷案。

【案例回放】

2007 年 7 月 1 日,××代理公司与××公司签订建设工程招标代理合同,主要约定:

(1)××公司委托××代理公司为其厂房及附属用房项目提供建设工程招标代理服务,服务内容包括工程招标代理、编制标的等。

(2)双方同意按照计价格[2002]1980 号文计取服务费,在中标通知书发放后一次性付清代理酬金。

(3)合同签订后,××代理公司依约完成了招标代理工作,××公司也已发放了中标通知书,但××公司却未按照约定向××代理公司支付代理费用。

(4)经××代理公司的核算,××公司按照《招标代理服务收费暂行管理办法》应支付的费用如下:施工招标代理费 60 990 元[100 万元×1%=1 万元,(500 万元~100 万元)×0.7%=28 000 元,(9 180 018 元~500 万元)×0.55%=22 990 元,合计 60 990元],监理招标代理费 27 920 元(279 200 元×10%),标的编制费 27 540 元(9 180 018 元×3‰),上述三项代理费用合计 116 450 元。××代理公司多次催要,均未果。

(5)故诉至法院,要求××公司给付代理费 116 450 元,并自 2008 年 2 月 22 日始按照银行同期同类贷款利率标准支付利息至付清之日止。

【案例评析】

一审法院查明事实后认定:

(1)××代理公司与××公司之间存有事实上的委托合同关系,双方约定由××代理公司为××公司提供工程施工及监理招标代理服务。该口头协议系双方当事人的真实意思表示,且不违犯法律法规的强制性规定,故合法有效。

(2)合同履行过程中,××代理公司依约付出劳动成果,其依据××公司的委托履行了组织审查评标人资格、开标、评标、定标等合同义务,完成了合同约定的委托事项。鉴于××公司已在招投标工作完成后与中标单位签订了施工及监理合同,其即应及时足额向××代理公司支付报酬。

(3)关于报酬的数额一节,因××代理公司未提供充分证据对己方诉讼请求中的代理费数额予以佐证,双方亦未就费用是否协商确定达成一致,该院将遵循诚实信用及公平原则依有关政府指导价格对报酬价款酌情予以确定。××公司辩称××代理公司未提供编制标的服务,且提举了其与北京××工程咨询有限公司签订的咨询合同书及该公司制作的工程标的证据予以证实。因××代理公司对××公司此项辩称意见未提供充分证据予以反驳,该院对××公司的辩称意见予以采信。

(4)××代理公司提出××公司应向其支付利息的诉讼请求,因××代理公司并未提供充分证据对双方之间存有合法有效的付款期限约定予以证实,双方之间即属不定期债权债务,××公司应在××代理公司完成委托事务的合理期间内向××代理公司支付报酬;××代理公司提举的中标通知书显示,中标通知书于2008年2月21日备案前已经发放完毕,故××公司应于2008年2月21日后的合理期限即两个月内向××代理公司支付报酬,其在未支付时即应承担利息损失。该院对××代理公司提出的利息主张酌情予以支持。

【审判结果】

综上,依据《中华人民共和国合同法》第六十条、第四百零五条之规定,判决××公司于判决生效后10日内给付××代理公司报酬65 178元,并按照中国人民银行同期同类贷款利率偿付自2008年4月22日始至本判决确定给付之日止本金65 178元的利息。(2009.11.04)

4. 评标委员会取消投标人资格案例

【案例回放】

原告××省建筑工程集团总公司诉称:

(1)2003年9月15日,××建总应邀参加××森林公园道路、隧道工程的招标会。公司的委托代理人刘纪文到会并提交了有关证件及法律手续。

(2)在评标过程中,××市林科所的一位女同志提出××建总委托代理人已更换,对业主不尊重,要求取消××建总的投标资格,而××市招标办和××市建院监理公司的代表,不听取申辩,擅自将公司的商务标不提交评标委员会评分。

(3)三被告违法取消××建总的投标资格,严重损害了公司的合法权益。

(4)故请求法院判令:判决三被告取消我公司××森林公园道路、隧道工程投标资格的行为无效;判令各被告共同赔偿我公司人民币581 013.68元;本案诉讼费由各被告共同承担。

【案例评析】

法院查明上述事实后认为:

(1)本案适用缔约过失责任。根据《中华人民共和国招标投标法》第四十五条、第四十六条、第四十八条关于中标的规定,应认为招标人进行招标,投标人参加投标,直到最后中标人确定前,整个招标投标活动都处于合同的缔约阶段。缔约过程中的赔偿责任应适用《中华人民共和国合同法》第四十二条关于缔约过失责任的规定。

(2)根据《中华人民共和国招标投标法》第三条的规定,本案所涉工程是必须进行招标的项目。招标人在缔约阶段虽依《中华人民共和国招标投标法》的强性规定必须以招标投标的形式确定中标人,但在合同的缔约过程中招标人与投标人地位是平等的,缔约活动是自由的,主要应以民法来调整双方之间的权利义务关系。

(3)《中华人民共和国招标投标法》第三十七条规定:"评标由招标人依法组建的评标委员会负责。"评标委员会的专家委员虽是招标人从符合法律规定条件的专家库中抽取的,但专家委员的专业素养并不保证其认识及评标行为永远正确。

在因评标委员会认识错误下的行为造成投标人的损失时,投标人有权获得司法救济,评标委员会的非实体及无自身利益的性质决定了其不应作为承担民事责任的主体。

另评标委员会虽以独立于招标人的意志进行评标,但其工作任务在于确定招标人提出的招标项目的中标人,类似于受托人完成委托人的委托事项。故评标委员会与招标人可界定为委托关系,评标委员会行为的法律后果由招标人承担。评标委员会的评标活动应依法进行,做到客观、公正。

(4)本案中,评标委员会以原告××建总擅自变更法人委托人为由作出了废标决定,但是评标委员会依据的2003年中华人民共和国七部委第30号令及《评标委员会和评标方法暂行规定》均没有规定投标人擅自变更委托人可予以废标。

投标人××建总的工作人员持投标人的委托书参加投标,评标委员会作出废标决定属错误理解行政法规,违背了合同缔约过程冲的诚实信用则,对投标人造成的损失应由评标委员会的委托人招标人××市林科所承担。

原告××建总诉请"判决三被告取消我公司××森林公园道路、隧道工程投标资格的行为无效",虽然评标委员会的废标决定没有法律和行政法规的依据,但鉴于该工程已确定了中标人,中标人的施工亦接近尾声,投标人的投标资格是否有效没有现实意义,且对原告要求赔偿损失的支持足已包含对评标委员会废标决定的否定性评价。

故在判决主文中对该项诉请不作为一项判决内容单独进行确认。

原告××建总诉请"三被告共同赔偿581 013.6元",包括了原告认为的预期利润550 163.68元,因本案适用缔约过失责任,赔偿范围不能包括预期利益损失,故550 163.68元的损失赔偿法院不予支持。

关于投标保证金10 000元,招标文件约定:"投标截止以后,投标人不得撤回投标文件,否则其投标保证金将被没收",按照投标人与招标人平等地位的理解,投标保证金于特定情况下的惩罚性质应对等适用于双方,故此投标保证金具有定金的特征。投标人于招标人违反招标文件和法律、行政法规的规定时,有权利要求招标人双倍返还投标保证金即20 000元。

评标委员会违反行政法规的规定作出废标决定,此行为后果理应由招标人承担,招标人应向投标人双倍返还投标保证金20 000元。关于旅差费1 342.3元,虽有部分发生于2003年9月15日开标评标会之后,但原告为处理此纠纷发生的旅差费系因错误的废标决定而起,理应包括在赔偿范围之内。

原告已花费的标书制作费6 000元、工本费350元、图纸押金1 500元,均为原告××建总缔约过程中的直接损失,招标人第一被告××市林科所亦应予以赔偿。

第二被告××市建院监理公司与第一被告××市林科所形成委托关系,建院监理公司的行为的法律后果,理应由××市林科所承担,原告起诉建院监理公司没有法律依据。

第三被告××市招标办作为招标投标活动的行政管理部门,依法行使行政职权,原告对其提起民事诉讼没有事实和法律依据。

【审判结果】

依照《中华人民共和国民法通则》第六十三条、《中华人民共和国招标投标法》第三十七条、《中华人民共和国合同法》第四十二条、第三百九十六条、《中华人民共和国担保法》第八十九条之规定,判决如下:

(1)被告××市林科所双倍返还投标保证金20 000元给原告××省建筑工程集团总公司,并赔偿原告××省建筑工程集团总公司经济损失9 192.3元。上述应给付的款项共计29 192.3元,被告××市林科所于本判决生效之日起十日内支付。

(2)驳回原告××省建筑工程集团总公司的其他诉讼请求。

本案案件受理费10 820元,由原告××省建筑工程集团总公司和被告××市林科所各负担5 410元。

第二单元　公路工程施工招标与投标

模块一　施工招标与投标概述

知识点一　公路工程施工招标与投标程序

1. 招标程序

招标与投标是一种交易方式,买卖方式。招标方是买方,投标方是卖方。由买方提出需求,由卖方去竞争获得供应权、生产权。公路工程施工招标一般按下列程序进行。

(1)招标人确定招标方式(公开招标或邀请招标或国家允许的其他方式)。

(2)招标人编制投标资格预审文件和招标文件,招标文件应当按项目管理权限报主管部门审批。

(3)发布招标公告,发售投标资格预审文件。采用邀请招标的,招标人可直接发出投标邀请,发售招标文件。

(4)对潜在投标人进行资格审查,并将资格预审结果按项目管理权限报主管部门审批。

(5)向资格预审合格的潜在投标人发售招标文件。

(6)组织投标人考察工程现场,召开标前会。

(7)接受投标人的投标文件,公开开标。

(8)组建评标委员会评标,推荐中标候选人。

(9)招标人确定中标人,并将评标报告和评标结果报交通主管部门核备。

(10)招标人发出中标通知书。

(11)招标人与中标人订立公路工程施工合同。

2. 投标的工作程序

对应于招标的工作过程,潜在投标人应按下列程序参与投标:

(1)报名参加投标。

(2)参加资格预审(如果有)。

(3)(如果通过资格预审)购买并研究招标文件。

(4)按时参加招标人主持召开的标前会并勘察现场。

(5)投标人应当按照招标文件的要求编制投标文件。

(6)投标文件应当由投标人的法定代表人或其授权的代理人签字,并加盖投标人印章。

(7)投标人将密封的投标文件,按招标文件规定的时间、地点和方式送达招标人。

(8)按时参加开标会议。

(9)(如果中标)接受中标通知书。

(10)按照招标文件规定签订工程承包合同。

专家提示

由招标和投标的流程图我们可以看出,招标与投标是相对于同一事件的不同对象人的行为,投资者的行为就成为招标,实施者的行为就成为投标,彼此的内涵和外延是一致的,彼此相辅相成,缺一不可。

重点要很好地理解招标与投标的内涵与外延的关系。

工程建设招投标的种类,根据招标的内容不同可分为:监理招标,勘察、设计招标,材料设备采购招标、施工招标等。

知识点二 施工招标条件

1. 工程条件

可以进行施工招标的公路项目,项目和招标人都必须符合有关条件,招标才可以进行。

《工程建设项目施工招标投标办法》第八条规定:依法必须招标的工程建设项目,应当具备下列条件才能进行施工招标。

(1)招标人已经依法成立。

(2)初步设计及概算应当履行审批手续的,已经批准。

(3)招标范围、招标方式和招标组织形式等应当履行核准手续的,已经核准。

(4)有相应资金或资金来源已经落实。

(5)有招标所需的设计图纸及技术资料。

2. 招标人条件

公路工程施工招标的招标人,应当是提出公路工程施工招标项目、进行公路工程施工招标的项目法人(以下简称招标人)。

具备下列条件的招标人,可以自行办理招标事宜:

(1)具有与招标项目相适应的工程管理、造价管理、财务管理能力。

(2)有组织编制公路工程施工招标文件和标底的能力。

(3)有对投标人进行资格审查和组织评标的能力。

招标人不具备上述条件的,应当委托具有相应资格的招标代理机构办理公路工程施工招标事宜。任何组织和个人不得强行为招标人指定招标代理机构。

知识点三 项目法人的职责

《公路建设四项制度实施办法》中规定:"凡列入国家和地方基本建设计划的公路建

设项目必须实行项目法人责任制度,由项目法人对建设项目负总责。"项目法人如委托中介机构对项目进行建设管理,必须按项目管理权限报交通主管部门核备。

地方人民政府或政府交通主管部门可以成立项目建设协调机构(指挥部),负责协调征地拆迁、建设环境等方面的工作,履行政府监督管理职能。

可行性研究报告批准后,应正式成立或明确项目法人,在初步设计批准前,按项目管理权限报交通主管部门审批。新组建的项目法人应依法办理公司注册或事业法人登记手续。

项目法人机构设置和技术、管理人员素质,必须满足工程建设管理的需要,符合公路建设市场用人条件。

公路建设项目法人分为:经营性公路建设项目法人和公益性公路建设项目法人。

经营性公路建设项目法人应按照基建程序,履行以下职责:

(1)筹措建设资金。

(2)编制项目实施计划和年度计划。

(3)依法选择勘察设计、施工、监理单位和设备、材料供应单位。

(4)向交通主管部门办理开工报告。

(5)按照合同约定,对工程质量、进度、投资、安全生产和环境保护进行监督管理、审查。

(6)施工组织设计、重要施工工艺和标准试验以及工程分包等事项,保证工程处于受控状态。

(7)接受交通主管部门和公路工程质量监督机构的监督检查,按时报送项目建设的有关信息资料。

(8)执行国家档案管理规定,建立健全建设项目的所有档案。

(9)及时组织交工验收,做好竣工验收的准备工作。

(10)组织项目后评价,提出项目后评价报告。

(11)按照有关技术标准和规范的要求,做好公路养护管理工作;负责收费管理,按期偿还贷款。

公益性公路建设项目法人,根据交通主管部门授权,履行以上相应职责。

知识点四 《公路工程标准文件》概述

1.《公路工程标准文件》的出台

为了规范施工招标资格预审文件、招标文件编制活动,促进招标投标活动的公开、公平和公正,国家发展和改革委员会、财政部、建设部、铁道部、交通运输部、信息产业部、水利部、民用航空总局、广播电影电视总局联合颁布了《<标准施工招标资格预审文件>和<标准施工招标文件>试行规定》及相关附件,自2008年5月1日起施行。

交通运输部在国家九部委联合编制的《标准施工招标资格预审文件》和《标准施工招

标文件》(以下简称《标准文件》)基础上,结合公路工程施工招标特点和管理需要,组织制定了《公路工程标准施工招标资格预审文件》(2009年版)和《公路工程标准施工招标文件》(2009年版)(以下简称《公路工程标准文件》),于2009年8月1日起执行,原《公路工程标准文件》(2003年版)同时废止。

2.《公路工程标准文件》的主要内容和适用范围

《公路工程标准施工招标资格预审文件》包括资格预审公告、申请人须知、资格审查办法、资格预审申请文件格式和项目建设概况等五章。

《公路工程标准施工招标文件》包括招标公告(投标邀请书)、投标人须知、评标办法、合同条款及格式、工程量清单、图纸、技术规范和投标文件格式等八章。

《公路工程标准文件》适用于各等级公路和桥梁、隧道建设项目,且设计和施工不是由同一承包人承担的工程施工招标,其中,必须进行招标的二级及以上公路工程应当使用《公路工程标准文件》,二级以下公路项目可参照执行。在具体项目招标过程中,招标人可根据项目实际情况,编制项目专用文件,与《公路工程标准文件》共同使用,但不得违反九部委56号令的规定。

3.《公路工程标准文件》的使用说明

(1)招标人根据《公路工程标准施工招标文件》编制项目招标文件时,不得修改"投标人须知"和"评标办法"正文,但可在前附表中对"投标人须知"和"评标办法"进行补充、细化,补充和细化的内容不得与"投标人须知"和"评标办法"正文内容相抵触。

(2)招标人在根据《公路工程标准施工招标文件》编制项目招标文件中的"项目专用合同条款"时,可根据招标项目的具体特点和实际需要,对"通用合同条款"、"公路工程专用合同条款"进行补充、细化,除"通用合同条款"明确"专用合同条款"可作出不同约定以及"公路工程专用合同条款"明确"项目专用合同条款"可作出不同约定外,补充和细化的内容不得与"通用合同条款"及"公路行业标准工程专用合同条款"强制性规定相抵触。

(3)《公路工程标准文件》规定了合格制和有限数量制两种资格审查方法,以及合理低价法、综合评估法和经评审的最低投标价法三种评标方法,供招标人根据招标项目具体特点和实际需要选择使用。"资格审查办法"前附表和"评标办法"前附表应列明全部评审因素和评审标准,标明不能通过审查的全部条款,并以醒目的方式提示。招标人选择适用综合评估法的,在满足相关规定前提下,各评审因素的评审标准、分值和权重等由招标人自主确定。招标人选择适用各种评标方法时,也可采用双信封形式。

(4)第五章"工程量清单"、"图纸"由招标人根据《公路工程标准施工招标文件》、招标项目具体特点和实际需要编制,并与"投标人须知"、"通用合同条款"、"专用合同条款"、"技术规范"、"图纸"相衔接。第五章所附表格可根据有关规定作相应的调整和补充。

(5)第七章"技术规范"由招标人根据《公路工程标准施工招标文件》、招标项目具体特点和实际需要编制。"技术规范"中的各项技术标准应符合国家强制性标准,不得要求或标明某一特定的专利、商标、名称、设计、原产地或生产供应者,不得含有倾向或者排斥潜在投标人的其他内容。如果必须引用某一生产供应者的技术标准才能准确或清楚地说明拟招标项目的技术标准时,则应当在参照后面加上"或相当于"字样。

知识点五　资格预审

《公路工程施工招标投标管理办法》规定:公路工程施工招标投标实行资格审查制度。

公路工程施工采用公开招标的,招标公告发布后,招标人根据潜在投标人提交的资格预审申请文件,对潜在投标人的资格进行审查。招标人只向资格预审合格的潜在投标人发售招标文件。

公路工程施工采用邀请招标的,投标邀请书发出后,招标人根据投标人提交的投标文件,对投标人的资格进行审查(资格后审)。

公路工程施工招标资格预审是指招标人在发出投标邀请前,对潜在投标人的投标资格进行的审查。只有通过资格预审的潜在投标人,方可取得投标资格。

潜在投标人是具有独立法人资格、持有营业执照、具有与招标项目相应的施工资质和施工能力的施工企业。

资格预审工作由招标人负责,任何单位和个人不得非法干预。

资格预审工作应遵循公开、公平、公正、科学、择优的原则,不得实行地方保护和行业保护,不得对不同地区、不同行业的潜在投标人设定不同的资格标准。

1. 资格预审的目的

进行公路工程施工招标工作时,招标单位必须对投标者承担该项目的施工能力进行审查作出评估,即资格审查。公路工程施工招标实行资格预审,即在发售招标文件之前对投标者进行资格审查,审查合格者才准许购买招标文件并参与投标,对投标单位资格预审的目的在于:

(1)了解投标单位的技术、财力和管理水平,限制不符合条件的单位盲目参加投标。

(2)为有潜力但又缺乏信心的投标商提供信心。

(3)减少施工单位的过多浪费。

(4)减少评标阶段的工作时间,减少评标费用。

2. 资格预审程序

投标单位按照招标广告或资格预审通告的要求向投标单位递交资格预审申请书。资格预审按下列程序进行:

(1)招标人编制资格预审文件。

(2)发布资格预审公告。

(3)出售资格预审文件。

(4)潜在投标人编制并递交资格预审申请文件。

(5) 对资格预审申请文件进行评审。
(6) 编写资格评审报告。
(7) 发出资格预审结果通知。

3. 资格预审文件的组成

《公路工程标准施工招标资格预审文件》(2009年版)的内容包括:资格预审公告、申请人须知、资格审查办法(合格制和有限数量制)、资格预审申请文件格式及项目建设概况。

资格预审公告(代招标公告)内容包括:工程项目名称、规模、资金来源;对申请资格预审施工单位的要求;招标人和招标代理机构(如果有的话)名称、工程承包的方式、工程招标的范围、工程计划开工和竣工的时间;获取进一步信息和资格预审文件的办公室名称和地址。负责人姓名,购买资格预审文件的时间和价格;资格预审申请文件递交的截止日期、地址和负责人姓名。向所有参加资格预审的投标人发出资格预审通知书的时间。

实例展示

第一章 资格预审公告

_____(项目名称)_____标段施工招标

资格预审公告(代招标公告)

1. 招标条件

本招标项目_____(项目名称)已由_____(项目审批,核准或备案机关名称)以_____(批文名称及编号)批准建设,项目业主为_____,建设资金来自_____(资金来源),项目出资比例为_____,招标人为_____。项目已具备招标条件,现进行公开招标,特邀请有兴趣的潜在投标人(以下简称申请人)提出资格预审申请。

2. 项目概况与招标范围

_____(说明本次招标项目的建设地点、规模、计划工期、招标范围、标段划分等)。

3. 申请人资格要求

3.1 本次资格预审要求申请人具备_____资质,_____业绩,并在人员、设备、资金等方面具备相应的施工能力。

3.2 本次资格预审_____(接受或不接受)联合体资格预审申请。联合体申请资格预审的,应满足下列要求:_____。

3.3 各申请人可就上述标段中的_____(具体数量)个标段提出资格预审申请。

4. 资格预审方法

本次资格预审采用_____(合格制/有限数量制)。

5. 资格预审文件的获取

5.1 请申请人于____年____月____日至____年____月____日(法定公休日、法定节假日除外),每日上午____时至____时,下午____时至____时(北京时间,下同),在____(详细地址)持单位介绍信购买资格预审文件。

5.2 资格预审文件每套售价_____元,售后不退。

5.3 邮购资格预审文件的,需另加手续费(含邮费)_____元。招标人在收到单位介绍信和邮购款(含手续费)后_____日内寄送。

6. 资格预审申请文件的递交

6.1 递交资格预审申请文件截止时间(申请截止时间,下同)为____年____月____日____时____分,地点为_____。

6.2 逾期送达或者未送达指定地点的资格预审申请文件,招标人不予受理。

7. 发布公告的媒介

本次资格预审公告同时在_____(发布公告的媒介名称)上发布。

8. 联系方式

招 标 人：_____	招标代理机构：_____
地　　址：_____	地　　址：_____
邮　　编：_____	邮　　编：_____
联 系 人：_____	联 系 人：_____
电　　话：_____	电　　话：_____
传　　真：_____	传　　真：_____
电子邮件：_____	电子邮件：_____
网　　址：_____	网　　址：_____
开户银行：_____	开户银行：_____
账　　号：_____	账　　号：_____

____年____月____日

专家提示

(1)招标人可根据项目特点和实际需要对公告内容进行补充和细化,但应遵守《中华人民共和国招标投标法》和《招标公告发布暂行办法》等有关法律法规的规定。

(2)资格预审文件的发售时间不得少于5个工作日。

(3)资格预审文件中所有复印件均指彩色扫描或彩色复印件。

(4)资格预审文件自开始发售之日起至申请人递交资格预审申请文件截止时间止,不得少于14天。

(5)资格预审文件中提到的货币单位除有特殊说明外,均指人民币。

资格预审申请人须知。资格预审申请人须知包括申请人须知前附表和正文。

1)申请人须知前附表

申请人须知前附表的作用主要是将申请人须知中的关键内容和数据摘要列表,起到强调和提醒的作用,为申请人迅速掌握申请人须知内容提供方便。

实例展示

申请人须知前附表

条款号	条款名称	编列内容
1.1.2	招标人	名称： 地址： 联系人： 电话：
1.1.3	招标代理机构	名称： 地址： 联系人： 电话：
1.1.4	项目名称	
1.1.5	建设地点	
1.2.1	资源来源	
1.2.2	出资比例	
1.2.3	资金落实情况	
1.3.1	招标范围	
1.3.2	计划工期	计划工期：_____日历天 计划开工日期：____年____月____日 计划竣工日期：____年____月____日
1.3.3	质量要求	
1.4.1	申请人资质条件、能力和信誉	资质条件： 财务要求： 业绩要求： 信誉要求： 项目经理（建造师，下同）资格： 其他要求：
1.4.2	是否接受联合体资格预审申请	□不接受 □接受，应满足下列要求：
2.2.1	申请人要求澄清 资格预审文件的截止时间	
2.2.2	招标人澄清 资格预审文件的截止时间	
2.2.3	申请人确认收到 资格预审文件澄清的时间	

续上表

条款号	条款名称	编列内容
2.3.1	招标人修改资格预审文件的截止时间	
2.3.2	申请人确认收到资格预审文件修改的时间	
3.1.1	申请人需补充的其他材料	
3.2.4	近年财务状况的年份要求	____年
3.2.5	近年完成的类似项目的年份要求	____年
3.2.7	近年发生的诉讼及仲裁情况的年份要求	____年
3.3.1	签字或盖章要求	
3.3.2	资格预审申请文件副本份数	____份
3.3.3	资格预审申请文件的装订要求	
4.1.2	封套上写明	招标人的地址： 招标人全称： ____（项目名称）____标段施工招标资格预审申请文件在____年____月____日____时____分前不得开启
4.2.1	申请截止时间	____年____月____日____时____分
4.2.2	递交资格预审申请文件的地点	
4.2.3	是否退还资格预审申请文件	
5.1.2	审查委员会人数	
5.2	资格审查方法	
6.1	资格预审结果的通知时间	
6.3	资格预审结果的确认时间	
9	需要补充的其他内容	
…	…	
…	…	

（1）"申请人须知前附表"用于进一步明确正文中未尽事宜，由招标人根据招标项目具体特点和实际需要编制和填写，但务必做到与资格预审文件中其他章节的衔接，并不得与正文内容相抵触。

(2)审查委员会应由招标人代表和有关方面的专家组成,人数为五人以上单数,其中技术、经济专家人数不少于成员总数的三分之二。

2)正文

包括总则、资格预审文件、资格预审申请文件的编制、资格预审申请文件的递交、资格预审申请文件的审查、通知和确认、申请人的资格改变、纪律和监督及需要补充的其他内容。

(1)总则

总则中的项目概括、资金来源和落实情况、招标范围、计划工期和质量要求、申请人资格要求等在申请人须知前附表中进行了具体化。

总则中规定的资格预审申请文件的组成包括下列内容:

①资格预审申请函。
②法定代表人身份证明或附有法定代表人身份证明的授权委托书。
③联合体协议书。
④申请人基本情况表。
⑤近年财务状况表。
⑥近年完成的类似项目情况表。
⑦正在施工和新承接的项目情况表。
⑧近年发生的诉讼及仲裁情况。
⑨初步施工组织计划。
⑩其他材料。

(2)资格预审申请文件的编制

①资格预审申请文件的编制要求

a. 资格预审申请文件应按"资格预审申请文件格式"进行编写,如有必要,可以增加附页,并作为资格预审申请文件的组成部分。

b. 法定代表人授权委托书必须由法定代表人签署。

c. "申请人基本情况表"应附企业法人营业执照副本(全本)的复印件(并加盖单位章)、施工资质证书副本(全本)的复印件(并加盖单位章)、安全生产许可证副本(全本)的复印件(并加盖单位章)、基本账户开户许可证的复印件(并加盖单位章)。

"拟委任的项目经理和项目总工资历表"应附项目经理(以及备选人)和项目总工(以及备选人)的身份证、职称资格证书以及资格预审条件所要求的其他相关证书(如建造师注册证书、安全生产考核合格证书等)的复印件,并应提供其担任类似项目的项目经理和项目总工的相关业绩证明材料复印件,还应附申请人所属社保机构出具的拟委任的项目经理(以及备选人)和项目总工(以及备选人)的社保缴费证明(并加盖缴费证明专用章)或其他能够证明拟委任的项目经理(以及备选人)和项目总工(以及备选人)参加社保的有效证明材料(并加盖社保机构单位章)。

d. "近年财务状况表"应附经会计师事务所或审计机构审计的财务会计报表,包括资产负债表、现金流量表、利润表和财务情况说明书的复印件,具体年份要求见申请人须知前附表。

e."近年完成的类似项目情况表"应附中标通知书和(或)合同协议书、工程接收证书(工程竣工验收证书)的复印件,具体年份要求见申请人须知前附表。每张表格只填写一个项目,并标明序号。

工程接收证书(工程竣工验收证书)可以是发包人出具的公路工程(标段)交工验收证书或竣工验收委员会出具的公路工程竣工验收鉴定书或质量监督机构对各参见单位签发的工作综合评价等级证书。

f."正在施工和新承接的项目情况表"应附中标通知书和(或)合同协议书复印件。每张表格只填写一个项目,并标明序号。

g."近年发生的诉讼及仲裁情况"应说明相关情况,并附法院或仲裁机构作出的判决、裁决等有关法律文书复印件,具体年份要求见申请人须知前附表。

②资格预审申请文件的装订、签字

a. 申请人应按申请人须知的要求,编制完整的资格预审申请文件,编制完整的资格预审申请文件,用不褪色的材料书写或打印,并由申请人的法定代表人或其委托代理人逐页亲笔签署姓名(封面、扉页、目录和本页正文已由申请人的法定代表人或其委托代理人签署姓名的可不签署),不得使用印章、签名章或其他电子制版签名。

以联合体形式申请资格预审的,资格预审申请文件由联合体牵头人的法定代表人或其委托代理人按上述规定签署。

资格预审申请文件中的任何改动之处应加盖单位章或由申请人的法定代表人或其委托代理人签字确认。

b. 资格预审申请文件正本一份,副本份数见申请人须知前附表。正本和副本的封面上应清楚地标记"正本"或"副本"字样。当正本和副本不一致时,以正本为准。

c. 资格预审申请文件正本与副本应分别装订成册(A4纸幅),并编制目录,且逐页标注连续页码。

资格预审申请文件不得采用活页夹装订,否则,招标人对由于资格预审申请文件装订松散而造成的丢失或其他后果不承担任何责任。

(3)资格预审文件的递交

①资格预审申请文件的正本与副本应分开包装,加贴封条,并在封套的封口处加盖申请人单位章。

②在资格预审申请文件的封套上应清楚地标记"正本"或"副本"字样,封套还应写明的其他内容见申请人须知前附表。

③未按要求密封和加写标记的资格预审申请文件,招标人不予受理。

④除申请人须知前附表另有规定的外,申请人所递交的资格预审申请文件不予退还。

⑤逾期送达或者未送达指定地点的资格预审申请文件,招标人不予受理。

(4) 资格预审申请文件的审查

资格预审申请文件,由招标人组建的审查委员会负责审查。审查委员会参照《中华人民共和国招标投标法》第三十七条规定组建。

审查委员会根据申请人须知前附表规定的方法和第三章"资格审查办法"中规定的审查标准,对所有已受理的资格预审申请文件进行审查。没有规定的方法和标准不得作为审查依据。

(5) 通知和确认

①招标人在申请人须知前附表规定的时间内以书面形式将资格预审结果通知申请人,并向通过资格预审的申请人发出投标邀请书。

②应申请人书面要求,招标人应对资格预审结果作出解释,但不保证申请人对解释内容满意。

③通过资格预审的申请人收到投标邀请书后,应在申请人须知前附表规定的时间内以书面形式明确表示是否参加投标。在申请人须知前附表规定时间内未表示是否参加投标或明确表示不参加投标的,不得再参加投标。因此造成潜在投标人数量不足3个的,招标人重新组织资格预审或不再组织资格预审而直接招标。

直接招标是指直接采用资格后审方式招标。

(6) 申请人的资格改变

通过资格预审的申请人组织机构、财务能力、信誉情况等资格条件发生变化,使其不再实质上满足第三章"资格审查办法"规定标准的,其投标不被接受。

(7) 纪律与监督

①严禁申请人向招标人、审查委员会成员和与审查活动有关的其他工作人员行贿。在资格预审期间,不得邀请招标人、审查委员会成员以及与审查活动有关的其他工作人员到申请人单位参观考察,或出席申请人主办、赞助的任何活动。

②申请人不得以任何方式干扰、影响资格预审的审查工作,否则将导致其不能通过资格预审。

③招标人、审查委员会成员以及与审查活动有关的其他工作人员,应对资格预审申请文件的审查、比较进行保密,不得在资格预审结果公布前透露资格预审结果,不得向他人透露可能影响公平竞争的有关情况。

④申请人和其他利害关系人认为本次资格预审活动违反法律、法规和规章规定的,有权向有关行政监督部门投诉。监督部门的联系方式见申请人须知前附表。

(8) 需要补充的其他内容

①每个申请人可提出资格预审申请和允许中标的标段数,应符合申请人须知前附表的规定。

②申请人提交的资格预审申请文件(初步施工组织计划除外)将作为施工合同文件的组成部分。除招标文件另有规定外,申请人在资格预审申请文件中填报的项目经理(以及备选人)和项目总工(以及备选人)不允许更换。

③自购买资格预审文件之日起,申请人应保证其提供的联系方式(电话、传真、电子邮件)一直有效,以保证往来函件(资格预审文件澄清、修改等)能及时通知申请人,并能及时反馈信息,否则招标人不承担由此引起的一切后果。

④资格预审申请文件按要求送达后,在规定的递交截止时间前,申请人可以撤回申请文件或修改申请文件。如需修改申请文件,应当以正式函件提出并做出说明。

修改资格预审申请文件的正式函件是资格预审申请文件的组成部分,其形式要求、密封的方式、送达时间,应符合资格预审文件的要求。

⑤招标人有对资格预审申请文件进行核实和澄清的权力,若招标人在资格预审时或必要的调查过程中发现申请人有弄虚作假行为,将取消其资格预审资格,并将其弄虚作假行为上报省级交通主管部门,作为不良记录纳入公路建设市场信用信息管理系统。

(9)资格预审申请文件格式

《公路工程标准施工招标资格预审文件》(2009年版)中要求申请人在资格预审申请文件中,提供下列内容。

①资格预审申请函。

②法定代表人身份证明及授权委托书。

③联合体协议书。

④申请人基本情况表。

a. 申请人基本情况表。

b. 申请人组织机构框图。

c. 拟委任的项目经理和项目总工资历表。

d. 拟委任的其他主要管理人员和技术人员汇总表。

e. 拟委任的其他主要主要管理人员和技术人员资历表。

f. 拟投入本标段的主要施工机械表。

g. 拟配备本标段的主要材料试验、测量、质检仪器设备表。

⑤近年财务状况表。

a. 财务状况表。

b. 银行信贷证明。

⑥近年完成的类似项目情况表。

⑦正在施工的和新承接的项目情况表。

⑧近年发生的诉讼及仲裁情况。

⑨初步施工组织计划。

⑩其他材料。

4. 资格预审评审程序

1)资格预审评审委员会

(1)资格评审工作由招标人组建的资格评审委员会负责。

(2)资格评审委员会由招标人代表和有关方面的专家组成,人数为5人以上单数,其中专家人数应不少于成员总数的二分之一。

(3) 资格评审委员会的专家从国务院交通主管部门或省级交通主管部门设立的评标专家库中抽取。但有下列情形之一者,不得进入资格评审委员会:

①与潜在投标人的主要负责人或授权代理人有近亲属关系的人员。

②当地交通主管部门或行政监督部门的人员。

③与潜在投标人有利害关系,可能影响公正评审的人员。

④法律、法规和规章规定的其他情形。

资格评审委员会成员名单在评审工作结束前应当保密。

(4) 资格评审委员会成员应当客观、公正地履行职责,遵守职业道德,对所提出的评审意见承担个人责任。

(5) 资格评审委员会成员不得私下接触潜在投标人,不得收受潜在投标人的财物或者其他好处,不得透露资格评审的有关情况。

2) 资格评审程序

(1) 符合性检查。

(2) 强制性资格条件评审或综合评分。

(3) 澄清与核实。

3) 通过符合性检查的主要条件

(1) 资格预审申请文件组成完整。

(2) 资格预审申请文件正本,应加盖潜在投标人法人单位公章,并由其法定代表人或其授权的代理人签字。

(3) 潜在投标人的营业执照、法定代表人授权书及公证书有效。

(4) 潜在投标人的施工资质满足资格预审文件的要求。

(5) 潜在投标人没有正受到责令停产、停业的行政处罚或正处于财务被接管、冻结、破产的状态。

(6) 潜在投标人没有正受到取消投标资格的行政处罚。

(7) 潜在投标人没有涉及正在诉讼的案件,或涉及正在诉讼的案件但经评审委员会认定不会对承担本项目造成重大影响。

(8) 潜在投标人符合联合体投标的有关规定。

(9) 潜在投标人没有提供虚假材料。

符合以上条件的,方可进入下一阶段的评审。有一项不符合的,即被淘汰。

4) 资格预审评审办法

资格评审方法分强制性资格条件评审法和综合评分法两种。招标人可根据工程特点和潜在投标人的数量选择。

(1) 采用强制性资格条件评审法的,招标人应按照标段内容和特点,对潜在投标人的施工经验、财务能力、施工能力、管理能力和履约信誉等资格条件,制订强制性的量化标准。只有全部满足强制性资格条件的潜在投标人才可通过资格审查。评审结论分"通过"和"未通过"两种。

（2）采用综合评分法的，招标人应对潜在投标人的施工经验、财务能力、施工能力、管理能力、施工组织和履约信誉等资格条件，制订可以量化的评分标准，并明确通过资格审查的最低总得分值。只有总得分超过规定的最低总得分值的潜在投标人才能通过资格审查。

对重要的资格条件也可制订最低资格条件要求，不符合最低资格条件的，不得通过资格审查。计算得分时应以评审委员会的打分平均值确定，该平均值以去掉一个最高分和一个最低分后计算。

（3）综合评分法采用百分制，评分内容和权重分值划分如下：

①类似工程施工经验，分值范围 15～25。
②财务能力，分值范围 10～20。
③拟投入本标段的主要机械设备，分值范围 10～20。
④拟投入本标段的主要人员资历，分值范围 15～25。
⑤初步施工组织计划，分值范围 10～15。
⑥履约信誉，分值范围 15～25。

5）问题与澄清

（1）资格评审委员会对资格预审申请文件中不明确之处，可通过招标人要求潜在投标人进行澄清，但不应作为资格审查不通过的理由。如潜在投标人不按照招标人的要求进行澄清，其资格审查可不予通过。澄清应以书面材料为主，一般不得直接接触潜在投标人。

（2）资格评审委员会在审查潜在投标人的主要人员资历和施工业绩、信誉时，应当通过省级以上交通主管部门设立的交通行业施工企业信息网进行查询；若潜在投标人所提供信息与企业信息网上的相关内容不符，经核实存在虚假、夸大的内容，不予通过资格审查。

（3）对联合体进行资格评审时，其施工能力为主办人和各成员单位施工能力之和。对含分包人的潜在投标人进行资格评审时，其施工能力为潜在投标人和分包人施工能力之和。

（4）对通过资格评审的潜在投标人明显偏少的标段，在征得潜在投标人同意的情况下，评审委员会可以对通过评审的潜在投标人申请的标段进行调整。经调整后，合格的潜在投标人仍少于三家的，招标人应重新组织资格预审或经有关部门批准采取邀请招标方式。

6）资格评审报告

资格评审工作结束后，由资格评审委员会编制资格评审报告，其内容包括：

（1）工程项目概述。
（2）资格审查工作简介。
（3）资格审查结果。

(4)未通过资格审查的主要理由及相关附件证明。

(5)资格评审表等附件。

招标人应在资格评审工作结束后15日内,按项目管理权限,将资格评审报告报交通主管部门备案。

7)公布资格预审结果

交通主管部门在收到资格评审报告后5个工作日内未提出异议的,招标人可向通过资格审查的潜在投标人发出投标邀请书,向未通过资格审查的潜在投标人告知资格审查结果。

招标人不得向他人透露已通过资格审查的潜在投标人名称、数量,以及可能影响公平竞争的有关招标投标的其他情况。

8)重新评审

资格预审工作出现下列情况之一的,招标人负责组织重新评审。

(1)由于招标人提供给资格评审委员会的信息有误或不完整,导致评审结果出现重大偏差的。

(2)由于评审委员会的原因导致评审结果出现重大偏差的。

(3)由于潜在投标人有违法违规行为,导致评审结果无效的。

知识点六　招标文件的内容

《公路工程标准施工招标文件》(2009年版)内容组成见表2-1。

《公路工程标准施工招标文件》(2009年版)内容组成　　表2-1

第一卷	第一章　招标公告(未进行资格预审)
	第一章　投标邀请书(适用于邀请招标)
	第一章　投标邀请书(代资格预审通过通知书)
	第二章　投标人须知
	第三章　评标办法(合理低价法)
	第三章　评标办法(综合评估法)
	第三章　评标办法(经评审的最低投标价法)
	第四章　合同条款及格式
	第五章　工程量清单
第二卷	第六章　图纸
第三卷	第七章　技术标准和要求
第四卷	第八章　投标文件格式

本知识点将按照《公路工程标准施工招标文件》(2009年版)的内容进行介绍。

(1)《公路工程标准施工招标文件》适合于各等级公路和桥梁、隧道建设项目,且设计和施工不是同一承包人承担的工程施工招标。

(2)《公路工程标准施工招标文件》要与《标准施工招标文件》结合使用。后者规定通用部分,前者补充公路工程行业内容。

(3)招标文件的分类招标文件按用途可分为以下四类:

第一类是投标人必须遵照办理的要求、规定、条件等,包括:投标者须知、合同条件、对工程要求的说明及技术规范、图纸等。

第二类是投标人在报投标书时必须按此填写的内容,如投标书、投标保函、工程量清单以及投标时应填的其他格式。

第三类是投标人在中标后使用的一些格式,如履约保函格式、合同协议书格式等。

第四类为业主向投标人提供的编标价需要参考的一些技术资料,如地质水文资料、地方材料料场资料等。投标者应仔细阅读、理解招标文件,凡不满足招标文件要求的投标书将被业主拒绝。

1. 招标公告/投标邀请书

(1)发布招标公告或投标邀请书

《招标投标法》规定招标人采用公开招标方式的,应当发布招标公告,招标人采用邀请招标方式的,应当向三个以上具备承担招标项目的能力、资信良好的特定的法人或者其他组织发出投标邀请书。

(2)招标公告的发布要求

依法必须进行招标的项目的招标公告,应当通过国家指定的报刊、信息网络或者其他媒介发布。

招标公告应当载明招标人的名称和地址、招标项目的性质、数量、实施地点和时间以及获取招标文件的办法等事项。招标人可以根据招标项目本身的要求,在招标公告或者投标邀请书中,要求潜在投标人提供有关资质证明文件和业绩情况,并对潜在投标人进行资格审查;国家对投标人的资格条件有规定的,依照其规定。招标人不得以不合理的条件限制或者排斥潜在投标人,不得对潜在投标人实行歧视待遇。

招标人按照《公路工程标准施工招标文件》第一章的格式发布招标公告或发出投标邀请书后,将实际发布的招标公告或实际发出的投标邀请书编入出售的招标文件中,作为招标文件的组成部分。其中,招标公告应同时注明发布的所有媒介名称。

(3)招标公告应载明的内容

《公路工程标准施工招标文件》中招标公告/投标邀请书的内容包括:招标条件、项目概括与招标范围、投标人资格要求、招标文件的获取、投标文件的递交及相关事宜、发布公告的媒介及联系方式。

(4)标准格式

《公路工程标准施工招标文件》中,提供了三种情况的招标公告/投标邀请书格式,分别是:未进行资格预审的、适用于邀请招标的和代资格预审通过书的,招标人按实际情况选用。

《公路工程标准施工招标文件》中的招标公告(未进行资格预审)格式如下:

第一章　招标公告(未进行资格预审)

_____(项目各称)_____标段施工招标公告

1. 招标条件

本招标项目_____(项目名称)已由_____(项目审批、核准或备案机关名称)以_____(批文名称及编号)批准建设,项目业主为_____,建设资金来自_____(资金来源),项目出资比例为_____,招标人为_____。项目已具备招标条件,现对该项目的施工进行公开招标。

2. 项目概况与招标范围

_____(说明本次招标项目的建设地点、规模、计划工期、招标范围、标段划分等)。

3. 投标人资格要求

3.1 本次招标要求投标人须具备_____资质,_____业绩,并在人员、设备、资金等方面具有相应的施工能力。

3.2 本次招标_____(接受或不接受)联合体投标。联合体投标的,应满足下列要求:_____。

3.3 各投标人均可就上述标段中的____(具体数量)个标段投标。

4. 招标文件的获取

4.1 凡有意参加投标者,请于____年____月____日至____年____月____日(法定公休日、法定节假日除外),每日上午____时至____时,下午____时至____时(北京时间,下同),在_____(详细地址)持单位介绍信购买招标文件。

4.2 招标文件每套售价_____元,售后不退。图纸押金____元,在退还图纸时退还(不计利息)。

4.3 邮购招标文件的,需另加手续费(含邮费)____元。招标人在收到单位介绍信和邮购款(含手续费)后____日内寄送。

5. 投标文件的递交

5.1 投标文件递交的截止时间(投标截止时间,下同)为____年____月____日____时____分,地点为_____。

5.2 逾期送达的或者未送达指定地点的投标文件,招标人不予受理。

6. 发布公告的媒介

本次招标公告同时在_____(发布公告的媒介名称)上发布。

7. 联系方式

招 标 人：_____	招标代理机构：_____
地　　址：_____	地　　址：_____
邮　　编：_____	邮　　编：_____
联 系 人：_____	联 系 人：_____
电　　话：_____	电　　话：_____
传　　真：_____	传　　真：_____
电子邮件：_____	电子邮件：_____
网　　址：_____	网　　址：_____
开户银行：_____	开户银行：_____
账　　号：_____	账　　号：_____

____年____月____日

2. 投标人须知

投标须知是用来指导投标单位有效参与投标的重要内容，投标人员必须认真阅读并按照要求去完成，才能递交一份满足符合性要求的投标书。详见本模块知识点六。

3. 合同条款及格式

合同条件一般也称合同条款，是招标文件中的一个主要组成部分，是投标的承包人应遵循的承包条件，是业主提出的供投标者中标后与业主谈判签订合同及实施合同的依据。合同条件主要是论述在合同执行中，当事人双方的职责范围、权利和义务、监理工程师的职责和授权范围，遇到各类问题（诸如工程、进度、质量、检验、支付、索赔、仲裁等）时，各方应遵循的原则及采用的措施等。

《公路工程标准文件》的合同条款，包括通用条款和公路行业标准专用合同条款。

通用条款与《标准文件》的相同，主要包括一般约定、发包人义务、有关监理单位的约定、有关承包人义务的约定、材料和工程设备、施工设备和临时设施、交通运输、测量、放线、施工安全、治安保卫和环境能保护、进度计划、开工和竣工、暂停施工、工程质量、实验和检验、变更与变更的估计原则、价格调整原则、计量与支付、竣工验收、缺陷责任与保修责任、保险、不可抗力、违约、索赔、争议的解决等共二十四条。

附件格式包括：合同协议书格式、履约担保格式、预付款担保格式。

附件一：合同协议书

合同协议书

_____（发包人名称，以下简称"发包人"）为实施_____（项目名称），已接受_____（承包人名称，以下简称"承包人"）对该项目____标段施工的投标。发包人和承包人共同达成如下协议：

1. 本协议书与下列文件一起构成合同文件：

（1）中标通知书；

（2）投标函及投标函附录；

(3)专用合同条款;

(4)通用合同条款;

(5)技术标准和要求;

(6)图纸;

(7)已标价工程量清单;

(8)其他合同文件。

2. 上述文件互相补充和解释,如有不明确或不一致之处,以合同约定次序在先者为准。

3. 签约合同价:人民币(大写)_____元(¥_____)。

4. 承包人项目经理:_____。

5. 工程质量符合_____标准。

6. 承包人承诺按合同约定承担工程的实施、完成及缺陷修复。

7. 发包人承诺按合同约定的条件、时间和方式向承包人支付合同价款。

8. 承包人应按照监理人指示开工,工期为____日历天。

9. 本协议书一式____份,合同双方各执一份。

10. 合同未尽事宜,双方另行签订补充协议。补充协议是合同的组成部分。

发包人:_____(盖单位章)　　　　承包人:_____(盖单位章)

法定代表人或其委托代理人:_____(签字)　　法定代表人或其委托代理人:_____(签字)

____年____月____日　　　　　　　　____年____月____日

附件二:履约担保格式

履 约 担 保

_____(发包人名称):

鉴于_____(发包人名称,以下简称"发包人")接受_____(承包人名称)(以下称"承包人")于____年____月____日参加_____(项目名称)_____标段施工的投标。我方愿意无条件地、不可撤销地就承包人履行与你方订立的合同,向你方提供担保。

1. 担保金额人民币(大写)_____元(¥_____)。

2. 担保有效期自发包人与承包人签订的合同生效之日起至发包人签发工程接收证书之日止。

3. 在本担保有效期内,因承包人违反合同约定的义务给你方造成经济损失时,我方在收到你方以书面形式提出的在担保金额内的赔偿要求后,在7开内无条件支付。

4. 发包人和承包人按《通用合同条款》第15条变更合同时,我方承担本担保规定的义务不变。

担保人:_____(盖单位章)

　　　　　　　　　　法定代表人或其委托代理人：_____（签字）
　　　　　　　　　　地　　　址：_____
　　　　　　　　　　邮政编码：_____
　　　　　　　　　　电　　　话：_____
　　　　　　　　　　传　　　真：_____
　　　　　　　　　　　　　_____年_____月_____日

附件三：预付款担保格式

预付款担保

_____（发包人名称）：

　　根据_____（承包人名称）（以下称"承包人"）与_____（发包人名称）（以下简称"发包人"）于____年____月____日签订的_____（项目名称）_____标段施工承包合同，承包人按约定的金额向发包人提交一份预付款担保，即有权得到发包人支付相等金额的预付款。我方愿意就你方提供给承包人的预付款提供担保。

1. 担保金额人民币（大写）_____元（¥_____）。
2. 担保有效期自预付款支付给承包人起生效，至发包人签发的进度付款证书说明已完全扣清止。
3. 在本保函有效期内，因承包人违反合同约定的义务而要求收回预付款时，我方在收到你方的书面通知后，在7天内无条件支付，但本保函的担保金额，在任何时候不应超过预付款金额减去发包人按合同约定在向承包人签发的进度付款证书中扣除的金额。
4. 发包人和承包人按《通用合同条款》第15条变更合同时，我方承担本保函规定的义务不变。

　　　　　　　　　　担　保　人：_____（盖单位章）
　　　　　　　　　　法定代表人或其委托代理人：_____（签字）
　　　　　　　　　　地　　　址：_____
　　　　　　　　　　邮政编码：_____
　　　　　　　　　　电　　　话：_____
　　　　　　　　　　传　　　真：_____
　　　　　　　　　　　　　_____年_____月_____日

4. 评标办法

《标准文件》的第三章是评标办法，将在本模块的知识点九中进行介绍。

5. 工程量清单

工程量清单就是招标单位按照一定的原则将招标的工程进行合理分解，以明确工程的内容和范围，并将这些内容数量化的一套工程项目表。将在本模块的知识点七中进行介绍。

6. 技术标准和要求

技术规范是涉及施工中的一般总则、材料规格、施工要求、质量标准以及计量与支付等内容,并按章节划分的各项技术标准、控制指标、试验规程和支付规程等的总称。技术规范是指导承包人正确施工,以确保工程质量和技术标准的重要文件,也是监理工程师的工作依据。招标文件的技术规范规定了合同的范围和技术要求,是根据国家基本建设有关的规定、法令、标准及本部门的技术规范,结合本合同的特点、设计要求及工程量清单来编制的,反映了业主、工程师对工程项目的设计意图及质量要求和计量支付的方法。

在招标文件中提供规范的目的是使投标单位了解关于本工程所使用的各项技术标准、规定和要求等信息,以便投标单位在报价时作出充分考虑。招标文件的技术规范包括技术标准、施工规范的有关规定,工程质量检验评定标准,工程量计量规则,验收办法及要求。

技术规范的编写,按章、节、小节、条、款、项、目的次序排列,在规范中相互引用条文时,其表示方式如下:

300 章、400 章……

301 节、302 节……

301.01 小节、301.02 小节……

301.01-1 条、301.01-2 条……

301.01-1(1)款、301.01-1(2)款……

301.01-1(1)a 项、301.01-1(1)b 项……

301.01-1(1)a(a)目、301.01-1(1)a(b)目……

7. 投标文件格式

投标文件格式的主要作用是为投标人编制投标文件提供固定的格式和编排顺序,以规范投标文件的编制,同时便于评标委员会评标。

知识点七 投标人须知

投标人须知包括投标人须知前附表、正文和附表格式等内容。

投标人须知前附表的作用主要是将投标人须知中的关键内容和数据摘要列表,起到强调和提醒的作用,为投标人迅速掌握投标人须知内容提供方便,投标人员要仔细阅读,以便作好投标工作的安排,正确履行投标手续,避免造成废标。投标人须知前附表对投标人须知正文中交由前附表明确的内容给予了具体约定。

投标人须知前附表

条款号	条款名称	编列内容
1.1.2	招标人	名称: 地址: 联系人: 电话:

续上表

条款号	条款名称	编列内容
1.1.3	招标代理机构	名称： 地址： 联系人： 电话：
1.1.4	项目名称	
1.1.5	建设地点	
1.2.1	资源来源	
1.2.2	出资比例	
1.2.3	资金落实情况	
1.3.1	招标范围	
1.3.2	计划工期	计划工期：＿＿＿＿日历天 计划开工日期：＿＿年＿＿月＿＿日 计划竣工日期：＿＿年＿＿月＿＿日
1.3.3	质量要求	
1.4.1	投标人资质条件、能力和信誉	资质条件： 财务要求： 业绩要求： 信誉要求： 项目经理(建造师，下同)资格： 其他要求：
1.4.2	是否接受联合体投标	□不接受 □接受，应满足下列要求：
1.9.1	踏勘现场	□不组织 □组织，踏勘时间： 　　　　踏勘集中地点：
1.10.1	投标预备会	□不召开 □召开，召开时间： 　　　　召开地点：
1.10.2	投标人提出问题的截止时间	
1.10.3	招标人书面澄清的时间	
1.11	分包	□不允许 □允许，分包内容要求： 　　　　分包金额要求： 　　　　接受分包的第三人资质要求：

续上表

条款号	条款名称	编列内容
1.12	偏离	□不允许 □允许
2.1	构成招标文件的其他材料	
2.2.1	投标人要求澄清招标文件的截止时间	
2.2.2	投标截止时间	____年____月____日____时____分
2.2.3	投标人确认收到招标文件澄清的时间	
2.3.2	投标人确认收到招标文件修改的时间	
3.1.1	构成投标文件的其他材料	
3.3.1	投标有效期	
3.4.1	投标保证金	投标保证金的形式： 投标保证金的金额：
3.5.2	近年财务状况的年份要求	_____年
3.5.3	近年完成的类似项目的年份要求	_____年
3.5.5	近年发生的诉讼及仲裁情况的年份要求	_____年
3.6	是否允许递交备选投标方案	□不允许 □允许
3.7.3	签字或盖章要求	
3.7.4	投标文件副本份数	_____份
3.7.5	装订要求	
4.1.2	封套上写明	招标人的地址： 招标人名称： ____（项目名称）____标段投标文件 在_____年_____月_____日_____时_____分前不得开启
4.2.2	递交投标文件地点	
4.2.3	是否退还投标文件	□否 □是
5.1	开标时间和地点	开标时间：同投标截止时间 开标地点：
5.2	开标程序	(4)密封情况检查： (5)开标顺序：

续上表

条款号	条款名称	编列内容
6.1.1	评标委员会的组建	评标委员会构成：____人,其中招标人代表____人,专家____人； 评标专家确定方式：
7.1	是否授权评标委员会确定中标人	□是 □否,推荐的中标候选人数；
7.3.1	履约担保	履约担保的形式： 履约担保的金额：
10		需要补充的其他内容
...		...
...		...

《公路工程标准施工招标文件》投标人须知前附表的附录是资格审查条件,包括:资质最低条件、财务最低要求、业绩最低要求、信誉最低要求、项目经理和项目总工最低要求、其他主要管理人员和技术人员最低要求及主要机械设备和试验检测设备最低要求。具体要求由招标人在满足国家相关法律法规前提下,根据招标项目具体特点和实际情况确定,但不得设置过高的资格条件。

1. 总则

投标须知人须知正文中的"总则"由下列内容组成：

(1)项目概况。应说明项目已具备招标条件、项目招标人、招标代理机构、项目名称及建设地点等内容,并且在投标人须知前附表中体现。

(2)资金来源和落实情况。应说明项目的资金来源、出资比例、资金落实情况等内容,并且在投标人须知前附表中体现。

(3)招标范围、计划工期和质量要求。应说明招标范围、计划工期、质量要求等,并且在投标人须知前附表中体现。

(4)投标人资格要求。已进行资格预审的,投标人应是符合资格预审条件,收到招标人发出投标邀请书的单位；未进行资格预审的,应当规定投标人应具备承担本标段施工的资质条件、财务、业绩、信誉、项目经理资格及其他要求,并在投标人须知前附表中体现；投标人须知前附表规定接受联合体投标的,应写明对联合体的规定和要求。除前附表的要求外,还应遵守以下规定：

①联合体各方应按招标文件提供的格式签订联合体协议书,明确联合体牵头人和各方权利义务。

②由同一专业的单位组成的联合体,按照资质等级较低的单位确定资质等级。

③联合体各方不得再以自己名义单独或参加其他联合体在同一标段中投标。

投标人须知第1.4.3项规定,投标人不得存在下列情形之一:

①为招标人不具有独立法人资格的附属机构(单位)。

②为本标段前期准备提供设计或咨询服务的,但设计施工总承包的除外。

③为本标段的监理人。

④为本标段的代建人。

⑤为本标段提供招标代理服务的。

⑥与本标段的监理人或代建人或招标代理机构同为一个法定代表人的。

⑦与本标段的监理人或代建人或招标代理机构相互控股或参股的。

⑧与本标段的监理人或代建人或招标代理机构相互任职或工作的。

⑨被责令停业的;财产被接管或冻结的;被暂停或取消投标资格的;在最近三年内有骗取中标或严重违约或重大工程质量问题的。

⑩涉及正在诉讼的案件,或涉及正在诉讼的案件但经审查委员会认定不会对承担本项目造成重大影响。

⑪被省级及以上交通主管部门取消项目所在地的投标资格或禁止进入该区域公路建设市场且处于有效期内。

⑫为投资参股本项目的法人单位。

(5)费用承担。投标人准备和参加投标活动发生的费用自理。

(6)保密。要求参与招标投标活动的各方应对招标文件和投标文件中的商业和技术等秘密保密,违者应对由此造成的后果承担法律责任。

(7)语言文字。除专用术语外,与招标投标有关的语言均使用中文。必要时专用术语应附有中文注释。

(8)计量单位。所有计量均采用中华人民共和国法定计量单位。

(9)踏勘现场。招标人根据项目的具体情况,可以组织潜在投标人踏勘项目现场,投标人踏勘现场发生的费用自理,除招标人的原因外,投标人自行负责在踏勘现场中所发生的人员伤亡和财产损失,招标人在踏勘现场中介绍的工程场地和相关的周边环境情况,供投标人在编制投标文件时参考,招标人不对投标人据此作出的判断和决策负责。

招标人提供的本合同工程的水文、地质、气象和料场分布、取土场、弃土场位置等参考资料,并不构成合同文件的组成部分,投标人应对自己对上述资料的解释、推论和应用负责,招标人不对投标人据此作出的判断和决策承担任何责任。

(10)投标预备会。是否召开投标预备会,以及何时召开由招标人根据项目具体需要和招标进程安排确定。

(11)分包。由招标人根据项目具体特点来判断是否允许分包,如果允许分包,应规定分包内容、分包金额和接受分包的第三人资质要求等限制性条件,应符合以下规。

分包内容要求:允许分包的工程范围仅限于非关键性工程或者适合专业化队伍施工的专业工程。

分包金额要求:专业工程分包的工程量累计不得超过总工程量的30%。

接受分包的第三人资质要求:分包人的资格能力应与其分包工程的标准和规模相适应,具备相应的专业承包资质或劳务分包资质。

其他要求:投标人如有分包计划,应按第八章"投标文件格式"的要求填写"拟分包项目调查表",且投标人中标后的分包应满足合同条款第4.3款的相关要求。

(12)偏离。偏离即《评标委员会和评标方法暂行规定》中的偏差,招标人根据项目具体特点来设定非实质性要求和条件允许偏离的范围和幅度。偏差分重大偏差和细微偏差。

2. 招标文件

在招标文件这一部分中,再次写明了招标文件的组成内容,同时要求投标人仔细阅读招标文件,按招标文件的规定与要求编写投标文件。如果投标文件与招标文件的规定与要求不符合,则投标人应自行负责。

对于招标文件的澄清及提问的截止时间要求如下:

(1)招标文件的澄清将在投标人须知前附表规定的投标截止时间15天前以书面形式发给所有购买招标文件的投标人,但不指明澄清问题的来源。如果澄清发出的时间距投标截止时间不足15天,相应延长投标截止时间。投标人有责任保证所有购买招标文件的投标人收到招标文件的澄清。

(2)在投标截止时间15天前,招标人可以书面形式修改招标文件,并通知所有已购买招标文件的投标人。如果修改招标文件的时间距投标截止时间不足15天,相应延长投标截止时间。招标人有责任保证所有购买招标文件的投标人收到招标文件的修改。

(3)投标人在收到澄清和修改内容后后,应在投标人须知前附表规定的时间内以书面形式通知招标人,确认已收到该澄清。

3. 投标文件的组成

投标文件是投标人响应和依据招标文件向招标人发出的要约文件。招标人在投标人须知中对投标文件的组成、投标报价、投标有效期、投标保证金、资格审查资料、备选方案和投标文件的编制和递交提出明确要求。

投标文件应包括下列内容:

(1)投标函及投标函附录。
(2)法定代表人身份证明或附有法定代表人身份证明的授权委托书。
(3)联合体协议书。
(4)投标保证金。
(5)已标价工程量清单。
(6)施工组织设计。
(7)项目管理机构。
(8)拟分包项目情况表。
(9)资格审查资料。
(10)承诺函。

(11)调价函及调价后的工程量清单(如有)。

(12)投标人须知前附表规定的其他材料。

投标人须知前附表规定不接受联合体投标的,或投标人没有组成联合体的,投标文件不包括本章目所指的联合体协议书。

如果采用双信封形式,则第一个信封(商务及技术文件)包括除(5)、(11)以外的所有文件,其中投标函中不包含投标报价。第二个信封(投标报价和工程量清单)中提交(1)、(5)、(11),其中的投标函是带投标报价的。

专家提示

投标人在递交投标文件之前,一定要按照须知中投标文件的组成来检查投标文件的完整性。

4. 投标报价

投标人应按第五章"工程量清单"的要求填写相应表格。

工程量清单的填写分工程量固化清单和书面工程量清单两种方式。投标人应按投标人须知前附表规定的方式填写工程量清单。

(1)本项目招标采用工程量固化清单,招标人在出售招标文件的同时向投标人提供工程量固化清单电子文件(光盘或U盘)。投标人填写工程量清单中的单价及总额价,即可完成投标工程量清单的编制,确定投标报价,并打印出投标工程量清单,编入投标文件。投标人未在工程量清单中填入单价或总额价的工程子目,将被认为其已包含在工程量清单其他子目的单价和总额价中,招标人将不予支付。

投标人必须严格遵循工程量固化清单电子文件中的数据、格式及运算定义,并将已填写完毕的投标工程量清单电子文件单独拷入招标人提供的光盘(或U盘)中,密封在投标文件正本内一并交回。严禁投标人修改工程量固化清单电子文件中的数据、格式及运算定义。

投标人根据招标人提供的工程量固化清单电子文件填报完成并打印的投标文件工程量清单中的投标报价和投标函大写金额报价应一致,如果报价金额出现差异时,则以投标函大写金额报价为准。

(2)本项目招标由招标人提供书面工程量清单,由投标人按照招标人提供的工程量清单填写本合同各工程子目的单价、合价和总额价。评标委员会将按照第三章"评标办法"第3.1.3项和第3.1.4项的规定对投标价进行算术性错误修正及其他错误修正。

(3)投标人在投标截止时间前修改投标函中的投标总报价,应同时修改第五章"工程量清单"中的相应报价。

(4)投标人如果发现工程量清单中的数量与图纸中数量不一致时,应立即通知招标人核查,除非招标人以书面方式予以更正,否则,应以工程量清单中列出的数量为准。

(5)投标人应根据《公路水运工程安全生产监督管理办法》,在投标总价中计入安全生产费用。工程量清单100章内列有上述安全生产费的支付子目,由投标人按招标文件的规定填写总额价。

(6)除投标人须知前附表另有规定外,招标人不接受调价函。若招标人接受调价函,则应在招标文件中给出调价函的格式。投标人若有调价函则应遵循如下规定:

①调价函必须采用招标文件规定的格式;调价函应说明调价后的最终报价,并以最终报价为准,而且投标人只能有一次调价的机会。

②工程量清单中招标人指定的报价不允许调价。

③调价函必须附有调价后的工程量清单;调价函必须粘贴或机械装订在投标文件正本首页,与投标文件一起密封提交。

若投标人未提交调价后的工程量清单,或调价函未装在投标文件正本首页,调价函均视为无效,仍以原报价作为最终报价,若投标人提交的调价函多于一个,或对不允许调价的内容进行了调价,或调价函有附加条件,投标文件作为废标处理。

④若招标人接受调价函,投标人调价后的工程量清单和有效调价函的大写金额报价应保持一致,如果报价金额出现差异时,则以有效调价函的大写金额报价为准。

5. 投标有效期

投标有效期从投标截止时间起算至颁发中标通知书之日止的一段时间,主要用来满足组织并完成开标、评标、定标以及签订合同等工作所需要的时间。投标有效期内,投标人不得要求撤销或修改其投标文件。出现特殊情况需要延长投标有效期的,招标人以书面形式通知所有投标人延长投标有效期。投标人同意延长的,应相应延长其投标保证金的有效期,但不得要求或被允许修改或撤销其投标文件;投标人拒绝延长的,其投标失效,但投标人有权收回其投标保证金。

投标文件有效期内,发出的中标通知书对投标人有法律约束力;超出时限招标人并未提出延长而发出的中标通知书,投标人可以拒绝,而不会被视为违约,投标担保也不会被没收。

6. 投标保证金

投标保证金是在招标投标活动中,投标人随投标文件一同递交给招标人的一定形式、一定金额的投标责任担保,主要目的为了防止投标者在投标文件有效期期间随意撤回投标或拒签正式合同协议或不提交履约担保等情况发生。

投标保证金必须选择下列任一种形式:电汇、银行保函或招标人规定的其他形式。

(1)若采用电汇,投标人应在投标人须知前附表规定的投标保证金递交截止时间之前,将投标保证金由投标人的基本账户一次性汇入招标人指定账户,否则视为投标保证金无效。

(2)若采用银行保函,则应由投标人开立基本账户的银行开具。银行保函应采用招标文件提供的格式,且应在投标有效期满后30天内保持有效,招标人如果延长了投标有效期,则投标保证金的有效期也相应延长。银行保函原件应装订在投标文件的正本之中。

(3)投标人不按要求提交投标保证金的,其投标文件作废标处理。

(4)招标人与中标人签订合同后5个工作日内,向未中标的投标人和中标人退还投标保证金。

(5)有下列情形之一的,投标保证金将不予退还:

①投标人在规定的投标有效期内撤销或修改其投标文件。

②中标人在收到中标通知书后,无正当理由拒签合同协议书或未按招标文件规定提交履约担保。

③投标人不接受依据评标办法的规定对其投标文件中细微偏差进行澄清和补正。

④投标人提交了虚假资料。

7. 备选方案

除投标人须知前附表另有规定外,投标人不得递交备选投标方案。允许投标人递交备选投标方案的,只有中标人所递交的备选投标方案方可予以考虑。评标委员会认为中标人的备选投标方案优于其按照招标文件要求编制的投标方案的,招标人可以接受该备选投标方案。

8. 投标文件的编制

投标文件的编制应有如下要求:语言要求、格式要求、实质性响应、打印要求、错误修改要求、签署要求、份数要求及装订要求等。具体内容将在后面详述。

> **专家提示**
>
> 这里也提醒大家,在递交文件时,要保证文件的正确性:无错字,排版正确,无涂改,签署齐全。

9. 开标、评标及合同授予

包括开标的时间、地点、程序。包括评标委员会、评标原则和评标方法等规定。包括定标方式、中标通知、履约担保和签订合同。具体内容将在后面详述。

10. 重新招标和不再招标

有下列情形之一的,招标人将重新招标:

(1)投标截止时间止,投标人少于3个的。

(2)经评标委员会评审后否决所有投标的。

(3)中标候选人均未与招标人签订合同的。

(4)法律规定的其他情形。

重新招标后投标人仍少于3个或者所有投标被否决的,属于必须审批或核准的工程建设项目,经原审批或核准部门批准后不再进行招标。

11. 纪律和监督

纪律和监督分别包括招标人、投标人、评标委员会、与评标活动有关的工作人员的纪律要求以及投诉监督。

（1）对招标人的纪律要求

招标人不得泄露招标投标活动中应当保密的情况和资料，不得与投标人串通损害国家利益、社会公共利益或者他人合法权益。

（2）对投标人的纪律要求

投标人不得相互串通投标或者与招标人串通投标，不得向招标人或者评标委员会成员行贿谋取中标，不得以他人名义投标或者以其他方式弄虚作假骗取中标；投标人不得以任何方式干扰、影响评标工作。

（3）对评标委员会成员的纪律要求

评标委员会成员不得收受他人的财物或者其他好处，不得向他人透漏对投标文件的评审和比较、中标候选人的推荐情况以及评标有关的其他情况。在评标活动中，评标委员会成员不得擅离职守，影响评标程序正常进行，不得使用第三章"评标办法"没有规定的评审因素和标准进行评标。

（4）对与评标活动有关的工作人员的纪律要求

与评标活动有关的工作人员不得收受他人的财物或者其他好处，不得向他人透漏对投标文件的评审和比较、中标候选人的推荐情况以及评标有关的其他情况。在评标活动中，与评标活动有关的工作人员不得擅离职守，影响评标程序正常进行。

（5）投诉

投标人和其他利害关系人认为本次招标活动违反法律、法规和规章规定的，有权向有关行政监督部门投诉。

监督部门的联系方式见投标人须知前附表。

> **专家提示**
>
> 自购买招标文件之日起，投标人应保证其提供的联系方式（电话、传真、电子邮件）一直有效，以保证往来函件（招标文件的澄清、修改等）能及时通知投标人，并能及时反馈信息，否则招标人不承担由此引起的一切后果。

12. 附表格式

附表格式中包括了招标活动中需要使用的表格文件格式，通常有：开标记录表、问题澄清通知、问题的澄清、中标通知书、中标结果通知书、确认通知等。

附表一：开标记录表

_____（项目名称）_____标段施工开标记录表

开标时间：____年____月____日____时____分

序号	投标人	密封情况	投标保证金	投标报价(元)	质量目标	工期	备注	签名

续上表

序号	投标人	密封情况	投标保证金	投标报价(元)	质量目标	工期	备注	签名
招标人编制的标底								

招标人代表：_____ 记录人：_____ 监标人_____
_____年_____月_____日

附表二：问题澄清通知

问题澄清通知

编号：

_____（投标人名称）：

_____（项目名称）_____标段施工招标的评标委员会，对你方的投标文件进行了仔细的审查，现需你方对下列问题以书面形式予以澄清：

1.

2.

…

请将上述问题的澄清于____年____月____日____时前递交至_____（详细地址）或传真至_____（传真号码），采用传真方式的，应在____年____月____日____时前将原件递交至_____（详细地址）。

评标工作组负责人：_____（签字）

_____年_____月_____日

附表三:问题的澄清

问题的澄清

编号:_____

_____(项目名称)_____标段施工招标评标委员会:

问题澄清通知(编号:_____)已收悉,现澄清如下:
1.
2.
…

投标人:_____(盖单位章)

法定代表人或其委托代理人:_____(签字)

_____年_____月_____日

附表四:中标通知书

中标通知书

_____(中标人名称):

你方于_____(投标日期)所递交的_____(项目名称)_____标段施工投标文件已被我方接受,被确定为中标人

中标价:_____元。

工期:_____日历天。

工程质量:符合_____标准。

项目经理:_____(姓名)。

请你方在接到本通知书后的____日内到_____(指定地点)与我方签订施工承包合同,在此之前按招标文件第二章"投标人须知"第 7.3 款规定向我方提交履约担保。

特此通知。

招标人:_____(盖单位章)

法定代表人:_____(签字)

____年____月____日

附表五:中标结果通知书

中标结果通知书

_____(未中标人名称):

我方已接受_____(中标人名称)于_____(投标日期)所递交的_____(项目名称)_____标段施工投标文件,确定_____(中标人名称)为中标人。

感谢你单位对我们工作的大力支持!

招标人:_____(盖单位章)
法定代表人:_____(签字)
_____年____月____日

附表六:确认通知

确认通知

_____(招标人名称):

我方已接到你方____年____月____日发出的_____(项目名称)_____标段施工招标关于_____的通知,我方已于____年____月____日收到。

特此确认。

投标人:_____(盖单位章)
_____年____月____日

【知识应用】

【背景】 实行公开招标的某高速公路工程项目,经过资格预审后,确定了投标人名单,并发出了投标邀请书,投标人在规定的时间内递交标书,在开标和评标过程中发现投标书中分别存在如下问题:

(1)有的投标人没有得到投标邀请书。

(2)有的投标人缺少施工组织设计。

(3)有一个投标人工期比招标文件要求长,为25个月。

(4)有的投标文件在开标后结束前一个小时送达。

(5)有的投标人没有填写清淤泥单价,只填报了合价。有的投标人只填报单价,而没有报合价。

(6)投标书中报价有的大写(文字表示)的金额比小写(数字表示)的金额要小,有的大写金额比小写金额大。

(7)有的投标人没有代表参加现场考察。

(8)有的投标人在投标截止时间之前书面通知撤回投标文件。也有的在开标之后随即要求撤回投标文件。

(9)有的投标报价有修改,在修改处盖了授权代理人的章。

【问题】 招标、评标人对以上问题应如何处理?

【解释】

(1)《公路工程标准文件》投标人须知第1.4款,投标人资格中规定,投标人应是收到招标人发出投标邀请书的单位。

对通过资格预审的投标人,才获得投标邀请书,未得到投标邀请书无资格参加投标。

(2)缺少施工组织设计的标书为不合格标书,按废标处理。

《公路工程标准文件》评标办法第2.1.1款形式评审与响应性评审标准中规定:"投标文件要按照招标文件规定的格式、内容填写。"其中包括"按照招标文件规定的格式、内容编制了施工组织设计及项目管理机构相关图表"。

该投标书不符合评审标准,按废标处理。

(3)投标工期长于招标文件要求的24个月,不能满足"响应性"要求,也为不合格标书,按废标处理。

(4)投标文件在开标后,虽开标未结束,但已超过投标书递交截止期,应原封退回投标人。

《公路工程标准文件》投标人须知第4.2.5款规定,逾期送达的或者未送达指定地点的投标文件,招标人不予受理。

(5)没有填报单价的可视为已含入其他工程细目的单价中,只报了单价没有报合价,可以按投标人已报单价乘以该项目工程数量所得合价予以修正。投标人不接受修正价格的,其投标作废标处理,并没收其投标担保。

《公路工程标准文件》评标办法第3.1.4款规定,工程量清单中的投标报价有其他错误的,评标委员会按以下原则对投标报价进行修正,修正的价格经投标人书面确认后具有约束力。投标人不接受修正价格的,其投标作废标处理,并没收其投标担保。

①在招标人给定的工程量清单中漏报了某个工程子目的单价、合价或总额价,或所报单价、合价或总额价减少了报价范围,则漏报的工程子目单价、合价和总额价或单价、合价和总额价中减少的报价内容视为已含入其他工程子目的单价、合价和总额价之中。

②在招标人给定的工程量清单中多报了某个工程子目的单价、合价或总额价,或所报单价、合价或总额价增加了报价范围,则从投标报价中扣除多报的工程子目报价或工程子目报价中增加了报价范围的部分报价。

③当单价与数量的乘积与合价(金额)虽然一致,但投标人修改了该子目的工程数量,则其合价按招标人给定的工程数量乘以投标人所报单价予以修正。

修正后的最终投标报价若超过投标控制价上限(如有),投标人的投标文件作废标处理。

(6)评标委员会将对算术错误进行修正,当大写金额与小写金额不符时,以大写金额为准。投标人不接受修正价格的,其投标作废标处理,并没收其投标担保。

《公路工程标准文件》评标办法第3.1.3款规定,投标报价有算术错误的,评标委员会按以下原则对投标报价进行修正,修正的价格经投标人书面确认后具有约束力。投标人不接受修正价格的,其投标作废标处理,并没收其投标担保。

①投标文件中的大写金额与小写金额不一致的,以大写金额为准。

②总价金额与依据单价计算出的结果不一致的,以单价金额为准修正总价,但单价金额小数点有明显错误的除外。

③当单价与数量相乘不等于合价时,以单价计算为准,如果单价有明显的小数点位

置差错,应以标出的合价为准,同时对单价予以修正。

④当各子目的合价累计不等于总价时,应以各子目合价累计数为准,修正总价。

(7)投标人没有代表参加现场考察和出席开标活动,表明投标人没有必要参加现场考察,并不影响投标人编制标书。

《公路工程标准文件》投标人须知第5.1款规定,投标人若未派法定代表人或委托代理人出席开标活动,视为该投标人默认开标结果,不影响投标书的有效性。

现场考察是自愿参加,不影响投标工作。

(8)投标截止时间之前,投标人书面通知可以撤回投标书;但开标之后即投标截止期以后,不得撤回。因开标后已进入投标有效期。在投标有效期撤回投标文件按规定没收投标担保金。

《公路工程标准文件》投标人须知第4.3款规定,投标截止时间前,投标人可以修改或撤回已递交的投标文件,但应以书面形式通知招标人。

投标人修改或撤回已递交投标文件的书面通知应按照本章要求签字或盖章。招标人收到书面通知后,向投标人出具签收凭证。

修改的内容为投标文件的组成部分。修改的投标文件应按照本章第3条、第4条规定进行编制、密封、标记和递交,并标明"修改"字样。

《公路工程标准文件》投标人须知第3.4.4款规定投标人在规定的投标有效期内撤销或修改其投标文件。

(9)投标报价按规定修改,投标书仍有效。

《公路工程标准文件》投标人须知第3.7.3款规定投标文件应尽量避免涂改、行间插字或删除。如果出现上述情况,改动之处应加盖单位章或由投标人的法定代表人或其授权的代理人签字确认。

知识点八　工程量清单

工程量清单是表现拟建工程实体性项目和非实体性项目名称和相应数量的明细清单,以满足工程建设项目具体量化和计量支付的需要。

《公路工程标准施工招标文件》(2009年版)第五章"工程量清单"包括了说明和工程量清单。

1. 说明

工程量清单说明从清单的使用到价格的填写进行了详细的解释,确保承包人在进行投标报价时的准确和合理。

(1)工程量清单是根据招标文件中包括的、有合同约束力的图纸以及有关工程量清单的国家标准、行业标准、合同条款中约定的工程量计算规则编制。约定计量规则中没有的子目,其工程量按照有合同约束力的图纸所标示尺寸的理论净量计算。计量采用中华人民共和国法定计量单位。

(2)本工程量清单应与招标文件中的投标人须知、通用合同条款、专用合同条款、技术标准和要求及图纸等一起阅读和理解。

(3)工程量清单中所列工程数量是估算或设计的预计工程量,仅作为投标的共同基础,不能作为最终结算与支付的依据。实际支付时按实际完成的工程量,由承包人按技术规范规定的计量方法,以监理工程师认可的尺寸、断面计量,按工程量清单的单价和总额价计算支付金额;或者根据具体情况,由于变更的工程性质或数量,占整个工程的比例较大,使涉及的工程细目原有的单价或总额价因此不合理或不适用时,按合同条款的有关规定,由监理工程师确定的单价或总额价计算支付额。

(4)工程量清单各章是按"技术规范"的相应章次编号的,因此,工程量清单中各章的工程子目的范围与计量等应与"技术规范"相应章节的范围、计量与支付条款结合起来理解或解释。

(5)对作业和材料的一般说明或规定,未重复写入工程量清单内,在给工程量清单各子目标价前,应参阅"技术规范"的有关内容。

(6)工程量清单中所列工程量的变动,丝毫不会减低或影响合同条款的效力,也不免除承包人按规定标准进行施工和修复缺陷的责任。

(7)图纸中所列的工程数量表及数量汇总表仅是提供资料,不是工程量清单的外延。当图纸与工程量清单所列数量不一致时,以工程量清单所列数量作为报价的依据。

(8)工程量清单中的每一子目须填入单价或价格,且只允许有一个报价。

(9)除非合同另有规定,工程量清单中有标价的单价和总额价均已包括了为实施和完成工程所需的劳务、材料、机械、质检(自检)、安装、缺陷修复、管理、保险(工程一切险和第三方责任险除外)、税费、利润等费用,以及合同明示或暗示的所有责任、义务和一般风险。

(10)工程量清单中投标人没有填入单价或总额价的子目,其费用应视为已分摊在工程量清单的其他相关子目的单价或价格之中,承包人必须按监理人指令完成工程量清单中未填入单价或价格的子目,但不能得到结算与支付。

(11)符合合同条款规定的全部费用应认为已被计入有标价的工程量清单说列各子目之中,未列子目不予计量的工作,其费用应视为已分摊在本合同工程的有关子目单价或总额价之中。

(12)承包人对用于合同工程的各类装备的提供、运输、维护、拆卸、拼装等支付的费用,已包括在工程量清单的单价与总额价中。

(13)工程量清单中各项金额均以人民币(元)结算。

2. 计日工说明

(1)未经监理人书面指令,任何工程不得按计日工施工;接到监理人按计日工施工的书面指令,承包人也不得拒绝。

(2)投标人应在计日工单价表中填列计日工子目的基本单价或租价,该基本单价或租价适用于监理人指令的任何数量的计日工的结算与支付。计日工的劳务、材料和施工机械由招标人(发包人)列出正常的估计数量,投标人报出单价,计算出计日工总额后列入工程量清单汇总表中并进入评标价。

(3)计日工不调价。

(4)在计算应付给承包人的计日工工资时,工时应从工人到达施工现场,并开始从事指定的工作算起,到返回原出发地点为止,扣去用餐和休息的时间。只有直接从事指定的工作,且能胜任该工作的工人才能计工,随同工人一起做工的班长应计算在内,但不包括领工(工长)和其他质检管理人员。

(5)承包人可以得到用于计日工劳务的全部工时的支付,此支付按承包人填报的"计日工劳务单价表"所列单价计算,该单价应包括基本单价及承包人的管理费、税费、利润等所有附加费,说明如下:

a. 劳务基本单价包括:承包人劳务的全部直接费用,如:工资、加班费、津贴、福利费及劳动保护费等。

b. 承包人的利润、管理、质检、保险、税费;易耗品的使用、水电及照明费,工作台、脚手架、临时设施费,手动机具与工具的使用及维修,以及上述各项伴随而来的费用。

(6)承包人可以得到计日工使用的材料费用的支付,此费用按承包人"计日工材料单价表"中所填报的单价计算,该单价应包括基本单价及承包人的管理费、税费、利润等所有附加费,说明如下:

a. 材料基本单价按供货价加运杂费(到达承包人现场仓库)、保险费、仓库管理费以及运输损耗等计算。

b. 承包人的利润、管理、质检、保险、税费及其他附加费。

c. 从现场运至使用地点的人工费和施工机械使用费不包括在上述基本单价内。

(7)承包人可以得到用于计日工作业的施工机械费用的支付,该费用按承包人填报的"计日工施工机械单价表"中的租价计算。该租价应包括施工机械的折旧、利息、维修、保养、零配件、油然料、保险和其他消耗品的费用以及全部有关使用这些机械的管理费、税费、利润和司机与助手的劳务费等费用。

(8)计日工作业中,承包人计算所用的施工机械费用时,应按实际工作小时支付。除非经监理人的同意,计算的工作小时才能将施工机械从现场某处运到监理人指令的计日工作业的另一现场往返运送时间包括在内。

3. 工程量清单

《公路工程标准施工招标文件》(2009年版)第五章中的清单表格包括:

(1)第100章~第700章的工程量清单表

(2)计日工表

包括劳务表、材料表、施工机械表和计日工汇总表。

(3)暂估价表

包括材料暂估价表、工程设备暂估价表、专业工程暂估价表。

(4)投标报价汇总表

(5)工程量清单单价分析表

4. 工程量清单样表

(1)工程量清单表,见表2-2。

工 程 量 清 单　　　　　　　　　　　　　表2-2(1)

清单　第100章　总则					
子目号	子目名称	单位	数量	单价	合价
101-1	保险费				
-a	按合同条款规定,提供建筑工程一切险	总额			
-b	按合同条款规定,提供第三者责任险	总额			
102-1	竣工文件	总额			
102-2	施工环保费	总额			
102-3	安全生产费	总额			
102-4	工程管理软件(暂定金额)	总额			
103-1	临时道路修建、养护与拆除(包括原道路的养护费)	总额			
103-2	临时占地	总额			
103-3	临时供电设施				
-a	设施架设、拆除	总额			
-b	设施维修	月			
103-4	电信设施的提供、维修与拆除	总额			
103-5	供水与排污设施	总额			
104-1	承包人驻地建设	总额			
清单100章合计　人民币_____						

工 程 量 清 单　　　　　　　　　　　　　表2-2(2)

清单　第200　路基					
子目号	子目名称	单位	数量	单价	合价
201-1	清理与掘除				
-a	清理现场	m²			
-b	砍伐树木	棵			
-c	挖除树根	棵			
202-2	挖除旧路面				
-a	水泥混凝土路面	m²			

续上表

清单 第200 路基					
子目号	子目名称	单位	数量	单价	合价
-b	沥青混凝土路面	m²			
-c	碎石路面	m²			
202-3	拆除结构物				
	…				
清单200章合计 人民币_____					

工程量清单　　　　　　　　　　　表2-2(3)

清单 第300 路面					
子目号	子目名称	单位	数量	单价	合价
302-1	碎石垫层				
-a	厚…mm	m²			
302-2	砂砾垫层				
-a	厚…mm	m²			
302-2	水泥稳定土垫层				
-a	厚…mm	m²			
302-2	石灰稳定土垫层				
-a	厚…mm	m²			
303-1	石灰稳定土底基层				
-a	厚…mm	m²			
303-2	搭板、埋板下水泥稳定土底基层	m³			
304-1	水泥稳定土底基层				
-a	厚…mm	m²			
	…				
清单300章合计 人民币_____					

工程量清单　　　　　　　　　　　表2-2(4)

清单 第400 桥梁、涵洞					
子目号	子目名称	单位	数量	单价	合价
401-1	桥梁荷载试验(暂估价)	总额			
401-2	地质钻探及取样试验(暂定工程量)				
-a	φ70mm	m			
-b	φ110mm	m			

续上表

清单　第400　桥梁、涵洞					
子目号	子目名称	单位	数量	单价	合价
403-1	基础钢筋(包括灌注桩、承台、沉桩、沉井等)				
-a	光圆钢筋(HPB235、HPB300)	kg			
-b	带肋钢筋(HRB335、HRB400)	kg			
403-2	下部结构钢筋				
-a	光圆钢筋(HPB235、HPB300)	kg			
	…				
清单400章合计　人民币_____					

工程量清单　　　　　　　　　　　　　　　表2-2(5)

清单　第500章　隧道					
子目号	子目名称	单位	数量	单价	合价
502-1	洞口、明洞开挖				
-a	土方	m³			
-b	石方	m³			
-c	弃方超运	m³·km			
502-2	防水与排水				
-a	M…浆砌片石截水沟	m³			
-b	无纺布	m²			
	…				
502-3	洞口坡面防护				
	…				
清单500章合计　人民币_____					

工程量清单　　　　　　　　　　　　　　　表2-2(6)

清单　第600章　安全设施及预埋管线					
子目号	子目名称	单位	数量	单价	合价
602-1	C……混凝土护栏	m			
602-2	单面波形梁钢护栏	m			
602-3	双面波形梁钢护栏	m			
602-4	活动式钢护栏	个			
602-5	波形梁钢护栏起、终端头				
-a	分设型圆头式端头	个			

续上表

清单　第600章　安全设施及预埋管线					
子目号	子目名称	单位	数量	单价	合价
– b	分设型地锚式端头	个			
– c	组合型圆端头	个			
	…				

清单600章合计　人民币_____

工程量清单　　　　　　　　　　　　　　表2-2(7)

清单　第700章　绿化及环境保护设施					
子目号	子目名称	单位	数量	单价	合价
702 – 1	开挖并铺设表土	m³			
702 – 2	铺设利用的表土	m³			
703 – 1	撒播草种	m²			
703 – 2	铺植草皮				
– a	马尼拉草皮	m²			
– b	美国二号草皮	m²			
	…				
703 – 3	绿地喷灌管道	m			
704 – 1	人工种植乔木				
– a	香樟	棵			
– a	夹竹桃	棵			
	…				

清单700章合计　人民币_____

(2)计日工表,见表2-3。

劳务计日工表　　　　　　　　　　　　　表2-3(1)

编号	子目名称	单位	暂定数量	单价	合价
101	班长	h			
102	普通工	h			
103	焊工	h			
104	电工	h			
	…				

劳务小计金额:_____(计入"计日工汇总表")

材料计日工表 表 2-3(2)

编号	子目名称	单位	暂定数量	单价	合价
201	水泥	t			
202	钢筋	t			
	...				

材料小计金额:_____(计入"计日工汇总表")

施工机械计日工表 表 2-3(3)

编号	子目名称	单位	暂定数量	单价	合价
301	装裁机				
301－1	1.5m³以下	h			
301－2	1.5~2.5m³	h			
	...				

施工机械小计金额:_____(计入"计日工汇总表")

计日工汇总表 表 2-3(4)

名 称	金 额	备 注
劳务		
材料		
施工机械		

计日工总计:_____(计入"投标报价汇总表")

(3)暂估价表,见表 2-4。

材料暂估价表 表 2-4(1)

序号	名称	单位	数量	单价	合价	备注

工程设备暂估价表 表 2-4(2)

序号	名称	单位	数量	单价	合价	备注

专业工程暂估价表 表2-4(3)

序号	专业工程名称	工程内容	金额
小计:			

(4)投标报价汇总表,见表2-5。

投标报价汇总表 表2-5

_____(项目名称) _____标段

序号	章次	科目名称	金额(元)
1	100	总则	
2	200	路基	
3	300	路面	
4	400	桥梁、涵洞	
5	500	隧道	
6	600	安全设施及预埋管线	
7	700	绿化及环境保护设施	
8		第100章~700章清单合计	
9		已包含在清单合计中的材料、工程设备、专业工程暂估价合计	
10		清单合计减去材料、工程设备、专业工程暂估价合计(即8-9=10)	
11		计日工合计	
12		暂列金额(不含计日工总额)	
13		投标报价(8+11+12)=13	

> **专家提示**
>
> （1）暂列金额：指已标价工程量清单中所列的暂列金额，用于在签订协议书时尚未确定或不可预见变更的施工及其所需材料、工程设备、服务等的金额，包括以计日工方式支付的金额。
>
> （2）暂估价：指发包人在工程量清单中给定的用于支付必然发生但暂时不能确定价格的材料、设备以及专业工程的金额。
>
> （3）材料、工程设备、专业工程暂估价已包括在清单合计中，不应重复计入投标报价。
>
> （4）报价时要以工程量清单中的数量为准，而支付时要以实际完成的数量为准，请大家一定要注意区分和理解，同时要明确在确定投标报价前核实工程量的重要意义。

（5）工程量清单单价分析表，见表2-6。

工程量清单单价分析表 表2-6

序号	编码	子目名称	人工费			材料费					机械使用费	其他工程费	管理费	税费	利润	综合单价
						主材			辅材费							
			工日	单价	金额	主材耗量	单位	单价	主材费	金额						

知识点九　施工招标开标程序

1. 定义

开标即招标单位在规定日期、时间、地点，当众启封标函，宣布各投标单位的名称、标价等主要内容的过程叫开标。所有投标文件必须按招标单位规定的日期、地点与要求寄送到招标单位办公室。逾期送到或已送出但招标单位未收到的标书不予宣读。

2. 仪式

开标仪式由招标单位或招标委员会主持，同时邀请各投标单位、当地公证机构、上级主管部门派人参加，并邀请有关部门如计委、建委、建设银行、工商行政管理部门、审计和监理工程师（如已确定）及新闻宣传单位派代表参加。所有参加单位代表均应逐一签到存档。

投标人若未派法定代表人或委托代理人出席开标活动，视为该投标人默认开标结果。

3. 开标程序

《公路工程标准施工招标文件》（2009年版）投标须知中的5.2款规定，主持人按下列程序进行开标：

(1)宣布开标纪律。

(2)公布在投标截止时间前递交投标文件的投标人名称，并点名确认投标人是否派人到场。

(3)宣布开标人、唱标人、记录人、监标人等有关人员姓名。

(4)按照投标人须知前附表规定检查投标文件的密封情况。

(5)按照投标人须知前附表的规定确定并宣布投标文件开标顺序。

(6)设有标的的，公布标的。

(7)按照宣布的开标顺序当众开标，公布投标人名称、标段名称、投标保证金的递交情况、投标报价、质量目标、工期及其他内容，并记录在案。

(8)投标人代表、招标人代表、监标人、记录人等有关人员在开标记录上签字确认。

(9)开标结束。

开标过程中，若招标人发现投标文件出现以下任一情况，经监标人确认后当场宣布为废标：

(1)未在投标函上填写投标总价。

(2)投标报价或调价函中的报价超出招标人公布的投标控制价上限(如果有)。

开标过程中，到会人、读标人、登记人、公证人的签名应写进纪要，连同拆封的标书及封套均由招标单位妥善保存。逾期到达的投标书，已投递寄出但在开标时未能寄到的标书以及业主在开标会上公布的其他与招标有关的事项，均应记入纪要。

这些情况，在初评阶段还将进一步确认，检查。开标后即转入秘密评标阶段，这段工作要严格对投标者以及任何不参与评标工作的人保密。

实例展示

×××工程开标会议议程

主持人:(招标单位或代理机构的代表)　　　　　　年　月　日

各位，上午好，本人×××受(招标单位名称)的委托，主持×××工程的开标会。现在我宣布开标会议开始。为避免干扰会议的正常进行，请各位将通迅工具暂时关闭。

第一项　介绍参加今天开标会的单位及人员

1. 参加今天开标会的投标单位及人员有：

(按本工程《投标单位签到表》的顺序，依次为〈投标单位名称、委托代理人姓名、职务〉)

2. 参加今天开标会的各级领导有：

3. 参加本工程开标的工作人员有：

唱标人:(招标单位或招标代理机构名称)：

监标人：

记标人：

第二项　介绍本次招标工作主要过程

该工程于××年××月××日在××建设工程招标投标办公室报建并备案,依法进行(公开/邀请)招标。××年××月××日发布招标公告,(招标人或招标代理名称)对××参加施工招标投标报名并递交资格预审文件的××家施工单位进行了资格预审后,于××年××月××日确定××家单位参加该工程的投标,并于××年××月××日发放了招标文件,××年××月××日各投标单位对招标文件提出的问题由招标单位/招标代理/设计单位,并将书面答疑发给了各获得招标文件的投标单位。

在投标截止时间前递交的投标文件的主要内容,稍后将在唱标时予以公布。开标会议结束后,评标委员会将本着"公平、公正"的原则进行评标。

在本次招标工作中,得到了各投标单位和××支持和协助,在此表示衷心的感谢!

第三项 主持人——请(招标单位领导)××讲话

第四项 招标单位(招标代理机构)核查各投标单位法人委托书及被委托人身份证,并宣布核查结果。

主持人——经核查各投标单位法人委托书及被委托人身份证均为有效。

第五项 请各投标单位的法定代表人或委托代理人上台来检验投标文件的密封是否合格,并请监标人宣布检验结果。

监标人——××工程投标文件经各投标单位互检,一致认为各投标文件的密封符合招标文件的要求,密封合格。

第六项 宣布评标定标原则及办法

根据《××工程招标评标办法》,评标采用百分法评标,在各评委对各投标单位评分结果中,去掉一个最高分、一个最低分后的算术平均值即为投标单位的最终得分,得分高的前×名为中标候选单位。

第七项 开标:请唱标人按投标文件送达的先后,递次序开启投标文件并唱标。唱标内容:投标单位名称、预算价、投标报价、工期、质量、项目经理等各唱两遍。

(唱标完毕,由监标人询问各投标单位对电子屏幕的开标内容有无疑议,没有疑议请投标单位的委托代理人上台签字确认)

第八项 主持人——请监标人公布标的

(监标人拆封标底密封袋,宣读××标底编制单位名称、资质等级、资质证书编号、标的价)

第九项 开标会结束,转入评标,请各位代表退席

知识点十 评标方法

1. 评标委员会及评标程序

评标工作由评标委员会完成。评标委员会依法组建,负责评标活动,向招标人推荐中标候选人或者根据招标人的授权直接确定中标人。评标委员会由招标人负责组建。

评标委员会成员名单在中标结果确定前应当保密。

评标委员会由招标人或其委托的招标代理机构熟悉相关业务的，以及有关技术、经济等方面的专家组成，成员人数5人以上单数，其中技术、经济等方面的专家不得少于成员总数的三分之二。评标委员会设负责人，评标委员会负责人由评标委员会成员推举产生或者由招标人确定。评标委员会负责人与评标委员会的其他成员有同等的表决权。

国道主干线和国家重点公路建设项目，评标委员会专家从交通部设立的评标专家库中抽取，或者根据交通部授权从省级人民政府交通主管部门设立的评标专家库中抽取。其他公路建设项目的评标委员会专家从省级人民政府交通主管部门设立的评标专家库中抽取。可以采取随机抽取或者直接确定的方式。一般项目，可以采取随机抽取的方式；技术特别复杂、专业性要求特别高或者国家有特殊要求的招标项目，采取随机抽取方式确定的专家难以胜任的，可以由招标人直接确定。

评标专家应符合下列条件：
(1)从事相关专业领域工作满8年并具有高级职称或者同等专业水平。
(2)熟悉有关招标投标的法律法规，并具有与招标项目相关的实践经验。
(3)能够认真、公正、诚实、廉洁地履行职责。

有下列情形之一的，不得担任评标委员会成员：
(1)投标人或者投标人主要负责的近亲及亲属。
(2)项目主管部门或者行政监督部门的人员。
(3)与投标人有经济利益关系，可能影响对投标公正评审的。
(4)曾因在招标、评标以及其他与招标投标有关活动中从事违法行为而受过行政处罚或刑事处罚的。

评标委员会成员有上述情形之一的，应当主动提出回避。

评标纪律和职业道德：
(1)评标委员会成员不得与任何投标或者与招标结果有利害关系的人进行私下接触，不得收受投标人、中介人、其他利害关系人的财物或其他好处。
(2)评标委员会成员和与评标活动有关的工作人员不得透露对投标文件的评审和比较、中标候选人的推荐情况以及与评标有关的其他情况。

在招标人与评标委员会成员之间应缔结一个有约束力的协议。协议应规定每个成员的职责，其应包括而不限于下列内容：
(1)保守作为委员会服务的结果而接触的关于投标书细节、评标情况以及其他关于招标和投标过程信息的秘密或维护招标人或招标代理机构的利益。
(2)利用这样的一切信息纯粹是为了执行评标的职责。
(3)在招标过程中不与招标结果有直接或间接利益的人有任何接触。
(4)避免任何会妨碍公正履行评标职责的财务或其他利益冲突。
(5)在授招标结果所产生的合同后至少两年内应拒绝接受中标的投标人任何工作安排或合同和与其就将来的任何工作安排或合同进行任何讨论。评标委员会成员应当客观、公正地履行职责,遵守职业道德,对所提出的评审意见承担个人责任。评标委员会的评标工作受有关行政监督部门的监督。

评标程序:评标工作应按照严肃认真、公平公正、科学合理、客观全面、竞争择优、严格保密的原则进行,保证所有投标的合法权益。具体评标程序:投标文件的初步评审→对符合文件的算术性复核→详细评审→澄清问题→评比标书→编写评标报告。

2. 投标文件的初步评审和详细评审

评标委员会按下列标准对投标文件进行初步评审,有一项不符合评审标准的,作废标处理。

1)投标文件评审标准

(1)投标文件按照招标文件规定的格式、内容填写,字迹清晰可辨:

①投标函按招标文件规定填报了投标价、工期及工程质量目标。

②投标函附录的所有数据均符合招标文件规定。

③已标价工程量清单说明及承诺函文字与招标文件规定一致,未进行修改和删减。

④按照招标文件规定的格式、内容编制了施工组织设计及项目管理机构相关图表。

⑤投标文件组成齐全完整,内容均按规定填写。

(2)投标文件上法定代表人或其授权代理人的签字、投标人的单位章盖章齐全,符合招标文件规定:

投标函及投标函附录、承诺函、已标价工程量清单(包含工程量清单说明、投标报价说明、计日工说明、其他说明及工程量清单各项表格〈工程量清单表5.1~表5.5〉)、调价函及调价后的工程量清单(如有)的内容,应由投标人的法定代表人或其授权代理人逐页签署姓名(本页正文内容已由投标人的法定代表人或其授权代理人签署姓名的可不签署)并逐页加盖投标人单位章(本页正文内容已加盖单位章的除外)。

(3)与申请资格预审时比较,投标人资格没有实质性下降:

①通过资格预审后法人名称变更时,应提供相关部门的合法批件及企业法人营业执照和资质证书的副本变更记录复印件。

②资格没有实质性下降,指投标人仍然满足资格预审中的最低要求(业绩、人员、财务等)。

(4)投标人按照招标文件规定的金额、形式、时效和内容提供了投标担保:

①投标担保金额符合招标文件规定的金额。

②若采用电汇,投标人在投标人须知前附表规定的时间之前,将投标保证金由投标人的基本账户一次性汇入招标人指定账户。

③若采用银行保函,银行保函的格式、开具保函的银行、银行保函的有效期均满足招标文件要求,且银行保函原件装订在投标文件的正本之中。

(5)投标人法定代表人的授权代理人,需提交附有法定代表人身份证明的授权委托书,并符合下列要求:

①授权人和被授权人均在授权书上签名,未使用印章、签名章或其他电子制版签名。

②附有公证机关出具的加盖钢印、单位章并盖有公证员签名章的公证书,钢印应清晰可辨,同时公证内容完全满足招标文件规定。

③公证书出具的日期与授权书出具的日期同日或在其之后。

(6)投标人法定代表人若亲自签署投标文件的,提供了法定代表人身份证明,并符合下列要求:

①法定代表人在法定代表人身份证明上签名,未使用印章、签名章或其他电子制版签名。

②附有公证机关出具的加盖钢印、单位章并盖有公证员签名章的公证书,钢印应清晰可辨,同时公证内容完全满足招标文件规定。

③公证书出具的日期与法定代表人身份证明出具的日期同日或在其之后。

(7)投标人以联合体形式投标时,联合体协议书满足招标文件的要求:

①未进行资格预审的,投标人按照招标文件提供的格式签订了联合体协议书,并明确了联合体牵头人。

②进行资格预审的,投标人提供了资格预审申请文件所附的联合体协议书复印件。

(8)投标人如有分包计划,应按第八章"投标文件格式"的要求填写"拟分包项目情况表",且专业分包的工程量累计未超过总工程量的30%。

(9)一份投标文件应只有一个投标报价,在招标文件没有规定的情况下,未提交选择性报价。

(10)投标人若提交调价函,调价函符合招标文件要求。

(11)投标人若填写工程量固化清单,填写完毕的工程量清单未对工程量固化清单电子文件中的数据、格式和运算定义进行修改。

(12)投标文件载明的招标项目完成期限未超过招标文件规定的时限。

(13)投标文件未附有招标人不能接受的条件。

(14)权利义务符合招标文件规定:

①投标人应接受招标文件规定的风险划分办法,未提出新的风险划分办法。

②投标人未增加发包人的责任范围,或减少投标人义务。

③投标人未提出不同的工程验收、计量、支付办法。

④投标人对合同纠纷、事故处理办法未提出异议。

⑤投标人在投标活动中无欺诈行为。

⑥投标人未对合同条款有重要保留。

2)投标人资质标准(适用于未进行资格预审的项目)

(1)投标人具备有效的营业执照、资质证书和安全生产许可证和基本账户开户许可证。

(2)投标人的资质等级符合招标文件规定。

(3)投标人的财务状况应符合招标文件规定。

(4)投标人的类似项目业绩符合招标文件规定。

(5)投标人的信誉符合招标文件规定。
(6)投标人的项目经理(包括备选人)和项目总工(包括备选人)资格符合招标文件规定。
(7)投标人的其他要求符合招标文件规定。
(8)投标人不存在第二章"投标人须知"第1.4.3项规定的任何一种情形。
3)投标人资格和行为标准
投标人有以下情形之一的,其投标作废标处理:
(1)第二章"投标人须知"第1.4.3项规定的任何一种情形的(见本书投标人须知中投标人资格要求部分)。
(2)串通投标或弄虚作假或有其他违法行为的。
(3)不按评标委员会要求澄清、说明或补正的。
4)投标报价计算符合标准
投标报价有算术错误的,评标委员会按以下原则对投标报价进行修正,修正的价格经投标人书面确认后具有约束力。投标人不接受修正价格的,其投标作废标处理,并没收其投标担保。
(1)投标文件中的大写金额与小写金额不一致的,以大写金额为准。
(2)总价金额与依据单价计算出的结果不一致的,以单价金额为准修正总价,但单价金额小数点有明显错误的除外。
(3)当单价与数量相乘不等于合价时,以单价计算为准,如果单价有明显的小数点位置差错,应以标出的合价为准,同时对单价予以修正。
(4)当各子目的合价累计不等于总价时,应以各子目合价累计数为准,修正总价。
5)投标报价其他错误修正标准
工程量清单中的投标报价有其他错误的,评标委员会按以下原则对投标报价进行修正,修正的价格经投标人书面确认后具有约束力。投标人不接受修正价格的,其投标作废标处理,并没收其投标担保。
(1)在招标人给定的工程量清单中漏报了某个工程子目的单价、合价或总额价,或所报单价、合价或总额价减少了报价范围,则漏报的工程子目单价、合价和总额价或单价、合价和总额价中减少的报价内容视为已含入其他工程子目的单价、合价和总额价之中。
(2)在招标人给定的工程量清单中多报了某个工程子目的单价、合价或总额价,或所报单价、合价或总额价增加了报价范围,则从投标报价中扣除多报的工程子目报价或工程子目报价中增加了报价范围的部分报价。
(3)当单价与数量的乘积与合价(金额)虽然一致,但投标人修改了该子目的工程数量,则其合价按招标人给定的工程数量乘以投标人所报单价予以修正。
修正后的最终投标报价若超过投标控制价上限(如有),投标人的投标文件作废标处理。
修正后的最终投标报价仅作为签订合同的一个依据,不参与评标价得分的计算。

3. 澄清问题

（1）在评标过程中，评标委员会可以书面形式要求投标人对所提交投标文件中不明确的内容进行书面澄清或说明，或者对细微偏差进行补正。评标委员会不接受投标人主动提出的澄清、说明或补正。

（2）澄清、说明和补正不得改变投标文件的实质性内容（算术性错误修正的除外）。投标人的书面澄清、说明和补正属于投标文件的组成部分。

（3）评标委员会对投标人提交的澄清、说明或补正有疑问的，可以要求投标人进一步澄清、说明或补正，直至满足评标委员会的要求。

（4）凡超出招标文件规定的或给发包人带来未曾要求的利益的变化、偏差或其他因素在评标时不予考虑。

4. 采用具体办法评标、定标

《公路工程标准施工招标文件》(2009年版)列出了三种评标方法：合理低价法、综合评估法、经评审的最低投标价法。

1）合理低价法

评标委员会对通过初步评审和详细评审的投标文件，按其投标价得分由高到低的顺序，依次推荐前三名投标人为中标候选人（当投标价得分相等时，以投标价较低者优先）。在评标时，一般按照投标价得分由高到低的顺序，对投标文件进行初步评审和详细评审，对存在重大偏差的投标文件按废标处理。对施工组织设计、投标人的财务能力、技术能力、业绩及信誉不再进行评分。

在开标现场，宣读完投标人的投标价后，应当场计算评标基准价。评标基准价在整个评标期间保持不变，不随通过初步评审和详细评审的投标人的数量发生变化。

投标人的投标价等于评标基准价者得满分，高于或低于评标基准价者按一定比例扣分，高于评标基准价的扣分幅度应比低于评标基准价的扣分幅度大。

评标基准价的计算方法和评分方法应在招标文件中载明。

评标基准价的确定方法包括以下几个方面：

(1) 评标价的确定

方法一：评标价＝投标函文字报价。

方法二：评标价＝投标函文字报价－暂估价－暂列金额（不含计日工总额）。

(2) 评标价平均值的计算。

除按第二章"投标人须知"第5.2.2项规定开标现场被宣布为废标的投标报价之外，所有投标人的评标价去掉一个最高值和一个最低值后的算术平均值即为评标价平均值（如果参与评标价平均值计算的有效投标人少于五家时，则计算评标价平均值时不去掉最高值和最低值）。

(3) 评标基准价的确定

方法一：将评标价平均值直接作为评标基准价。

方法二：将评标价平均值下浮____％，作为评标基准价。

方法三：招标人设置评标基准价系数，由投标人代表或监标人现场抽取，评标价平均值乘以现场抽取的评标基准价系数作为评标基准价。

方法四：……

如果投标人认为某一标段的评标基准价计算有误，有权在开标现场提出，经监标人当场核实确认之后，可重新宣布评标基准价。确认后的评标基准价在整个评标期间保持不变，不随通过初步评审和详细评审的投标人的数量发生变化。

招标人可依据招标项目特点和实际需要，选择或制定适合项目的评标基准价计算方法。

(4) 计算各投标人的评标价分值

$$偏差率 = 100\% \times (投标人评标价 - 评标基准价)/评标基准价$$

评标价得分计算公式示例：(评标价分值 100 分)

$$F_i = F - (|D_i - D|/D) \times E \times 100 \qquad (2\text{-}1)$$

式中：D_i 为投标人评标价；D 为评标基准价。

(1) 如果投标人的评标价 > 评标基准价，则评标价得分 = 100 - 偏差率 × 100 × E_1；

(2) 如果投标人的评标价 ≤ 评标基准价，则评标价得分 = 100 + 偏差率 × 100 × E_2。

其中：E_1 是评标价每高于评标基准价一个百分点的扣分值；E_2 是评标价每低于评标基准价一个百分点的扣分值。招标人可依据招标项目具体特点和实际需要设置 E_1、E_2，但 E_1 应大于 E_2。

专家提示

除技术特别复杂的特大桥和长大隧道工程外，其他项目均可采用合理低价法进行评标。

应注意的问题是：为防止哄抬标价，招标人可以设定投标控制价上限，由招标人自行编制或委托有资质单位编制，并在开标前公布。投标价超出招标人控制价上限的，视为超出招标人的支付能力，作废标处理。

2) 最低评标价法

评标委员会按评标价由低到高顺序对投标文件进行初步评审和详细评审，推荐通过初步评审和详细评审且评标价最低的前三个投标人为中标候选人。若评标委员会发现投标人的评标价或主要单项工程报价明显低于其他投标人报价或者在设有标底时明显低于标底(一般为 15% 以下)时，应要求该投标人做出书面说明并提供相关证明材料。如果投标人不能提供相关证明材料证明该报价能够按招标文件规定的质量标准和工期完成招标工程，评标委员会应当认定该投标人以低于成本价竞标，作废标处理。

如果投标人提供了证明材料，评标委员会也没有充分的证据证明投标人低于成本价竞标，为减少招标人风险，招标人有权要求投标人增加履约保证金。一般在确定中标候选人之前，要求投标人作出书面承诺，在收到中标通知书十四天内，按照招标文件规定的额度和方式提交履约担保。履约担保增加幅度建议如下：

（1）当$(A-B)/A \leqslant 15\%$时，履约担保为10%合同价的银行保函。

（2）当$15\% < (A-B)/A \leqslant 20\%$时，履约担保为10%合同价的银行保函加5%合同价的银行汇票。

（3）当$20\% < (A-B)/A \leqslant 25\%$时，履约担保为10%合同价的银行保函加10%合同价的银行汇票。

（4）当$25\% < (A-B)/A$时，履约担保为10%合同价的银行保函加15%合同价的银行汇票。

其中：(2)为中标候选人的评标价；(1)为招标人标底或所有投标人评标价的平均值。

若投标人未作出书面承诺或虽承诺但未按规定的时间和额度提交履约担保，招标人可取消其中标资格或宣布其中标无效，并没收其投标担保。

专家提示

使用世界银行、亚洲开发银行等国际金融组织贷款的项目和工程规模较小、技术含量较低的工程采用最低评标价法进行评标。

应注意问题是：为防止投标人以低于成本价抢标，并减少由于低价中标带来的实施阶段的问题，建议招标人设立标底，严格控制低价抢标行为，标底应在开标时公布；在签定合同时要特别明确施工人员、设备的进场要求、工程进度要求，以及违约责任和处理措施。

3）综合评估法

评标委员会对所有通过初步评审和详细评审的投标文件的评标价、财务能力、技术能力、管理水平以及业绩与信誉进行综合评分，按综合评分由高到低排序，推荐综合评分得分最高的三个投标人为中标候选人。

评标基准价计算方法同前。

专家提示

本办法仅适用于技术特别复杂的特大桥梁和长大隧道工程。

应注意的问题：为控制投标报价，建议招标人设立标底，或设定投标控制价上限。设立标底的，中标人应采取有效措施，确保开标前的标底保密。

以上三种评标方法都可以采用双信封形式，即要求投标人将投标报价和工程量清单单独密封在一个报价信封中，其他商务和技术文件密封在另外一个信封中。在开标前，两个信封同时提交给招标人。评标程序如下：

第一步：第一次开标时，招标人首先打开商务和技术文件信封，报价信封交监督机关或公证机关密封保存。

第二步：评标委员会对商务和技术文件进行初步评审和详细评审，若采用合理低标价法或最低评标价法,评标委员会应确定通过和未通过商务和技术评审的投标人名单。若采用综合评估法,评标委员会应确定通过和未通过商务和技术评审的投标人名单,并对这些投标文件的技术部分进行打分。

第三步:招标人向所有投标人发出通知,通知中写明第二次开标的时间和地点。招标人将在开标会上首先宣布通过商务和技术评审的名单并宣读其报价信封。对于未通过商务和技术评审的投标人,其报价信封将不予开封,当场退还给投标人。

第四步:第二次开标后,评标委员会按照招标文件规定的评标办法进行评标,推荐中标候选人。

本方法适合规模较大、技术比较复杂或特别复杂的工程,但应按照本指导意见和项目的不同特点,采用合理低价法、最低评标价法或综合评估法。

应注意的问题:采用本办法评标程序比较复杂、时间较长,但可以消除技术部分和投标报价的相互影响,更显公平。特别注意技术评标期间的信息保密和报价信封的保管工作。

5. 编写评标报告

评标委员会完成评标工作后,应当向招标人提出书面评标报告。

评标报告应当载明以下内容:

(1)评标委员会的成员名单。
(2)开标记录情况。
(3)评标采用的标准和方法。
(4)对投标人的评价。
(5)符合要求的投标人情况。
(6)推荐的中标候选人。
(7)需要说明的其他事项。

评标委员会推荐的中标候选人应当限定在一至三人,并标明排列顺序。招标人应当根据评标委员会提出的书面评标报告和推荐的合格中标候选人确定中标人。招标人也可以授权评标委员会确定中标人。使用国有资金或者国家融资的项目,招标人应当确定排名第一的中标候选人为中标人。

招标人应当自确定中标人之日起十五日内按项目管理权限将评标报告和评标结果报交通主管部门核备。交通主管部门自收到评标报告和评标结果之日起七日内未提出异议的,招标人应当向中标人发出中标通知书,并同时将中标结果通知所有未中标的投标人。招标人应当自签定合同协议书之日起五日内,向投标人退还投标担保。

有下列情形之一的,招标人应当依照本办法重新招标:

(1)一个标段少于三个投标人的。

(2)经评标委员会评审,所有投标均不符合招标文件要求。
(3)由于招标人、招标代理人或投标人的违法行为,导致中标无效。
(4)评标委员会推荐的中标候选人均未与招标人签订公路工程施工合同的。

重新招标的,招标人应当将重新招标方案报交通主管部门备案,招标文件有修改的,应当将修改后的招标文件一并备案。

知识点十一　公路工程施工合同文件的签订及其构成

评标委员会或评标小组完成评标报告,报上级交通主管部门核查同意后,由招标单位向中标者发中标通知书,同时将评标报告按隶属关系向上级主管部门报送备案。

招标人将把合同授予投标文件通过初步评审和详细评审,并且经综合评估得分最高的或评标价最低但不低于成本价的投标人。

招标人在发出中标通知书前有权接受和拒绝任何投标,宣布投标无效或拒绝所有投标,并对由此而引起的投标人的影响不承担责任,也不解释原因,但投标担保将退还给投标人。

中标通知书是指业主对承包人投标正式接受后发出的通知,并约定中标方签订协议书的日期和地点。

确定出中标人后,在投标文件有效期截止前,招标人以书面形式通知中标的投标人,确认其投标被接受。中标通知书中将写明业主将支付给承包人按合同规定实施和完成本工程及其缺陷修复的总价(即合同价格)。并在通知书中给定合同签订地点和日期。投标人在收到中标通知书后,应立即以书面形式通知招标人。

中标者接到中标通知书后,应在二十八天按中标通知书写明的时间、地点及要求与招标单位签订承包合同。签订合同的依据是:招标文件,投标书及有效的补充文件和保函。签订承包合同时,中标者应向招标单位递交由开户银行出具的履约保证金证书(简称保函)。

《招标投标法》第四十六条规定:招标人和中标人应当自中标通知书发出之日起30日内,按照招标文件和中标人的投标文件订立书面合同。

合同文件的构成:
(1)合同协议书。
(2)中标通知书。
(3)投标书及其附件。
(4)合同专用条件。
(5)合同通用条件。
(6)技术规范。
(7)图纸。
(8)有标价的工程量清单。

(9)辅助或补充资料表。

(10)构成本合同组成部分的其他任何文件。

合同签订之后,招标工作即告结束。签约双方都必须严格执行合同。凡公路工程施工招标项目,建设单位均应委托或委派监理工程师。

【应用举例】

【例2-1】 某工程采用公开招标方式,有A、B、C、D共4家承包人参加投标,经资格预审这4家承包人均满足业主要求。该项工程采用两阶段评标法评标,评标委员会共有5名成员组成,评标具体规定如下:

1. 第一阶段评技术标

技术标共计40分,其中施工方案16分,总工期10分,工程质量5分,项目班子4分,企业信誉5分。技术标各项内容的得分,为各评委得分去除一个最高分和一个最低分后的平均数。各评委对4家承包人施工方案评分见表2-7。

承包人施工方案评分表　　　　　　　　　　　　　　　　表2-7

评委	一	二	三	四	五
A	14.5	13.5	13.0	13.5	14.0
B	12.5	13.0	13.5	12.5	13.0
C	14.0	14.0	13.5	12.5	14.0
D	12.0	12.5	12.5	13.0	13.0

评委对4家承包人总工期、工程质量、项目班子、企业信誉得分汇总见表2-8。

其他因素得分汇总表　　　　　　　　　　　　　　　　表2-8

投标单位	总工期	工程质量	项目班子	企业信誉
A	8.5	4.0	2.5	4.0
B	8.0	4.5	3.0	4.5
C	8.5	3.5	3.0	4.5
D	9.0	4.0	2.5	3.5

2. 第二阶段评商务标

商务标共计60分。以标底的50%与承包人报价算术平均数的50%之和为基准价,但最高(或最低)报价高于(或低于)次高(或次低)报价的15%者,在计算承包人报价算术平均数时不予考虑,且商务标得分为15分。

以基准价为满分(60分),报价比基准价每下降1%,扣1分,最多扣10分;报价比基准价每增加1%,扣2分,扣分不保底。标底和各承包人的报价见表2-9。

投标报价　　　　　　　　　　　　　　　　表2-9

投标单位	A	B	C	D	标底
报价	32 781	33 197	33 611	27 765	33 072

计算结果保留两位小数。

【问题】

请按综合得分最高者中标的原则确定中标单位。

【要点分析】

本案例考核评标方法的运用,旨在强调两阶段评标法所需注意的问题和报价合理性的要求。虽然评标大多采用定量方法,但是,实际在相当程度上也受主观因素的影响,这在评定技术标时显得尤为突出,因此需要在评标时尽可能减少这种影响。

[解]

1. 计算各单位施工方案的得分

A 单位 = (13.5 + 13.5 + 14.0)/3 = 13.67
B 单位 = (13.0 + 12.5 + 13.0)/3 = 12.83
C 单位 = (14.0 + 14.0 + 13.5)/3 = 13.83
D 单位 = (12.5 + 12.5 + 13.0)/3 = 12.67

2. 计算各投标单位技术标的得分

A 单位 = 13.67 + 8.5 + 4.0 + 2.5 + 4.0 = 32.67
B 单位 = 12.83 + 8.0 + 4.5 + 3.0 + 4.5 = 32.83
C 单位 = 13.83 + 8.5 + 3.5 + 3.0 + 4.5 = 33.33
D 单位 = 12.67 + 9.0 + 4.0 + 2.5 + 3.5 = 31.67

3. 计算各承包人的商务标得分

(32 781 - 27 765)/32 781 = 15.30% > 15%

(33 611 - 33 197)/33 197 = 1.25% < 15%

因此,承包人 D 的报价在计算基准价时,不予考虑。

基准价:33 072 × 50% + (32 781 + 33 197 + 33 611)/3 × 50% = 33 134.17 万元

则　32 781/33 134.17 = 98.93%

33 197/33 134.17 = 100.19%

33 611/33 134.17 = 101.44%

4. 各承包人的商务标得分

A 单位 = 60 - (100 - 98.93) × 1 = 58.93
B 单位 = 60 - (100.19 - 100) × 2 = 59.62
C 单位 = 60 - (101.44 - 100) × 2 = 57.12
D 单位因为报价低于次低价15%,所以得分为15分。

5. 计算各承包人的综合得分

A 单位 = 32.67 + 58.93 = 91.60　　B 单位 = 32.83 + 59.62 = 92.45
C 单位 = 33.33 + 57.12 = 90.45　　D 单位 = 31.67 + 15 = 46.67

经过计算比较可知(表2-10),在4个承包人中,承包人 B 的综合得分最高,所以选择承包人 B 作为中标单位。

报价计算表 表2-10

投标单位	总工期	工程质量	项目班子	企业信誉	施工方案	商务标	综合	排序
A	8.5	4.0	2.5	4.0	13.67	58.93	91.60	2
B	8.0	4.5	3.0	4.5	12.83	59.62	92.45	1(推荐中标)
C	8.5	3.5	3.0	4.5	13.83	57.12	90.45	3
D	9.0	4.0	2.5	3.5	12.67	15	46.67	4

知识点十二 投标工作概述

1. 投标组织机构的建立

进行工程投标，需要有专门的机构和人员对投标的全部活动过程加以组织和管理，实践证明，建立一个有力的、内行的投标班子是投标获得成功的根本保证。

工程的招标与投标是激烈的市场竞争活动，招标人希望通过招标以较低的价格在较短的工期内获得技术先进、品质优良的工程产品。投标人希望以自己的技术、经验、实力和信誉等方面的优势在竞争中获胜，占据市场，求得发展。因此，当一个公司进行工程投标，组织一个强有力的、内行的投标班子是十分重要的。

一个好的投标班子的成员应由经济管理类人才、专业技术类人才、商务金融类人才以及合同管理类人才组成。

投标工作机构应采取专职人员组成的固定机构与兼职人员临时参加相结合的投标工作组。

专家提示

所谓经济管理类人才，是指直接从事费用计算的人员，他们不仅熟悉本公司在各类分部分项工程的工料消耗标准和水平，而且对本公司的技术特长与不足之处有客观的分析和认识，掌握生产要素的市场行情，了解竞争对手的情况，能运用科学的调查、分析、预测的方法，使投标报价工作建立在可靠的基础上。

所谓专业技术人才，是指工程设计和施工中的各类技术人才，他们掌握本专业领域内的最新技术，具有较丰富的工程经验，能从本公司的实际技术水平出发选择最经济合理的施工方案。

所谓商务金融类人才，是指具有从事金融、贷款、保函、采购、保险等方面工作经验的专业人员。

所谓合同管理类人才，是指熟悉经济合同相关法律、法规，熟悉合同条件并能进行深入分析、提出应特别注意的问题、具有合同谈判和合同签订经验、善于发现和处理索赔等方面的敏感问题的人员。

(1) 专职人员的主要工作内容

①平时准确及时地掌握公路工程项目的市场动态。

②搜集招标项目的有关情报资料。

③对招标项目进行可行性研究。

④研究投标策略和报价策略。

⑤对决定投标的项目组织投标文件的编制工作直到投标工作结束。

⑥及时总结投标过程中的经验教训。

⑦注意分析和积累历次投标中的定量数据为今后投标打下基础。

(2) 兼职人员的组成及职责：

①公司经理(或副经理)。其职责是最终决定是否参加投标,对决定参加的项目做出报价决策。

②总工程师(或主任工程师)。其职责是负责施工方案、技术方案等方面的问题。

③计划员、预算员。主要负责编制施工计划、施工方案和投标报价。

④其他人员。采购员提供购买材料,设备和租赁设备的报价资料；财会部门提供本企业工资、管理费等有关资料。

(3) 投标机构的基本职能

从固定投标机构中专职投标人员和临时参加的兼职人员的职责中可总结出投标机构基本职能如下：

①项目的选定。

②投标工作程序、标价计算方法与基本原则的制定。

③现场勘察与调研。

④计算标价。

⑤办理投标手续并投标。

⑥合同的谈判与签订。

⑦项目成本预测。

⑧竞争策略的研究和选择。

⑨标价与各种比价资料收集与分析。

⑩标价与合同条款等向项目经营班子交底。

2. 投标信息的收集

获取招标信息,做好投标准备是投标工作的第一步,充分了解市场信息,早收集,早准备,有备而战是上策。信息收集分两步：情报收集、信息取证

(1) 情报收集

首先要广泛了解和掌握招标项目的分布和动态,需了解的内容有项目名称、分布地区、建设规模、大致工程内容、资金来源、建设要求、招标时间等。企业为了掌握招标项目的情报与信息,必须建立起广泛的信息渠道。在当今的信息时代,信息就是商机,谁及时把握,提早准备,谁获胜的机会就大。由于我国工程招标都是在国家计划下有组织、有领

导地进行的,所以公路工程招标项目分布与动态的信息渠道也十分清楚。其主要信息渠道如下:

①交通部计划司和工程管理司。
②各省(市)自治区的交通厅计划处。
③各地的公路管理部门。
④各地公路勘察设计部门。
⑤有关公路建设的咨询公司。
⑥各类经济和专业刊物、杂志等,如《人民日报》的海外版、《中国交通报》等。
⑦中国交通网站。

企业经常从上述渠道搜集招标项目信息,搞清公路工程项目的分布与动态,并把它编制成招标项目一览表(表2-11),而且随着时间的推移和情况的变化,及时加以补充和修改,这对主动地选择投标项目有十分重要的意义。

招标项目一览表　　　　　　　　　　表2-11

序号	项目名称	地点	招标时间	工程类型			主要建设内容及特点	备注
				建设性质	规模	资金来源		
1								
2								
…								

(2)信息筛选

信息筛选是投标的前提。作为投标企业,在决定投标之前,必须有冷静的头脑,认真分析所获得的信息的真实性,"去伪存真"进行筛分。从众多的工程项目信息中选择出投标环境良好,基本符合本公司的经营策略、经营能力和经营特长的项目信息即是所谓的信息筛选。筛选的目的是初步确定可能投标的项目,并对这些项目进行紧密跟踪,开始一些有利于投标的调查研究,同时有目的地做好投标的各项准备工作。

3. 投标项目的选择,报名参加资格预审

国内外经常有一些公路工程施工项目进行招标,而且常常是几个项目同时招标。但任何一个公路施工企业都不可能也不应该每标必投。这就需要施工企业根据自己的实际施工能力,工程本身情况和业主情况等因素进行调查研究,决定本企业的投标项目。一个公司在某一个阶段参不参加投标,对某一个范围的工程投哪一个工程的标,投高标价还是投低标价,这就是投标项目的选择即投标决策。投标决策是一门科学,是要用最小的代价来取得最大的经济效益。

(1)投标决策的含义

投标人通过投标取得项目,是市场经济条件下的必然。但是,作为投标人来讲,不能每标必投,投标的还希望中标,中标后还要盈利,因此,需要研究投标决策问题。

所谓投标决策,包括三方面内容:一是,针对项目招标,选择投或是不投;二是,如果投,投什么性质的标;三是,如何争取中标。这就相当于考大学报志愿,报还是不报,报什么层次的,使自己被录取的概率最大。投标决策的正确与否,关系到能否中标和中标后的效益,关系到企业的发展和职工的经济利益。因此,这是企业的决策层必须加以重视的问题。

(2) 投标决策阶段的划分

企业是否参加某一工程项目的投标决策,一般在三个阶段进行。

第一阶段:企业通过对招标项目的调查,跟踪,通过编制的招标项目表进行分析,综合考虑上述因素,据以对投标项目做出初步决策。

第二阶段:在研究资格预审文件的基础上,对有关文件进一步了解后的再决策。

第三阶段:在现场考察和仔细研读招标文件后,对竞争对手做具体分析后,作出最后的决策,决定是否参加投标。

(3) 投标决策的影响因素

只有正确选择投标项目,才能提高中标率,而且中标后能获得良好的经济效益。通常选择投标项目时主要考虑的因素有三方面:

① 投标企业自身的因素

本企业的施工特点及施工能力能否承担该招标工程。企业应当选择与自己承担能力相适应的工程做为投标项目。当承担能力不足时,要看有无可靠对策,盲目冒险是不可取的,否则会导致不堪设想的后果。有的公司急于获得工程项目,不充分了解市场情况,也不考虑自己的实力和经验能否胜任招标工程,不惜低价中标,又受到中间人和主包的层层盘剥而造成严重亏损。在投标中,不论面临怎样的竞争形势,企业本身都具有主动权。企业不应该放过竞争获胜的大好时机,也不应该盲目冒险。

企业有无类似工程的经验。类似的工程性质、规模及类似的工程环境下的施工经验。若工程要求带资承包,有否垫付资金的来源。对后续工程的考虑。如果招标工程有后续工程项目,则应考虑低价中标,力争取得后续项目施工任务的有利地位。在基本建设规模相对缩减时,施工企业为了保证任务来源,也要考虑在不利的条件下参加投标。

② 工程方面的因素

要考虑工程的性质、等级和规模,工程的自然环境。工程现场工作条件,即交通、水源、电力是否方便。工期是否适当,养护期有多长。工程的经济环境,包括资源条件、协作与服务条件和竞争力量等因素。

③ 业主方面的因素

项目的资金来源是否可靠。工程款项的支付能力,有无贷款投资、延期支付的要求。业主的技术能力,管理水平和信誉。

实际上是否参加投标取决于多种因素,但投标企业最终应从经济角度和战略角度来权衡各种因素,从而选定理想的投标项目。

(4) 投标项目的选择

在经过初步调查与分析之后,充分考虑投标的各影响因素,对所掌握的信息作出第一步的决策,即初步作出一些放弃的项目和具有优势的项目。只有投标条件基本成熟时,才能决策"干",而在投标条件不具备时,就应该决策"不干"。这样才能把握住投标的主动权。

如果是下面的情况,施工单位应考虑放弃投标项目:

①建设单位(业主)资金不到位,材料不落实本企业又无资金和材料垫付能力的项目。

②本企业任务较满,而招标工程本身的盈利水平又低或风险较大的项目。

③建设单位工作态度不利于本企业承建的工程项目。

④本企业综合实力明显不如竞争对手的项目。

⑤工程技术复杂,规模庞大,超出本企业技术能力的工程项目。

对决定参加的投标项目,投标单位应制定争取中标的投标策略,常见的投标策略有以下几种:

①靠经营管理水平取胜。

②靠改进设计取胜。

③靠缩短工期取胜。

④低报价,高索赔。

⑤着眼于发展,争取将来的优势,而宁愿少赚钱。此项目能够开拓市场或掌握某种先进的施工技术,增加知名度等。

专家提示

以上几种策略并非互相排斥,可结合具体情况综合、灵活地运用。投标决策贯穿于投标竞争的全过程。对投标竞争中的各个主要环节,只有及时地作出正确的决策,才有希望取得竞争的全胜。

4. 参加资格预审

参加资格预审能否通过是承包人投标过程的第一关。投标企业参加资格预审的目的有三个:一是投标企业只有通过了业主主持的资格预审,才有参加投标竞争的资格;二是当投标企业对拟投标工程的情况了解的不全面,尚需进一步研究是否参加投标时,可通过资格预审文件得到有关资料,从而进一步决策是否参加该工程投标竞争;三是可以在购买预审文件时了解到竞争对手,从而衡量自己在整个投标企业中的竞争实力。避免盲目投标,减少费用损失。

投标人编报的资格预审文件内容,实际上就是业主发售的资格预审文件中所有的表格。这些表格的填报方法在资格预审文件中都逐一予以明确,投标企业取得资格预审文件后应仔细阅读,组织经济、技术、文秘、翻译等有关人员严格按资格预审文件的要求填写。

编写资格预审申请文件的注意事项:

(1)注意在平时将一般资格预审资料准备齐全,最好全部储存在计算机内,到针对某个项目填写资格预审调查表时,再将其调出来,加以补充完善。研究并确定今后本公司发展的地区和项目时,注意收集信息,如有合适项目及早动手,做资格预审的准备。

(2)填表时要注意所采用方法的切实可行性和前后的一致性。即在"资审—投标—施工"这三个阶段都要基本采用资格预审文件中所述的施工方案,以免引起不必要的合同纠纷。

(3)编报"资格预审文件"时,要注意文字规范严谨、翻译准确,装帧精美,力争给业主留下审核的印象。

(4)填表时要加强分析,即是要针对工程特点,认真填好重点部位。在填已完工程项目表时,应尽量选择那些评价高,难度大,结构形式多样,工期短,造价低,有利于企业中标的项目。

(5)递交资格预审文件前的核查。

①资格预审申请文件的正本、副本的每一页是否均有申请人或经授权代表申请人的签字,资格预审文件是否附有该授权证书。

②是否提交了下列材料:营业执照,施工等级资质证书,资信审核证明,进入某一地区的由当地交通主管部门颁发的施工许可证(如果有)及银行担保等。如有缺项,将被取消资格预审申请资格。

③填写表格是否齐全,是否按要求提供了相应的证明材料。

如:在填写表格进行中的合同时,是否所填项目均附有业主证明,即是否提交双方的合同协议书的复印件;在填写表格施工经验时,是否出具了由建设单位颁发的质量证书和书面证明以证实申请人已有效地执行上述合同,并信誉良好,无诉讼记录;是否提交了申请表中所填的拟用于本投标工程的主要设备的照片,或其他的有效说明材料;是否清晰地出具了主要人员的身份证、职称证的复印件;填写强制性履约标准表时,应注意对表中的每一项提供详实的证明,如与前面有重复,应特别注明证实材料所在页码,以便于评审时的核查。特别需要注意的是以上所说的证实材料为表中所填的每一项均应提交,且若申请者无法满足任何一项强制性履约标准的要求,均将失去其资格预审的资格,因此对强制性履约标准表的填写,应着重考虑真实性和核查的方便性,以提高企业的良好形象,即应一目了然。

④最后,不要忘记提交表明企业精神与企业质量的荣誉证书。

(6)做好递交资格预审调查表后的跟踪工作,及时发现问题,补充资料(国外工程可通过当地分公司或聘请代理人)。

(7)如果联合投标,是否出具了联合投标的协议。

5. 购买并研读招标文件

当投标企业受到业主的"资格预审合格通知书"或"投标邀请书"时,要及时根据其中写明的招标文件的发售地点、时间、价格、联系单位和其他要求,及时派人购回招标文件。购回招标文件后,投标小组工作人员应分别重点研读。研读标书也就是"吃透"标书,就是要搞清标书的内容和要求。其目的是:

(1)弄清承包人的责任和报价范围,不要发生任何遗漏。

(2)弄清各项技术要求,以便确定合理的施工方案。

(3)找出需要询价的特殊材料与设备,及时调整价格,以免因盲目估价而失误。

(4)理出含糊不清的问题,及时提请招标单位予以澄清。

投标单位在领到招标文件以后,首先搞清上述各项问题是十分重要的,它有利于投标单位确定报价策略,正确计算报价即是研究合同条件,以便采取必要的对策,是避免工作失误的先决条件。研究招标文件的重点是研究投标人须知、设计图纸、工程范围以及工程量清单,对技术规范要看其是否有特殊要求。为加快理解和阅读速度,投标单位应在平时加强对《公路工程标准文件》及《公路工程国际招标文件范本》的研究工作,这样在进行工程投标时,只需阅读和研究工程项目招标专用本,明确本工程项目的具体要求,不但可以缩短时间,更有利于进行对照和分析,了解本项目的一些有利和不利的因素,如:有无政策的优惠等,为现场考察和标前会议做好充分准备。这只是在现场考察前的初步研究,为现场考察与标前会议作准备,计算报价时,尚需做进一步的研究与分析。

6. 参加现场考察

投标企业应参加由业主安排的正式现场考察,未参加正式考察者,可能会被拒绝投标。按照国际惯例,投标人提出的报价一般被认为是在现场考察的基础上提报的,一旦标书交出并在投标截止日期之后,投标人就无法因现场考察不周、情况了解不细或因考虑不全面,而提出修改标书、调整报价或给予补偿等要求。另外,编制标书需要的许多数据和情况也要从现场考察中得出,因此,投标人在报价以前必须认真地进行施工现场考察,全面细致地了解施工工地及周围的政治、经济、法律等情况。

投标的调查及现场考察的内容:

去现场考察之前,投标人一定要仔细研究招标文件,特别是工作范围、特殊条款以及设计图纸及说明,把疑点记录下来,然后拟定调研提纲,做到有准备、有计划地进行调查。投标前的调查和现场考察除了解决招标文件发现的问题外,还要从下面几个方面进行系统的调查了解:政治方面、地理环境方面、法律方面、工程施工条件、经济方面。

投标人完成投标前的调查和现场考察工作后,可根据调查和考察的结果对是否参加此工程的投标做出最终决策,此时尚可因某些不利于投标因素的存在而不参加投标,但一旦标书寄(送)出去后,在投标截止日期与标书中规定的投标文件有效期终止日之间这段时间,投标人不能撤回标书,否则没收投标保证金。

现场考察应注意的问题如下:

①现场考察人员的任务应各有侧重。

②现场考察时口头提问要避免暴露本企业的真实意图,以防给其他投标人分析本企业报价水平和施工方案留下依据。

③现场考察之前一定要把需要搞清的问题,做到心中有数,有重点地勘察。

7. 编制标书的注意事项

(1)填标时要用铅笔填写在复印的工程量表上,以方便随时涂改和最终调价。

(2)要反复核对,至少做完人算完后,要由另一人复审单价,并逐项审查有否计算的错误。

(3) 要防止丢项、漏项和漏页。

(4) 填表时不要改变标书的格式，如果原有格式不能表达投标可另附补充说明。

(5) 字迹要清晰、端正，不应有涂改和留空格现象，语言要讲求科学性和逻辑性，投标书的装帧要美观、大方，力求给业主留下严肃认真的良好印象。

(6) 写单位名称时一定要写全称，切忌写简称。

(7) 用计算机打印招标文件，做标书看"形象"设计，如：是否用彩色做分隔页，为醒目起见是否做电脑插图。

8. 标书递交前的核查

像递交资格预审文件一样进行递交前的符合性核查，除前面所述外，尚需对更新的资格预审材料进行核查。

投标编写的投标文件应包括下列各项内容：

(1) 投标书及其附录。

(2) 投标担保。

(3) 授权书。

(4) 标价的工程量清单。

(5) 投标书附表及施工组织设计。其中，施工组织设计应包含下列内容：

①施工组织设计的文字说明(包括编制综述、编制依据、编制原则等)。

②工程概况(包括工程范围、数量和特点、自然条件、施工条件等)。

③施工总体布置(包括施工组织机构，人员、物资、设备上场，项目主要负责人及施工技术力量配置，主要施工机械、测量、试验仪器配置，技术准备，工地清理，任务划分及施工队伍安排等)。

④临时工程及施工总平面布置。

⑤主要工程项目施工方案和施工方法。

⑥保证措施(包括工程质量保证措施，工期保证措施，技术保证措施，冬季、雨季、农忙季节的施工保证措施，环境保护的保证措施、防火措施、防汛措施、特殊作业人员的保健措施、缺陷责任期内的维护方案等)。

⑦图表(包括施工总体平面布置图、工程管理曲线、控制性施工进度计划网络图、主要分项工程施工工艺框图、质量保证与安全保障体系图及质量检查验收表格等)。

(6) 全部资格预审和这个预审的更新资料。

(7) 投标人的资质证书、资信登记及本省交通系统的进入许可证等。

(8) 按投标须知应填报的其他材料。

投标人在进行文件装订时，最好按照投标须知中所列投标文件内容的顺序装订，这样便于招标人的审核。

(9) 检查细节

①业主是否进行了每页的签署。

②是否在投标书、授权书等需加盖工章和法人代表签字处,作好了这些工作。

经仔细核查无误后,就可以封标递交了。

【知识应用】

【背景】

某段高速公路建设项目,前期工作全部完成,经有关部门批准后,由业主组织施工公开招标,招标工作主要内容如下:

(1)发投标邀请函;(2)购买招标文件;(3)进行资格后审;(4)召开标前会议;(5)组织现场察看;(6)接收投标文件;(7)开标;(8)确定中标单位;(9)评标;(10)发出中标通知书;(11)签订施工合同。

【问题】

1. 招标工作的内容是否正确?如果不正确请改正,并排出正确顺序。

2. 某投标单位通过了资格审查,并进行了投标,但投标后没有参加开标会议,招标单位认为其是严重违约,须没收其投标保证金。试问:

(1)资格审查的目的是什么?

(2)投标后不参加开标会议,是否可以没收其投标保证金?

(3)招标单位在投标单位有哪些行为时可以没收其投标保证金?

(4)对此问题,招标单位应如何处理?

【参考答案】

1. 招标工作内容中的不正确之处为:

(1)不应发投标邀请函,因为是公开招标,应发布招标公告。

(2)不是购买招标文件,应该是发售招标文件。

(3)应进行资格预审,而不能进行资格后审。

施工招标工作的正确排序为:

(1)→(3)→(2)→(5)→(4)→(6)→(7)→(9)→(8)→(10)→(11)。

2. (1)资格审查的作用是保证投标者的条件和减少评标工作量。

(2)不可以。

(3)开标后要求撤回投标书,或者中标后拒签合同。

(4)作废标处理。

模块二 投标报价计算

知识点一 建设项目投资额的测算体系

公路工程项目从项目决策到竣工交付使用的整个过程中,根据在不同阶段投资额的作用与精度要求不同，形成了投资估算、设计概算、施工图预算、施工预算、标底、投标报价、工程结算、竣工决算等八种测算方法，并形成了建设项目投资额的测算体系。

投标报价和标底计算都是对一个计划中准备建设的工程，在实施之前对其预期价格的估算即工程估价。投标报价是从投标者的角度进行工程估算，标底计算则是从业主的角度进行工程估算。尽管两者是同一套设计图纸和施工要求，但由于所考虑施工方法不同，采用的施工机械不同，材料来源不同，选用的施工定额不同，工程管理水平不同，特别是对工程成本控制水平不同，必然作出的工程估价也不相同，也可以说工程估价是有弹性的，可能在一个相当大的范围内变动。但是对工程进行估价所包含的主要内容是基本相同的，估价方法也有不少共同之处。本章从投标者的角度介绍工程估价的一般步骤和费用组成。

知识点二　投标报价的程序

投标报价的程序如图 2-1 所示。

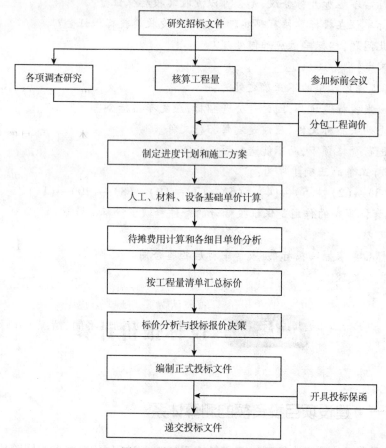

图 2-1　投标报价计算流程图

知识点三　投标报价前的准备工作

投标报价前的准备工作包括：研读招标文件、参加业主组织的现场考察和标前会议、核算工程量、做好施工组织设计。

1. 研读招标文件

当投标企业收到业主的"资格预审合格通知书"或"投标邀请书"时，要根据其中写明的招标文件的发售地点、时间、价格、联系单位和其他要求，及时派人购回招标文件。购回招标文件后，投标小组工作人员应分别重点研读。研读标书也就是"吃透"标书，就是要搞清标书的内容和要求。其目的是：

（1）弄清承包人的责任和报价范围，不要发生任何遗漏。
（2）弄清各项技术要求，以便确定合理的施工方案。
（3）找出需要询价的特殊材料与设备，及时调整价格，以免因盲目估价而失误。
（4）理出含糊不清的问题，及时提请招标单位予以澄清。

投标单位在领到招标文件以后，首先搞清上述各项问题是十分重要的，它有利于投标单位确定报价策略，正确计算报价即是研究合同条件，以便采取必要的对策，是避免工作失误的先决条件。

研究招标文件的重点是研究投标人须知、设计图纸、工程范围以及工程量清单，对技术规范要看其是否有特殊要求。为加快理解和阅读速度，投标单位应在平时加强对《公路工程标准文件》及《公路工程国际招标文件范本》的研究工作，这样在进行工程投标时，只需阅读和研究工程项目招标专用本，明确本工程项目的具体要求，不但可以缩短时间，更有利于进行对照和分析，了解本项目的一些有利和不利的因素，如：有无政策的优惠等，为现场考察和标前会议做好充分准备。这只是在现场考察前的初步研究，为现场考察与标前会议作准备，计算报价时，尚需做进一步的研究与分析。

2. 参加现场考察和标前会议

（1）现场考察

投标企业应参加由业主安排的正式现场考察，未参加正式考察者，可能会被拒绝投标。按照国际惯例，投标人提出的报价一般被认为是在现场勘察的基础上提报的，一旦标书交出并在投标截止日期之后，投标人就无法因现场勘察不周、情况了解不细或因考虑不全面，而提出修改标收、调整报价或给予补偿等要求。另外，编制标书需要的许多数据和情况也要从现场勘察中得出，因此，投标人在报价以前必须认真地进行施工现场勘察，全面细致地了解施工工地及周围的政治、经济、法律等情况。

（2）投标的调查及现场勘察的内容

去现场勘察之前，投标人一定要仔细研究招标文件，特别是工作范围、特殊条款以及设计图纸及说明，把疑点记录下来，然后拟定调研提纲，做到有准备、有计划地进行调查。

投标前的调查和现场勘察除了解决招标文件发现的问题外,还要从下面几个方面进行系统的调查了解:政治方面、地理环境方面、法律方面、工程施工条件、经济方面。

投标人完成投标前的调查和现场勘察工作后,可根据调查和考察的结果对是否参加此工程的投标做出最终决策,此时尚可因某些不利于投标因素的存在而不参加投标,但一旦标书寄(送)出去后,在投标截止日期与标书中规定的投标文件有效期终止日之间这段时间,投标人不能撤回标书,否则没收投标保证金。

(3)现场考察应注意的问题

①现场考察人员的任务应各有侧重。

②现场考察时口头提问要避免暴露本企业的真实意图,以防给其他投标人分析本企业报价水平和施工方案留下依据。

③现场考察之前一定要把需要搞清的问题做到心中有数,有重点地勘察。

(4)参加标前会议

标前会,是指招标人在招标公告发布后、潜在投标人开始投标前召开的信息发布会。召开标前会的主要目的是向潜在投标人详细介绍集中招标采购项目的情况以及招标人对招标、投标、开标、评标、定标的具体要求和做法,使投标人全面了解招标项目的特点、招标人的需要和招标文件的要求。一个成功的标前会,可以沟通招标人、招标代理机构和投标人之间的联系,加深投标人对招标文件的理解,减少投标人对招标文件提出的澄清要求,提高招标投标活动的工作效率。

3. 核算工程量

招标文件中"工程量清单"上开列的工程数量是估算的工程量,不能做为承包人在履行合同义务过程中应予以完成的施工工程量。一般说来,招标文件中给出的工程量都比较准确,但投标人不能完全相信它,还应进行核实,否则一旦有漏项或其他错误,就会影响中标或造成不应有的经济损失甚至亏本。

校核工程量不必要重新计算一遍,只选择工程量较大,造价高的项目抽查若干项,按图纸核对即可。

核对工程量的主要任务是:

(1)检查有无漏项或重复。

(2)工程量是否正确。

(3)施工方法和要求是否与图纸相符。

核算工程量,这不仅是为了便于计算投标价格,而且是今后在实施工程中核对每项工程量的依据,同时也是安排施工进度计划、选定施工方案的重要依据。投标人应结合招标图纸,认真仔细地核对工程量清单中的各个分项,特别是工程量大的细目,力争做到这些细目中的工程量与实际工程中的施工部位能"对号入座",数量平衡。如果发现工程量有重大出入,特别是漏项时可找业主核对可,要求业主认可。或在标函中说明,待得标后签定合同时加以认正,切记不要随意加以更改或补充,以免造成废标。

4. 制定进度计划和施工方案

在进行计算标价之前,首先应制定施工规划,即初步的施工组织计划。招标文件中要求投标人在报价的同时要附上施工组织设计。施工组织设计一般包括工程进度计划和施工方案等,招标人将根据这些资料评价投标人是否采取了充分和合理的措施,保证按期完成工程施工任务。另外,施工组织设计对投标人也是十分重要的,因为进度安排是否合理,施工方案选择是否恰当,与工程成本和报价有密切关系。制定施工组织设计的依据是设计图纸、规范、经过复核的工程量清单、现场施工条件、开工、竣工的日期要求、机械设备来源、劳动力来源等。

编制一个好的施工组织设计可以大大降低标价,提高竞争力。编制的原则是在保证工期和工程质量的前提下,尽可能使工程成本最低,投标价格合理。工程进度一般采用横道图和网络计划来表示。施工方案要从工期要求、技术可行性、保证质量、降低成本等方面综合考虑,其内容应包括下列内容:施工总体平面布置(包括临建工程);水电容量及其机械配置;当地自采材料生产工艺流程即机械设备的配置;主要施工项目的施工方法;工、料、机来源及运输方式;临建工程量;施工机械设备清单等。

知识点四　标价构成分析

1. 概、预算费用组成

根据公路工程基本建设项目概算、预算办法(JTGB 06—2007)概预算费用除建筑安装工程费外,包括设备、工具、器具及家具购置费,工程建设其他费用,预备费,如图2-2所示。在招投标阶段,我们在编制清单预算时,只计建筑安装工程费。在设计阶段编制概预算文件时,计算4部分费用。如图2-2所示。

2. 概、预算文件组成

概、预算文件由封面及目录,概、预算编制说明及全部概、预算计算表格组成。

(1) 封面及目录

概、预算文件的封面和扉页应按《公路工程基本建设项目设计文件编制办法》中的规定制作,扉页的次页应有建设项目名称,编制单位,编制、复核人员姓名并加盖执业(从业)资格印章,编制日期及第几册共几册等内容。目录应按概、预算表的表号顺序编排。

(2) 概、预算编制说明

概、预算编制完成后,应写出编制说明,文字力求简明扼要。应叙述的内容一般有:

①建设项目设计资料的依据及有关文号,如建设项目可行性研究报告批准文件号、初步设计和概算批准文号(编修正概算及预算时),以及根据何时的测设资料及比选方案进行编制的等。

②采用的定额、费用标准,人工、材料、机械台班单价的依据或来源,补充定额及编制依据的详细说明。

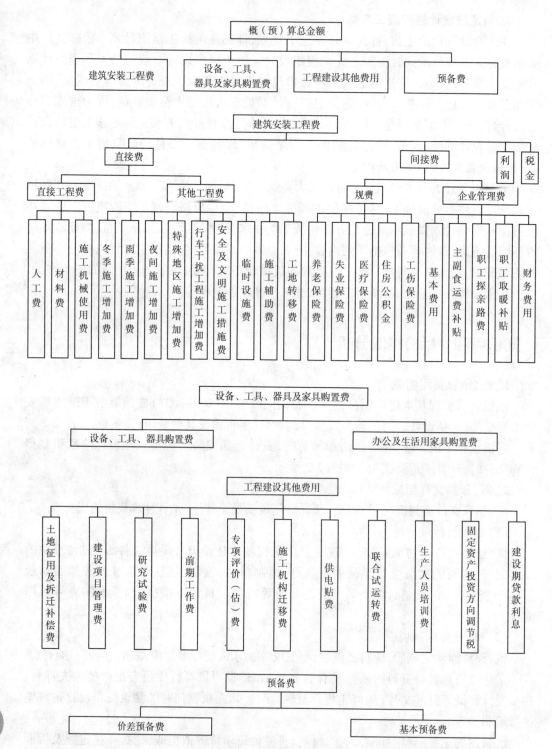

图 2-2　概预算费用组成图

③与概、预算有关的委托书、协议书、会议纪要的主要内容(或将抄件附后)。

④总概、预算金额,人工、钢材、水泥、木料、沥青的总需要量情况,各设计方案的经济比较,以及编制中存在的问题。

⑤其他与概、预算有关但不能在表格中反映的事项。

(3)概、预算表格

公路工程概、预算应按统一的概、预算表格计算(表格式样见附录五),其中概、预算相同的表式,在印制表格时,应将概算表与预算表分别印制。

(4)甲组文件与乙组文件

概、预算文件是设计文件的组成部分,按不同的需要分为两组,甲组文件为各项费用计算表,乙组文件为建筑安装工程费各项基础数据计算表(只供审批使用),甲、乙组文件应按《公路工程基本建设项目设计文件编制办法》关于设计文件报送份数的要求,随设计文件一并报送。报送乙组文件时,还应提供"建筑安装工程费各项基础数据计算表"的电子文档和编制补充定额的详细资料,并随同概、预算文件一并报送。

乙组文件中的"建筑安装工程费计算数据表"(08-1 表)和"分项工程概(预)算表"(08-2 表)应根据审批部门或建设项目业主单位的要求全部提供或仅提供其中的一种。

概、预算应按一个建设项目[如一条路线或一座独立大(中)桥、隧道]进行编制。当一个建设项目需要分段或分部编制时,应根据需要分别编制,但必须汇总编制"总概(预)算汇总表"。

甲、乙组文件包括的内容如下:

甲组文件
- 编制说明
- 总概(预)算汇总表(01-1 表)
- 总概(预)算人工、主要材料、机械台班数量汇总表(02-1 表)
- 总概(预)算表(01 表)
- 人工、主要材料、机械台班数量汇总表(02 表)
- 建筑安装工程费计算表(03 表)
- 其他工程费及间接费综合费率计算表(04 表)

乙组文件
- 建筑安装工程费计算数据表(08-1 表)
- 分项工程概(预)算表(08-2 表)
- 材料预算单价计算表(09 表)
- 自采材料料场价格计算表(10 表)
- 机械台班单价计算表(11 表)
- 辅助生产工、料、机械台班单位数量表(12 表)

概预算的全部文件是互相联系的统一整体,各文件之间的关系如图 2-3 所示,表格填写时要穿插进行,不是一次完成的。

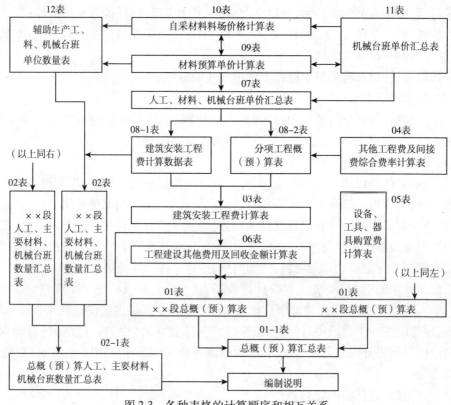

图 2-3 各种表格的计算顺序和相互关系

知识点五　划分工程项目、核实工程量

1. 划分工程项目

初学者编制文件时,最主要的是划分工程项目,即列项,为了准确的划分工程项目,通常是按照工程量清单,根据设计图纸、工程实际情况,结合所选用的定额进行,但要注意不要重复列项或漏项,尤其是施工中实际发生但设计图纸上没有的项目,工程项目的粗细与所选的定额的子目应一致。

列项时,一般在预算文件中的分项工程概预算表,即 08-2 表中完成,如果重复列项或漏项,就会使测算的造价不能够反映工程的实际造价,影响企业的决策。

专家提示

编制概算文件和施工图预算文件时,按照编制办法中的公路工程项目表列项。在列项时,我们按照工程量清单的顺序,从细目开始列起,根据具体设计图纸及施工方法,分别将同一细目下所含的所有分项工程均列在同一表内,然后汇总,依次类推,直到全部项目都划分完毕。

2. 确定工程量

在列项时,应同时从设计图纸中摘取工程量,同时填入表中。大多数的工程量在图纸中都可以直接查到,但有些项目的工程量不能够在图纸中查到,或图纸中的计量单位与定额单位不同,此时,我们就要进行计算了。

在图纸中查不到的工程量通常包括:

(1)清除表土数量。

(2)基底压实和耕地填前压实所增加的土方数量。

$$沉降量:h(cm) = p/c \tag{2-2}$$

式中:p——有效作用力,N/cm^2,一般按 12~15t 压路机有效作用力 $p = 66N/cm^2$;

c——土的沉陷系数。

$$增加的土方数量:Q(m^3) = F(m^2) \times h(m) \tag{2-3}$$

(3)路基因加宽所增加的填方数量。

为使路基边缘部分压实,在施工中将路基边缘处加宽,这样就将增加土方数量,在路基技术范中明确规定超填宽度的允许值,砂性土 0.20~0.30m,粉性土 0.15~0.20m,黏性土 0.10~0.20m,在进行施工组织设计、编制造价文件时,应考虑此因素,计算这部分增加值。

$$增加填方数量 = 填方区边缘全长 \times 边坡平均坡长 \times 宽填厚度 \tag{2-4}$$

(4)路基因沉降而增加的土方量

高等级公路,路堤填土一般较高,沉降量增加,尤其软土地基。增加的土方量根据沉降理论或地区经验取定。

3. 套用定额

按所列项,进行定额的查找与套用,汇入表中。依据定额号,进行费用计算(表 2-14)。

【例 2-2】 滨海路某合同段,主要工程量见表 2-12,工程量清单见表 2-13,桥梁位于辽西,桥址河道顺直,河道滩槽分明,河滩长有少量杂草,河槽内无杂草,属潮汐河段的上游河段,河床土质为砂砾土。河流地势西北高、东南低,一般高程在 200m 左右,群山起伏,土壤以生草、棕色森土为主,沿海有氯化物盐渍土。汇水区域内植被以草皮及灌木荆条为最多,丘陵耕地多种玉米、高粱、大豆等作物。

桥址处地质为第四纪覆盖层为砂砾石层,下伏太古代花岗岩。桥址处基岩埋深变化极大,两侧桥台处露出强风化的花岗岩,河床埋深约 13.5~16.5m,大致呈 U 形分布,并且风化程度不同,桥台处花岗岩为强风化-弱风化,河床中风化则渐进过度。

本合同段属地震烈度Ⅵ度区,地震动反映普特征周期为 0.45s,地震动峰值加速度为 0.5g。

主要工程数量　　　　　　　　　　　表 2-12

工程名称		细目名称	单位	数量
路基工程	一般路基	路基挖土方	m³	28 884
		路基填方(利用方)	m³	7 203
		台背回填	m³	2 286
	特殊路基	干砌片石	m³	25
		砂砾垫层	m³	494

续上表

工程名称		细目名称	单位	数量
路面工程	垫层	200mm 砂砾垫层	m²	15 377
	基层	上基层 180mm 水稳砂砾	m²	13 413
		下基层 180mm 水稳砂砾	m²	13 974
	面层	30mm 细粒式改性沥青混凝土	m²	12 750
		40mm 中粒式沥青混凝土	m²	12 750
	透层		m²	13 260
桥涵工程	桥梁	大桥	m/座	8/6/1
防护工程	砌石护坡	浆砌片石	m³	1 171

工程量清单 表 2-13

清单 第 200 章 路基

细目号	细目名称	单位	数量	单价	合价
203-1	路基挖方				
-a	挖土方	m³	28 884.000		
204-1	路基填筑（包括填前压实）				
-a	利用土方	m³	7 203.000		
-b	废方	m³	17 734.000		
-c	结构物台背回填	m³	2 286.000		
205-1	特殊地基处理				
-a	干砌片石	m³	25.000		
-b	砂砾垫层	m³	494.000		
207-2	边沟				
-a	M7.5 浆砌片石	m³	1 159.000		
-d	夯拍土方	m³	703.000		
208-1	路槽排水砂沟				
-a	M10 砂浆砌 MU40 片石	m³	12.000		

【解】根据各种资料列项计算见表 2-14。

工程项目划分 表 2-14

细目号	定额号	名称	单位	工程量
		清单 第 200 章 路基		
203-1		路基挖方		
-a		挖土方	m³	28 884.000

续上表

细目号	定额号	名称	单位	工程量
	1-1-9-5	斗容量1.0m³以内挖掘机挖装普通土	1 000m³ 天然密实方	23.107
	1-1-9-6	斗容量1.0m³以内挖掘机挖装硬土	1 000m³ 天然密实方	5.777
	1-1-11-21	15t以内自卸汽车运输1.0km土方	1 000m³ 天然密实方	28.884
204-1		路基填筑(包括填前压实)		
-a		利用土方	m³	7 203.000
	1-1-18-5	高速、一级公路20t以内振动压路机碾压土方	1 000m³ 压实方	7.203
	1-1-22-9	8 000L以内洒水车洒水第一个1km	1 000m³ 水	0.720
	1-1-5-4	填前12~15t光轮压路机压实	1 000m²	7.069
	1-1-20-1	机械整修路拱	1 000m²	28.380
-b		废方	m³	17 734.000
	1-1-11-21	15t以内自卸汽车运输1.0km土方	1 000m³ 天然密实方	17.734
-c		结构物台背回填	m³	2 286.000
	2-1-1-12	机械铺料压实厚度20cm砂砾	1 000m²	11.430
205-1		特殊地基处理		
-a		干砌片石	m³	25.000
	5-1-10-1	干砌片石	10m³ 实体	2.500
-b		砂砾垫层	m³	494.000
	1-3-12-2	砂砾垫层	1 000m³	0.494
207-2		边沟		
-a		M7.5浆砌片石	m³	1 159.000
	1-2-3-1	边沟、排水沟、截水沟浆砌片石	10m³ 实体	115.900
	4-1-1-1	土方干处基坑深3m以内	1 000m³	2.841
	4-11-5-1	填砂砾(砂)	10m³	51.312
-d		夯拍土方	m³	703.000
	1-1-5-1	填前人工夯实	1 000m²	0.703
208-1		路槽排水砂沟		
-a		M10砂浆砌MU40片石	m³	12.000
	1-2-3-1	边沟、排水沟、截水沟浆砌片石	10m³ 实体	1.200
	4-1-1-1	土方干处基坑深3m以内	1 000m³	0.013
	4-11-5-1	填砂砾(砂)	10m³	1.770
	5-1-10-1	干砌片石	10m³ 实体	0.018
	4-11-5-2	填碎(砾)石	10m³	0.018

专家提示

在套用定额时,为了更贴近本工程项目,要注意考虑定额值的换算,以便正确的测算造价。

知识点六　直接工程费计算

直接工程费是指施工过程中耗费的构成工程实体和有助于工程形成的各项费用,包括人工费、材料费、施工机械使用费。

1. 人工费

人工费系指列入概、预算定额的直接从事建筑安装工程施工的生产工人开支的各项费用。

$$人工费 = \sum(定额 \times 工程数量 \times 每工日人工费) \quad (2\text{-}5)$$

每工日人工费包括基本工资、工资性补贴、生产工人辅助工资及职工福利费。

（1）基本工资

系指发放给生产工人的基本工资、流动施工津贴和生产工人劳动保护费,以及为职工缴纳的养老、失业、医疗保险费和住房公积金等。

（2）工资性补贴

系指按规定标准发放的物价补贴,煤、燃气补贴,交通费补贴,地区津贴等。

（3）生产工人辅助工资

系指生产工人年有效施工天数以外非作业天数的工资,包括开会和执行必要的社会义务时间的工资,职工学习、培训期间的工资,调动工作、探亲、休假期间的工资,因气候影响停工期间的工资,女工哺乳期间的工资,病假在六个月以内的工资及产、婚、丧假期的工资。

（4）职工福利费

系指按国家规定标准计提的职工福利费。

$$人工费(元/工日) = [基本工资(元/月) + 地区生活补贴(元/月) + 工资性津贴(元/月)] \times$$
$$(1 + 14\%) \times 12月 \div 240(工日) \quad (2\text{-}6)$$

式中：生产工人基本工资——按不低于工程所在地政府主管部门发布的最低工资标准的1.2倍计算；

地区生活补贴——指国家规定的边远地区生活补贴、特区补贴；

工资性津贴——指物价补贴,煤、燃气补贴,交通费补贴等。

以上各项标准由各省、自治区、直辖市公路（交通）工程造价（定额）管理站根据当地人民政府的有关规定核定后公布执行,并抄送交通部公路司备案。并应根据最低工资标准的变化情况及时调整公路工程生产工人工资标准。

> **专家提示**
>
> 人工费单价仅作为编制概、预算的依据,不作为施工企业实发工资的依据。我们在编制预算时,可以到当地公路管理部门查找当地的人工单价。

【例2-3】 某工程所在地政府发布的最低工资标准为600元/月,该地区各类生活补贴为300元/月,津贴为430元/月,那么生产工人的人工工日单价为:

[1.2×600元/月+300元/月+430元/月]×(1+14%)×12月÷240工日
=82.02元/工日

2. 材料费

材料费系指施工过程中耗用的构成工程实体的原材料、辅助材料、构(配)件、零件、半成品、成品的用量和周转材料的摊销量,按工程所在地的材料预算价格计算的费用。

$$材料费 = \sum(定额 \times 工程数量 \times 材料预算单价) \tag{2-7}$$

材料预算价格由材料原价、运杂费、场外运输损耗、采购及仓库保管费组成。

(1)材料原价

外购材料:国家或地方的工业产品,按工业产品出厂价格或供销部门的供应价格计算,并根据情况加计供销部门手续费和包装费。如供应情况、交货条件不明确时,可采用当地规定的价格计算。

地方性材料:地方性材料包括外购的砂、石材料等,按实际调查价格或当地主管部门规定的预算价格计算。

自采材料:自采的砂、石、黏土等材料,按定额中开采单价加辅助生产间接费和矿产资源税(如有)计算。

材料原价应按实计取。各省、自治区、直辖市公路(交通)工程造价(定额)管理站应通过调查,编制本地区的材料价格信息,供编制概、预算使用。

(2)运杂费

运杂费系指材料自供应地点至工地仓库(施工地点存放材料的地方)的运杂费用,包括装卸费、运费,如果发生,还应计囤存费及其他杂费(如过磅、标签、支撑加固、路桥通行等费用)。

通过铁路、水路和公路运输部门运输的材料,按铁路、航运和当地交通部门规定的运价计算运费。

施工单位自办的运输,单程运距15km以上的长途汽车运输按当地交通部门规定的统一运价计算运费;按当单程运距5~15km的汽车运输地交通部门规定的统一运价计算运费,当工程所在地交通不便、社会运输力量缺乏时,如边远地区和某些山岭区,允许按当地交通部门规定的统一运价加50%计算运费;单程运距5km及以内的汽车运输以及人力场外运输,按预算定额计算运费,其中人力装卸和运输另按人工费加计辅助生产间接费。

由于预算定额中汽车运输台班已考虑工地便道特点,以及定额中已计入了"工地小搬运"项目,因此平均运距中汽车运输便道里程不得乘调整系数,也不得在工地仓库或堆料场之外再加场内运距或二次倒运的运距。

一种材料如有两个以上的供应点时,都应根据不同的运距、运量、运价采用加权平均的方法计算运费。

有容器或包装的材料及长大轻浮材料,应按表2-15所示规定的毛重计算。桶装沥青、汽油、柴油按每吨摊销一个旧汽油桶计算包装费(不计回收)。

材料毛重系数及单位毛重表　　　　　　　　表2-15

材料名称	单位	毛重系数	单位毛重
爆破材料	t	1.35	—
水泥、块状沥青	t	1.01	—
铁钉、铁件、焊条	t	1.10	—
液体沥青、液体燃料、水	t	桶装1.17,油罐车装1.00	—
木料	m³	—	1.000t
草袋	个	—	0.004t

(3)场外运输损耗

场外运输损耗系指有些材料在正常的运输过程中发生的损耗,这部分损耗应摊入材料单价内。

在现行概预算编制办法中规定了材料场外运输操作损耗率,见表2-16。

材料场外运输操作损耗率表　　　　　　　　表2-16

材料名称	场外运输(包括一次装卸)	每增加一次装卸
块状沥青	0.5	0.2
石屑、碎砾石、砂砾、煤渣、工业废渣、煤	1.0	0.4
砖、瓦、桶装沥青、石灰、黏土	3.0	1.0
草皮	7.0	3.0
水泥(袋装、散装)	1.0	0.4
砂 一般地区	2.5	1.0
砂 多风地区	5.0	2.0

(4)采购及保管费

材料采购及保管费系指材料供应部门(包括工地仓库以及各级材料管理部门)在组织采购、供应和保管材料过程中,所需的各项费用及工地仓库的材料储存损耗。

材料采购及保管费,以材料的原价加运杂费及场外运输损耗的合计数为基数,乘以采购保管费率计算。材料的采购及保管费费率为2.5%。

外购的构件、成品及半成品的预算价格,其计算方法与材料相同,但构件(如外购的钢桁梁、钢筋混凝土构件及加工钢材等半成品)的采购保管费率为1%。

商品混凝土预算价格的计算方法与材料相同,但其采购保管费率为0。

材料预算价格 =（材料原价 + 运杂费）×（1 + 场外运输损耗率）×

（1 + 采购及保管费率）- 包装品回收价值 (2-8)

【例2-4】 某工程需要用汽车运输钢材,经调查原价5 400元/t,运距35km,运价0.65元/t·km,装卸费3.4元/t,查得采购保管费率2.5%,单位毛重1.0,预算价格为：

[5 400 + (35 × 0.65 + 3.4) × 1.0] × (1 + 2.5%) = 5 561.8元/t

> **专家提示**
>
> 材料预算单价通常在材料预算价格计算表中计算,首先在表中按顺序填入材料详细的规格名称,如钢材;单位为材料的计价单位,如t;原价为材料的供应价格,如5 400元/t;供应地点为本材料的供应点;运输方式、比重及运距栏填本材料的运输方式、运距等,如汽运35km;毛重系数与单位毛重栏,指本材料的单位堆方重与运输过程的带包装的毛重系数,如钢材,无包装,系数为1.0;运杂费构成说明或计算式栏填写材料的运杂费的计算式,如(35 × 0.65 + 3.4) × 1.0;单位运费栏填计算式的结果;原价运费合计栏填写原价 + 运费的结果;场外运输损耗费率,指本材料的损耗费率,如原木无损耗,费率为0;场外运输损耗金额为材料的损耗值计算结果;采购及保管费率可查《编制办法》,如钢材为2.5%;采购及保管费金额为材料的保管费值计算结果;最后填预算单价栏,即材料的原价 + 运费合计 + 场外运输损耗金额 + 采购及保管费金额的计算结果。这是09表的完整编制过程。

3. 施工机械使用费

施工机械使用费系指列入概、预算定额的施工机械台班数量,按相应的机械台班费用定额计算的施工机械使用费和小型机具使用费。

施工机械使用费 = Σ（定额 × 工程数量 × 机械台班单价） (2-9)

施工机械台班预算价格应按交通部公布的现行《公路工程机械台班费用定额》(JTG/T B06—03)计算,台班单价由不变费用和可变费用组成。不变费用包括折旧费、大修理费、经常修理费、安装拆卸及辅助设施费等;可变费用包括机上人员人工费、动力燃料费、养路费及车船使用税。可变费用中的人工工日数及动力燃料消耗量,应以机械台班费用定额中的数值为准。台班人工费工日单价同生产工人人工费单价。动力燃料费用则按材料费的计算规定计算。

当工程用电为自行发电时,电动机械每千瓦时(度)电的单价可由下述近似公式计算：

$$A = 0.24K/N \quad (2\text{-}10)$$

式中：A——每千瓦时电单价,元;

  K——发电机组的台班单价,元;

  N——发电机组的总功率,kW。

【例2-5】 路基工程采用推土机施工土方,功率90kW以内,市场调查柴油价格为8.0元/kg,人工45.59元/工日,机械的台班单价是多少?

【解】 (1)查机械台班费用定额,代号1004即为90kW推土机。

机械台班费用定额中可以查得1004的不变费用:311.14元(包括折旧费128.75元,大修理费50.44元,经常修理费131.14元,安装拆卸费及辅助设施费0.81元)。

可变费用:人工2工日,柴油65.37kg。

(2)确定机械台班单价。

不变费用:311.14元。

可变费用:$2\times45.59+8\times65.37=614.14$元。

台班单价:311.14+614.14=925.28元。

机械的台班单价在台班单价计算表(11表)中计算。首先填入定机械额号及机械规格名称,如"1004,90kW推土机";不变费用金额为机械台班费用定额中该机械的不变费合计,如"311.14",不变费用如有调整系数,应填入调整值;可变费用的单价由09表转来,如"人工45.59元/工日,柴油8元/kg";可变费用定额栏中填定额数量,金额栏填费用,如"人工定额2工日,金额为91.18(2×45.59)",可变费用合计为人工费、材料费及车船使用税之和,最后填台班单价栏。

如果工、料、机单价都计算完成了,即09、10(自采材料价格计算表)、11表都完成了,此时就可以将单价都汇总到人工、材料、机械台班单价汇总表(07表)了。

【例2-6】 某路线工程为软土地基,铺砂砾垫层,92 111m³,经调查当地人工工日单价49.2元/工日,砂砾86.43元/m³,75kW内履带式推土机667.31元/台班,6~8t光轮压路机270.62元/台班,该项目的直接工程费是多少?

【解】 (1)查预算定额,1-3-12-2软基砂砾垫层,单位1 000m³,定额值为:

人工:15.9工日

砂砾:1 300m³

75kW内履带式推土机:0.99台班

6~8t光轮压路机:1.3台班

基价:42 016

(2)计算费用

人工费:$15.9\times92\ 111/1\ 000\times49.2=72\ 057$元

材料费:砂砾$1\ 300\times92\ 111/1\ 000\times86.43=10\ 349\ 499$元

机械费:75kW内履带式推土机$0.99\times92\ 111/1\ 000\times667.31=60\ 852$元

6~8t光轮压路机$1.3\times92\ 111/1\ 000\times270.62=32\ 406$元

直接工程费:人工费+材料费+机械费=10 514 814

专家提示

人工费、材料费、施工机械使用费在08表内分别计算,一般按工、料、机的顺序计算。

计算方法与顺序为从07表中选出相应的工、料、机单价填入08表中单价栏中，在相应的工程项目栏计算费用，先用定额值乘以工程数量（注意定额单位）得出数量，并填入数量列中，然后用数量乘以单价就可以得到相应的费用，重复计算，直至完成该工程项目所需的工、料、机费。将同一列的工、料、机费相加，就可以得到本项目的直接工程费了。

知识点七　其他工程费的计算

其他工程费系指直接工程费以外施工过程中发生的直接用于工程的费用。内容包括冬季施工增加费、雨季施工增加费、夜间施工增加费、特殊地区施工增加费、行车干扰工程施工增加费、安全及文明施工措施费、临时设施费、施工辅助费、工地转移费等九项。公路工程中的水、电费及因场地狭小等特殊情况而发生的材料二次搬运等其他工程费已包括在概、预算定额中，不再另计。

1. 取费标准的工程类别划分

在计算建筑安装工程费时，只有工料机费是按照单价逐项计算，而其他费用都是根据一定的标准取费率计算。公路施工的工序很多，为了计算的准确与方便，《编制办法》将相关的工作归类，形成十三种工程类别。具体划分如下：

（1）人工土方。系指人工施工的路基、改河等土方工程，以及人工施工的砍树、挖根、除草、平整场地、挖盖山土等工程项目，并适用于无路面的便道工程。

（2）机械土方。系指机械施工的路基、改河等土方工程，以及机械施工的砍树、挖根、除草等工程项目。

（3）汽车运输。系指汽车、拖拉机、机动翻斗车等运送的路基、改河土（石）方、路面基层和面层混合料、水泥混凝土及预制构件、绿化苗木等。

（4）人工石方。系指人工施工的路基、改河等石方工程，以及人工施工的挖盖山石项目。

（5）机械石方。系指机械施工的路基、改河等石方工程（机械打眼即属机械施工）。

（6）高级路面。系指沥青混凝土路面、掺拌沥青碎石路面和水泥混凝土路面的面层。

（7）其他路面。系指除高级路面以外的其他路面面层，各等级路面的基层、底基层、垫层、透层、黏层、封层，采用结合料稳定的路基和软土等特殊路基处理等工程，以及有路面的便道工程。

（8）构造物Ⅰ。系指无夜间施工的桥梁、涵洞、防护（包括绿化）及其他工程，交通工程及沿线设施工程[设备安装及金属标志牌、防撞钢护栏、防眩板（网）、隔离栅、防护网除外]，以及临时工程中的便桥、电力电信线路、轨道铺设等工程项目。

（9）构造物Ⅱ。系指有夜间施工的桥梁工程。

(10)构造物Ⅲ。系指商品混凝土(包括沥青混凝土和水泥混凝土)的浇筑和外购构件及设备的安装工程。商品混凝土和外购构件及设备的费用不作为其他工程费和间接费的计算基数。

(11)技术复杂大桥。系指单孔跨径在120m以上(含120m)和基础水深在10m以上(含10m)的大桥主桥部分的基础、下部和上部工程。

(12)隧道。系指隧道工程的洞门及洞内土建工程。

(13)钢材及钢结构。系指钢桥及钢索吊桥的上部构造,钢沉井、钢围堰、钢套箱及钢护筒等基础工程,钢索塔,钢锚箱,钢筋及预应力钢材,模数式及橡胶板式伸缩缝,钢盆式橡胶支座,四氟板式橡胶支座,金属标志牌,防撞钢护栏,防眩板(网),隔离栅,防护网等工程项目。

购买路基填料的费用不作为其他工程费与间接费的计算基数。

2. 其他工程费的计算

其他工程费系指直接工程费以外施工过程中发生的直接用于工程的费用。内容包括冬季施工增加费、雨季施工增加费、夜间施工增加费、特殊地区施工增加费、行车干扰工程施工增加费、安全及文明施工措施费、临时设施费、施工辅助费、工地转移费等九项。公路工程中的水、电费及因场地狭小等特殊情况而发生的材料二次搬运等其他工程费已包括在概、预算定额中,不再另计。

(1)冬季施工增加费

冬季施工增加费系指按照公路工程施工及验收规范所规定的冬季施工要求,为保证工程质量和安全生产所需采取的防寒保温设施、工效降低和机械作业率降低以及技术操作过程的改变等所增加的有关费用。

冬季施工增加费的内容包括:

①因冬季施工所需增加的一切人工、机械与材料的支出。

②施工机具所需修建的暖棚(包括拆、移),增加油脂及其他保温设备费用。

③因施工组织设计确定,需增加的一切保温、加温及照明等有关支出。

④与冬季施工有关的其他各项费用,如清除工作地点的冰雪等费用。

$$冬季施工增加费 = \sum 以各类工程的直接工程费 \times 雨季施工增加费费率 \quad (2-11)$$

冬季气温区的划分是根据气象部门提供的满十五年以上的气温资料确定的。全国冬季施工气温区划分见附录Ⅰ。

专家提示

现行概预算编制办法中规定了工程所在地的气温区的费率,见附录1-1。

在编制概预算时,冬季施工增加费是根据各类工程的特点,规定各气温区的取费标准。采用全年平均摊销的方法,即不论是否在冬季施工,均按规定的取费标准计取冬季施工增加费。

> 一条路线穿过两个以上的气温区时,可分段计算或按各区的工程值比例求得全线的平均增加率,计算冬季施工增加费。
>
> 在取冬季施工增加费时,我们可能不知道工程所在地属于哪个气温区,我们可以去查全国气温区划分表,详见有关资料。

(2)雨季施工增加费

雨季施工增加费系指雨季期间施工为保证工程质量和安全生产所需采取的防雨、排水、防潮和防护措施,工效降低和机械作业率降低以及技术作业过程的改变等所需增加的有关费用。

雨季施工增加费的内容包括:

①因雨季施工所需增加的工、料、机费用的支出,包括工作效率的降低及易被雨水冲毁的工程所增加的工作内容(如基坑坍塌和排水沟等堵塞的清理、路基边坡冲沟的填补等)。

②路基土方工程的开挖和运输,因雨季施工(非土壤中水影响)而引起的黏附工具,降低工效所增加的费用。

③因防止雨水必须采取的防护措施的费用,如挖临时排水沟,防止基坑坍塌所需的支撑、挡板等费用。

④材料因受潮、受湿的耗损费用。

⑤增加防雨、防潮设备的费用。

⑥其他有关雨季施工所需增加的费用,如因河水高涨致使工作困难而增加的费用等。

雨季施工增加费 = $\sum$ 以各类工程的直接工程费 × 雨季施工增加费费率   (2-12)

> **专家提示**
>
> 在编制概预算文件时,雨季施工增加费根据各类工程的特点规定各雨量区和雨季期的取费标准,采用全年平均摊销的方法,即不论是否在雨季施工,均按规定的取费标准计取雨季施工增加费。
>
> 一条路线通过不同的雨量区和雨季期时,应分别计算雨季施工增加费或按工程量比例求得平均的增加率,计算全线雨季施工增加费。
>
> 室内管道及设备安装工程不计雨季施工增加费。
>
> 概预算编制办法中规定了工程所在地的雨量区、雨季期的费率,见附录1-2。
>
> 在取雨季施工增加费时,我们可能不知道工程所在地属于哪个雨季区及雨量区,我们可以去查全国雨季施工雨量区及雨季期划分表。

(3)夜间施工增加费

夜间施工增加费系指根据设计、施工的技术要求和合理的施工进度要求,必须在夜间连续施工而发生的工效降低、夜班津贴以及有关照明设施(包括所需照明设施的安拆、摊销、维修及油燃料、电)等增加的费用。

$$夜间施工增加费 = \sum 夜间施工工程的直接工程费 \times 夜间施工增加费费率 \quad (2\text{-}13)$$

夜间施工增加费费率按附录1-3的费率计算。

(4)特殊地区施工增加费

特殊地区施工增加费包括高原地区施工增加费、风沙地区施工增加费和沿海地区施工增加费三项。

①高原地区施工增加费

高原地区施工增加费系指在海拔高度1 500m以上地区施工,由于受气候、气压的影响,致使人工、机械效率降低而增加的费用。

$$高原地区施工增加费 = \sum (各类工程人工费 + 机械费) \times 高原地区施工增加费费率 \quad (2\text{-}14)$$

编制办法规定该费率按附录1-4的费率计算。

> **专家提示**
>
> 一条路线通过两个以上(含两个)不同的海拔高度分区时,应分别计算高原地区施工增加费或按工程量比例求得平均的增加率,计算全线高原地区施工增加费。

②风沙地区施工增加费

风沙地区施工增加费系指在沙漠地区施工时,由于受风沙影响,按照施工及验收规范的要求,为保证工程质量和安全生产而增加的有关费用。

内容包括防风、防沙及气候影响的措施费,材料费,人工、机械效率降低增加的费用,以及积沙、风蚀的清理修复等费用。

$$风沙地区施工增加费 = \sum (各类工程的人工费 + 机械使用费) \times 风沙地区施工增加费费率 \quad (2\text{-}15)$$

编制办法规定该费用根据工程所在地的风沙区划分类别,按表附录1-5的费率计算。

> **专家提示**
>
> 一条路线穿过两个以上(含两个)不同风沙区时,按路线长度经过不同的风沙区加权计算项目全线风沙地区施工增加费。
>
> 全国风沙地区公路施工区划详见有关资料。若当地气象资料及自然特征与风沙地区划分有较大出入时,由工程所在省、自治区、直辖市公路(交通)工程造价(定额)管理站按当地气象资料和自然特征及上述划分标准确定工程所在地的风沙区划,并抄送交通部公路司备案。

③沿海地区工程施工增加费

沿海地区工程施工增加费系指工程项目在沿海地区施工受海风、海浪和潮汐的影响,致使人工机械效率降低等所需增加的费用。本项费用由沿海各省、自治区、直辖市交通厅(局)制定具体的适用范围(地区),并抄送交通部公路司备案。

$$\text{沿海地区工程施工增加费} = \text{各类工程的直接工程费} \times \text{费率} \quad (2-16)$$

编制办法规定沿海地区工程施工增加费按附录1-6的费率计算。

(5)行车干扰工程施工增加费

行车干扰工程施工增加费系指由于边施工边维持通车,受行车干扰的影响,致使人工、机械效率降低而增加的费用。

$$\text{行车干扰工程施工增加费} = (\text{受行车影响部分的工程项目的人工费} + \text{机械使用费}) \times \text{费率} \quad (2-17)$$

编制办法规定行车干扰工程施工增加费费率按附录1-7的费率计算。

(6)安全及文明施工措施费

安全及文明施工措施费系指工程施工期间为满足安全生产、文明施工、职工健康生活所发生的费用。该费用不包括施工期间为保证交通安全而设置的临时安全设施和标志、标牌的费用,需要时应根据设计要求计算。

$$\text{安全及文明施工措施费} = \text{各类工程的直接工程费之和} \times \text{费率} \quad (2-18)$$

编制办法规定安全及文明施工措施费按附录1-8的费率计算。

(7)临时设施费

临时设施费系指施工企业为进行建筑安装工程施工所必需的生活和生产用的临时建筑物、构筑物和其他临时设施的费用等,但不包括概、预算定额中临时工程在内。

临时设施包括:临时生活及居住房屋(包括职工家属房屋及探亲房屋)、文化福利及公用房屋(如广播室、文体活动室等)和生产、办公房屋(如仓库、加工厂、加工棚、发电站、变电站、空压机站、停机棚等),工地范围内的各种临时的工作便道(包括汽车、畜力车、人力车道)、人行便道,工地临时用水、用电的水管支线和电线支线,临时构筑物(如水井、水塔等)以及其他小型临时设施。

临时设施费用内容包括临时设施的搭设、维修、拆除费和摊销费。

$$\text{临时设施费} = \text{各类工程的直接工程费} \times \text{费率} \quad (2-19)$$

编制办法规定临时设施费费率按附录1-9的费率计算。

(8)施工辅助费

施工辅助费包括生产工具用具使用费、检验试验费和工程定位复测、工程点交、场地清理等费用。

生产工具用具使用费系指施工所需不属于固定资产的生产工具、检验用具、试验用具及仪器、仪表等的购置、摊销和维修费,以及支付给生产工人自备工具的补贴费。

检验试验费系指施工企业对建筑材料、构件和建筑安装工程进行一般鉴定、检查所发生的费用,包括自设试验室进行试验所耗用的材料和化学药品的费用,以及技术革新和研究试验费,但不包括新结构、新材料的试验费和建设单位要求对具有出厂合格证明的材料进行检验、对构件进行破坏性试验及其他特殊要求检验的费用。

$$\text{施工辅助费} = \text{各类工程的直接工程费} \times \text{费率} \qquad (2\text{-}20)$$

编制办法规定施工辅助费费率按附录1-10的费率计算。

(9)工地转移费

工地转移费系指施工企业根据建设任务的需要,由已竣工的工地或后方基地迁至新工地的搬迁费用。其内容包括:

(1)施工单位全体职工及随职工迁移的家属向新工地转移的车费、家具行李运费、途中住宿费、行程补助费、杂费及工资与工资附加费等。

(2)公物、工具、施工设备器材、施工机械的运杂费,以及外租机械的往返费及本工程内部各工地之间施工机械、设备、公物、工具的转移费等。

(3)非固定工人进退场及一条路线中各工地转移的费用。

$$\text{工地转移费} = \text{各类工程的直接工程费} \times \text{费率} \qquad (2\text{-}21)$$

编制办法规定工地转移费费率按附录1-11的费率计算。

转移距离以工程承包单位(如工程处、工程公司等)转移前后驻地距离或两路线中点的距离为准;编制概(预)算时,如施工单位不明确时,高速、一级公路及独立大桥、隧道按省会(自治区首府)至工地的里程,二级及以下公路按地区(市、盟)至工地的里程计算工地转移费;工地转移里程数在表列里程之间时,费率可内插计算。工地转移距离在50km以内工程不计取本项费用。

【例2-7】 某桥桩基础施工,经分析人工费18万元,材料费46万元,机械费75万,该桥位于东北内陆地区,无风沙,为冬三区,雨季期3个月,雨量区Ⅰ。工程需要昼夜连续施工,期间有行车干扰,昼夜双向行车800辆。施工单位为本地企业,距离工地30km,试按编制办法规定计算其他工程费。

【解】 根据题意,该工程项目属于构造物Ⅱ类别,沿海地区施工增加费、风沙地区施工增加费、高原地区施工增加费、工地转移费为0。其余费率如下:

冬季施工增加费费率:1.67%

雨季施工增加费费率:0.08%

夜间施工增加费费率:0.35%

行车干扰施工增加费费率:1.90%

安全及文明施工增加费费率:0.78%

临时设施费费率:3.14%

施工辅助费费率:1.56%

其他工程费Ⅰ = (18 + 46 + 75) × (1.67 + 0.08 + 0.35 + 0.78 + 3.14 + 1.56)%
       = 139 × 7.58% = 10.54 万

其他工程费Ⅱ = (18 + 75) × 1.9% = 1.77 万

其他工程费 = 10.54 + 1.77 = 12.31 万

在编制造价文件时,其他工程费在08表中计算,但并不是其所包含的九项费用都单独出现,而是在04表中进行取费,按同一工程类别,分别取定各项费用算出综合费率,在

08 表中算出费用。在 04 表中,我们可列出工程所在地 13 个工程类别的各项费用的费率。也可只列出分部分项工程所需工程类别的费率。

知识点八 间接费、利润、税金的计算

1. 间接费

间接费由规费和企业管理费两项组成。

(1) 规费

规费系指法律、法规、规章、规程规定施工企业必须缴纳的费用(简称规费),包括:

①养老保险费系指施工企业按规定标准为职工缴纳的基本养老保险费。

②失业保险费系指施工企业按国家规定标准为职工缴纳的失业保险费。

③医疗保险费系指施工企业按规定标准为职工缴纳的基本医疗保险和生育保险费。

④住房公积金系指施工企业按规定标准为职工缴纳的住房公积金。

⑤工伤保险费系指施工企业按规定标准为职工缴纳的工伤保险费。

各项规费以各类工程的人工费之和为基数,按国家或工程所在地法律、法规、规章、规程规定的标准计算。

(2) 企业管理费

企业管理费由基本费用、主副食运费补贴、职工探亲路费、职工取暖补贴和财务费用五项组成。

①基本费用

企业管理费基本费用系指施工企业为组织施工生产和经营管理所需的费用内容包括:管理人员工资,办公费,差旅交通费,固定资产使用费,工具用具使用费,劳动保险费,工会经费,职工教育经费,保险费,工程保修费,工程排污费,税金,其他等。

$$基本费用 = 工程的直接费之和 \times 费率 \qquad (2\text{-}22)$$

编制办法规定基本费用的费率见附录 2。

②主副食运费补贴

主副食运费补贴系指施工企业在远离城镇及乡村的野外施工购买生活必需品所需增加的费用。

$$主副食运费补贴 = 各类工程的直接费之和 \times 费率 \qquad (2\text{-}23)$$

编制办法规定主副食运费补贴费率见附录 2。

$$综合里程 = 粮食运距 \times 0.06 + 燃料运距 \times 0.09 +$$
$$蔬菜运距 \times 0.15 + 水运距 \times 0.70 \qquad (2\text{-}24)$$

粮食、燃料、蔬菜、水的运距均为全线平均运距;综合里程数在表列里程之间时,费率可内插;综合里程在 1km 以内的工程不计取本项费用。

③职工探亲路费

职工探亲路费系指按照有关规定施工企业职工在探亲期间发生的往返车船费、市内

交通费和途中住宿费等费用。

$$职工探亲路费 = 各类工程的直接费之和 \times 费率 \qquad (2-25)$$

编制办法规定主副食运费补贴费率见附录2。

④职工取暖补贴

职工取暖补贴系指按规定发放给职工的冬季取暖费或在施工现场设置的临时取暖设施的费用。

$$职工取暖补贴 = 各类工程的直接费之和 \times 费率 \qquad (2-26)$$

编制办法规定职工取暖补贴费率按附录2计。

⑤财务费用

财务费用系指施工企业为筹集资金而发生的各项费用,包括企业经营期间发生的短期贷款利息净支出、汇兑净损失、调剂外汇手续费、金融机构手续费,以及企业筹集资金发生的其他财务费用。

$$财务费用 = 各类工程的直接费之和 \times 费率 \qquad (2-27)$$

编制办法规定财务费用费率见附录2。

(3) 辅助生产间接费

辅助生产间接费系指由施工单位自行开采加工的砂、石等材料及施工单位自办的人工装卸和运输的间接费。

辅助生产间接费按人工费的5%计。该项费用并入材料预算单价内构成材料费,不直接出现在概(预)算中。

高原地区施工单位的辅助生产,可按其他工程费中高原地区施工增加费费率,以直接工程费为基数计算高原地区施工增加费(其中:人工采集、加工材料,人工装卸、运输材料按人工土方费率计算;机械采集、加工材料按机械石方费率计算;机械装、运输材料按汽车运输费率计算)。辅助生产高原地区施工增加费不作为辅助生产间接费的计算基数。

2. 利润

利润系指施工企业完成所承包工程应取得的盈利。

$$利润 = (直接费 + 间接费 - 规费) \times 利润率 \qquad (2-28)$$

编制办法规定在编制概预算文件时,利润率按7%计。

3. 税金

税金系指按国家税法规定应计入建筑安装工程造价内的营业税、城市维护建设税及教育费附加等。

$$综合税金额 = (直接费 + 间接费 + 利润) \times 综合税率 \qquad (2-29)$$

纳税地点在市区的企业,综合税率为3.41%。

纳税地点在县城、乡镇的企业,综合税率为3.35%。

纳税地点不在市区、县城、乡镇的企业,综合税率为3.22%。

在编制报价时,应采用企业内部的定额与费率。

在编制造价文件时,分项工程的间接费、利润、税金在08表中计算,按同一工程类别在04表中进行取费率,在08-2表中算出费用。在04表中,我们可列出工程所在地13个工程类别的各项费用的费率。也可只列出分部分项工程所需工程类别的费率。

此时单价分析表(08格式)中分项工程的费用已经计算完成了,这时,我们可以按照同一工程细目计算工、料、机的合计值。当然了工、料、机的数量与金额是按照同一型号、规格进行合计的。

$$建筑安装工程费 = 直接费 + 间接费 + 利润 + 税金 \tag{2-30}$$

【例2-8】 见[例2-7],按当地社会保险的规定,归费费率为41%,主副食综合里程50km,企业纳税地点在市区,按编制办法规定计算建筑安装工程费。

【解】 由[例2-7]知,人工费18万元,材料费46万元,机械费75万,其他工程费12.31万

(1)直接工程费费 = 18 + 46 + 75 = 139 万
直接费 = 139 + 12.31 = 151.31 万
(2)间接费
规费 = 18 × 41% = 7.38 万
企业管理费 = 151.31 × (5.53 + 0.96 + 0.34 + 0.3)% = 10.79 万
间接费 = 7.38 + 10.79 = 18.17 万
(3)利润 = (直接费 + 间接费 - 规费) × 7% = (151.31 + 10.79) × 7% = 11.35 万
(4)税金 = (直接费 + 间接费 + 利润) × 3.41% = (151.31 + 18.17 + 11.35) × 3.41%
       = 6.17 万
(5)建筑安装工程费 = 直接费 + 间接费 + 利润 + 税金
                = 151.31 + 18.17 + 11.35 + 6.17 = 187 万

【解释】

在08表计算完成各分项工程的间接费、利润、税金后,应将结果按照同类工程汇总到03表中去,计算各类工程的建筑安装工程费。

前面,我们已经算出了公路工程项目的建筑安装工程费,但是由于工程的规模较大,工期较长,受物价上涨的影响,建筑安装工程费变化的化幅度有时会很大,为防范这种风险,我们在编制文件时,都要编制02表——人工、材料、机械数量的汇总表。

在08表计算完成各分项工程的工、料、机数量后,应将结果按照同类工程汇总到02表中去,计算各类工程的建筑用人工、材料、机械数量。

人工数量除汇总08表、10表、12表中的人工数量外,还要计算施工增工:

(1)冬、雨、夜施工增加工

为了不因冬季、雨季、夜间施工增加的工日数在总工日数中漏列,需将这一部分工日进行计算。但需注意这部分增工不再计算费用,只作为实物(用工)指标汇入02表。

$$增工数 = 分项工程用 × 增工百分率 \tag{2-31}$$

此用工仅为实物用量,而不计算工人费。

(2)临时设施用工数(不计费,在02统计)

$$\text{路线工程用工量} = \text{路线长度(km)} \times \text{用工指标} \quad (2\text{-}32)$$

$$\text{独立大中桥工程用工量} = \text{桥面面积(100m}^2) \times \text{用工指标} \quad (2\text{-}33)$$

【例2-9】 某独立大桥基础砌筑用工2 385工日,工程所在地属冬四区,求雨季及夜间施工增工数。

【解】 冬季增工率:1%,增工 = 2 385×1% = 24 工日

雨季增工率:0.3%×2 = 0.6%,增工 = 2 385×0.6% = 14 工日

夜间增工率:4%,增工 = 2 385×4% = 95 工日

材料数量汇总:将08表、10表、11表、12表中的材料数量汇总到02表中。

专家提示

在编制概、预算文件时,还要计算第二部分费用是设备工具、器具及家具购置费,第三部分费用工程建设其他费、第四部分费用预备费。

在编制概预算文件时,设备工具、器具及家具购置费按照标准在05表内计算。

第三部分费用在06表中计算,在表中还应计算回收金额。

此时,我们已经计算完成了预算的总费用,可以填预算表格的01表了。

在编制01表时,按照清单项目表的顺序及列项填制。

如果实际出现的工程和费用项目与项目表内的内容不完全相符时,"部分"和"项"的序号保留不变,如第二部分的"设备及工具、器具购置费"不发生时,第三部分的"工程建设其他费用"仍为第三部分;而"目"和"节"可随需要增减,并按顺序排列,不保留缺少的"目"和"节"的序号。

在编制清单预算时,按清单项目表的顺序及列项填制。

【公式应用】

【例2-10】 某桥梁基础工程,人工费为106 000元,材料费为152 000元,机械使用费为81 020元,其他工程费中雨季施工增加费费率为0.15%,高原地区施工增加费费率为6.87%,安全及文明施工措施费费率为0.72%,临时设施费费率这2.65%,施工辅助费费率为1.30%,工地转移费费率为0.75%,间接费中规费率为养老保险费为20%,失业保险费2%,医疗保险费9.7%,住房公积金7%,工伤保险费1.5%,税金综合税率为3.41%,求该项目的建筑安装工程费。

【解】 依据《公路工程基本建设项目概算预算编制办法》(JTGB06—2007),计算如下:

(1)直接费

直接工程费 = 106 000 + 152 000 + 81 020 = 339 020 元

其他工程费 = 339 020×0.15% + (106 000 + 81 020)×6.87% + 339 020×(0.72% + 2.65% + 1.3% + 0.75%) = 31 731.69 元

直接费 = 339 020 + 31 731.69 = 370 751.7 元

(2) 间接费

规费 = 106 000 × (20% + 2% + 9.7% + 7% + 1.50%) = 42 612 元

企业管理费 = 370 751.7 × 5.1% = 18 908.34 元

间接费 = 42 612 + 18 908.34 = 61 520.34 元

(3) 利润

利润 = (370 751.7 + 18 908.34) × 7% = 27 276.2 元

(4) 税金

税金 = (370 751.7 + 61 520.34 + 27 276.2) × 3.41% = 15 670.59 元

(5) 建筑安装工程费

建筑安装工程费 = 370 751.7 + 61 520.34 + 27 276.2 + 15 670.59 = 475 218.82 元

知识点九 标价的工程量清单

1. 工程量清单的填报

(1) 单价及合价的填报

我们以辽宁省滨海公路大桥工程投标的工程量清单第200章为例,学习工程量清单如何填报,见表2-17:

辽宁省滨海公路大桥工程工程量清单(第200章)表　　表2-17

清单　第200章　路基					
细目号	细目名称	单位	数量	单价	合价
203-1	路基挖方				276 998
-a	挖土方	m³	28 884.000	9.59	276 998
204-1	路基填筑(包括填前压实)				369 789
-a	利用土方	m³	7 203.000	7.80	56 183
-b	废方	m³	17 734.000	9.51	168 650
-c	结构物台背回填	m³	2 286.000	63.41	144 955
205-1	特殊地基处理				33 556
-a	干砌片石	m³	25.000	137.88	3 447
-b	砂砾垫层	m³	494.000	60.95	30 109
207-2	边沟				438 610
-a	M7.5 浆砌片石	m³	1 159.000	375.63	435 355
-d	夯拍土方	m³	703.000	4.63	3 255
208-1	路槽排水砂沟				5 871
-a	M10 砂浆砌 MU40 片石	m³	12.000	489.24	5 871

根据总概预算表(01 表),将每一项目的预算金额除以该项的工程数量即可以得到该工程细项的单价。如:路基挖方中挖土方的预算金额为 276 998 元,除以工程量 28 884 立方米,即可得到挖土方单价为 9.59 元。将单价填入工程量清单中单价一栏,其余各项细目单价的计算方法相同。将每一细目的单价与合计相乘即可得到合价。

以上算出的单价中仅包含直接费、间接费、利润和税金,没有包括为工程施工所需要的定额之外的工程措施费、其他项目费、施工准备费、缺陷修复费、上级部门分摊的管理费、投标费用、保函手续费、贷款利息、风险费等费用。这些费用是工程施工中将会发生但却在工程量清单中没有体现的,属于待摊费用,应该将其摊入工程量清单的细目单价中。这样,在实际施工中才会被支讨。

具体操作方法可以先大致计算出待摊费用总数,再除以工程量清单总价,得出待摊费的比例;然后把工程量清单中各细目单价乘以该比例,汇总后得出含待摊费用的清单总价。或者还可以把工程量清单中各细目单价乘以平均待摊费用分摊系数,该系数通常取 1.15~1.36,然后汇总得出含待摊费用的清单总价。

清单中计算出的单价可以根据需要进行调整,例如采用不平衡报价法。此外,待摊费用也可以采用不平衡报价法摊入特定的细目中。不平衡报价法的具体实施办法将在后面章节详述。

将各项合价累计即可得到第 200 章路基工程的总价为 1 124 824 元。同理,可计算出第 100~400 章的各章合价,并填入工程量清单汇总表,见表 2-18。将第 100~400 章的合价累计即可得到清单合计报价。本例中,清单第 100~400 章合计报价为 44 992 730 元。

工程量清单汇总表　　　　　　　　　　表 2-18

序号	科目名称	金额(元)
1	第 100 章至第 700 章合计	44 992 730
2	清单 第 100 章 总则	1 429 064
3	清单 第 200 章 路基	1 124 824
4	清单 第 300 章 路面	2 552 828
5	清单 第 400 章 桥梁、涵洞	39 886 014
6	已包含在清单合计中的专项暂定金额小计	
7	清单合计减去专项暂定金额	44 992 730
8	计日工合计	
9	8% 不可预见费(暂定金额)	3 599 418
10	投标价	48 592 148

专家提示

在工程量清单细目表的第一章,有一些总额报价的项目也需要进行填报,见表 2-19。总额报价的部分属于总价承包,费用固定,与单价承包的部分(如第 200 至第 400 章)是有区别的。其中,保险费用应按照与保险公司签订的合同条款的约定来计算;竣工文件、施工环保费、临时用地、安全生产等费用可以根据项目及施工单位的实际情况取费。临时设施的费用可以参考定额及施工单位的实际情况来计算。这部分费用在支付时按照表中所列合价进行支付。

工程量清单细目表(第一章)　　　　　　　　表 2-19

清单　第 100 章　总则

细目号	细目名称	单位	数量	单价	合价
101-1	保险费				138 064
-a	按合同条款规定,提供建筑工程一切险	总额	1.000	134 564.00	134 564
-b	按合同条款规定,提供第三方责任险	总额	1.000	3 500.00	3 500
102-1	竣工文件	总额	1.000	36 000.00	36 000
102-2	施工环保费	总额	1.000	60 000.00	60 000
103-1	临时道路修建、养护与拆除(包括原道路的养护费)	总额	1.000	60 000.00	60 000
103-2	临时工程用地	m²	10 000.000	12.00	120 000
103-3	临时供电设施				156 000
-a	设施架设、拆除	总额	1.000	120 000.00	120 000
-b	设施维修	总额	1.000	36 000.00	36 000
103-4	电讯设施的提供、维修与拆除	总额	1.000	18 000.00	18 000
103-5	供水与排污设施	总额	1.000	60 000.00	60 000
103-6	安全生产费用				481 000
-a	施工安全防护用具及设施的采购和更新	总额	1.000	200 000.00	200 000
-b	安全施工措施的落实	总额	1.000	150 000.00	150 000
-c	安全生产条件的改善	总额	1.000	131 000.00	131 000
104-1	承包人驻地建设	总额	1.000	300 000.00	300 000

(2)暂定金的填报

暂定金是清单中包含的一项款项,供工程任何部分的施工或货物、材料、设备或服务之用,或作为不可预见费之用。设暂定金的目的是:

①实施本工程中尚未以图纸最后确定其具体细节的某一工程部分,或在施工过程中可能增加的工程细目或支付细目(如大桥荷载试验或可能增加的一个匝道收费亭等),而

这些细目或附属、零星工程在招标时尚未能确定下来,可列为专项暂定金额。

②用于支付指定的分包工程。

③留作不可预见费,或用于计日工。

暂定金填报时可以分为两部分。

第一部分:作为专项暂定金,用于支付指定分包工程的工程费用,或在招标时还有不能确定工程量的项目,可以在清单中暂时给定一个工程款项,留待实际发生时,按监理工程师的指示动用。这部分报价由业主在招标文件中提出一个固定金额,然后由投标人在投标文件中作出响应。通常专项暂定金已经包含在清单合计中。

第二部分:为承包人预留,做为项目不可预见费,即风险预留金。通常取不包括专项暂定金的清单合计的一定比例即可。在本例中,暂定金比例取8%。但是要注意,当进行工程变更,需要判定价格变动是否超过合同价格的15%时,暂定金不是有效合同价格。

可以按以下表格(表2-20)形式填报专项暂定金,汇总后即可填入工程量清单汇总表。

专项暂定金汇总表　　　　　　　　　　表2-20

清单编号	细目号	名　　称	估计金额(元)
第400章	401-2	地质钻探及取样试验	
	-a	70mm 直径	110 000
	-b	110mm 直径	140 000

(3)计日工的填报

计日工是指工程量清单中未包括的(不能按定额单价费率计算的或清单中无合适项目的)费用内容和消耗,即各个工序中无法按工程量计量的工程或未考虑的辅助工、零星工程、附加工程等。

确定计日工的单价是为满足如上所示工作的计价,只有在实际中使用了计日工的工作并经过监理工程师同意后,才可将工程按计日工来计价。

计日工的支付与工程量清单细目的支付是不同的。工程量清单细目是以项目定额为基础计费的,当工程量确定时,其支付的数量就确定了,它的费用大小只是随工程量的改变而改变。监理工程师和业主只能按照清单中的单价和实际发生的工程量为根据进行支付。而计日工是以工程的人工费、材料费和设备费为基础进行支付,它的费用大小随三者的变化而变化。计日工支付更体现出支付的灵活性和现实性,它保护了承包人对在工程量清单中未包括的附加工程的费用支付。

通常,计日工包括劳务单价、材料单价、机械单价三部分。填报计日工时,由投标人根据工程情况填写计日工劳务单价和预估的数量,如预计使用多少个钢筋工的工日及每工日单价,然后两者相乘后得到劳务合价。另外,投标人还要填报计日工材料单价,如预计使用的水泥建材的数量及每吨水泥单价,两者相乘后得到材料合价。同理,还可以得出机械使用的合价。将以上三者汇总即可得到计日工合计,并填入工程量清单汇总表。

可以按以下表格(表2-21～表2-24)的形式填报计日工。

计日工劳务单价表 表2-21

细目号	名称	估计数量(h)	单价(元/h)	合价(元)
101	普通工	600	6	3 600
102	焊工	600	5	3 000
	计日工劳务小计(结转计日工汇总表)			6 600

计日工材料单价表 表2-22

细目号	名称	单位	估计数量	单价(元)	合价(元)
201	水泥	t	10	380	3 800
202	钢筋	t	10	4 000	40 000
	计日工材料小计(结转计日工汇总表)				43 800

计日工机械单价表 表2-23

细目号	名称	估计数量(h)	单价(元/h)	合价(元)
301	装载机	100	220	22 000
302	推土机	120	260	31 200
	计日工施工机械小计(结转计日工汇总表)			53 200

计日工汇总表 表2-24

名称	计日工	名称	计日工
劳务	6 600	施工机械	53 200
材料	43 800	计日工合计	103 600

(4)工程量清单汇总表的填报

将工程量清单中每一章的合价填入工程量清单汇总表,然后再将专项暂定金的费用填入专项暂定金小计。接着,将计日工劳务单价表、计日工材料单价表、计日工机械单价表合计后得到的计日工合计填入工程量清单汇总表。然后,按照招标文件的要求,取清单合计(不包含专项暂定金)的一定百分比作为不可预见费,并填入工程量清单汇总表。最后,将清单合计、专项暂定金、计日工合计、不可预见费进行累计,即可得到最后的投标报价。本例中专项暂定金为0,计日工合计为0,不可预见费取清单合计的8%,为3 599 418元,则最后的投标报价为48 592 148元。

知识点十 投标报价的分析与决策

投标决策是投标人经营决策的组成部分,指导投标全过程。影响投标决策的因素十分复杂,加之投标决策与投标人的经济效益紧密相关,所以必须做到及时、迅速、果断。从投标的全过程看投标决策主要分为项目分析决策、投标报价策略及投标报价分析决策。

1. 项目分析决策

投标人要决定是否参加某项目工程的投标,首先要考虑当前经营状况和长远经营目标,其次要明确参加投标的目的,然后分析中标可能性的影响因素。

建筑市场是买方市场,投标报价的竞争异常激烈,投标人选择投标与否的余地非常小,都或多或少地存在着经营状况不饱满的情况。一般情况下,只要接到招标人的投标邀请,承包人都积极响应参加投标。这主要是基于以下考虑:首先,参加投标项目多,中标机会也多;其次,经常参加投标,在公众面前出现的机会也多,能起到广告宣传的作用;第三,通过参加投标,可积累经验,掌握市场行情,收集信息,了解竞争对手的惯用策略;第四,投标人拒绝招标人的投标邀请,可能会破坏自身的信誉,从而失去以后收到投标邀请的机会。

有时投标人同时收到多个投标邀请,而投标报价资源有限,若不分轻重缓急地把投标资源平均分布,则每一个项目中标的概率都很低。这时承包人应针对各个项目的特点进行分析,合理分配投标资源。例如同一个投标人在路基工程的投标中标价值较高,但在特大桥的投标中标价值就较低,这是由投标人的施工能力及造价人员的业务专长和投标经验等因素所决定。投标人必须积累大量的经验资料,通过归纳总结和动态分析,才能判断不同工程的最小最优投标资源投入量。通过最小最优投标资源投入量的分析,可以取舍投标项目,对于投入大量的资源,中标概率仍极低的项目,要果断放弃,以免投标资源的浪费。

2. 投标报价策略

投标时,根据投标人的经营状况和经营目标,既要考虑自身的优势和劣势,也要考虑竞争的激烈程度,还要分析投标项目的整体特点,按照工程的类别、施工条件等确定报价策略。

(1)生存型报价策略

如投标报价以克服生存危机为目标而争取中标时,可以不考虑其他因素。这时投标人应以生存为重,采取不盈利甚至赔本也要夺标的态度,只要能暂时维持生存渡过难关,就会有东山再起的希望。

(2)竞争型报价策略

投标报价以竞争为手段,以开拓市场,低盈利为目标,在精确计算成本的基础上,充分估计各竞争对手的报价,用有竞争力的报价达到中标的目的。投标人处在以下几种情况下,应采取竞争型报价策略:经营状况不景气,近期接受到的投标邀请较少;竞争对手有威胁性;试图打入新地区;开拓新的工程施工类型;投标项目风险小,施工工艺简单、工程量大、社会效益好的项目;附近有本企业其他正在施工的项目。

(3)盈利型报价策略。这种策略是投标报价充分发挥自身优势,以实现最佳盈利为目标,对效益较小的项目热情不高,对盈利大的项目充满自信。下面几种情况可以采用盈利型报价策略,如投标人在该地区已经打开局面、施工能力饱和、信誉度高、竞争对手少、具有技术优势并对招标人有较强的名牌效应、投标人目标主要是扩大影响,或者施工条件差、难度高、资金支付条件不好、工期质量等要求苛刻,为联合伙伴陪标的项目等。

3. 报价分析

初步报价提出后,应当对这个报价进行多方面分析。分析的目的是探讨这个报价的合理性、竞争性、盈利性及风险,从而做出最终报价的决策。分析的方法可以从静态分析和动态分析两方面进行。

1) 报价的静态分析

先假定初步报价是合理的,分析报价的各项组成及其合理性。分析步骤如下:

(1) 分析组价计算书中的汇总数字,并计算其比例指标。

①统计总施工工程量和各单位单项工程工程量。

②统计材料费用价及各主要材料数量和分类总价,计算单位工程量的总材料费用指标和各主要材料消耗指标和费用指标,计算材料费占报价的比重。

③统计人工费总价及主要工人、辅助工人和管理人员的数量,按报价、工期、工程量及统计的工日总数算出单位工程量的用工数、人工费,并算出按规定工期完成工程时,生产工人和全员的平均月产值和年产值。计算人工费占总报价的比重。

④统计临时工程费用,机械设备使用费、模板、脚手架和工具等费用,计算它们占总报价的比重,以及分别占购置费的比例,即以摊销形式摊入本工程的费用和工程结束后的残值。

⑤统计各类管理费汇总数,计算它们占总报价的比重,计算利润、贷款利息的总数和所占比例。

⑥如果报价人有意地分别增加了某些风险系数,可以列为潜在利润或隐匿利润提出,以便研讨。

⑦统计分包工程的总价及各分包人的分包价,计算其占总报价和投标人自己施工的直接费用的比例,并计算各分包人分别占分包总价的比例,分析各分包价的直接费、间接费和利润。

(2) 从宏观方面分析报价结构的合理性。

例如分析总的人工费、材料费、机械台班费的合计数与总管理费用比例关系,人工费与材料费的比例关系,临时设施费及机械台班费与总人工费、材料费、机械费合计数的比例关系,利润与总报价的比例关系,判断报价的构成是否基本合理。如果发现有不合理的部分,应当初步探明原因。首先是研究本工程与其他类似工程是否存在某些不可比因素;如果扣掉不可比因素的影响后,仍然存在报价结构不合理的情况,就应当深入探索其原因,并考虑适当调整某些人工、材料、机械台班单价、定额含量及分摊系统。

(3)探讨工期与报价的关系。根据进度计划与报价,计算出月产值、年产值。如果从投标人的实践经验角度判断这一指标过高或者过低,就应当考虑工期的合理性。

(4)分析单位工程量的价格、用工量、用料量的合理性。

参照同类工程的实际施工经验,并可以收集当地类似工程的资料,探索报价的合理性。

(5)对明显不合理的报价构成部分进行微观方面的分析检查。

重点是从提高工效、改变施工方案、调整工期,压低供货人和分包人的价格、节约管理费用等方面提出可行措施,并修正初步报价,测算出另一个低报价方案。根据定量分析方法可以测算出基础最优报价。

(6)将原初步报价方案、低报价方案、基础最优报价方案整理成对比分析资料,提交内部的报价决策人或决策小组研讨,确定最终报价。

2)报价的动态分析

通过假定某些因素的变化,测算报价的变化幅度,特别是这些变化对报价的影响。对工程中风险较大的工作内容,采用扩大单价,增加风险费用的方法来减少风险。

例如很多种风险都可能导致工期延误。管理不善、材料设备交货延误、质量返工、监理工程师的要求苛刻、其他投标人的干扰等而造成工期延误,不但不能索赔,还可能遭到罚款。由于工期延长可能使占用的流动资金及利息增加,管理费相应增大,工资开支也增多,机具设备使用费用增大。这种增加的开支部分只能用减小利润来弥补,因此,我们通过多次测算可以得知工期拖延多久利润将全部丧失。

4. 报价决策

作为决策的主要依据应当是投标人的造价人员的计算书及分析指标。至于其他途径获得的所谓招标人的"标底价"或者用情报的形式获得的竞争对手"报价"等,只能作为一般参考。在工程投标竞争中,经常出现泄漏标底价和刺探对手情报等情况,但上当受骗者也很多。参加投标的投标人当然希望自己中标。但是,更为重要的是中标价格应当基本合理,不应导致亏损。以自己的报价资料为依据进行科学分析,而后做出恰当的投标报价决策,至少不会盲目地落入市场竞争的陷阱。

(1)在利润和风险之间做出决策

决策人要全面考虑期望的利润和承担风险的能力。风险和利润并存于工程中,投标人应当尽能避免较大的风险,采取措施转移、防范风险并获得一定的利润。降低投标报价有利于中标,但会降低预期利润、增大风险。决策者应当在风险和利润之间进行权衡并做出选择。

(2)根据工程量清单做出决策

招标人在招标文件中提供的工程量清单,是按施工前未进行图纸会审的图纸和规范编制的,投标人中标后随工程的进展常常会发生设计变更。这样出设计变更会相应地发生价格的变更。有时投标人在核对工程量清单时,会发现工程量有漏项和错算的现象。有经验的投标人会利用招标人的错误进行不平衡报价等技巧,为中标后的索赔留下伏笔。或者利用详细说明、附加解释等十分谨慎地附加某些条件提示招标人注意,降低投标人的投标风险。

(3)低报价中标的决策

低报价中标是实行清单计价后的重要因素,但低价必须讲"合理"二字。并不是越低越好,不能低于投标人的个别成本,不能由于低价中标而造成亏损,这样中标的工程越多亏损就越多。决策者必须是在保证质量、工期的前提下,保证预期的利润及考虑一定风险的基础上确定最低成本价。因此决策者在决定最终报价时要慎之又慎。低价虽然重要,但不是报价惟一因素,除了低报价之外,决策者可以采取策略或投标技巧战胜对手。投标人可以提出能够让招标人降低投资的合理化建议或对招标人有利的一些优惠条件以弥补报高价的不足。

知识点十一　报价技巧

报价技巧是指在投标报价中采用某些投标报价手段让招标人可以接受,中标后能获得更多的利润。投标人在工程投标时,主要应该在先进合理的技术方案和较低的投标价格上下功夫,以争取中标,但是还有其他一些手段对中标有辅助性的作用,主要表现在以下几个方面;

1. 不平衡报价法

不平衡报价法是指一个工程项目的投标报价,在总价基本确定后,如何调整内部各个项目的报价,以期既不提高总价,不影响中标,又能在结算时得到更理想的经济效益。常见的不平衡报价法见表2-25。

常见的不平衡报价法　　　　表2-25

序号	信息类型	变动趋势	不平衡结果
1	资金收入时间	早	单价高
		晚	单价低
2	清单工程量不准确	增加	单价高
		减少	单价低
3	设计图纸不明确	增加工程量	单价高
		减少工程量	单价低
4	暂定工程	自己承包的可能性高	单价高
		自己承包的可能性低	单价低
5	单价和包干混合制项目	固定包干价格项目	单价高
		单价项目	单价低

续上表

序号	信息类型	变动趋势	不平衡结果
6	单价组成分析表	人工费和机械费	单价高
		材料费	单价低
7	中标时招标人要求压低单价	工程量大的项目	单价小幅度降低
		工程量小的项目	单价大幅度降低
8	工程量不明确报单价的项目	没有工程量	单价高
		有假定的工程量	单价适中

专家提示

不平衡报价法中,通常有以下技巧:

(1)能够早日结算的项目,如前期措施费、路基土石方工程等可以报得较高,以利于资金周转。后期工程项目如设备安装等报价可适当降低。

(2)经过工程量核算,预计今后工程量会增加的项目,单价适当提高,这样在最终结算时可多赚钱;而将来工程量有可能减少的项目单价降低,工程结算时损失不大。

(3)设计图纸不明确,估计修改后工程量要增加的,可以提高单价;而工程内容说不清楚的,则可以降低一些单价。

(4)对暂定项目要作具体分析。因这一类项目要开工后由发包人研究决定是否实施,由哪一家投标人实施。如果工程不分包,只由一家投标人施工,则其中肯定要施工的单价可高些,不一定要施工的则应该低些。如果工程分包,该暂定项目也可能由其他投标人施工时,则不宜报高价,以免抬高总报价。

(5)单价包干的合同中,招标人要求有些项目采用包干报价时,宜报高价。一则这类项目多半有风险,二则这类项目在完成后可全部按报价结算,即可以全部结算回来。其余单价项目则可适当降低。

(6)计日工的报价。如果单纯是报没有数量的计日工单价,可以报高一些,以便日后招标人用工或使用机械时可多盈利。如果招标文件中有一个假定的"名义工程量"时,则需要具体分析开工后可能取得的计日工数量再确定报价水平,否则会抬高总报价。

(7)有时招标文件要求投标人对工程量大的项目报"清单项目单价分析表",投标时可将单价分析表中的人工费及机械设备费报得较高,而材料费报得较低。这主要是为了在今后补充项目报价时,可以参考选用"清单项目报价分析表"中较高的人工费和机械费,而材料则往往采用市场价,因而可获得较高的收益。

虽然不平衡报价对投标可以降低一定的风险,但报价必须要建立在对工程量清单表中的工程量仔细核对的基础上,特别是对于降低单价的项目,如果工程量一旦增多,将造成投标人的重大损失。同时又一定要控制在合理幅度内,一般控制在10%以内,以免引起招标人反对,甚至导致个别清单项目报价不合理而废标。如果不注意这一点,有时招标人会挑选出报价过低的项目,要求投标人进行单价分析。

2. 多方案报价法

有时招标文件中规定,可以提一个建议方案。如果发现有些招标文件工程范围不很明确,条款不清楚或很不公正,技术规范要求过于苛刻时,则要在充分估计风险的基础上,按多方案报价法处理。即按原招标文件报一个价,然后再提出如果某条款作某些变动,报价可降低的额度。这样可以降低总造价,吸引招标人。

增加建议方案时,不要将方案写得太具体,保留方案的技术关键,防止招标人将此方案交给其他投标人。同时要注意,建议方案一定要比较成熟,或过去有这方面的实践经验,因为投标时间往往较短,如果仅为中标而匆忙提出一些没有把握的建议方案,可能引起很多不良后果。

3. 突然降价法

报价是一件保密的工作,但是对手往往会通过各种渠道、手段来刺探情报,因此用此法可以在报价时迷惑竞争对于。即先按一般情况报价或表现出自己对该工程兴趣不大,到快要投标截止时,突然降价。采用这种方法时,一定要在准备投标报价的过程中考虑好降价的幅度,在临近投标截止日期前,根据情况信息与分析判断,再做最后决策。采用突然降价法往往降低的是总价,而要把降低的部分分摊到各清单项内,可采用不平衡报价进行,以期取得更高的效益。

4. 先亏后盈法

对于大型分期建设的工程,在第一期工程投标时,可以将部分间接费分摊到第二期工程中去,并减少利润以争取中标。这样在第二期工程投标时,凭借第一期工程的经验、临时设施以及赢得的信誉,比较容易拿到第二期工程。如第二期工程遥遥无期时,则不用这样考虑。

5. 许诺优惠条件

投标报价附带优惠条件是行之有效的一种手段。招标人评标时,除了主要考虑报价和技术方案外,还要分析别的条件,如工期、支付条件等。所以在投标时主动提出提前竣工、低息贷款、赠给施工设备、免费转让新技术或某种技术专利、免费技术协作、代为培训人员等,均是吸引招标人、利于中标的辅助手段。

6. 争取评标奖励

有时招标文件规定,对某些技术指标的评标,若投标人提供的指标优于规定指标值时,给予适当的评标奖励。因此,投标人应该使招标人比较注重的指标适当地优于规定标准,可以获得适当的评标奖励,有利于在竞争中取胜。但要注意技术性能优于招标规定,将导致报价相应上涨。如果投标报价过高,即使获得评标奖励,也难以与报价上涨的部分相抵,这样评标奖励就失去了意义。

模块三 公路工程定额

知识点一 定额的基本知识

在社会生产中,为了生产某一合格产品或完成某一工作成果,都要消耗一定数量的人力、物力或资金,从个别的生产工作过程来考察,这种消耗数量因受各种生产条件的影响,是各不相同的,从总体的生产工作过程来考察,规定出社会平均必需的消耗数量标准,作为企业管理和生产所应遵守或达到的标准。

定额就是在正常的生产(施工)条件和组织条件下为完成单位合格产品所规定的人力、机械、材料、资金等消耗量的标准。

2007年交通部以[2007]第33号公告颁布了《公路工程概算定额》(JTG/T B06-01—2007)、《公路工程预算定额》(JTG/T B06-02—2007)、《公路工程机械台班费用定额》(JTG/T B06-03—2007)、《公路工程基本建设项目概算预算编制办法》(JTG/T B06—2007),自2008年1月1日起施行,与1996年颁布的《公路工程估算指标》和《公路基本建设工程投资估算编制办法》作为我国现行公路建设造价文件编制的依据和工具。

1. 定额的作用

定额的作用主要是组织施工和决定分配,具体表现为:

(1)定额是施工管理的依据。

(2)定额是确定工程造价,进行技术经济评价的依据。

(3)定额是按劳分配及经济核算的依据。

(4)定额是总结、分析和改进生产方法的手段。

2. 定额的特点

(1)定额的科学性

现代社会化大生产的客观要求决定了定额的科学性。

(2)定额的系统性

定额是相对独立的系统。定额的系统性是由工程建设的特点决定的定额与技术标准、规范配套,完全准确反映公路工程施工工艺流程中的每一个环节。公路工程项目可分解为许多道工序,其内部层次分明,任何一个分部分项工程在定额中都能一一确定,在编制定额过程中,每一个不同的工作都有不同的计算规则或模型,他们组成了一个完整的系统。

(3)定额的统一性

公路定额依据交通工程的统一标准、规范,在交通部定额站的统一领导下,按照定额的制定、颁布、贯彻执行的统一行动,使定额工作和定额的管理工作有统一的程序、统一的原则、统一的要求、统一的用途。定额的统一性主要是由国家对经济发展的宏观调控职能决定的。

(4)定额的法令性

定额的法令性表现在定额的权威性和强制性两方面,它的客观基础是定额的科学性。赋予工程定额一定的权威性和强制性,表示在规定的范围内,对于定额的使用者和执行者来说,不论主观上是否愿意,都必须严格的按照定额的要求和规定执行,不得任意改变定额的结构形式和内容,不得随意降低定额的水平,定额的编制和修改必须经编制部门批准,并报上级主管部门备案,只有这样才能保证国家对企业和工程项目有一个统一的管理尺度,才能实行统一的考核和比较,实行有效的监督和管理。

(5)定额的稳定性和时效性

定额反映当前社会平均生产力水平,因而在一段时期内都表现出十分稳定的状态,根据具体情况不同,稳定的时间也不同。保持定额的稳定性是维护定额的权威性所需要的,也是有效的贯彻定额所需要的。定额的稳定给政府决策和经济的宏观控制带来有力的保证。

定额也具有一定的时效性。它只反映一定时期的社会生产力水平,当生产力发展了,技术水平提高了,原有定额就已经不适应已发展的生产力,它的作用会逐步消失,甚至产生负效应,这时被授权部门应根据新的生产力水平制定、修改、补充定额了。

知识点二 定额的分类

公路工程定额一般可分为两类,即按生产因素分类和按定额用途分类。其中按生产因素分类是基本方式。按用途分类的定额,实际上包括了按生产因素分类的定额。具体划分如图 2-4 所示。

1. 劳动定额

劳动定额又称劳动消耗定额、工时定额或人工定额,它是在正常的生产技术和生产组织条件下,完成单位合格产品或工作所必须的劳动消耗的数量标准。劳动定额的表现形式有时间定额和产量定额两种。

(1)时间定额

时间定额是指在技术条件正常,生产工具使用合理和劳动组织正确的条件下,工人为生产单位合格产品所必须消耗的工作时间。工人的工作时间有些可以计入时间定额内,有些是不能纳入时间定额中的,即工人的工作时间包括定额时间和非定额时间两种,如图 2-5 所示。

定额时间包括:与完成产品有直接关系的工作时间(即有效工作时间),由于技术操作和施工组织的原因而中断时间(不可避免的中断时间),工人工作中为了恢复体力所必需的暂时休息或喝水、大小便等生理上的要求所消耗的时间(即休息时间)。

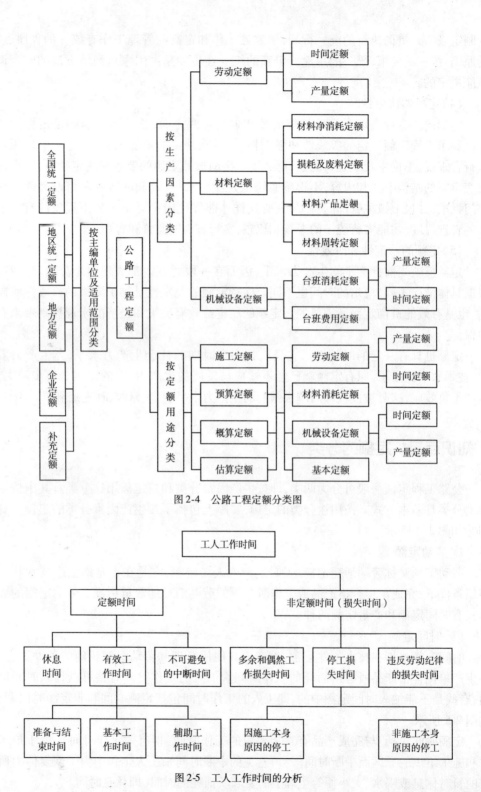

图 2-4 公路工程定额分类图

图 2-5 工人工作时间的分析

时间定额以工日为单位,每个工日除潜水工作按 6 小时、隧道工作按 7 小时计算外,其余均为 8 小时。时间定额的计算方法如下:

$$S = \frac{D}{Q} \tag{2-34}$$

式中:S——时间定额(劳动量单位/产品单位);
　　D——耗用劳动量数量,一般单位为工日;
　　Q——完成合格产品数量(产品实物单位)。

(2)产量定额

产量定额是指在技术条件正常、生产工具使用合理和劳动组织正常的条件下,工人在单位时间内完成合格产品的数量。产量定额与时间定额是互为倒数的关系,其计算方法如下:

$$C = \frac{Q}{D} = \frac{1}{S} \tag{2-35}$$

式中:C——产量定额(产品单位/劳动量单位);
　　其余符合意义同前。

2. 材料定额

材料定额也可称材料消耗定额。它是指在节约和合理使用材料的条件下,生产单位合格品所必须消耗的一定品种规格的材料、半成品、配件、构件等的数量标准。

材料定额是由材料净消耗定额和材料损耗及废料定额两部分组成。材料的净消耗是指在不计废料和损耗的情况下,直接用于构造物上的材料量;材料的损耗及废料是指施工中不可避免的废料和必要的工艺性损耗,一般包括施工损耗及由仓库或露天堆料场运至施工地点的运输损耗,但不包括可以避免的消耗和损失的材料。材料的损耗量与材料的净消耗量之比,称为材料的损耗率(式2-36)。一般材料消耗定额按式2-37计算。

$$材料损耗率 = \frac{材料损耗量}{材料净消耗量} \times 100\% \tag{2-36}$$

$$材料消耗定额 = (1 + 材料损耗率) \times 完成单位产品的材料净消耗量 \tag{2-37}$$

材料消耗定额还有两种表现形式,即材料产品定额和材料周转定额。

材料产品定额,是指一定规格的原材料,在合理的操作条件下,获得合格产品的数量。这种定额形式在公路工程定额中应用较少,这里不予以叙述。

材料周转定额,即周转性材料(如模板、支架的木料)的周转定额。产品所消耗材料中包括工程本身使用的材料和为工程服务的辅助材料,即所谓的周转性材料。周转性材料应按规定进行周转使用,其合理周转使用的次数和用量称为周转性材料的周转定额(见预算定额附三)。在现行预算定额中,周转性材料均按正常周转次数摊入定额中,具体规定详见《公路工程预算定额》总说明书及附录。

材料消耗定额不仅是实行经济核算,保证材料合理使用的有效措施,也是确定材料需用量,编制材料计划的基础,同时也是定包或组织限额领料、考核和分析材料利用情况的依据。

3. 机械设备定额

机械设备定额简称机械定额，一般可分为按台班数量计算的定额和以货币形式表示的定额（如小型机具使用费等）。按台班数量计算的机械设备定额又称机械台班消耗定额，它是指在正常的施工条件下，要完成单位数量合格产品所消耗的台班数量标准，或在单位时间内机械完成的产品数量。

机械台班消耗定额和劳动定额一样，具有两种表现形式，即机械时间定额和机械产量定额。

机械时间定额是指在一定的操作内容及质量、安全要求的条件下，某种机械完成单位合格产品所必须消耗的工作时间。机械的工作时间也与工人的工作时间一样，包括定额时间和非定额时间，如图2-6所示，在测定机械定额的时间定额时是不能将非定额时间纳入其中的。

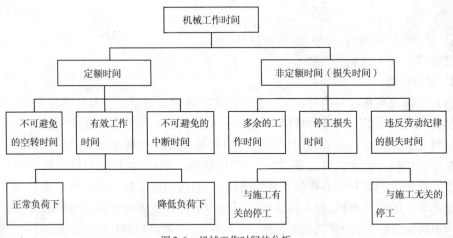

图2-6 机械工作时间的分析

机械时间定额以"台时"或"台班"为单位，一台机械工作一个小时为一台时，潜水设备每台班按6小时计算，变压器和配电设备每昼夜按一个台班计算，除此之外，各类机械每台班均按8小时计算。

机械产量定额是指在一定的操作内容及质量、安全要求的条件下，某种机械每单位作业量（如台班、台时等）所完成的合格产品的数量标准。机械时间定额和机械产量定额互成倒数。

【应用举例】

【例2-11】《公路工程预算定额》第一章第一节第23页第14表中规定，人工开炸软石运输20m，其工作内容包括：选炮位、打眼、清眼、装药、填塞、设置安全警戒、引爆、检查结果、排险、撬落、解小、撬移、清运、装卸石方、空车回头等。产品单位为1 000m³，则时间定额为270.5工日/1 000m³，每工日的产量定额为：1 000m³/270.5工日＝3.70m³/工日。

【例2-12】《公路工程预算定额》第四章第六节第4表中规定，采用木模板非泵送现浇C30水泥混凝土盖梁时，由于混凝土在搅拌运输过程中不可避免的消耗，以及振捣后体积变得密实等原因,每完成 $10m^3$ 实体需消耗 $10.2m^3$ 的 C30 水泥混凝土混和料。即混凝土的损耗率为2%,水泥混凝土所用的各种原材料的损耗率也应为2%,则完成 $10m^3$ 实体的原材料消耗定额按式2-4及基本定额(见预算定额附录二)中混凝土材料配比计算如下:

32.5 级水泥 = $(1+2\%) \times 377kg/m^3 \times 10m^3 = 3\,845kg$

中(粗)砂 = $(1+2\%) \times 0.46m^3/m^3 \times 10m^3 = 4.69m^3$

4cm 碎石 = $(1+2\%) \times 0.83m^3/m^3 \times 10m^3 = 8.47m^3$

完成 $10m^3$ 实体合格产品所需的其他材料的消耗定额还有:原木 $0.451m^3$、锯材 $0.769m^3$、铁件 $10.9kg$、铁钉 $2.9kg$、8~12号铁丝 $5.1kg$、铁皮 $4.8m^2$、水 $12m^3$、其他材料费 8.5 元。

【例2-13】 《公路工程预算定额》第一章第一节第9表中规定,$2.0m^3$ 以内履带式单斗挖掘机挖装硬土,其操作内容包括安设挖掘机、开辟工作面、挖土、装汽车和移动位置、推土机清理余土。产品单位为 $1\,000m^3$ 天然密实土,则时间定额为 1.29 台班/$1\,000m^3$,产量定额应为:$1\,000m^3/1.29$ 台班 = $775.19m^3$/台班。

在公路工程概、预算编制中,按照机械台班消耗定额并根据工程数量可计算出工程所需各种机械台班数量,如上例,如果工程数量为 $10\,000m^3$,由于 $2.0m^3$ 以内单斗挖掘机挖装硬土 $1\,000m^3$,需要 1.29 台班,则挖装 $10\,000m^3$ 硬土需要 $2.0m^3$ 以内单斗挖掘机的数量应为 12.9 台班。但是,要计算机械使用费,还需要使用机械台班费用定额。

机械台班费用定额是以机械的一个台班为单位,规定其所消耗的工时、燃料及费用等数量标准,并可折算为货币形式表现的定额。在我国,目前编制公路基本建设工程概(预)算采用的机械台班费用定额是交通部2007年10月19日颁布的《公路工程机械台班费用定额》,用于分析计算台班单价和台班消耗实物(如人工、燃料等)的数量。

4. 全国统一定额

由国家建设行政主管部门,综合全国工程建设中技术和施工组织管理的情况编制,并在全国范围内执行的定额,如全国统一安装工程定额。

5. 地方定额

地区统一定额主要是考虑地区性特点和全国统一定额水平做适当调整补充编制的。由于各地区不同的气候条件、经济技术条件、物质资源条件、交通运输条件等,构成对定额项目、内容和水平的影响,是地区统一定额存在的客观依据。

6. 企业定额

由施工企业考虑本企业具体情况,参照国家、部门或地区定额的水平制定的定额。企业定额只在企业内部使用,是企业素质的一个标志。企业定额水平一般应高于国家现行定额,才能满足生产技术发展、企业管理和市场竞争的需要。

7. 补充定额

随着设计、施工技术的发展,现行定额不能满足需要的情况下,为了补充缺项所编制的定额为补充定额。补充定额只能在指定的范围内使用,可以作为以后修订定额的基础。

知识点三　预算定额的组成

现行的《公路工程预算定额》2007年10月19日由交通部颁布,2008年1月1日施行。其内容主要由颁发定额的公告、总说明、各种工程的章说明、节说明、定额表及附录六部分组成。

1. 定额的颁发文件

定额的颁发公告是指刊印在《公路工程预算定额》前部分的政府主管部门(交通部)关于发布定额、施行日期、阐明定额性质、运用范围、负责解释部门等的法令性文件。

2. 定额的总说明

总说明主要阐述了定额的编制原则、指导思想、编制依据、适用范围以及定额的作用。同时说明了编制定额时已经考虑和没有考虑的因素,使用方法及有关规定等。因此,要想正确而又熟练地运用定额,必须先透彻地理解总说明,而且争取全面记住这些说明。

3. 章、节说明

《公路工程预算定额》包括路基工程、路面工程、隧道工程、桥涵工程、防护工程、交通工程及沿线设施、临时工程、材料采集及加工、材料运输等九章及附录。根据工程项目特点及性质的不同,又将第一章的路基工程、第二章的路面工程各分为三节,第三章的隧道工程分为四节,第四章的桥涵工程分为十一节,第六章的交通工程及沿线设施分为七节。附录包括路面材料计算基础数据、基本定额、材料的周转及摊销以及定额基价人工、材料单位质量、单价表等四部分内容;基本定额又包括砂浆及混凝土材料消耗等四个内容,材料的周转及摊销包括临时轨道铺设材料摊销次数等内容。除了附录外,各章节前面均附有说明,章节说明是本章节工程项目的统一规定、综合内容、允许抽换的规定及工程量计算的规则,因此,为了正确地运用定额,在使用每章节的定额之前,必须先耐心地、反复地、全面地理解和牢记各章、节说明。

4. 定额表

定额表是各种定额的最基本的组成部分,是定额指标数量的具体表示,一般由定额表名称、定额表号、工程内容、工程项目计量单位、顺序号、项目、项目单位、代号、工程细目、栏号、定额值、基价和小注组成,见表2-6。

(1)定额表名称。位于定额表的最上端,是某项工程的项目名。如表2-6的定额表名称为"人工开炸石方"。

(2)定额表号。位于定额表名称之前,是定额表在定额中的排列编号。如表2-6的定额表号为"1-1-14",表示第一章路基工程的第一节路基土、石方工程的第14表。

(3)工程内容。主要说明本定额表所包括的操作内容。查定额时,必须将实际发生的项目操作内容与表中内容进行比较,若不一致时,应进行抽换或采取其他调整措施。

(4)工程项目计量单位。位于表的右上方,即定额概念所指的"单位合格产品"的数量标准。如表2-6的工程项目计量单位为"1 000m³天然密实方"。

(5)顺序号。表示工、料、机及费用的顺序号,起简化说明的作用。

(6)项目。即本定额表的工程所需用人工、材料、机具、费用的名称和规格。项目中的其他材料费是指项目中未列出,但实际使用的那部分材料的费用。其他定额表项目中的小型机具使用费是指未列入机械台班费用定额,但实际使用的小型机具的费用。

(7)项目单位。它是与工程计量单位不同的概念,是指项目内容对应的单位。

(8)代号。当采用电算方法来编制造价文件时,可引用表中代号作为对工、料、机名称的识别符号。每个定额表中工、料、机均按代号由小到大进行排列。各种工、料、机所对应的代号详见预算定额附录四。

(9)工程细目。表示本定额表所包括的工程项目。如表2-26中共包括第一个20m开炸运软石、第一个20m开炸运次坚石、第一个20m开炸运坚石、人工挑抬石方每增运10m、手推车运石方每增运10m 等五个细目。

(10)栏号。指工程细目编号。如表2-26所示,定额中"第一个20m开炸运软石"栏号为1,"人工挑抬石方每增运10m"栏号为4。

1-1-14 人工开炸石方

表2-26

工作内容:1)选炮位,打眼,清(„;2)装药,填塞;3)安全警戒;4)引爆及检查结果;5)排险;6)撬落,解小,撬移;7)清运,装、卸石方;8)空回。

单位:1 000m³天然密实方

顺序号	项目	单位	代号	第一个20m开炸运			每增运10m	
				软石	次坚石	坚石	人工挑运	手推车
				1	2	3	4	5
1	人工	工日	1	270.5	388.2	552.1	39.3	15.7
2	钢钎	kg	211	18.0	36.0	45.0	—	—
3	硝铵炸药	kg	841	132.5	180.0	228.3	—	—
4	导火线	m	842	338	503	635	—	—
5	普通雷管	个	845	268	385	461	—	—
6	煤	t	864	0.171	0.207	0.270	—	—
7	其他材料费	元	996	12.5	18.2	22.9	—	—
8	基价	元	1 999	14 721	21 127	29 711	1 934	772

注:①孤石按坚石计算;
②当采用人工开炸、装车、机动翻斗车运输时,其开炸、装车所需的工料消耗按第一个20m开炸运定额减去50个工日计算;
③当采用人工开炸、装车、卸车,手扶拖拉机运输时,其开炸、装车、卸车所需的工料消耗按第一个20m开炸运定额计算;

(11) 定额值。即定额表中各种资源的消耗量数量。预算定额表中部分定额值是带有括号的,括号内的数值一般是指所需半成品的数量(定额值),基价未包含此费用。

(12) 基价。也称定额基价或定额表基价,它是指该工程细目以规定的工料机基价计算人工费、材料费、机械使用费的合计价值。基价中的人工费、材料费基本上是按北京市 2007 年的人工、材料预算价格计算的(详见预算定额附录四),机械使用费是按 2007 年交通部公布的《公路工程机械台班费用定额》(JTG/T B06-03—2007)计算的。

(13) 注。有些定额表列有"注",位于定额表的下方。使用定额时,必须仔细阅读小注,以免发生错误。

5. 附录

附录包括路面材料计算基础数据、基本定额、材料周转及摊销以及定额基价人工、材料单位质量、单价表四部分内容;基本定额又包括桥涵模板工作、砂浆及混凝土材料消耗、脚手架、踏步、井字架工料消耗以及基本定额材料规格与质量等内容。

知识点四 定额的套用

1. 关于引用定额的编号

在引用定额时,在计算表内要列出所用的定额的编号,一般采用"页-表-栏"形式,如《预算定额》[600-8-1-4-5+6]指第 957 页表 8-1-4 中的第 5 栏和第 6 栏,即成品率 70% 以上的采筛洗堆砂联合作业。

另一种编号方法是:"章-表-栏",如成品率 70% 以上的采筛洗堆砂联合作业的预算定额为[8-1-4-5+6]。

2. 运用定额的程序(图 2-7)

3. 定额单位与工程数量

工程量的正确与否直接影响概预算造价,如何正确地摘取工程量是造价人员必须注意的一个重要环节。由于设计习惯、规范要求或设计者对概预算不了解,在设计图纸上或工程量清单中统计的工程量其单位和内容往往与所用定额的单位和流程并不完全一致,这就需要造价人员根据定额的需要进行分解、换算或调整,以达到使计算造价与实际造价相符的目的。

概预算编制中,要注意把设计图纸的工程量单位进行换算或调整,使之与定额单位一致。除了常规的进制换算外,如土石方在工程

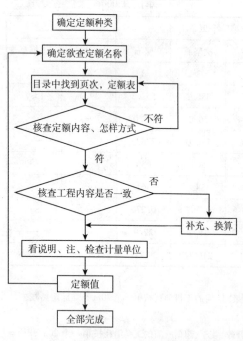

图 2-7 运用定额的程序

数量表上单位为1m³,而土石方的定额单位均为1 000m³,要把工程量换算成1 000m³进制;砌体与混凝土工程在工程数量表上单位为1m³,而定额单位均为10m³,要把工程量换算成10m³进制等。除此之外,还应特别注意以下几个比较容易疏忽问题。

(1) 体积与面积单位调整

如沥青混合料路面,定额单位为1 000m³路面实体,设计图纸一般以千平方米为单位列出。要换算成统一的体积单位,应把设计图纸上的路面平方数乘以其厚度,从而求得体积。

(2) 体积与个数的调整

在编制概预算文件时,如果遇到个数与体积的不一致,其换算不是简单的数学计算,必须与厂商、政府管理部门取得联系,获取基础资料。

如支座与伸缩缝,设计者一般提供各种型号及对应的个数(包括固定支座、滑动式支座),而定额单位所需的却为t或dm³,必须找到有关生产厂家及型号,如标准图纸和基本数据等,才能换算出定额单位所需的t或dm³。伸缩缝的单位有多种,设计者一般提供桥梁宽度数据(即伸缩缝长度),但如毛勒伸缩缝及沥青麻絮伸缩缝定额单位则是t或m²。还有些伸缩缝的补充定额的单位是m³,如NST伸缩缝等。

定额的单位与设计工程量单位不一致的情况有很多,如在桥梁工程中,锚具、钢护筒、金属设备等工程数量的计算就应该注意换算,并且注意收集有关的基础数据。

(3) 千克与吨的调整

最常见的是钢筋。钢筋在设计图纸上一般以kg为单位列出,而定额单位均为t,应用时要注意把kg换算为t。

4. 定额的直接套用

设计的要求、工作内容及确定的工程项目完全与定额的工程项目符合时,可直接套用定额值,但要注意各说明及注的要求,准确使用这些定额,这是保证概预算文件正确的基础。在使用定额时,要特别注意定额的单位与工程量单位之间的统一,如两者不一致,要进行调整。

【实例】

【例2-14】 试确定抛石挤淤的预算定额。

【解】 (1) 由预算定额目录可知该定额在第72页,由第72页可知定额编号为[1-3-11-1]。

(2) 由定额表[1-3-11-1]查得1 000m³抛石量定额如下:

人工:263.1工日

片石:1 100.00m³

石渣:70.45m³

15t以内振动压路机:0.15台班

基价:52 053元

【例2-15】 试确定人工采筛洗堆砂联合作业的预算定额(成品率60%)。

【解】 定额编号:[8-1-4-4+6]及注(2)

劳动定额:

人工 = (32.1 + 45.2) − 3.0 = 74.3(工日)

材料定额:

自然砂 = 115m³

基价:略

【例2-16】 试列出下列预算定额。

(1)装载机装15t以内自卸汽车运输土,运距9km。

(2)15t以内自卸汽车配装载机运路基土方,运距9km。

(3)指出以上两定额的使用区别。

【解】 (1)[9−1−6−91+(9−1)×92]　　(100m³)

15t以内自卸汽车:0.45 + 8 × 0.09 = 1.17台班

基价:308 + 8 × 62 = 804元

(2)[1−1−11−21] + [(9−1)/0.5] × 23　　(1 000 m³天然密实土)

15t以内自卸汽车:5.57 + 16 × 0.64 = 15.81台班

基价:3 816 + 16 × 438 = 108 245元

(3)①运输对象不同,a.将土视为材料来运;b.指路基施工工程中发生的土的运输。

②结果所构成的费用类别不同。a.构成材料单价中的运费;b.构成直接费。

③运输条件不同。a.是施工单位自办运输(类似社会运输);b.泛指现场作业。

5. 预算定额的抽换

当设计要求与定额条件不完全相符时,则不可以直接套用定额,根据定额的规定进行换算。公路工程预算定额总说明规定:"本定额是按照合理的施工组织和一般正常的施工条件编制的。定额中所采用的施工方法和工程质量标准,是根据国家现行的公路工程施工技术及验收规范、质量评定标准及安全操作规程取定的,除定额中规定允许抽换外,均不得因具体工程的施工组织、操作方法和材料消耗与定额的规定不同而变更定额。"定额中允许抽换的内容有:

(1)混凝土及砂浆强度等级的抽换。

公路工程预算定额总说明规定:"定额中列有混凝土及砂浆强度等级和用量,其已按附录配合比表规定的数量列入定额,不得重算。如设计采用的混凝土及砂浆强度等级或水泥强度等级与定额所列强度等级不同时,可按配合比表进行换算。但实际施工配合比材料用量与定额配合比表用量不同时,除配合比表中允许换算外,均不得调整。砂浆配合比表的水泥用量,已综合考虑了不同品种水泥因素,实际施工中不论采用何种水泥,不得调整水泥用量。"

【例2-17】 某浆砌块石拱圈工程,跨径20m,设计采用M5水泥砂浆砌筑,P32.5水泥,见表2-27。问编制预算时是否进行抽换,怎样抽换?

4-5-3 浆砌块石

表 2-27

工程内容:1)选、修、洗石料;2)搭拆脚手架、踏步或井字架;3)配、拌、运砂浆;4)砌筑;5)勾缝;6)养生。

单位:10m³

顺序号	项目	单位	代号	拱 圈 跨径(m)	
				20 以内	50 以内
				8	9
1	人工	工日	1	19.3	21.1
2	5 号水泥砂浆	m³	65	—	—
3	7.5 号水泥砂浆	m³	66	(2.7)	(2.7)
4	10 号水泥砂浆	m³	67	(0.11)	(0.07)
5	原木	m³	101	0.012	0.025
6	锯材	m³	102	0.016	0.019
7	钢管	t	191	—	—
8	铁钉	kg	653	0.1	0.1
9	8~12 号铁丝	kg	655	1.5	2.4
10	32.5 水泥	t	832	0.751	0.741
11	水	m³	866	15	14
12	中(粗)砂	m³	899	3.06	3.02
13	块石	m³	981	10.5	10.5
14	其他材料费	元	996	4.5	4.5
15	30kN 以内单筒慢速卷扬机	台班	709	—	—
16	基价	元	999	2 328	2 335

【解】 由预算定额第四章第五节的节说明可知,定额中的 M5、M7.5 水泥砂浆为砌筑用砂浆,M10 水泥砂浆为勾缝砂浆。从[4-5-3-8]得,该细目的砌筑砂浆为 7.5 号砂浆,与设计不符,故按规定进行抽换。

附录之中砂浆配合比表见表 2-28。

砂浆配合比表

表 2-28

序号	项目	单位	水泥砂浆 砂浆强度等级		
			M5	7.5	M10
			1	2	3
1	32.5 水泥	kg	218	266	311
2	中(粗)砂	m³	1.12	1.09	1.07

每10m³砌体材料定额为：

5号砂浆32.5水泥：218×2.7=588.6kg=0.587t

中砂：1.12×2.7=3.02m³

7.5砂浆P32.5水泥：266×2.7=718.2kg=0.718t

中砂：1.09×2.7=2.94m³

抽换值（采用值）32.5水泥：0.751-0.718+0.587=0.62t

中砂：3.06-2.94+3.02=3.14m³

基价抽换：略

(2)水泥、石灰稳定土类基层定额配合比换算

水泥、石灰稳定土基层定额中的水泥或石灰与其他有关材料的消耗量是按固定的配合比计算的，当设计配合比与定额标明的配合比不同时，则需进行配合比换算，其有关材料数量按以下公式换算：

$$\text{换算后的材料定额} = \text{设计厚度定额} \times \frac{\text{材料的设计配合比百分率}}{\text{材料的定额配合比百分率}} \quad (2\text{-}38)$$

【例2-18】 求设计配合比5：15：80、设计厚度16cm的厂拌石灰粉煤灰矿渣混合料定额。

【解】 (1)设计厚度定额换算

设计(压实)厚度16cm厂拌石灰粉煤灰矿渣混合料每1 000m²定额为[2-1-7-33+34×1]。根据定额，设计厚度在定额配合比下，其定额为：

人工：2.0+0.1=2.1工日

水：34+2=36m³

生石灰：15.448+1.030=16.478t

矿渣：169.98+11.33=181.31m³

粉煤灰：48.06+3.20=51.26m³

3m³以内轮胎式装载机：0.35+0.02=0.37台班

300t/h以内稳定土厂拌设备：0.18+0.01+0.19台班

基价：5 952+390=6 342元

(2)设计配合比材料数量换算

将设计(压实)厚度定额材料用量、定额配合比(6：14：80)和设计配合比百分率代入式(2-38)，得调整后各种材料定额为：

生石灰 $= 16.478 \times \frac{5}{6} = 13.732$ t

粉煤灰 $= 51.26 \times \frac{15}{14} = 54.92$ m³

矿　渣 $= 181.31 \times \frac{80}{80} = 181.31$ m³

(3)定额基价换算

查定额附录四"定额基价人工、材料单位质量、单价表"得材料基价:生石灰 105.00 元/t,矿渣 16.00 元/m³,粉煤灰 20.97 元/m³。则:

基价 = 6 342 + (13.732 − 16.478) × 105.00 + (54.92 − 51.26) × 20.97 + (181.31 − 181.31) × 16.00 = 6 130 元

(4)设计配合比为 5∶15∶80,设计厚度为 16cm 的石灰粉煤灰矿渣基层定额:

人工:2.1 工日

水:36m³

生石灰:13.732t

矿渣:181.31t

粉煤灰:54.92m³

3m³ 以内轮胎式装载机:0.37 台班

300t/h 以内稳定土厂拌设备:0.19 台班

基价:6 130 元

(3)片石混凝土定额的片石掺量换算

片石混凝土定额是按一定的片石掺量编制的。当设计图纸的片石掺量与片石混凝土定额的片石掺量不同时,就必须按设计图纸的片石掺量对定额进行调整换算。其换算方法举例说明如下。

【例 2-19】 求 C15 片石(掺量 20%)混凝土拱桥桥墩定额。

【解】 (1)原定额片石掺量的确定:

查定额第四章桥涵工程第六节现浇混凝土及钢筋混凝土的节说明二可知:定额中片混凝土石中片石含量均为 15%。即原定额 10m³ 片石混凝土中,片石实体为 1.5m³(不是堆方),混凝土实体为 8.5m³。

(2)求原定额中 1m³ 片石实体材料定额用量(片石用堆方数量,且计入了场内运输及操作损耗 2%)。

查原定额[4-6-2-6],片石材料定额用量为 2.19m³,则 1m³ 片石实体的片石材料定额用量为:

$$2.19 \div 1.5 = 1.46 m^3$$

(3)求 C15 片石(掺量 20%)混凝土材料用量和搅拌机台班:

查原定额[4-6-2-6],其中 32.5 级水泥 2.193t,中(粗)砂 4.79m³,片石 2.19m³,碎石(8cm)7.24m³,定额基价 2 724 元。

查定额附录二基本定额的混凝土配合比表得 1m³ C15 混凝土材料用量为:32.5 级水泥 0.253t;中(粗)砂 0.55m³;碎石(8cm)0.83m³。

查定额附录四"定额基价人工、材料单位质量、单价表"得材料基价:32.5 级水泥 320 元/t,中(粗)砂 60 元/m³,碎石(8cm)49 元/m³,片石 34 元/m³。

查原定额[4-6-2-6]得 C15 片石混凝土(含片石)为 10.20m³,则每 10m³ C15 片石

(掺量20%)混凝土中混凝土 $10.2 \times 80\% = 8.16 m^3$,片石实体 $2 m^3$,其材料定额用量如下:

32.5级水泥:$0.253 \times 8.16 = 2.064 t$

中(粗)砂:$0.55 \times 8.16 = 4.488 m^3$

碎石(8cm):$0.83 \times 8.16 = 6.773 m^3$

片石:$2 \times 1.46 = 2.92 m^3$

基价:$2724 + (2.064 - 2.193) \times 320 + (4.488 - 4.79) \times 60 + (6.773 - 7.24) \times 49 + (2.92 - 2.19) \times 34 = 2667$ 元

(4)C15片石(掺量20%)混凝土拱桥桥墩定额。

将原定额[4-6-2-6]中32.5级水泥2.193t,中(粗)砂4.79m^3,片石2.19m^3,碎石(8cm)7.24m^3,基价2724元换为:32.5级水泥2.064t,中(粗)砂4.488m^3,片石2.92m^3,碎石(8cm)6.773m^3,基价2667元,其他人工、材料、其他材料费、机械、小型机具使用费不变,即为C15片石(掺量20%)混凝土拱桥桥墩定额。

> **专家提示**
>
> 在水泥混凝土拌和与运输工程量计算时,应注意由于片石掺量的变化所带来的水泥混凝土数量的变化。

(4)钢筋混凝土锚碇体积比换算

当沉井浮运、定位、落床使用的钢筋混凝土锚碇质量与定额不相同时,按相近锚体质量定额执行,但应按锚质量比例抽换定额中的水泥、中(粗)砂、碎石的数量,并计算基价,同时注意相应调整水泥混凝土拌和和运输工程量,这就称为钢筋混凝土锚碇体积比换算。调整方法举例说明如下:

【例2-20】 求设计钢筋混凝土锚体质量31t体积为13.50m^3的制锚、抛锚、起锚定额。

【解】 (1)求锚体设计与定额的体积比

由定额[4-2-8-13]可知,C20水泥混凝土为15.30m^3,则定额锚碇的体积之比为:

$$\frac{13.5}{15.3} = 0.8824$$

(2)求质量31t体积为13.50m^3的制锚、抛锚、起锚定额

查定额附录四"定额基价人工、材料单位质量、单价表"得材料基价:32.5级水泥320元/t,中(粗)砂60元/m^3,碎石(8cm)49元/m^3。

将定额[4-2-8-13]中的32.5级水泥4.314t,中(粗)砂7.77m^3,碎石(8cm)12.55m^3,基价44317元调整为:

32.5级水泥:$4.314 \times 0.8824 = 3.807 t$

中(粗)砂:$7.77 \times 0.8824 = 6.856 m^3$

碎石(8cm):$12.55 \times 0.8824 = 11.074 m^3$

基价:44 317 + (3.807 − 4.314) × 320 + (6.856 − 7.77) × 60 + (11.074 − 12.55) × 49 = 44 028 元

原定额中的人工、其他材料、其他材料费、设备摊销费、机械台班、拖轮、驳船、小型机具使用费不变,即为所求定额。

注意:在水泥混凝土拌和工程量计算时,应注意对拌和量做相应的调整。

(5)周转及摊销材料定额用量换算

如确因施工安排达不到规定的周转次数时,就地浇筑钢筋混凝土梁用的支架及拱圈的拱盔、支架及金属设备,则需要进行周转及摊销材料定额用量换算。而其他周转性、摊销性材料已按规定的周转、摊销次数计入定额中,不论周转或摊销次数是否达到或超过规定次数,一般均不作调整。

材料换算周转(或摊销)次数后的用量按下式计算:

$$\text{换算周转(或摊销)次数后的用量} = \frac{\text{定额用量} \times \text{定额周转(或摊销)次数}}{\text{需要换算的周转(或摊销)次数}} \quad (2-39)$$

【例2-21】 求材料周转4次的 $L = 2\text{m}$ 以内拱涵拱盔及支架定额。

【解】 查定额附录"材料的周转及摊销",可知拱盔支架木料的定额用量是按5次周转计算,改为4次周转计算,木料定额用量应乘系数:

$$5/4 = 1.25$$

查定额[4-9-1-1],定额值为:原木 3.250m^3,锯材 1.712 m^3,基价 8 989 元。

查预算定额附录四"定额基价人工、材料单位质量、单价表"得材料基价:原木 1 120 元/m^3,锯材 1 350 元/m^3。

换算为4次周转定额用量:

原木:$3.250 \times 1.25 = 4.063 \text{m}^3$

锯材:$1.712 \times 1.25 = 2.140 \text{m}^3$

基价:$8\ 989 + (4.063 − 3.250) \times 1120 + (2.140 − 1.712) \times 1\ 350 = 10\ 477$ 元

将原定额[4-9-1-1]中的原木 3.250m^3,锯材 1.712m^3,基价 8 989 元换为:原木 4.063m^3,锯材 2.140m^3,基价 10 477 元,其他人工、材料、机械台班、小型机具使用费不变,即为所求定额。

(6)定额钢筋品种比例调整

图纸与定额中光圆钢筋、带肋钢筋比例关系不同时,需进行定额钢筋品种比例调整,其调整方法举例说明如下:

【例2-22】 预制悬拼预应力箱梁,钢筋为:光圆钢筋 15.603t,带肋钢筋 37.680t,求钢筋制作定额。

【解】 按光圆钢筋 15.603t,带肋钢筋 37.680t,共计 53.283t 进行每吨定额各种钢筋品种比例调整,由于钢筋的操作损耗为 2.5%,即需要 1.025t 的钢筋才能制作出 1.0t 的成品,故:

$$\text{光圆钢筋} = \frac{15.603}{53.283} \times 1.025 = 0.3\text{t}$$

$$带肋钢筋 = \frac{37.680}{53.283} \times 1.025 = 0.725t$$

查定额附录四"定额基价人工、材料单位质量、单价表"得材料基价:光圆钢筋3 300元/t;带肋钢筋3 400元/t。

将原定额[4-7-17-3]中的光圆钢筋0.196t,带肋钢筋0.829t,定额基价4 082元换为:

光圆钢筋:0.300t

带肋钢筋:0.725t

基价:$4\,082 + (0.300 - 0.196) \times 3\,300 + (0.725 - 0.829) \times 3\,400 = 4\,072$元

原定额[4-7-17-3]中其他人工、材料、其他材料费、机械台班、小型机具使用费不变,即为所求定额。

(7)每10t预应力钢筋、钢丝束的根、束数计算

制作、张拉预应力钢筋、钢丝束及拆除临时预应力钢丝束定额[4-7-20-Ⅰ]和[4-7-20-Ⅱ],是按每10t预应力钢筋和钢丝束多少根(束)及每增减一根(束)编制的,使用定额时,必须先按照设计图纸每片梁的预应力钢筋或钢丝束,以及临时预应力钢丝束的钢筋或钢丝束数量及根(束)数,计算出每10t预应力钢筋或钢丝束的根(束)数,其计算方法举例说明如下:

【例2-23】 某大桥预应力T形梁,采用锥形锚、胶管成孔,设计图纸预应力钢丝为每片T形梁7束重0.802t,求其制作、张拉预应力钢丝束预算定额。

【解】 (1)求每10t预应力钢丝束数

$$\frac{10 \times 7 束}{0.802} = 87 束$$

(2)制作、张拉预应力钢丝束定额

制作、张拉预应力钢丝束每10t 87束定额为[4-7-20-1+2×7],所求定额:

人工:$371.1 + 1.8 \times 7 = 383.7$ 工日

光圆钢筋:$0.073 + 0.001 \times 7 = 0.080t$

高强钢丝:10.400t

电焊条:2.7kg

弗氏锚具:$956.4 + 12.2 \times 7 = 1\,041.8$kg

铁件:$29.5 + 0.4 \times 7 = 32.3$kg

20~22号铁丝:20.5kg

铁皮:$13.8 + 0.2 \times 7 = 15.20m^2$

胶管:49m

32.5级水泥:6.292t

水:$5m^3$

其他材料费:$56.0 + 0.7 \times 7 = 60.9$元

90t以内预应力拉伸机:$26.04 + 0.33 \times 7 = 28.35$ 台班

50kN 以内单筒慢速卷扬机:20.37 台班

32kVA 以内交流电弧焊机:1.23 + 0.02 × 7 = 1.37 台班

小型机具使用费:217.1 + 0.6 × 7 = 221.3 元

基　　价:91 123 + 226 × 7 = 92 705 元

每 t 预应力钢绞线的束数计算与每 10t 预应力钢筋、钢丝束的根、束数计算相近似,这里不再叙述。

5. 定额的补充

当由于设计与定额的条件完全不符,或设计采用新技术、新材料,导致定额缺项时,应编制补充定额。

编制补充定额可采用两种方法:

(1)工、料、机消耗指标套用相近项目的定额计算,其中主要材料按施工图设计进行计算或测定。

(2)按照定额的编制方法计算工、料、机消耗指标,经有关人员讨论后确定。

6. 定额运用要点

(1)正确选择子目,不多不漏。

(2)子目名称简练直观。

(3)核对工作内容,防止漏列、重列。

(4)看清计量单位。

(5)详细阅读说明和小注。

(6)图纸要求与定额子目或序号项目要一致,否则可能要抽换。

(7)施工方法要依施工组织设计而定。

(8)多实践、多练习、熟能生巧。

【例 2-24】 某二级公路的路面设计采用煤渣垫层,设计厚度 18cm,宽度 10m。试求 3km 长度煤渣垫层的工、料、机预算数量,并计算该分项预算的直接费。

已知:(1)工料机预算单价:人工 50.39 元/工日,水 0.50 元/m³,沙砾 31.00 元/m³,煤渣 16.00 元/m³,6 ~ 8t 光轮压路机 252.68 元/台班,12 ~ 15t 光轮压路机 412.96 元/台班;(2)其他工程费无特殊地区施工增加费及行车干扰工程施工增加费,其他工程费综合费率 5.57%;(3)路面垫层的预算定额见表 2-29。

单位:1 000m²　　　　　　　　　路面垫层预算定额表　　　　　　　　　表 2-29

项目	单位	煤渣	矿渣	煤渣	矿渣
		压实厚度 15cm		每增减 1cm	
		1	2	3	4
人工	工日	34.0	30.6	2.1	1.8
水	m³	26	21	2	1
煤渣	m³	252.45	—	16.83	—

续上表

项目	单位	煤渣	矿渣	煤渣	矿渣
		压实厚度15cm		每增减1cm	
		1	2	3	4
矿渣	m³	—	198.9	—	13.26
6~8t光轮压路机	台班	0.25	0.13	—	—
12~15t光轮压路机	台班	0.66	0.66	—	—
基价	元	6060	5003	374	301

附：第一章路面工程说明三："各类稳定土基层、级配碎石、级配砾石路面的压实厚度在15cm以内，填隙碎石一层的压实厚度在12cm以内，垫层和其他种类的基层压实厚度在20cm以内、面层的压实厚度在15cm以内，拖拉机、平地机和压路机台班按定额数量计算。如超过以上压实厚度进行分层拌和、碾压时，拖拉机、平地机和压路机台班按定额数量加倍，每$1\,000m^2$增加3.0工日。"

【解】 直接费 = 直接工程费 + 其他工程费
 = 人工费 + 材料费 + 施工机械使用费 + 直接工程费 ×
 其他工程费综合费率

每$1\,000m^2$的费用计算如下：

人工费 = $(34 + 2.1 \times 3) \times 50.39 = 2\,030.72$ 元

材料费 = 水 + 煤渣 = $(26 + 2 \times 3) \times 0.5 + (252.45 + 16.83 \times 3) \times 16 = 486.04$ 元

机械费 = 6~8t光轮压路机 + 12~15t光轮压路机 = $0.25 \times 252.68 + 0.66 \times 412.96$
 = 335.72 元

本题的面积为：$10 \times 3\,000 = 30\,000 = 30 \times 1\,000m^2$

直接工程费 = $(2\,030.72 + 486.04 + 335.72) \times 30 = 85\,574.4$ 元

直接费 = $85\,574.4 \times (1 + 5.57\%) = 90\,340.89$ 元

第三单元 工程计量与支付

模块一 工程计量

知识点一 计量的必要性及程序

1. 必要性

在公路工程施工中,合同工程量清单中所开列的工程数量是按图纸计算的预计数量,通用条件第五十五条也明确规定了该工程量仅是估算的数量,不能作为承包人应予完成的工程的实际和确切的数量,只是为投标人提供了一个计算标价的共同基础。

对承包人的工程价款的支付,应是按其实际完成的工程数量进行计算的;单价合同工程的付款,是将监理工程师认可的实际和准确的工程量与承包人在报价单中该项工程的填报单价相乘;另外,由于对不合格的工程和工作,监理工程师可不予计量(这就迫使承包人必须按照合同规定行事)。因此,承包人所得工程价款均以计量的工程量为基础,而计量的准确与否则是保证业主与承包人双方实现公平交易的关键;另一方面,因单价已在合同中签订,是固定不变的。则影响付款金额的唯一参数便是通过计量的工程量。此外,对于工程变更、计日工等,更应进行工程计量,以便取得完整的计量资料,作为工程费用支付时的依据。

通过按时计量,监理工程师还可随时掌握承包人工作的进展情况和工程进度,以便调整施工组织计划。

2. 工程计量的程序

工程计量由承包人向监理工程师提出并附有必要的中间交工验收申请、试验资料或质量合格证明等。

监理工程师对工程的任何部分进行计量时,则应先审查承包人提交的计量申请,再按照通用条款第五十六条规定,事先通知承包人或承包人的代表,承包人或承包人的代表应立即参加或委派合格人员前往协助监理工程师进行计量工作,还应提供必要的人员、设备和交通工具。计量工作可以由监理工程师和承包人双方委派合格人员在现场进行,也可以采用记录和图纸在室内按计量规则进行计算,其结果都必须经监理工程师和承包人双方同意,签字认可。

如果承包人在收到监理工程师的计量通知后,不参加或未派人参加计量工作,根据通用条件第五十六条规定,由监理工程师派出人员单方面进行的工程计量,经监理工程师批准的应认为是正确的工程计量,可以用作支付的依据,承包人不可以对此种计量提出异议。

如果对永久工程采用记录和图纸的方式计量,则监理工程师应准备该项工程项目的图纸和记录。当承包人被通知要求参加此项计量时,应在通知发出十四天内同监理工程师一道查阅和确认记录与图纸,并在双方取得同意时,在上面签字。如果承包人不参加或不委派人员参加上述记录和图纸的审查与确认,则应认为这些记录和图纸是正确无误。除非承包人在上述计量后十四天内向监理工程师提出申辩,说明承包人认为上述记录和图纸有不正确之处,要求监理工程师予以决断。监理工程师在收到承包人的申辩后应进一步检查记录和图纸,或者维持原议或者进行修改,并将复议后的结果通知承包人。

对计量结果必须清楚真实地填写入《中间计量表》,并经双方签字认可。倘若承包人对监理工程师计量核实后的确定不予同意,则应在上述审查后七天之内将其认为不正确的有关方面向监理工程师提出申辩。则监理工程师进一步检查计量记录并复议,然后将复议的结果通知承包人。

如果监理工程师在审查承包人为计量准备有关资料的过程中发现问题或资料不全时,应将这些资料退还给承包人,且暂不进行计量,或计量后暂不予以支付,直到合格为止。

> **专家提示**
>
> 工程量清单的工程量仅是估算工程量,不能作为承包人完成的工程的实际和确切的工程量,只能作为投标报价的共同基础,而不能作为结算的依据。实际工程量的多少只有通过计量才能确定。
>
> 按实际完成的工程量付款可以减少工程量的估计误差给双方带来的风险,增强工程费用结算结果的公平性,这正是单价合同的优点之一。
>
> 计量必须准确、真实、合法和及时。要遵循合同原则、公正性原则、时效性原则和程序性原则。监理机构要制定严格的计量管理程序和指定专人按分级管理的原则进行分工负责,明确负责现场计量、复核、审查、审定人员等各项工作。只有通过了程序严格的审查产生的计量结果才是合法的。

知识点二　工程计量的规定和基本要求

1. 计量时间

根据合同规定监理工程师应及时对已经完成且质量合格的工程细目进行计量,并且对一切进行中的工程,均须每月粗略计量一次,到该部分工程完工后,再根据规范的条款进行精细的计量。每月进行计量是便于掌握工程进度情况及核定月进度款(即期中支付证书),为此,监理工程师一般需填制"中间计量单"。

2. 工程计量的范围

工程计量的范围包括:工程量清单及修订的工程量清单的内容;技术规范和合同文件规定的各项费用支付(如费用索赔、各种预付款及其扣回、保留金、违约金、材料设备的价格调整等)。

3. 工程计量的依据

工程计量的主要依据是：质量合格证书、工程量清单及其说明、合同图纸、工程变更令及修订的工程量清单、合同条件中的"计量支付"条款、技术规范中有关计量支付的内容(或独立的计量支付说明)、有关计量的补充协议、《索赔时间/金额审批表》及各种测量数据。也就是说，计量时必须以这些资料为依据。

(1) 质量合格证书

计量的基本条件和前提是质量合格，质量不合格部分不予计量。因此，计量工程师进行计量时，一定要同质量工程师配合，只有通过了质量监理，经质量监理工程师签发了质量合格证书的工程内容，才能进行计量。

(2) 工程量清单说明和技术规范

因为工程量清单说明(前言)和技术规范中的"计量支付"规定了工程量清单中每一项工程的计量方法，同时还规定了按规定计量方法确定的单价，即包括的工作内容和范围。

(3) 设计图纸

工程量清单的数量是该工程的估算工程量，但是被计量的工程数量，并不一定是承包人实际施工的数量，因为计量的几何尺寸应当以设计图纸为准。例如根据计量规定，对就地灌注桩的计量支付，应根据图纸所示由监理工程师确定的从设计基础表面到下方桩端间的长度考虑。

(4) 测量数据

与计算有关的测量数据有原始地面线高程的测量数据、土石分界线的测量数据、基础高程的测量数据和竣工测量数据等。测量数据的准确性严重影响计量结果的准确性。

4. 工程计量的文件

工程计量的主要文件如下：《中间计量表》、《工程分项开工申请批复单》、《检验申请批复单》及有关的自检资料、《工程质量检验表》及有关的质量评定意见、《工程变更令》、《中间交工证书》。

知识点三　工程计量的组织形式和计量方式

1. 计量形式

工程计量一般有三种组织形式，即监理工程师独立计量；承包人单独计量；监理工程师与承包人联合计量。这三种形式各有特点，其计量必须符合合同要求，其结果必须由监理工程师确认。

(1) 监理独立计量

监理独立计量时，可以由监理工程师完全控制被计量的部位，质量不合格的工程肯定不会被计量，也很少出现多计量的情况，能够确保记录结果的准确性。但监理的工作量较大,且容易引起承包人的异议而延误计量工作时间。

（2）承包人独立计量

这种方式可以减轻监理的工作,让监理工程师有时间进行计量分析和计量管理,但由于承包人是自行计量,往往会出现多计和冒计的问题,有时计量细节和计量方法甚至算术计算也有差错,并且一些质量不合格的工程也可能被计量。因此,监理工程师一定要认真细致地审查计量结果,并定期派人对承包人的计量工作进行检查,最好派有经验的计量人员经常检验及控制承包人的计量工作,即当由承包人独立计量时,监理工程师一定要对计量结果的准确性和计量方法及计算规则进行严格审查。

（3）联合计量

这种方式有利于消除双方的疑虑,当场解决分歧,减少争议,又能较好地保证计量结果的公正性和准确性,简化程序,节约时间。因此公路工程合同中,较多地采用联合计量,即承包人和监理工程师共同进行计量工作。

通常,工程量的计量由承包人负责,且由双方共同进行。监理工程师必须对计量结果做出准确的记录,并将记录的副本抄送给承包人,以及负责计量结果的审核。计量结果须经承包人和监理工程师双方签字同意。如出现争议,首先应协商解决,如协商解决不了,仍由监理工程师最后确定。

2. 计量方式

工程计量方式有以下三种：

（1）实地测量与实地勘察,如土石方工程,场地清理工程等。

（2）室内按图纸计量,如钢筋混凝土结构物及多数永久工程。

（3）根据现场记录计量,如计日工、打桩工程、《范本》中第100章的大部分内容等。

知识点四　工程计量的原则

监理工程师对工程计量或对承包人申报的已完成工程数量的确认,应符合以下原则：

（1）不符合合同文件要求或未经质量验收不合格的工程,不予计量。

（2）计量的主要文件及附件的签认手续不完备,资料不齐全的,不予计量。

（3）按监理工程师同意的计量方法计量。

（4）按合同文件所规定的方法、范围、内容和单位计量。

（5）计量不排除承包人应尽的任何义务,尽管要求计量的对象是合格品,但如事后发现已计量的工程有缺陷或发生质量事故,仍不免除承包人无偿返工和承担事故赔偿。

工程计量只计量工程量清单中的全部项目；已由监理工程师发出变更指令的工程变更项目；合同文件中规定由监理工程师现场确认,且已获得监理工程师批准的项目；确属完工或正在施工中的已达到合同规定和技术标准,即已计量并签发了中间交工证书的工程项目；申报资料和验收手续齐全的项目；对于隐蔽工程,必须在其覆盖之前进行计量。

知识点五　工程计量记录和计量分析

1. 计量记录

计量记录与档案是计量管理中的一个重要内容，对于公路工程这样大型的复杂项目，要进行多次计量，并形成一系列的计量资料。只有在完善计量记录的基础上加强对计量的档案管理，才能使项目的计量工作顺利完成。

为了便于合同管理，正确评价工程和查询交流计量工作，必须加强工程计量，特别是中间计量的档案管理。

计量应根据合同的要求作好记录。符合要求的记录应能说明哪些已经计量，哪些尚未计量，哪些已经签发支付证书，哪些尚未签发证书。计量时监理工程师还应完成以下工作：

（1）应有一套图纸（最好挂在墙上），用彩笔将所进行的工程的位置在图纸上标示出来，并在适当的位置作详细补充说明，如工程的开始、结束及几何尺寸等数据，这将有助于作好计量记录。

（2）应有一套档案，包括计量证书的号码及所计量的数量。所有计量证书必须是承包人和监理工程师共同签署的，只有这样才能作为支付的凭证。

（3）记录工程量清单中所列出的分类细目的数量与计量后数量的差异，及双方同意的任何进度款支付证书应付的款额。

（4）对计日工应记录在有号码的计量证书上，并由承包人代表及监理工程师代表共同签名。计日工应详细记录如下内容：

①记录已指令进行的这项计日工的估计数量和付款额已获同意，记录计日工已完成的数量及付款金额。

②如果计日工的时间超过一个月，应在暂时计量单上记账，记录已同意的计日工单价、付款的金额、付款报表号码，并在计量证书上另立系列号码，这些记录应与累计账册一同归档。

（5）工程变更应记录已下达的变更指令依据，已同意的单价和价格调整，增加费用的计量证书应另编系列号码分开存档。

（6）对于现场存放的材料每月应计量记录一次，其计量表中应记录已发到现场的材料的种类、数量及发票面值；已计量的数量应记录每一次报表中的预付金额及回收金额，材料计量证应另编系列号码，并应与发票及所有材料的累计账册一同归档。

2. 计量分析

为了搞好计量的管理工作，除落实职责和加强记录与档案的管理外，还应加强计量分析，一方面及时发现计量工作中的问题，另一方面及时掌握工程进度，为进度监理和费用支付提供基础。

计量分析时一方面应对照原工程量清单和设计图纸进行分析，将实际工程量与原设计的工程量进行对比,发现偏差并分析偏差的原因。另一方面以计量的工程量为依据,计算出实际进度,将实际进度与批准的进度比较,发现进度偏差,并找出原因从而采取措施改进。

计量分析也应对计量的方法是否恰当,计量的结果是否准确以及是否有质量不合格的工程等进行分析,通过分析找出是否有多计、错计的部分。

为了便于计量的分析与管理,对计量的表格应统一,使其标准化和规范化。监理工程师应设计好表格让承包人和具体从事计量的人员按此填写,这便于采用计算机辅助计量和进行计量分析。

知识点六 计量规则和计量方法

监理规范规定应按监理工程师同意的方法进行计量,这是因为在实际中,有些工程或合同文件中没有规定具体的计量方法。这时,监理工程师应对计量方法予以补充或由承包人建议,并经监理工程师确认后再实施。

一般情况下,计量方法和计量规则均明确地规定于工程量清单前言和技术规范的有关内容中,在进行计量时必须遵守其要求。如某工程规定:

(1)路基填筑,按规定其面积以原始地面线和最终横断面构成的面积的平均值来计算,并可采用平均断面积法;对超过路堤设计断面以外的及清除表土后原地面以下的填筑部分,则均不予以计量。

(2)软基路段的沉降,按路堤填筑计量。路堤在原地面以下的平均沉降值,按中心线位处沉降值的85%,即由下式计算:

$$V = 0.85 \times H \times B \times L \tag{3-1}$$

式中:V——软基沉降的路堤体积,m^3;

L——沉降板观测所代表的路堤长度,m;

B——横断面图上原地面线上路堤坡期间的距离,m;

H——道路中心线位置处沉降所测得的沉降值,m。

(3)圆管涵和倒虹吸涵洞,箱涵和通道、盖板涵和通道。以桥梁结构形式出现,且跨径≤8m的钢筋混凝土式通道及涵管,均以涵身中心线及通道轴线方向以延米为单位计量。

(4)砌体及防护工程,按图纸或监理工程师指示,以实际完成数量计算。

(5)钢筋、混凝土工程,以图纸或工程师指示,按实际完成的混凝土体积和钢筋数量计量。

(6)砂井、塑料排水以实际打设的根数和长度按延米计量。

(7)土工布以实际铺设的水平面积计量(其中回折和搭接部分的面积不予计量)。

另外,在不同的合同中,计量方法和计量规则会有一些差别,即使对同一工程内容亦如此,因此,计量时必须按照采用合同的计量细则的规定进行,且不得按习惯的方法计量,更不能按别的计量规则。

知识点七　开办项目的计量方法

开办项目主要有保险费、竣工文件、施工环保费、临时道路、临时用地、临时供电设施、临时电信设施、承包人驻地建设等项目。这些项目在清单中按项报价，均属于包干支付项目。因此，在计量规则中很简单，计量方法都是现场检查和统计。

需注意的是，对这类按项计量支付的项目，一定要在现场进行认真的检查和核实，并按照技术规范规定的工作内容和程序逐项查实。

开办项目中的保险费需提供保单才能计量，临时道路、临时用地、承包人驻地建设等在工程完工后的拆除与恢复不另行计量。

知识点八　路基工程计量方法

路基土石方包括的工程内容主要有场地清理，挖方、填方，挖方和填方的超运以及土方压实与路基整型等。在计量细则中规定：压实与路基整刑的工作内容不单独计量，其费用包括在挖方与填方单价中。

1. 场地清理

对于场地清理的计量，《公路工程标准文件》中作了如下规定：

（1）场地清理、掘除及旧路面的拆除，分别按监理工程师书面指定的范围进行现场实际量测，以 m^2 为单位计量，借土场的清理及掘除费用包括在土方单价之内，不予单独计量与支付。

（2）拆除结构物，应区别结构物的不同类型，按监理工程师现场指示的范围和量测方法计算，以 m^3 为单位计量。

（3）砍伐树木仅计直径大于 15cm 的树木，砍伐应单独以棵计量，但砍伐后的截锯、清运、堆放等均不另行计量，其树根的掘除亦按棵计量。

（4）所有清理、掘除、拆除工作的一切挖方、回填、压实以及适用材料的移运堆放和废料的移运处理等作业，均不予单独计量。

（5）为保证施工而修筑的临时地面排水工程（永久工程除外），一律不予计量。

2. 路基土石方

挖方与填方是土石方工程中的主要内容，应对其认真地计量。除挖、填以外还包括有关运量的计量。因此，在对其进行计量时，应特别注意以下几个问题：一是要作土方运距图，土方运距图的作法在合同文件的技术规范中有明确规定；二是要保证挖方与填方的平衡，即挖方＝松方系数×填方。

（1）挖方和填方的数量，应以承包人施工测量或补充测量并经监理工程师校核批准的横断面地面线为基础，按批准的设计图纸中典型横断面所绘制的经监理工程师审核批准的横断面施工图为依据进行计算，按 m^3 计量。土石方运距应分为免费运距和超运运距两部分,在免费运距以内时,不计运价;超过免费运距时,另计超运距运费,按 $m^3 \cdot km$ 计量。

(2)适用材料(不包括借土场)的数量,应以承包人测量并经监理工程师校核批准的断面或实际范围为依据计算,分别挖方和填方,按 $m^3 \cdot km$ 计量。

(3)路基挖方如图 3-1 所示,按压实后路床顶面设计高程计算,应将土、石分开,以天然密实体积计量,其中包括边沟、截水沟、排水沟、改河、改渠、改路的开挖。

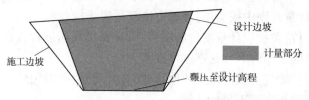

图 3-1 路基挖方计量示意图

(4)路基填方如图 3-2 所示,按压实后路床顶面设计高程计算,以压实体积计量。包括挖台阶、摊铺、整平、压实及借土填方的开挖和运输。填方除应将土、石分开,还应将从路基挖方中产生出来的利用土(石)填方与从借土场运来的借土填方分开,按 $m^3 \cdot km$ 计量。

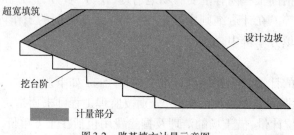

图 3-2 路基填方计量示意图

(5)利用土(石)填方只计摊平、压实、整型及超运费,其挖方费用已计入挖方项目。

(6)凡为获得充分压实而翻松,并重新填土压实的部分,只计利用土填方或借土填方的数量,而不得再计翻松挖方的数量。

(7)台阶挖土、边坡修整、路基整型、临时排水以及超出施工图以外的超挖或超填,均不另行计量与支付。

公路合同中,免费运距一般取 1km,而对于运费及运量的计算则还需进一步规定具体做法。总之,土方工程的计量是工程计量中的关键和难点之一,其费用占合同工期费用的 40% 左右,而计量的影响因素众多且复杂。

3. 软基处理的计量

(1)砂砾垫层应按图纸规定或监理工程师的指示,依据垫层的长度、宽度及厚度,以 m^3 计量。

(2)塑料排水板应按不同厚度以延米为单位计量。

(3)土工布及土工格栅应按实际覆盖并经监理工程师批准的表面面积,以 m^2 计量,土工布及土工栅折叠及重叠接缝部分不予计量。

(4)强夯处理以 m^2 计量。

(5)砂桩以长度和直径分列,以根为单位计量。

(6)砂井以长度和直径分列,以个为单位计量。

(7)喷粉桩按直径分列,以 m 为单位计量。

(8)超压土石方应按整修前在设计路基面以上的横断面计算的体积,以 m³ 计量。超压土石方已包括卸载和弃置的有关费用。超压范围或厚度按图纸或监理工程理由的指示确定。

(9)一般路堤应包括沉降引起的附加体积,在原地高程以下的路堤沉降体积应根据沉降监测的实际沉降量来计算。

(10)稳定与沉降监测应包括所有的仪器、设备、劳力以及为实施并记录有关稳定与沉降监测所必需的杂费,按总额计量。

(11)达到路基填筑技术要求的超压土石方直接利用为路基填方时,按填方计量。在任何情况下,超压土石方和填筑路基土石方不能重复计算。

知识点九 路面工程计量方法

路面工程包括底基层及基层、沥青混凝土路面、透层和粘层、水泥混凝土路面等。总的来说,路面工程的计量比较简单,但却是计量的主要内容。

各种路面应按设计图纸和监理工程师指示铺筑,经监理工程师验收合格,按不同厚度分别以平方米计量。对个别特殊形状的面积,应采用适当的计算方法计量,并经监理工程师批准。除监理工程师另有指示,超过图纸规定的面积均不计量,如图3-3所示。

图3-3 路面计量示意图

1. 底基层及基层

各类形式的底基层及基层以图纸要求的不同厚度,以 m² 计量。

2. 沥青混凝土路面

(1)沥青路面的面层,按图纸所示界限的中线长度及宽度并进行现场量测,分为不同类型及厚度,以 m² 计量。

(2)硬路肩按图纸所示界限的长度及宽度并进行现场量测,分为不同类型,以 m² 计量。

(3)缘石、平缘石按图纸所示的长度并进行现场量测,以 m 计量。

(4)铺筑路面、硬路肩、立缘石、平缘石而进行的开挖与回填等,均不单独计量与支付。

3. 透层和粘层以及其材料

沥青材料应按图纸所示的基层面积或监理工程师确认的工作面积,乘以单位洒布量,并换算到115℃时的质量,以 kg 为单位,对洒布的吸油材料不另行计量。

4. 水泥混凝土路面

水泥混凝土路面应以图纸所示界限中线长度及宽度并进行现场测量和计量,单位为 m^2;面板钢筋网应以图纸所示或监理工程师认可的实际安装量,按钢筋项目计量;硬路肩、立缘石、平缘石与沥青混凝路面相同。并注意所有接缝的钢材及封缝料均不另行计量与支付。

知识点十　桥梁工程计量方法

桥梁工程包括模板、拱架和支架、钢筋、基础挖方、钻孔灌注桩、结构混凝土、预应力混凝土、钢构件、桥梁支座、桥梁伸缩缝、桥面铺装、石砌墩台及拱圈和照明等项目。其中不单独另行计量的有:模板、拱架和支架、钢构件及伸缩缝三项,桥梁应做荷载试验,以一座桥梁做一次试验,按座计量,其余不另计。支座按块计量,照明按灯柱个数计量,都很简单明了。

1. 钢筋

(1)所有钢筋应以图纸中或监理工程师认可实际安装数,不分级别或规格,按质量以 t 为单位进行计量。

(2)除图纸示明或监理工程师有指示,所有钢筋接头均不予计量。

(3)钢筋骨架及工程中所用的钢板、夹具、垫块、铁丝和所有使用钢筋固定位置的材料,均不予计量。

(4)钢筋的调直、除锈、弯折、截断、焊接及绑扎成型等均不单独计量。

2. 基础挖方

(1)基础挖方应以限定面内的棱柱体体积,分为水上、水下及土、石,以 m^3 计量。其中挖方下限按图纸所示的基础(包括地基处理部分)的基底高程线计算,上限按批准的横断面上所标示的原地表线计算,竖向按上限至下限,以超出基底周边 30cm 的垂直面为界。

(2)当承包人遇到特殊或非常规情况时,应通知监理工程师,由监理工程师定出特殊的基础挖方界线。凡未取得批准,承包人以特殊情况为由而完成的任何挖方费用由承包人负责。

(3)为完成基础挖方所做的地面排水及围堰、基坑支撑及抽水、基坑回填与压实、错台开挖及斜坡开挖等,均不单独计量,如图 3-4 所示。

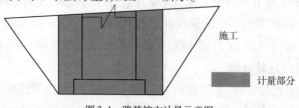

图 3-4　路基挖方计量示意图

3. 钻孔灌注桩

（1）钻孔桩应以图纸所示或监理工程师验收确定的实际桩身长度，分别不同桩径按 m 计量。开挖、钻孔、清孔护筒、混凝土筑岛和平台等其他为完成工程的项目，作为桩基础的附属工作，不另行计量。

（2）监理工程师指示的正常取芯钻探试验，应以实际取回的岩芯，分别不同直径，以 m 计量。

（3）对监理工程师认为混凝土施工中有不正常现象而指示的取芯钻探试样，如经检验混凝土质量合格，则予计量；否则不予计量。同时，必须根据打桩时的连续施工情况做出适当计量记录。

（4）当桩基进行了无破损检测时，只有检测结果合格的桩才能计量，如图 3-5 所示。

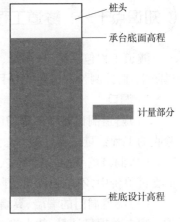

图 3-5 桩基础计量示意图

4. 结构混凝土

（1）混凝土结构物应以图纸尺寸计算或监理工程师确定并实际完成的体积，并分别以不同结构类型及混凝土强度等级以 m 计量。

（2）钢筋混凝土结构物中的钢筋按钢筋要求单独计量。防护工程按其规定计量。

（3）对全部模板工作、混凝土浇注、修饰和养生、预制构件的起吊、安装和连接等均不另行计量与支付。

5. 预应力混凝土

（1）预应力混凝土结构物应按图纸尺寸计算或监理工程师确定并实际完成的体积，分为不同结构类型及混凝土强度等级，以 m^3 计量。

（2）用于预应力混凝土中的钢丝、钢绞线，应按两个锚头间外侧一面的钢丝、钢绞线的理论长度计算（超过需要长度不计）质量，分别以 t 为单位计量。

（3）模板、张拉、压浆、导管、混凝土浇注、修饰和养生以及预制构件的吊装和连接等，均不另行计量。

6. 桥面铺装

该项应以图纸所示的尺寸计算或监理工程师确定并实际完成的数量，分为不同类型及强度等级，水泥混凝土桥面以 m^3 计量，沥青混凝土桥面以 m^2 计量。泄水管、伸缩缝及固定接缝等工程内容不单独计量。

7. 石砌墩台及拱圈

（1）所有桥梁墩台、翼墙均应以图纸尺寸或监理工程师实际确定的尺寸计算，分为不同石料（但不区分砂浆强度等级），以 m^3 计量。

（2）拱圈、拱上侧墙应分别以图纸尺寸计算，以 m^3 计量。

（3）桥梁墩台及翼墙的基础挖方，应按本章基础挖方的有关规定计量。

（4）护拱、拱上排水设施及拱上填土均不另行计量。

知识点十一　隧道工程计量方法

隧道工程包括洞口、洞身、防水和排水、洞内防火涂料和装饰工程、风水电作业和通风防尘、监控测量和材料等项目,其中材料及施工控制测量不单独计量。

1. 洞口

(1)隧道洞口各项工程均以图纸所示或监理工程师指示为依据,按实际完成并经过验收的工程数量进行计量。

(2)洞口挖基、回填、夯实、整平、隧道铭牌和洞门检查设备等均包括在相应砌体工程的支付单价中,不单独计量;开挖与回填的土方和石方分别以 m^3 计量。

(3)隧道洞门的端墙、翼墙、挡墙、边坡铺砌以及其他砌体工程,以不同圬工类型按防护工程有关项目计量;截水沟圬工按排水有关项目,以 m^3 计量。

(4)遮光栅框架、遮光板,按不同混凝土强度等级以 m^3 计量;其所含钢筋以及回填、夯实、整平、垫层及防腐等已包括在混凝土支付单价中,不单独计量。

2. 洞身

(1)隧道洞身各项工程均以图纸所示或监理工程师指示为依据,按隧道设计横断面加允许平均超挖量并经过验收的土石方工程数量,以 m^3 计量。

(2)隧道的开挖按规定的开挖轮廓线计算工程数量,以 m^3 计量。

(3)洞内衬砌的拱部、边墙、仰拱及底部填充、铺底,按不同的混凝土强度等级和不同圬工类型分别以 m^3 计量。侧沟按地面排水有关项目计量。石质地段,按规范规定并得到批准的侵入衬砌厚度的岩石体积,计算衬砌数量时不予扣除;任何情况下衬砌厚度超出规定轮廓线的部分都不予计量;衬砌内各种洞室所占的体积应予扣除。

(4)支护的喷射混凝土按不同强度等级,以 m^3 计量;被批准安装的锚杆以 m 计量。锚头、垫板、螺帽、锚杆钻孔、注浆以及抗拉试验等,均包括在锚杆支付单价中;各种洞室、射流风机、监控设备及照明灯具的预埋件,包括在各相应部位衬砌工程的单价中,均不单独计量。

(5)隧道内的路面,按路面有关项目计量。

(6)隧道工程所用钢筋网,以 t 计量。

3. 防水和排水

洞身防水板以 m^2 计量,止水带注浆钻孔以 m 计量,压浆防水材料、水泥浆(按干拌料)以 t 计量。

知识点十二　安全设施及预埋管线计量方法

道路设施需要计量的有护栏及隔离栅、交通标志、道路标线、通信电线管道等。

1. 护栏与隔离栅

应分别以两端立柱间的中心距离计算,以 m 计量;而所有清理、开挖、回填基础及保护处理均不单独计量支付。

2. 交通标线

不分标志类型,均按单柱式及双柱式以现场个数计量;里程碑、百米桩、界碑和道路编号标不分标志类型,均按单柱式及双柱式以现场个数计量;里程碑、百米桩、界碑和道路编号标志应以现场实际安装的个数计量,标志牌的底座、立柱、防锈处理等,均不另行计量。

3. 道路标线

路面标线应以图纸所示或监理工程师同意的现场量测的每条线的总长度,分别按实线与虚线和不同的宽度,以 m 计量;箭头指示线、斑马线等均不另行计量。另外,突起路标、路边线轮廓标、锥形交通路标,应以现场实际安置的个数计算。

4. 通信电线管道

按实际铺设长度以 m 计量,为管道铺设所做的检修井、拉线等附属工作,均不单独计量。

知识点十三 绿化工程的计量

绿化工程除包括植物的运输、种植外,还包括对植物的养护管理,其计量规则如下:

(1)种植乔木应分别按不同的树种以图纸所示或监理工程师认可的实际成活数,以株计量。

(2)种植的灌木、草坪及草皮以图纸所示或监理工程师认可的实际成活面积,以 m^2 计量。

(3)地表的准备,树坑的开挖、浇水、施肥、防治、剪修等均不另行计量。

模块二 工程费用支付

知识点一 费用支付的基本程序及原则

1. 工程费用支付的基本程序

(1)承包人提出申请

支付工程费用一般由承包人先通过监理工程师向业主提出付款申请,承包人在付款申请时要出具一系列的有效报表,以说明申请金额的准确性。其主要工作就是填好月报或月结账单。承包人的月报表应说明在这个月应收取的金额。

(2)监理工程师审核与签认

审查应满足公平性、及时性、准确性的要求。就公平性而言,一方面应通过审查剔除承包人支付申请中不符合合同规定的付款要求,并扣除承包人的违约金或其他损害赔偿,保护业主的合法权益不受损害;另一方面,对承包人支付申请中符合合同规定的支付要求应及时予以确认，并办理付款签证，以保护承包人的合法权益。就准确性而言，在审查过程中，应注意承包人的支付申请中原始凭据是否齐全，是否有合同依据。

监理工程师对承包人的月报表进行全面审核和计算，在逐项审核和计算的基础上签认应支付的工程费用。一般以支付证书的方式确认工程费用的数额。

（3）业主付款

业主收到监理签认的支付证书后，按合同规定的时间支付费用给承包人。

2. 工程费用支付的原则

支付是工程费用监理的关键，亦是监理工程师的核心权力。因此，监理工程师在费用支付中，一定要公平准确地评价承包人的施工活动，认真负责和正确地确定工程费用并及时加以签认，让承包人能及时得到补偿。为了达到公平合理的支付目标，则应遵守以下原则：①支付必须以工程计量为基础；②必须以技术规范和工程报价单为依据；③必须以合同条款和日常记录资料为依据；④必须严格执行规定的程序；⑤支付金额必须大于规定的阶段最低限值；⑥必须经监理工程师审批；⑦必须及时、准确、规范；⑧支付不解除承包人合同内应尽的责任和义务。

知识点二　费用支付的合同规定

1. 支付时间

（1）进度付款证书和支付时间

监理人在收到承包人进度付款申请单以及相应的支持性证明文件后的十四天内完成核查，提出发包人到期应支付给承包人的金额以及相应的支持性材料，经发包人审查同意后，由监理人向承包人出具经发包人签认的进度付款证书。监理人有权扣发承包人未能按照合同要求履行任何工作或义务的相应金额。

（2）竣工付款证书及支付时间

监理人在收到承包人提交的竣工付款申请单后的十四天内完成核查，提出发包人到期应支付给承包人的价款送发包人审核并抄送承包人。发包人应在收到后十四天内审核完毕，由监理人向承包人出具经发包人签认的竣工付款证书。监理人未在约定时间内核查，又未提出具体意见的，视为承包人提交的竣工付款申请单已经监理人核查同意；发包人未在约定时间内审核又未提出具体意见的，监理人提出发包人到期应支付给承包人的价款视为已经发包人同意。

（3）最终结清证书和付款时间

监理人收到承包人提交的最终结清申请单后的十四天内，提出发包人应支付给承包人的价款送发包人审核并抄送承包人。发包人应在收到后十四天内审核完毕，由监理人向承包人出具经发包人签认的最终结清证书。监理人未在约定时间内核查，又未提出具体意见的，视为承包人提交的最终结清申请已经监理人核查同意；发包人未在约定时间内审核又未提出具体意见的，监理人提出应支付给承包人的价款视为已经发包人同意。

(4)延迟付款

发包人应在监理人收到进度付款申请单后的二十八天内,将进度应付款支付给承包人;或在监理人出具竣工付款证书后的十四天内,将应支付款支付给承包人;或在监理人出具最终结清证书后的十四天内,将应支付款支付给承包人。发包人不按期支付的,按专用合同条款的约定支付逾期付款违约金。

2. 支付的最低限额

《公路工程标准文件》通用条款17.3.4款规定,如果该付款周期应结算的价款经扣留和扣回后的款额少于项目专用合同条款数据表中列明的进度付款证书的最低金额,则该付款周期监理人可不核证支付,上述款额将按付款周期结转,直至累计应支付的款额达到项目专用合同条款数据表中列明的进度付款证书的最低金额为止。

最低支付金额国际上一般按月平均支付额的0.3~0.5计算,我国可按0.2~0.3计,以利承包人资金周转。

3. 支付范围

所有到期并符合合同要求的工作内容均应计量支付。

4. 支付方法

根据各种工程费用的特点和支付要求分项、分类计算,汇总后扣减承包人对业主的支付。

清单中的内容,应按各工程细目的支付项目分项计算;各类附加支付则应分类计算,汇总各分项和各类金额。承包人对业主的支付主要是三种:动员预付款、材料预付款、保留金。它们均应按规定比例扣减。

5. 支付货币

工程费用中人民币与外汇的比例应按合同补充资料表所定的百分比确定。需要说明,补充资料表对工程费用支付有较大的参考价值,它不仅规定了外汇需求量,而且还有支付计划表,价格调整指数表等,这些资料直接关系到费用支付。因此,监理工程师进行费用支付时,应参照补充资料表中的有关内容。

6. 支付依据

支付依据必须准确可靠,进行工程费用支付时,需要大量的凭证和依据,这些依据直接确定了支付费用的数额。监理工程师在支付时,必须取得和分析这些数据,并对其可靠性进行评价判断。所支付的工程费用必须能够被这些凭证确切地说明,这些依据或凭证一方面必须在数量上准确,另一方面必须在程序上完备。数量上准确是不言而喻的,计量证书中的工程量必须按计量的要求和程序确认,价格调整采用的价格指数必须准确等。程序上的完备包括监理工作的管理程序和财务制度及合同方面所规定的程序,即通过这些程序确保凭证的合法性。

7. 支付条件

支付是对承包人应获得的款项予以确认并进行付款的过程。款项支付应满足下列条件:①质量合格的已完工程是支付的必备条件;②变更项目必须有总监理的变更令;③各项支付款项必须符合合同条款的规定;④中期支付金额大于招标文件规定的中期支付证书要求的最低限额;⑤任何工程款项的支付必须经监理工程师的审批;

⑥支付不解除承包人合同内应尽的责任。

知识点三　费用支付项目的分类

支付可以分为很多种,不同种类的支付有不同的规定和程序及支付办法,作为监理工程师必须予以了解。根据发生时间的不同,费用支付可分为前期支付、中期支付、交工支付和最终支付等形式。

1. 按时间分类

按时间分类,支付可分为前期支付、中期支付、交工支付和最终支付四种。

(1)前期支付。FIDIC 条款规定的预付款有两种:动员预付款和材料预付款,是由业主提供给承包人的无息款项,按一定条件支付并扣回。

(2)工程进度款支付。就是熟悉的进度款,按月支付,即按本月完成的工程价值及其他有关款项进行综合支付,由监理工程师开出中期支付证书来实施。

(3)竣工付款支付。即在项目完工或基本完工,监理工程师签发交工证书后办理的费用支付。

(4)最终付款支付。即在缺陷责任期结束后,监理工程师签发缺陷责任证书后,办理的最后一次支付手续。

2. 按支付的内容分类

费用支付项目按内容不同可分为清单支付项目和合同支付项目两大类,具体内容如图3-6 所示。

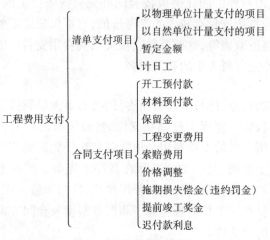

图3-6　工程费用支付项目

知识点四　清单支付项目的支付

清单支付项目在工程费用支付中所占比重很大,包括以物理单位计量支付的项目,以自然单位计量支付的项目、暂定金额和计日工四类。

1. 以物理单位计量支付的项目

工程量清单中的绝大部分工程内容是以物理单位计量支付的,其费用约占工程总费用的85%左右,其支付条件和费用计算方法应满足下列要求:

(1)支付条件是完成了技术规范和设计图纸所规定的工作内容,且质量合格,计量结果准确无误,并使监理工程师满意。

(2)费用计算方法是以每月完成工程项目计量的数量与报价单中相应的单价相乘来求得支付金额的。如果某一项目是一次完成的,则十分简单;如果是分多次完成的,则应在计量单上列出设计数量、上期累计完成数量和本期完成数量并附上计算公式和简图。

2. 以自然单位计量支付的项目

以自然单位计量支付的项目分为按项支付和单纯按自然单位计价支付两种情形。

工程量清单中多数开办的项目如承包人驻地建设、临时工程等,都属于按项支付项目。这些项目的特点是总额包干,因此,在合同有关文件中被称为总额支付细目。为做好这些项目的支付工作,根据《公路工程标准文件》合同通用条件第57.2款的规定,承包人应在签订合同协议书后28天内,并在总额价支付细目支付前,向监理工程师提交其工程量清单每个总额支付细目的分目,且该分目须经监理工程师的批准。

工程量清单中另有一些支付细目属于单纯按自然单位计价支付的项目。如桥梁支座以块计价、照明灯柱以根计价以及砍伐树木以棵计价等,它们都只需将实际数量与报价单中的单价相乘即可。

3. 暂定金额

暂定金额是工程量清单中比较特殊的一类项目。暂定金额顾名思义,是指合同工程量清单中因所发生的项目及所需的金额不明确而暂时确定的一笔金额。根据《公路工程标准文件》通用条款第58.1款规定:"暂定金额"是指包括在合同之内,并在工程量清单中以"暂定金额"名称标明的一项金额。

(1)暂定金额的主要特点

暂定金额下的项目具有如下特点:发生项目的不确定性;发生金额的不确定性;承担单位的不确定性。

(2)暂定金额的使用

除合同另有规定外,暂定金额应根据监理工程师指令(由监理工程师报业主批准后指令)全部或部分地使用,或者根本不予动用。承包人有权得到的暂定金额应限于监理工程师根据本条规定决定动用暂定金额的工程、供应或不可预见费用方面的金额。监理工程师应将根据本款做出的每项决定报业主批准并通知承包人。

动用暂定金额时,监理工程师应审批承包人提交的相应工程的施工组织计划及其所需要的人工费、材料费、机械费、设备费及计算说明,并与业主和承包人就暂定金额的支付进行协商。

(3) 暂定金额项目的执行

暂定金额项目可由承包人或指定的分包人(特殊分包人)完成。具体由谁承担,应根据合同条款(特殊分包人)、特殊分包人的招标情况或监理工程师的指示来确定。

(4) 暂定金额项目的计价与支付

属于特殊分包项目的专项暂定金额,根据特殊分包合同的价格来计价(根据《公路工程标准文件》第59.4款,承包人可收取一定的手续费及利润提成),在监理工程师签发支付证书后由业主支付给承包人,承包人再付给特殊分包人。当承包人不履行向特殊分包人付款的义务时,业主有权根据监理工程师签发的支付证书,直接向特殊分包人支付分包合同内规定而承包人未支付的一切款项(扣除保留金),并从应付给承包人的款项中扣回。监理工程师在发给承包人下一期的支付证书时,应从该证书的支付款额中扣除已由业主支付的款额。

对于其他暂定金额项目,如属于计日工的,按计日工的有关规定办理;如属于新增工程、附加工程等变更工程的,按变更工程的有关规定办理;如属于价格调整的,按价格调整的有关规定办理;如属于施工索赔的,按施工索赔的有关规定办理等。根据监理工程师的要求,承包人应提交有关暂定金额项目开支的全部报价、发票、凭单、账目和数据,经审核后才能进行暂定金额项目的费用支付。

4. 计日工

计日工的发生应以监理工程师的指示为依据,计日工的单价应以工程量清单中的所报单价为基础,完成的计日工数量应有监理工程师的认定和批准。《公路工程标准文件》通用条款第15.7款,对计日工有如下规定:

①发包人认为有必要时,由监理人通知承包人以计日工方式实施变更的零星工作。其价款按列入已标价工程量清单中的计日工计价子目及其单价进行计算。

②采用计日工计价的任何一项变更工作,应从暂列金额中支付,承包人应在该项变更的实施过程中,每天提交以下报表和有关凭证报送监理人审批:

工作名称、内容和数量;投入该工作所有人员的姓名、工种、级别和耗用工时;投入该工作的材料类别和数量;投入该工作的施工设备型号、台数和耗用台时;监理人要求提交的其他资料和凭证。

③计日工由承包人汇总后,列入进度付款申请单,由监理人复核并经发包人同意后列入进度付款。

值得注意的是,用于计日工的劳务,未经监理工程师同意不得按加班情况计算费用;用于计日工的施工机械应由承包人提供,因故障或闲置的施工机械不支付费用。

知识点五　开工预付款的支付

动员(开工)预付款是一项由业主提供给承包人用于项目起动的无息贷款。国际上一般规定范围是0~20%。提供这项资金的目的仍然是减轻承包人资金周转的压力。

1. 动员预付款支付的一般规定

承包人有权在工程开工前得到业主提供的一笔相当于10%签约合同价的无息的动员预付款项,用以支付施工初期的各项费用。这种款项应在合同实施中在规定的期限内分批扣回。开工预付款的金额在项目专用条款数据表中约定。在承包人签订了合同协议书并提交了开工预付款保函后,监理人应在当期进度付款证书中向承包人支付开工预付款的70%的价款;在承包人承诺的主要设备进场后,再支付预付款30%。

承包人不得将该预付款用于与本工程无关的支出,监理人有权监督承包人对该项费用的使用,如经查实承包人滥用开工预付款,发包人有权立即通过向银行发出通知收回开工预付款保函的方式,将该款收回。

2. 动员预付款的担保

承包人应向业主提交在中国银行或中国银行认可的、业主同意的外国银行不得撤销的、无条件的银行保函,其担保金额应等于动员预付款的金额。该保函应在业主收回全部动员预付款之前一直有效。但上述银行担保的金额,应随动员预付款的逐次回收而减少。

3. 动员预付款的扣回

开工预付款在进度付款证书的累计金额未达到签约合同价的30%之前不予扣回,在达到签约合同价30%之后,开始按工程进度以固定比例(即每完成签约合同价的1%,扣回开工预付款的2%)分期从各月的进度付款证书中扣回,全部金额在进度付款证书的累计金额达到签约合同价的80%时扣完,如图3-7所示。

图3-7 动员预付款扣回示意图

注:① a 扣回的起始月:在中期支付证书的累计金额达到合同价的30%的当月;
② b 扣回的终止月:在中期支付证书的累计金额达到合同价的80%的当月;
③ c 在上述期限内,按工程进度的固定比例分期从各月的中期支付证书中扣回,该比例为:每完成合同价的1%,扣回开工预付款的2%。

中期支付证书中应扣回的累计开工预付款为:

$$G = 2 \times \frac{x_i}{H} \times F$$

式中:H——合同价;
F——开工预付款总额(元);
x_i——在 ab 之间累计支付的金额。

【例3-1】 某企业承包的一项工程有效合同价为5 000万元,动员预付款为合同价的10%,动员预付款在中期支付证书累计金额达到合同价的30%时开始扣回,到中期支付证书累计达到合同价的80%时全部扣完。工程完成合同价的60%时,由于业主违约,合同被迫终止。此时承包人另外完成变更工程150万元,完成暂定金额50万元。问业主扣回多少动员预付款?

【解】 动员预付款 $F = 5\,000 \times 10\% = 500$ 万元

合同价 $H = 5\,000$ 万元

累计完成工程款: $x_i = 5\,000 \times 60\% + 150 + 50 = 3\,200$ 万元

动员预付款起扣点 $a = H \times 30\% = 1\,500$ 万元

业主应扣回的动员预付款: $G = 2 \times (3\,200 - 1\,500) \times 500/5\,000 = 340$ 万元

知识点六　材料预付款的支付

1. 材料预付款的支付

承包人根据《公路工程标准文件》合同通用条款第 17.2.1 款规定,材料、设备预付款按项目专用合同条款数据表中所列主要材料、设备单据费用(进口的材料、设备为到岸价,国内采购的为出厂价或销售价,地方材料为堆场价)的百分比支付,一般应为 70%~75%,最低不少于 60%。其预付条件为:

①材料、设备符合规范要求并经监理人认可。

②承包人已出具材料、设备费用凭证或支付单据。

③材料、设备已在现场交货,且存储良好,监理人认为材料、设备的存储方法符合要求。

则监理人应将此项金额作为材料、设备预付款计入下一次的进度付款证书中。在预计竣工前 3 个月,将不再支付材料、设备预付款。

2. 材料预付款的扣回

当材料、设备已用于或安装在永久工程之中时,材料、设备预付款应从进度付款证书中扣回,扣回期不超过 3 个月。已经支付材料、设备预付款的材料、设备的所有权应属于发包人。

3. 材料预付款的扣回方法

(1)定期扣回的计算方法

该方法是对本月到现场材料设备支付预付款的同时,扣回上月已支付的预付款。因此当合同条件规定材料预付款按所归材料、设备支付单据开列费用的 75% 支付时,本月实际预付款金额为:

本月预付款金额 = 本月末现场材料设备价值的 75% - 上月末现场材料设备价值的 75%

这种方法计算简单,操作方便。

(2)最后扣回的计算方法

这种方法更合理、更科学。使用该方法时预付款的起扣时间是当未完工程所需主要材料、设备的价值与备料款数额相当时开始起扣。即:

未施工工程主要材料设备的价值 = 材料预付款数额

未施工工程主要材料设备价值 = 未施工工程价值 × 主要材料设备价值所占比重

未施工工程价值 = 材料预付款/主要材料设备价值所占比重

则开始扣回材料预付款的工程价值,即起扣点价值为:
起扣点价值 = 单项工程总值 − 未施工工程价值
　　　　　= 单项工程总值 − 材料预付款/主要材料设备价值所占比重
首次扣回材料预付款 = (累计完成工程量 − 起扣点价值)× 主要材料设备价值所占比重
以后每次应扣回材料预付款 = 每次结算已完工程价值 × 主要材料设备价值所占比重

从未施工工程尚需的主要材料及构件的价值相当于材料预付款数额时起扣,从每月结算的工程价款中按材料比重抵扣工程价款,竣工前全部扣清,起扣点的公式如下:

从未施工工程尚需的主要材料及构件的价值$(H-a)\times n$,相当于材料预付款数额(F)关系中可知:

$$F = (H - a) \times n$$

$$a = H - \frac{F}{n}$$

式中:a——起扣点,即材料预付款开始扣回时的累计完成工程量金额;
　　　H——工程价款总额;
　　　F——材料预付款的限额;
　　　n——主要材料所占比重。

【例3-2】　某工程结算款总额为3 000万元,预付备料款占工程价款的30%,主要材料及构件的比重为60%,合同规定工程实施后,材料预付款从未施工工程尚需的主要材料及设备构件的价值相当于材料预付款数额时起扣,从每次结算工程价款按材料占施工产值的比重抵扣材料预付款,竣工前全部扣清。问累计结算工程款达到多少时,开始扣回预付备料款。

【解】　$F = 3\ 000 \times 30\% = 900$ 万元,$n = 60\%$
　　　　$a = 3\ 000 - 900/0.6 = 1\ 500$

知识点七　质量保证金的支付

质量保证金(或称保留金)是业主为了使承包人履行合同而对承包人应得款项的一种扣留,用于保证在缺陷责任期内履行缺陷修复义务的金额。

监理人应从第一个付款周期开始,在发包人的进度付款中,按项目专用合同条款数据表规定的百分比扣留质量保证金,直至扣留的质量保证金总额达到项目专用合同条款数据表规定的限额为止。质量保证金的计算额度不包括预付款的支付以及扣回的金额。质量保证金一般不超过合同价格的5%。

缺陷责任期满时,承包人向发包人申请到期应返还承包人剩余的质量保证金金额,发包人应在十四天内会同承包人按照合同约定的内容核实承包人是否完成缺陷责任。如无异议,发包人应当在核实后将剩余保证金返还承包人。

缺陷责任期满时,承包人没有完成缺陷责任的,发包人有权扣留与未履行责任剩余工作所需金额相应的质量保证金余额,并有权要求延长缺陷责任期,直至完成剩余工作为止。

知识点八　其他合同支付项目的支付

1. 工程变更费用

工程变更费用是指根据《公路工程标准文件》通用条款第十五条确定的支付费用。工程变更费用的支付依据是工程变更令和工程变更清单,支付方式采用列入中期支付证书的形式进行,支付货币与其他支付项目相同,即按承包人投保时所提出的货币种类和比例进行支付。

鉴于变更项目的复杂性和特殊性,监理工程师应对变更项目的审批制定严格的管理程序,并且应特别注意的是,变更的权力在总监理工程师,一般不得进行委托。有些合同还在专用条款中对监理工程师进行工程变更的权力做了某种限制,要求变更超过一定限度后,必须由业主授权。

2. 索赔费用

索赔费用是指监理工程师根据《公路工程标准文件》通用条款第二十三条规定的索赔处理程序所确定的赔偿费用。就监理工程师处理的所有支付项目而言,索赔费用是最复杂的支付项目之一。在进行索赔费用支付时,监理工程师必须谨慎处理,否则,会因为对索赔费用的支付管理不善而导致对整个工程费用的失控。

由于导致索赔的原因多种多样,因此其费用的计算和确定原则就各不相同。监理工程师不仅要对合同条款和技术规范十分熟悉,而且要有深刻的理解,并能结合实际情况正确运用。

在处理索赔费用时,监理工程师应对承包人提供的索赔证据和细节账目等有关资料进行审查核实,在业主和承包人协商后,确定承包人有权得到的全部或部分的索赔款额。最后,以中期支付证书的形式进行支付,支付货币与其他支付项目相同。

3. 价格调整

价格调整是指根据《公路工程标准文件》通用条款第十六条所确定的调价费用。由于公路工程项目施工所跨越的时间较长,施工成本容易受市场物价波动的影响,所以通用条款规定,在合同执行期间,凡是合同工期在二十四个月以上的项目,当劳务和材料或影响工程施工成本的任何其他事项的价格涨落引起费用(施工成本)增减时,应根据规定的价格调整公式予以调价,将此费用加到合同价格或从合同价格中扣除,在中期支付证书中支付即可。

4. 逾期交工违约金(违约罚金)

逾期交工违约金的计算方法在项目专用合同条款数据表中约定,时间自预定的交工日期起到交工验收证书为:每逾期一天支付×××元人民币(在项目专用合同条款中约定),时间自预定的竣工日期起到工程接收证书中写明的实际竣工日期止(扣除已批准的延长工期),按天计算。逾期竣工违约金累计金额最高不超过签约合同价的10%。发包人可以从应付或到期应付给承包人的任何款项中或采用其他方法扣除此违约金。

如果在合同工作完工之前,已对合同工程内按时完工的单位工程签发了工程接收证书,则合同工程的逾期竣工违约金,应按已签发工程接收证书的单位工程的价值占合同工程价值的比例予以减少,但本规定不应影响逾期竣工违约金的规定限额。

5. 提前竣工奖金

发包人不得随意要求承包人提前交工,承包人也不得随意提出提前交工的建议。如遇特殊情况,确需将工期提前的,发包人和承包人必须采取有效措施,确保工程质量。

如果承包人提前交工,发包人支付奖金的计算方法在项目专用合同条款数据表中约定,时间自交工验收证书中写明的实际交工日期起至预定的交工日期止,按天计算。但奖金最高限额不超过项目专用合同条款数据表中写明的限额。

6. 迟付款利息

发包人不按期支付的,按项目专用条款数据表中约定的利率向承包人支付逾期付款违约金。违约金计算基数为发包人的全部未付款额,时间从应付而未付该款额之日算起(不计复利)。

逾期付款违约金的利率相当于中国人民银行短期贷款利率加手续费。招标人不能自行取消本项内容或降低利率。

迟付款利息是对业主的一种约束,业主有准时付款给承包人的责任和义务。业主必须在规定时间内支付承包人所完成工程的款额,否则应向承包人支付利息。

知识点九 支付程序与支付

1. 工程进度付款

(1)工程进度付款周期

付款周期同计量周期。单价子项目已完成工程量按月计量,总价子目的计量周期按批准的支付分解报告确定。

(2)进度付款申请单

承包人应在每个付款周期末,按监理人批准的格式和专用合同条款约定的份数,向监理人提交进度付款申请单,并附相应的支持性证明文件。除专用合同条款另有约定外,进度付款申请单应包括下列内容:

①截至本次付款周期末已实施工程的价款。
②根据第十五条应增加和扣减的变更金额。
③根据第二十三条应增加和扣减的索赔金额。
④根据第17.2款约定应支付的预付款和扣减的返还预付款。
⑤根据第17.4.1项约定应扣减的质量保证金。
⑥根据合同应增加和扣减的其他金额。

(3)进度付款证书和支付时间

①监理人在收到承包人进度付款申请单以及相应的支持性证明文件后的14天内完成核查,提出发包人到期应支付给承包人的金额以及相应的支持性材料,经发包人审查同意后,由监理人向承包人出具经发包人签认的进度付款证书。监理人有权扣发承包人未能按照合同要求履行任何工作或义务的相应金额。

②如果该付款周期应结算的价款经扣留和扣回后的款额少于项目专用合同条款数据表中列明的进度付款证书的最低金额,则该付款周期监理人可不核证支付,上述款额将按付款周期结转,直至累计应支付的款额达到项目专用合同条款数据表中列明的进度付款证书的最低金额为止。

③发包人应在监理人收到进度付款申请单后的28天内,将进度应付款支付给承包人。发包人不按期支付的,按专用合同条款的约定支付逾期付款违约金。

④监理人出具进度付款证书,不应视为监理人已同意、批准或接受了承包人完成的该部分工作。

⑤进度付款涉及政府投资资金的,按照国库集中支付等国家相关规定和专用合同条款的约定办理。

(4)工程进度付款的修正

在对以往历次已签发的进度付款证书进行汇总和复核中发现错、漏或重复的,监理人有权予以修正,承包人也有权提出修正申请。经双方复核同意的修正,应在本次进度付款中支付或扣除。

2. 交工结算

(1)名词解释

《公路工程标准施工文件》公路行业标准专用条款规定:

竣工验收:指《公路工程竣(交)工验收办法》中的竣工验收。通用合同条款中"国家验收"一词具有相同含义。

交工:指《公路工程竣(交)工验收办法》中的交工验收。通用合同条款中"竣工"一词具有相同含义。

交工验收证书:指《公路工程竣(交)工验收办法》中的交工验收证书。通用合同条款中"工程接收证书"一词具有相同含义。

(2)交工付款申请单

①工程接收证书颁发后,承包人应按专用合同条款约定的份数和期限向监理人提交交工付款申请单,并提供相关证明材料。除专用合同条款另有约定外,交工付款申请单应包括下列内容:交工结算合同总价、发包人已支付承包人的工程价款、应扣留的质量保证金和应支付的交工付款金额。

承包人向监理人提交交工付款申请单(包括相关证明材料)的份数在项目专用合同条款数据表中约定;期限:交工验收证书签发后42天内。

②监理人对交工付款申请单有异议的,有权要求承包人进行修正和提供补充资料。

经监理人和承包人协商后,由承包人向监理人提交修正后的竣工付款申请单。

(3)交工付款证书及支付时间

①监理人在收到承包人提交的竣工付款申请单后的14天内完成核查,提出发包人到期应支付给承包人的价款送发包人审核并抄送承包人。发包人应在收到后14天内审核完毕,由监理人向承包人出具经发包人签认的交工付款证书。监理人未在约定时间内核查,又未提出具体意见的,视为承包人提交的交工付款申请单已经监理人核查同意;发包人未在约定时间内审核又未提出具体意见的,监理人提出发包人到期应支付给承包人的价款视为已经发包人同意。

②发包人应在监理人出具交工付款证书后的14天内,将应支付款支付给承包人。发包人不按期支付的,向承包人支付逾期付款违约金。

③承包人对发包人签认的交工付款证书有异议的,发包人可出具竣工付款申请单中承包人已同意部分的临时付款证书。存在争议的部分,按争议条款的约定办理。

④交工工付款涉及政府投资资金的,按照国库集中支付等国家相关规定和专用合同条款的约定办理。

3. 最终结清

(1)最终结清申请单

①缺陷责任期终止证书签发后,承包人可按专用合同条款约定的份数和期限向监理人提交最终结清申请单,并提供相关证明材料。

承包人向监理人提交最终结清申请单(包括相关证明材料)的份数在项目专用合同条款数据表中约定;期限:缺陷责任期终止证书签发后28天内。

最终结清申请单中的总金额应认为是代表了根据合同规定应付给承包人的全部款项的最后结算。

②发包人对最终结清申请单内容有异议的,有权要求承包人进行修正和提供补充资料,由承包人向监理人提交修正后的最终结清申请单。

(2)最终结清证书和支付时间

①监理人收到承包人提交的最终结清申请单后的14天内,提出发包人应支付给承包人的价款送发包人审核并抄送承包人。发包人应在收到后14天内审核完毕,由监理人向承包人出具经发包人签认的最终结清证书。监理人未在约定时间内核查,又未提出具体意见的,视为承包人提交的最终结清申请已经监理人核查同意;发包人未在约定时间内审核又未提出具体意见的,监理人提出应支付给承包人的价款视为已经发包人同意。

②发包人应在监理人出具最终结清证书后的14天内,将应支付款支付给承包人。发包人不按期支付的,按第17.3.3(2)目的约定,将逾期付款违约金支付给承包人。

③承包人对发包人签认的最终结清证书有异议的,按争议条款的约定办理。

④最终结清付款涉及政府投资资金的,按照国库集中支付等国家相关规定和专用合同条款的约定办理。

【例3-3】 某工程项目建设单位与施工单位签订了工程施工承包合同。合同中估算工程量为 5 300m³,原价180元/m³。合同工期为6个月,有关支付条款如下:

(1)开工前,建设单位向施工单位支付估算合同价20%的预付款。
(2)建设单位从第1个月起,从施工单位的工程款中,按5%的比例扣留保留金。
(3)当累计实际完成工程量超过(或低于)估算工程量的10%时,价格应予调整,调价系数为0.9(或1.1)。
(4)每月签发付款证书最低金额为15万元。
(5)预付款从施工单位获得累计工程款超过估算合同价的30%以后的下一个月起至第5个月均匀扣除。

施工单位每月实际完成并经签认的工程量见表3-1。

承包人完成的工程量统计表 表3-1

月 份	1	2	3	4	5	6
完成工程量(m³)	800	1 000	1 200	1 200	1 200	500
累计完成工程量(m³)	800	1 800	3 000	4 200	5 400	5 900

【问题】
(1)估算合同总价是多少?
(2)预付工程款是多少?预付工程款从哪个月起扣留?每月扣预付工程款是多少?
(3)每月工程量价款是多少?应签证的工程款为多少?应签发的付款凭证金额是多少?

【解】 (1)估算合同总价为95.4万元,即 5 300m³ × 180元/m³ = 95.4万元
(2)预付工程款为19.08万元,即 95.4 × 20% = 19.08万元

因为第一、二期累计工程款:1800 × 180 = 32.4万元 > 95.4 × 30% = 28.62万元,根据合同规定,累计工程款超过估算合同价的30%以后的下一个月起至第5个月均匀扣除,可知预付工程款从第3个月开始扣留。

每月应扣预付工程款:19.08/3 = 6.36万元

(3)第1个月工程款:800 × 180 = 14.4万元
本月应扣留保留金:14.40 × 0.05 = 0.72万元
本月应签证的工程款:14.40 × 0.95 = 13.68万元 < 15万元(本月不予付款)

第2个月工程款:1 000 × 180 = 18万元
本月应扣留保留金:18 × 0.05 = 0.9万元
本月应签证的工程款:18 × 0.95 = 17.10万元
本月应签发的工程款:17.01 + 13.68 = 30.78万元

第3个月工程款:1 200 × 180 = 21.60万元
本月应扣留保留金:21.60 × 0.05 = 1.08万元
本月应扣预付款:6.36万元
本月应签证的工程款:21.60 × 0.95 − 6.36 = 14.16万元 < 15万元(本月不予付款)

第4个月工程款:1 200 × 180 = 21.60万元

本月应扣留保留金:21.60×0.05=1.08万元

本月应扣预付款:6.36万元

本月应签证的工程款:21.60×0.95-6.36=14.16万元

本月应签发的工程款:14.16+14.16=28.32万元

第5个月累计完成5 400m³比原估算的工程量超过100m³,但未超过估算10%,仍按原价估算工程价款:1 200×180=21.60万元

本月应扣留保留金:21.60×0.05=1.08万元

本月应扣预付款:6.36万元

本月应签证的工程款:21.60×0.95-6.36=14.16万元<15万元(本月不予付款)

第6个月累计完成5 900m³比原估算的工程量超过600m³,已超过估算10%,对超过部分应调整单价。应调整单价的工程量:5 900-5 300(1+10%)=70m³

本月完成的工程价款:70×180×0.9+(500-70)×180=8.874万元

本月应扣留保留金:8.874×0.05=0.443 7万元

本月应签证的工程款:8.874-0.443 7=8.43万元

本月应签发的工程款:14.16+8.43=22.59万元

第四单元　合同管理内容

合同管理是公路工程项目管理的核心,是控制工程质量、进度和费用的重要手段。公路工程合同管理涉及到工程建设的各个方面。从合同的拟定、协商、签署、履行情况的检查和分析等环节进行科学的管理,以期通过合同管理实现工程项目"三大控制"的任务要求,维护双方当事人的合法权益。其中合同履行过程的管理是施工管理的重点。在合同履行过程中合同管理的主要内容有工程风险管理、工程转让与分包管理、工程变更、工程延期、费用索赔及违约争端的处理等。本单元将逐一进行介绍。

模块一 工程转让与分包的管理

按照国际惯例,获得整个工程或区段工程合同的承包人,可以将该工程按专业性质或工程范围再分包给若干家分包人承担实施任务,业主也可以将一些专业性强的部分工程或单项工程直接授予特殊分包人。

知识点一 转让与分包的法律特征和规定

1. 转让

转让包括合同的转让和分包人义务的转让两部分。《公路工程标准文件》通用条款1.8款规定,除合同另有约定外,未经对方当事人同意,一方当事人不得将合同权利全部或部分转让给第三人,也不得全部或部分转移合同义务。合同转让无业主同意,承包人不得将本合同工程转包给其他单位或个人,或者将本合同工程肢解之后以分包的名义分别转包给其他单位或个人。原因是业主在资格预审、投标和评标之后才选中该承包人的,因而授予该承包人的合同意味着业主对承包人的信任。显然业主不会预想到他所选中的承包人会将合同转让给第三方,这也不符合整个招标挑选程序的目的,因此才这样规定。又考虑到承包人在资金和保险(是出口信贷保险)方面的合同需要,规定了除此情况。

2. 分包

工程分包在经业主和监理工程师同意后,承包人并不能解除合同中分包工程部分的责任与义务,仍要协调、督促、管理整个工程。由此可见,转让与分包其法律特征存在着区别。由于合同的转让承包人则与该合同无直接关系,可能使工程进展受到阻碍或损失。承包人取得批准分包并不解除合同规定的承包人的任何责任或义务,他应对分包人加强管理,并对分包人的工程质量及其职工的行为、违约和疏忽完全负责。分包人就分包项目向业主承担连带责任。业主对承包人与分包人之间的法律与经济纠纷不承担任何责任和义务。对于承包人提出的劳务分包,分包人应具有的劳务分包资质,报经监理工程师审查并报业主核备。劳务人员应加入到承包人施工班组,并持项目经理签发的劳务人员证上岗。

《公路工程标准文件》通用条款和专用条款对分包的规定：

（1）承包人不得将其承包的全部工程转包给第三人，或将其承包的全部工程肢解后以分包的名义转包给第三人。

（2）承包人不得将工程主体、关键性工作分包给第三人。经发包人同意，承包人可将工程的其他部分或工作分包给第三人。分包包括专业分包和劳务分包。

在工程施工过程中，承包人进行专业分包必须遵守以下规定：

（1）允许专业分包的工程范围仅限于分部工程或分项工程、适合专业化队伍施工的工程，专业分包的工程量累计不得超过总工程量的30%。

（2）专业分包人的资格能力（含安全生产能力）应与其分包工程的标准和规模相适应，具备相应的专业承包资质。

（3）专业分包工程不得再次分包。

（4）承包人和专业分包人应当依法签订专业分包合同，并按照合同履行约定的义务。专业分包合同必须明确约定工程款支付条款、结算方式以及保证按期支付的相应措施，确保工程款的支付。

（5）承包人对施工现场安全负总责，并对专业分包人的安全生产进行培训和管理。专业分包人应将其专业分包工程的施工组织设计和施工安全方案报承包人备案。专业分包人对分包施工现场安全负责，发现事故隐患应及时处理。

（6）所有专业分包计划和专业分包合同须报监理人审批，并报发包人核备。监理人审批专业分包并不解除合同规定的承包人的任何责任或义务。

在工程施工过程中，承包人进行劳务分包必须遵守以下规定：

（1）劳务分包人应具有劳务分包资质。

（2）劳务分包应当依法签订劳务分包合同，劳务分包合同必须由承包人的法定代表人或其委托代理人与劳务分包人直接签订，不得由他人代签。承包人的项目经理部、项目经理、施工班组等不具备用工主体资格，不能与劳务分包人签订劳务分包合同。承包人应向发包人和监理人提交劳务分包合同副本并报项目所在地劳动保障部门备案。

（3）承包人雇用的劳务作业应加入到承包人的施工班组统一管理。有关施工质量、施工安全、施工进度、环境保护、技术方案、试验检测、材料保管与供应、机械设备等都必须由承包人管理与调配，不得以包代管。

（4）承包人应当对劳务分包人员进行安全培训和管理，劳务分包人不得将其分包的劳务作业再次分包。

违反上述规定之一者属违规分包。

（5）承包人应与分包人就分包工程向发包人承担连带责任。

（6）发包人对承包人与分包人之间的法律与经济纠纷不承担任何责任和义务。

工程分包合同有两种方式，即一般分包合同和特殊分包合同。

知识点二　一般分包的管理

1. 一般分包组织机构

工程一般分包组织机构框图如图 4-1 所示。

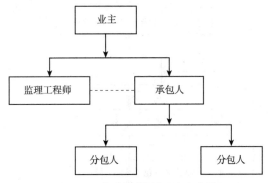

图 4-1　一般分包合同的组织机构图

2. 工程一般分包的特点

（1）承包人不得将本合同工程或其中任何部分转让给其他法人或自然人。

（2）分包合同由承包人制订，即由承包人挑选分包人。

（3）主要分包人应在投标时一并报请招标人审批，在工程实施中未经监理工程师审查并取得业主批准，承包不得将合同任何部分分包出去；主体和重要工程不准分包。

（4）分包人应具有与分包工程相适应的资质条件；除另有规定外，分包部分不能超过总合同工程量的 30%，且不允许再次分包。

（5）分包中不准压低单价，除另有规定外，分包管理应视工程情况控制在分包合同价的 1% 以内，分包协议书（包括工程量清单）应交监理工程师核实备案。

（6）业主对承包人与分包人之间的法律与经济纠纷不承担任何责任和义务，对于提供劳务的自然人或由企业法人的劳务合作，虽不要求承包人取得上述批准，但承包人应将劳务协议（含支付条款）交监理工程师备案，监理工程师对此有权进行核查。

（7）不允许假借劳务之名，行分包之实，不得向个人分包。

（8）承包人并不因搞了部分工程分包，从而减少其对分包工程在承包合同中应承担的责任和义务。

3. 一般分包的审批程序

（1）首先由承包人选择分包人，制订工程分包合同，上报监理工程师。

（2）承包人将选定的分包人的机械设备、技术力量、财务状况以及所承担过的工程情况等详细资料报监理工程师审查。

（3）监理工程师应对分包人的上述情况进行仔细审核，必要时到分包人的其他施工工地进行现场考察，然后给出审核意见，若审核合格报业主审批。

(4)经业主书面批准后,承包人方可同分包人正式签订工程分包合同,并将工程分包合同的副本报送监理工程师一份,分包人方可进入工地施工。

一般分包的审批流程框图如图4-2所示。

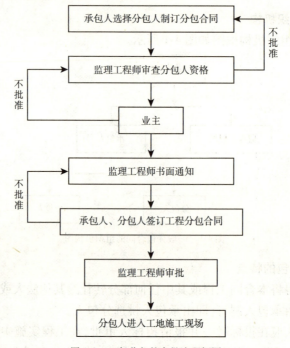

图4-2 一般分包的审批流程框图

4. 不属于分包的行为

以下工程施工使用的材料、设备和劳务不属于工程分包行为,因而也无须提交监理工程师批准,但联营必须在投标时声明,并附有联营协议。

(1)联营即联合承包。

(2)提供劳务。

(3)根据合同中规定的规格采购材料。

(4)租赁施工机具、设备。

5. 一般分包的常见内容

在工程施工过程,承包人常将下列一些专业化的或特殊工程,或者工程量虽大,但技术精度要求不高的分项工程分包给具有技术专长、施工经验丰富的专业化工程公司,即:

(1)不良地基处理(强重夯、粉喷桩、压密注浆、塑料排水板等)。

(2)边坡工程(爆破及防护与加固)。

(3)小型预制构件。

(4)部分路基土石方。

(5)部分小型结构物。

(6)人工挖孔桩基成孔及部分钻孔灌注桩。

6. 一般分包审查的主要内容

监理工程师应主要从以下几个方面审查承包人分包工程申请：

（1）分包人的资质情况及证明，包括企业概况、财务状况、参加分包工程人员的资历、施工机具状况等。

（2）分包工程项目及其内容。

（3）分包工程数量及金额。

（4）分包工程工期。

（5）分包工程所使用的技术规范与验收标准。

（6）分包协议。

以上内容均应符合合同规定。

知识点三　指定分包的管理

依据指定分包人的定义，可以知道，指定的分包人一旦被任命，分包人和承包人的关系就应在承包人和分包人签订的分包合同中作出规定。做这样安排的一个重要原因是业主希望承包人统一负责分包合同的管理和协调，并只向承包人支付这些服务费用。另外由业主指定分包的原因还很多，例如：业主对整个工程按专业性质的顺序进行招标，特别是专业性较强的项目，如高速公路的收费站及系统，电力设施的安装等已另行招标，但业主还是希望搞土建项目的承包人进行总承包，统一协调整个工程的施工管理，因而要求承包人接受其他专业项目的承包人为指定分包人。

1. 指定分包合同的组织机构

指定分包合同的组织机构如图 4-3 所示。

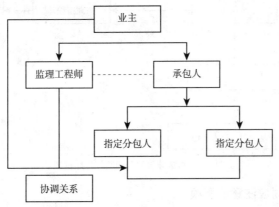

图 4-3　指定分包人关系

2. 指定分包合同的特点

（1）指定的分包合同会直接涉及到业主和监理工程师，因此，在一些分包合同招标之前，业主或监理工程师指定的分包公司，最好能得到业主和承包人的共同批准。承包人会要求删去他有理由反对的公司而建议增加他信任的并且过去有过良好合作关系的公司,这也需经过监理工程师的批准。

(2)在标书中应明确写出指定分包的项目或指定分包人的名单。因指定分包合同和招标文件最后都要成为分包合同的组成部分,因此在颁发指定分包招标文件之前,应征求承包人的意见。监理工程师还应注意,使招标分包合同的文件和条款尽可能与承包合同文件的内容实质相一致。

(3)指定分包合同所用的暂定金额应包括在合同的工程量清单之内。

(4)指定分包人应当向承包人承担如同承包人向业主所承担的同样的义务和责任,以保证承包人对指定分包人满意并合作共事。

3. 指定分包合同的审批程序

指定分包合同的标书通常由监理工程师或业主拟定(包含分包合同、分包工程项目、细目等),并负责招标和接受中标事宜,接着由中标者与承包人签订指定分包合同,并交业主和监理工程师备案。指定分包合同一般应在业主同承包人签订承包合同后进行。最好在指定分包合同招标之前,受邀请投标的公司能得到业主和承包人的共同批准。指定分包的合同签订程序框图如图4-4所示。

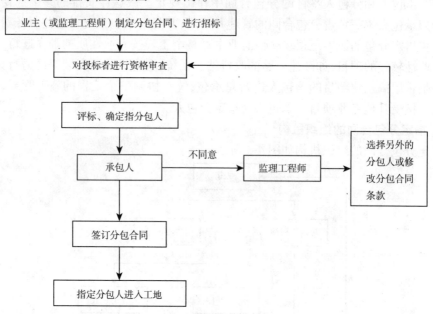

图4-4 指定分包的合同签订程序框图

4. 指定分包合同应注意的事项

(1)指定分包协议中有悖于工程合同规定的条款,承包人有权拒绝与此指定分包人签订合同;监理工程师和业主尊重承包人的意见,不能强制承包人去签订分包合同。反之,若承包人提不出正当反对意见,就应与分包人签订指定分包合同,并合作干好工程。

(2)指定分包人应向承包人负责,承担合同文件中承包人应向业主承担一切相应责任和义务,并向总承包人交纳部分管理费。同时,指定分包人不得滥用承包人为本工程提供的施工设施和临时工程,并保障承包人免受分包工程的损害并得到必要的补偿。若指定分包人拒绝这些限制条件,承包人就可以不雇用指定分包人。

(3)对签订指定分包协议的指定分包人(或供货人)已完成的工程或已提供的货物、材料和设备,承包人有权得到该款项,并按分包合同规定尽快支付给指定分包人。如果承包人没有向指定分包人付款,业主可在监理工程师对指定分包人的工程和服务质量确认后,直接指定分包人付款,并相应扣除承包人的这笔款项。

5. 指定分包常见的工程内容

在公路工程建设中较常见的指定分包有以下几种情况:

(1)装饰工程(如隧道洞口及洞内装饰)。

(2)绿化工程。

(3)部分交通安全设施(隔音墙等)。

(4)监控设施(摄像、报警装置的设备采购与安装等)。

(5)收费设施(收费棚、收费亭、自动栏杆、收费站路面及收费岛等设备采购等)。

(6)通信工程(通信管理增设)。

(7)附属工程的部分内容及项目,如室内装修、电话安装、供排水、污水处理以及冷暖设备的采购等。

(8)不同承包人相互交叉影响的分部、分项工程。

(9)承包人严重滞后于计划或事实证明无力完成的某些工程。

知识点四　工程分包的监理要点

1. 一般分包的监理要点

(1)工程分包必须按合同有关分包的规定办理,包括工程内容、范围、工程量、责任和义务的划分、批准程序等。

(2)承包人取得承包批准并不解除合同规定的任何责任和义务,承包人应对分包人所承担的工程派专人监督、协调和管理,审批分包人施工安排、质量控制、计量支付和合同管理等纳入整体管理中去,并对其工程质量及其职工行为、违约和疏忽负完全责任。

(3)监理工程师对分包人的管理不宜发生直接关系,一般应通过承包人。必要时,征得承包人同意,分包人可参加技术问题研讨或处理。除承包人违约,没有承包人书面同意,不应直接与分包人处理合同问题和计量支付费用。

(4)经监理工程师审核合格、业主书面批准后,承包人才能同分包人正式签订分包合同,并将分包合同的副本送监理工程师一份备案。

(5)履行开工手续。对分包人的每项工程,在开工前必须填报《分项工程开工申请》,同时应附上业主的书面批准证明。

(6)每次工地会议,承包人必须上报分包工程情况的有关资料,并邀请主要分包人参加。

（7）督促分包人按合同履行义务，核查分包人参加分包工程的主要技术人员、管理人员和设备进场及工程进展情况。

（8）经常检查分包人所完成的工程，分包工程的技术指标要符合规范。

（9）发现分包人的施工设备、技术力量以及工程质量难以达到工程要求，监理工程师应立即采取果断措施，建议清除出场，并通知承包人，抄送业主。

2. 指定分包的监理要点

（1）签订了指定分包协议的指定分包人（或供货人）和承包人的关系是合同关系，承包人有权对指定分包人分包的工程进行统一安排和管理，分包人应对所分包工程负责，履行承包人承担该部分工程中合同规定的责任和义务。监理工程师应设专人对指定分包工程进行管理，督促承包人和指定分包人履行各处的责任和义务，保证工程的进行。

（2）监理工程师在不干扰承包人的监督管理的前提下，可以直接对指定分包人进行检查和管理。

（3）监理工程师应注意使分包工程所使用的合同条款、技术规范、验收标准与承包合同一致，确保分包工程符合整体工程合同规定的质量要求，若有差异，应与业主协商使之取得一致。

（4）监理工程师应建议业主让分包人向业主提供银行保函的方式，以便一旦指定分包人未能履约，对其没收保证金。

实例展示

××南公司与××三峡公司、配件公司、赵某成公路工程分包合同纠纷案。本案例由湖北省宜昌市中级人民法院民事判决书[（2001）宜中经初字第120号]整理而成。

【案例回放】

（1）2000年11月10日，××南公司与××三峡公司签订《分包合同书》，将赤通公路第七标段改建工程中的爆破、护坡、涵洞、桥梁、混凝土路面等项目分包给其施工，并收取定金40万元。

（2）合同约定：××三峡公司不按约定把分包工程给其施工或不按期返还定金，则由××三峡公司双倍返还定金。

（3）配件公司与赵某成担保×南公司的损失与应得全部利益。

（4）双方签约后，×南公司支付了定金40万元，并按时进场做好了施工准备工作。

（5）但××三峡公司并没有按约定返还定金，并将合同约定的工程分包给他人施工，造成×南公司经济损失。

（6）××南公司将××三峡公司起诉至法院，请求判决：××三峡公司双倍返还定金80万元，支付工程款50 993.91元，并赔偿因转包合同给其造成的损失94万元，赔偿其因履行合同中实际造成的损失37.754万元；配件公司与赵某成负连带责任。

【案件评析】

经审理查明认为：

本案的主要争议焦点是：分包合同是否有效？湖北长江会计师事务所有限公司的报告书是否可以作为已完成工程造价依据？配件公司、赵某成应负何种民事责任？

1. 分包合同效力问题

法院认为：××三峡公司与××南公司、配件公司、赵某成签订《赤通公路七标段工程分包合同书》有效。其理由是：

(1)××南公司持有的营业执照表明，其具有路、桥施工的经营范围，应当确认其具有公路施工的民事行为能力。

(2)合同是双方当事人真实意思表示，且不损害社会公共利益和第三人利益，也不违反法律、行政法规的强制性规定。

(3)《中华人民共和国公路法》第二十四条第二款规定：承担公路建设项目的可行性研究单位、勘查设计单位、施工单位和工程监理单位，必须持有国家规定的资质证书。但××南公司没有公路施工资质并不导致本案所诉合同无效。

(4)××南公司持有的建筑业企业资质证书表明其为矿山建筑安装工程施工三级企业，其施工的矿山工程中，含矿区内的铁路、公路工程（包括桥涵），而本案所涉及的公路并非是高速公路，矿山公路与本案所涉公路其实并无实质区别。

(5)新颁布的《中华人民共和国合同法》的立法思想是减少对合同效力干预。同时，本案中××三峡公司仅向×南公司分包了部分单项工程内容，而不是全部。

法院认为分包合同所约定的定金是《担保法》所规定的最典型的定金形式，即违约定金。基于此，××三峡公司没有按合同约定返还定金和将合同约定的工程交由××南公司施工，一方面没有按时返还定金，另一方面，××南公司只是完成了12万元的工程量，××三峡公司构成多项违约，××南公司的合同目的落空，××三峡公司应当按合同约定的定金罚则双倍向××南公司返还定金80万元。

2. 关于××三峡公司因违约给××南公司造成的损失

法院认为，××三峡公司出具给××南公司的承诺，是其对于路面工程变更分包给××南公司造成损失的一种处理方案。在××南公司已退场的情况下，××三峡公司应当按其承诺赔偿××南公司。鉴于××三峡公司已经双倍返还定金，故法院认为××三峡公司可不再赔偿××南公司的损失。××南公司所提出的施工队伍进、退场费用，人工工资等所造成的损失，在客观上是实际存在的，但考虑到已适用了定金罚则，法院亦不再支持。

3. 关于实际施工工程价款问题

××南公司完成的工程造价为127 793.91元，××南公司所确认的材料款、借款等合计为47 564.05元，××三峡公司尚欠80 229.86元，但××南公司只请求了支付工程款50 993.91元，法院予以支持。××三峡公司提供了其他证据，但没有××南公司工作人员签字，且××南公司予以否认，亦没有相关证据佐证，故对此部分证据，不予采信。

4. 关于配件公司与赵某成的民事责任

配件公司以他人财产向××南公司提供担保，担保无效。但××南公司对此并不知情，对担保无效没有过错，担保无效的过错在于配件公司，故配件公司应当对××三峡公司的民事责任负连带赔偿责任。赵某成以其自有房屋提供担保，应当在其房屋价值范围内对××三峡公司的民事责任负赔偿责任。

综上所述,根据《中华人民共和国民法通则》第四条、《中华人民共和国合同法》第五十二条第五款、《中华人民共和国建筑法》第十五条和第二十九条、《中华人民共和国担保法》第八十九条、最高人民法院《关于适用〈中华人民共和国担保法〉若干问题的解释》第七条和第一百二十条第一款、建设部《造价工程师注册管理办法》第二十一条、建设部《建筑业企业资质等级标准(试行)》之规定,法院判决如下:

(1)××三峡公司向××南公司双倍返还定金80万元,于本判决生效后30日内付清。

(2)××三峡公司向××南公司支付工程款50 993.91元,并从2001年9月5日起至本判决确定付清之日止,按人民银行规定的同期存款利率赔偿逾期付款损失,于本判决生效后30日内付清。

(3)配件公司对××三峡公司的民事责任负连带赔偿责任。

(4)赵某成对××三峡公司的民事责任在其担保房屋价值范围内负赔偿责任。

专家提示

本案涉及定金罚则的适用,担保连带责任以及违约处罚等合同问题。对大家理解相关内容应有一定的帮助。另外特别说明,本案例的处理结果是一种方案。不作为法律证据。大家可以有自己的意见和观点。选择这个案例是引起大家对合同的重视,要能够学习用法律保护自己的应得利益。

模块二 工程的风险管理

知识点一 风险的分类

工程项目风险就是指那些在项目实施过程中可能出现的灾难性事件或不满意的结果。任何风险都包括两个基本要素:一是风险因素发生的不确定性;二是风险发生带来的损失。

风险是客观存在的,不以人的意志为转移。通过科学的分析和采取有效的措施进行风险管理,减少风险发生的概率,减少风险所将带来的损失,是风险管理的目标。

风险按照不同的标准有不同的分类,根据其产生的根源可分为政治风险、经济风险、金融风险、管理风险、自然风险和社会风险。

(1)政治风险:因政治方面的各种事件和原因所导致企业蒙受意外损失。如战争、叛乱、军事政变、政策及法律的变更等。

(2)经济风险:经济领域可能导致企业遭受厄运的风险。如:经济萧条、物价上涨和通货膨胀等。

(3)金融风险:财政金融方面的、内在的或主客观原因而导致的各种风险。如:借贷政策的变化、贷款利率的变化等。

(4) 管理风险：人们在经营过程中，因不适应客观形势变化或判断失误造成的。如：材料短缺、人员素质差和项目经理不胜任等。

(5) 自然风险：自然环境构成的障碍或不利条件。如：暴雨、洪水和地震等。

(6) 社会风险：企业所处的社会背景、秩序、宗教信仰、风俗习惯及人际关系等形成的各种束缚或不便。

(7) 其他风险：如核燃料及核废物、放射性毒气爆炸等。

按照风险的危害程度，将风险划分为极端严重的风险、严重危害的风险和常见的一般危害的风险。

1. 极端严重的风险

这种风险发生的概率小，但损失严重。此类风险一旦发生，足以对业主和承包人造成致命的危害，使业主和承包人破产或倒闭。如工程所在地发生战争、敌对行为、叛乱、革命、暴动、军事政变、政策及法律的变更等就属于此类。当我们进行境外工程承包时，尤其要注意这类风险的存在。

2. 严重危害的风险

此类风险发生的概率较大，带来的损失也较大，但没有极端风险带来的严重。这类风险可以通过有效的控制措施，避开或减少此类风险。如发生通货膨胀等经济风险，这类风险应该是一个有经验的承包人可以预见的，那么这类风险可以在合同条款中进行相关约定，来减少承包人的损失。

3. 常见的一般危害的风险

此类风险发生概率频繁，但损失较小。如管理风险，有经验的工程业主和承包人只要采取适当的措施，就可以预测此类风险并避开和转移风险，风险发生后也可以补救。

4. 不可抗力风险类型

《公路标准施工招标文件》公路行业标准专用合同条款中，将下列自然灾害和社会突发事件归为不可抗力。不可抗力是指承包人在订立合同时不可预见。

(1) 地震、海啸、火山爆发、泥石流、暴雨(雪)、台风、龙卷风和水灾等自然灾害。

(2) 战争、骚乱、暴动，但纯属承包人或其分包人派遣与雇用的人员由于本合同工程施工原因引起者除外。

(3) 核反应、辐射或放射性污染。

(4) 空中飞行物体附落或非发包人或承包人责任造成的爆炸、火灾。

(5) 瘟疫。

(6) 项目专用合同条款约定的其他情形。

5. 不可抗力后果及其处理

除专用合同条款另有约定外，不可抗力导致的人员伤亡、财产损失、费用增加和(或)工期延误等后果，由合同双方按以下原则承担：

(1) 永久工程，包括已运至施工场地的材料和工程设备的损害，以及因工程损害造成的第三者人员伤亡和财产损失由发包人承担。

（2）承包人设备的损坏由承包人承担。

（3）发包人和承包人各自承担其人员伤亡和其他财产损失及其相关费用。

（4）承包人的停工损失由承包人承担，但停工期间应监理人要求照管工程和清理、修复工程的金额由发包人承担。

（5）不能按期竣工的，应合理延长工期，承包人不需支付逾期竣工违约金。发包人要求赶工的，承包人应采取赶工措施，赶工费用由发包人承担。

知识点二　风险管理

工程项目的风险，受国家和地方经济政策、法律和法规的调整变化影响最大，同时也受工程项目自身特点的风险影响，为了减轻风险、转移风险和避开风险，化消极因素为积极因素，无论是业主还是承包人，都应该加强风险预测和风险管理。

风险管理就是通过风险的识别、预测和衡量、选择有效的手段，以尽可能降低成本，有计划地处理风险，以获得企业安全生产的经济保障。这就要求企业在生产经营过程中，应对可能发生的风险进行识别，预测各种风险发生后对资源及生产经营造成的消极影响，使生产能够持续进行。可见，风险的识别、风险的预测和风险的处理是企业风险管理的主要步骤。风险防范措施主要有风险回避、风险控制、风险保留和风险转移。

1. 风险回避

风险回避是投资主体有意识地放弃风险行为，完全避免特定的损失风险。简单的风险回避是一种最消极的风险处理办法，因为投资者在放弃风险行为的同时，往往也放弃了潜在的目标收益。所以一般只有在以下情况下才会采用这种方法：

（1）投资主体对风险极端厌恶。

（2）存在可实现同样目标的其他方案，其风险更低。

（3）投资主体无能力消除或转移风险。

（4）投资主体无能力承担该风险，或承担风险得不到足够的补偿。

如：放弃政局不稳定国家的投标，业主采取资格预审的办法避免缺乏资信的承包人中标等都是回避风险的行为。

2. 风险控制

风险控制包括预防和减少损失两个方面。风险控制不是放弃风险，而是制定计划和采取措施降低损失的可能性或者是减少实际损失。风险控制的阶段包括事前、事中和事后三个阶段。事前控制的目的主要是为了降低损失的概率，事中和事后的控制主要是为了减少实际发生的损失。

如：业主要求承包人提交投标担保、履约保函等行为是为了防止承包人不履约或履约不力；合同条款中的索赔条款，是承包人防止业主违约，减少损失的一个重要保证措施。

3. 风险转移

风险转移是指通过契约将让渡人的风险转移给受让人承担的行为。通过风险转移过程有时可大大降低经济主体的风险程度。风险转移的主要形式是合同和保险。

(1) 合同转移。通过签订合同,可以将部分或全部风险转移给一个或多个其他参与者。

(2) 保险转移。保险是使用最为广泛的风险转移方式。

4. 风险保留

风险保留,即风险承担。也就是说,如果损失发生,经济主体将以当时可利用的任何资金进行支付。风险保留包括无计划自留和有计划自我保险。

(1) 无计划自留。指风险损失发生后从收入中支付,即不是在损失前做出资金安排。当经济主体没有意识到风险并认为损失不会发生时,或将意识到的与风险有关的最大可能损失显著低估时,就会采用无计划保留方式承担风险。一般来说,无资金保留应当谨慎使用,因为如果实际总损失远远大于预计损失,将引起资金周转困难。

(2) 有计划自我保险。指在可能的损失发生前,通过做出各种资金安排以确保损失出现后能及时获得资金以补偿损失。有计划自我保险主要通过建立风险预留基金的方式来实现。

工程施工中常见的风险管理策略及相应的措施见表4-1。

工程施工中常见的风险管理策略及相应的措施　　　　　表4-1

	风 险 目 录	风险管理策略	相应的措施
财务和经济	通货膨胀	风险自留	执行价格调整 投标时考虑应急费用
	分包人或供应商违约	风险利用 风险转移	履约保函 进行资审
	业主违约	风险自留 风险转移	索赔 严格合同条款
	项目资金无保证	风险回避	弃标
	标价过低	风险自留	控制成本 加强索赔
政治、环境	战争、内乱	风险转移	保险
	恶劣自然条件	风险自留	索赔、预防措施
	现场条件恶劣	风险自留	改善恶劣条件
	工作失误	风险转移 风险控制	投保工程全险 严格规章制度
	工伤事故	风险转移	保险
自然条件	对永久结构物的损坏造成人员伤亡	风险转移	保险
	火灾、洪水、地震、塌方	风险转移	保险
	宗教节日影响施工	风险自留	预防、合理安排进度、预留损失费
	社会风气腐败	风险自留	预留损失费

知识点三　工程保险的概念和种类

1. 工程保险的性质和作用

（1）工程的保险是强制性的，合同条款中有明文规定。《公路标准文件》通用条款第20条规定，承包人应以发包人和承包人的共同名义向双方同意的保险人投保建筑工程一切险、安装工程一切险，承包人和发包人要分别对其人员办理工伤事故险、人身意外伤害险及第三者责任险，还有其他保险，如承包人应为其施工设备办理保险。

（2）进行各种保险可使业主和承包人转移和减轻风险。

（3）保险后依然要注重风险的防范工作，尽量避免和减少风险危害。

2.《公路工程标准文件》规定的强制性保险种类及保险费的支付

（1）通用条款第20.1款规定，承包人应以发包人和承包人的共同名义向双方同意的保险人投保建筑工程一切险、安装工程一切险。其具体的投保内容、保险金额、保险费率、保险期限等有关内容在专用合同条款中约定。

建筑工程一切险的投保内容：为本合同工程的永久工程、临时工程和设备及已运至施工工地用于永久工程的材料和设备所投的保险。

保险金额：工程量清单第一百章（不含建筑工程一切险及第三者责任险的保险费）至七百章的合计金额。

保险费率：在项目专用条款数据表中约定。

保险期限：开工日起直至本合同工程签发缺陷责任期终止证书止（即合同工期＋缺陷责任期）。

承包人应以发包人和承包人的共同名义投保建筑工程一切险。建筑工程一切险的保险费由承包人报价时列入工程量清单第一百章内。发包人在接到保险单后，将按照保险单的费用直接向承包人支付。

（2）人员工伤事故的保险

通用条款第20.2款规定了人员工程施工的保险。承包人应依照有关法律规定参加工伤保险，为其履行合同所雇佣的全部人员缴纳工伤保险费，并要求其分包人也进行此项保险。

发包人应依照有关法律规定参加工伤保险，为其现场机构雇佣的全部人员，缴纳工伤保险费，并要求其监理人也进行此项保险。

（3）人身意外伤害险

通用条款第20.3款规定，发包人应在整个施工期间为其现场机构雇用的全部人员，投保人身意外伤害险，缴纳保险费，并要求其监理人也进行此项保险。

承包人应在整个施工期间为其现场机构雇用的全部人员，投保人身意外伤害险，缴纳保险费，并要求其分包人也进行此项保险。

(4) 第三者责任险

第三者责任系指在保险期内,对因工程意外事故造成的、依法应由被保险人负责的工地上及毗邻地区的第三者人身伤亡、疾病或财产损失(本工程除外),以及被保险人因此而支付的诉讼费用和事先经保险人书面同意支付的其他费用等赔偿责任。

通用条款第20.4款规定,在缺陷责任期终止证书颁发前,承包人应以承包人和发包人的共同名义,投保第20.4.1项约定的第三者责任险,其保险费率、保险金额等有关内容在专用合同条款中约定。

(5) 其他保险

除专用合同条款另有约定外,承包人应为其施工设备、进场的材料和工程设备等办理保险。

3. 对各项保险的一般要求

(1) 保险凭证

承包人应在专用合同条款约定的期限内向发包人提交各项保险生效的证据和保险单副本,保险单必须与专用合同条款约定的条件保持一致。

(2) 保险合同条款的变动

承包人需要变动保险合同条款时,应事先征得发包人同意,并通知监理人。保险人作出变动的,承包人应在收到保险人通知后立即通知发包人和监理人。

(3) 持续保险

承包人应与保险人保持联系,使保险人能够随时了解工程实施中的变动,并确保按保险合同条款要求持续保险。

(4) 保险金不足的补偿

保险金不足以补偿损失的,应由承包人和(或)发包人按合同约定负责补偿。

(5) 未按约定投保的补救

①由于负有投保义务的一方当事人未按合同约定办理保险,或未能使保险持续有效的,另一方当事人可代为办理,所需费用由对方当事人承担。

②由于负有投保义务的一方当事人未按合同约定办理某项保险,导致受益人未能得到保险人的赔偿,原应从该项保险得到的保险金应由负有投保义务的一方当事人支付。

(6) 报告义务

当保险事故发生时,投保人应按照保险单规定的条件和期限及时向保险人报告。

【风险管理实例】

【案例回放】

某大桥工程项目所在地区,因连降暴雨成灾,发生严重的山洪爆发,使正在施工的桥梁工程遭受以下损失:

(1) 一大部分施工临时栈桥和脚手架被冲毁,估计损失为300万元。

(2) 一座临时仓库被狂风吹倒,使库存水泥等材料被暴雨淋坏和冲走,估计损失为80万元。

(3)洪水原因冲走和损害一部分施工机械设备,其损失为 50 万元。
(4)临时房屋工程设施倒塌,造成人员伤亡损失为 15 万元。
(5)工程被迫停工 20 天,造成人员和机械设备闲置损失达 60 万元。

该工程分别办理了工程一切险、承包人机械装备保险及人身安全保险。

【案例评析】

该事件属于不可抗力风险。则按责任分担,(1)、(2)由发包人承担,(3)、(4)、(5)由承包人承担。这些风险均可依据保险公司的规定,得到相应的经济赔偿。

如果业主应承担损失费 380 万元,若已办理 3‰ 的保险,该项工程造价为 8 000 万元,投保金额为分期办理,本期只办理了 6 000 元,则保险公司应赔偿金额为 $380 \times \dfrac{6\,000}{8\,000} = 285$(万元)。业主花费的保险费为 $6\,000 \times 3‰ = 18$(万元)。由此计算可知,业主只花了 18 万元的保险费而规避了 285 万的经济损失。

承包人共损失了 125 万元的资产,与业主同理,得到了保险公司的赔偿。

4. 对外承包工程风险

"走出去"已成为我国改革开放总体战略的重要组成部分,截至 2004 年底,我国对外承包工程累计完成营业额 1 140.3 亿美元,对外承包业务已经从最初的房屋建筑和交通领域发展到多个领域,业务遍及世界 180 个国家和地区,同时,国际工程承包方式也发生了深刻变化。

中国对外承包工程企业走出去面临的风险主要有政治风险、收汇风险(如买家破产、拖欠)、经营风险(如市场变化、汇率波动)、管理风险(如工人罢工、管理人员流失)和项目风险(如合同、成本、支付和销售)等,其中政治风险是最大、最不可预期的风险。

这次的利比亚动荡,给中国企业就带来了极大的损害。来自腾讯财经网的消息,2011 年 3 月 23 日,中国商务部例行新闻发布会上透露,利比亚的动荡给中资企业造成了相当大的影响。

中国在利比亚承包的大型项目一共 50 个,涉及合同金额是 188 亿美元。而现在,虽然大部分中资企业人员已经撤出,但项目进展大受影响,设备等资产也存在损失。据悉,商务部已经会同相关部门着手评估中资企业在利比亚的损失。但如 3 月份以来,中国出口信用保险公司(以下简称"中国信保")向数家在利比亚有投资项目的投保企业支付了赔款,如已分别向葛洲坝集团、中国建材赔款 1.62 亿元和 4 815 万元,向北京建工集团、北京宏福建工集团预赔首笔保险金 4 631 万元、8 568 万元。上述保险赔付数字加起来不过 4 亿,仅占总损失 199 亿元的 2%。

对外承包工程要增加风险防范意识,采用风险转移策略,做好保险,避免和减少政治风险等极端严重风险带来的巨大损失。

模块三 工程变更的管理

工程变更是指施工过程中出现了与签订合同时的预计条件不一致的情况,而需要改变原定施工承包范围内的某些工作内容。

工程变更不同于合同变更，前者对合同条件内约定的业主和承包人的权利义务没有实质性改动，只是对施工方法、内容作局部性改动，属于正常的合同管理，按照合同的约定由工程师发布变更指令即可；而后者则属于对原合同需进行实质性改动，应由业主和承包人通过协商达成一致后，以补充协议的方式变更。

土建工程受自然条件等外界的影响较大，工程情况比较复杂，且在招标阶段依据初步设计图纸招标，因此在施工合同履行过程中不可避免地会发生变更。

知识点一　工程变更的原因与内容

1. 工程变更的原因

（1）因设计不合理而引起的工程变更。
（2）业主想扩大工程规模、提高设计标准或加快施工进度而出现的工程变更。
（3）为满足地方政府的要求而不得不进行的工程变更。
（4）为优化设计方案而出现的工程变更。
（5）因雇主风险或监理工程师责任等原因而引起的工程变更。
（6）因承包人的施工质量事故而引起的工程变更。

其中，承包人的施工质量事故引起的工程变更属于承包人的责任范围，承包人应承担由此而增加的全部费用。

2. 工程变更的范围和内容

《公路工程标准文件》第15.1款规定了工程变更的范围和内容。由于工程变更属于合同履行过程中的正常管理工作，工程师可以根据施工进展的实际情况，在认为必要时就以下几个方面发布变更指令：

（1）取消合同中任何一项工作，但被取消的工作不能转由发包人或其他人实施，由于承包人违约造成的情况除外。

省略的工作应是不再需要的工程，不允许用变更指令的方式将承包范围内的工作变更给其他承包人实施。

（2）改变合同中任何一项工作的质量或其他特性。如监理工程师可根据业主要求，将原定的沥青混凝土路面改为水泥混凝土路面。

（3）改变合同工程的基线、高程、位置或尺寸。

（4）改变合同中任何一项工作的施工时间或改变已批准的施工工艺或顺序。

此类属于合同工期的变更，既可能是基于增加工程量、增加工作内容等情况，也可能源于工程师为了协调几个承包人施工的干扰而发布的变更指示。

（5）为完成工程需要追加的额外工作。

在公路施工中，常见的工程变更如下：

（1）软土地基处理。

(2)桥梁基础处理。
(3)增加排水涵洞。
(4)涵洞位置移动。
(5)增加结构物的尺寸(桥梁增孔)。
(6)改变施工工艺。

实例展示

某工程所发生的一些工程变更,见表4-2。

工程变更明细表

合同号 Q1　　　　　　　　　　　　　　　　　　　　　　　　　　表4-2(1)

序号	变更项目名称	变更理由	变更后方案	工程造价预估增加额(+)(-)(元)	累计金额(元)
1	京秦互通 AK0+390~AK0+460 换填	业主、设计代表、总监办、驻地办共同协商决定变更	清表后,挖除软弱土50cm,换填50cm 石渣,用砂砾找平进行挤密达到稳定为止	+270 318	+270 318
2	不良地质处理	EK0+240~EK0+450 路段积水严重,长浸泡以致基底承载力达不到要求	水渠部分和蓄水坑部分换填50cm 毛渣石,上铺 50cm 砂砾,其余腐植土部分采用换填 50cm 毛渣石,进行挤密直到达到稳定为止,并用砂砾填缝找平	+552 092.7	+822 410.7
3	K0+928~K1+080 段不良地质处理	路段内存在两个大水坑,而且水坑有13m多深,两坑之间为水渠和淤泥,且常年积水,地基承载力明显达不到要求	抽水清淤后换填60cm 毛渣石,并进行碾压,在毛渣石上分层填筑砂砾,然后进行路基土方填筑	+867 945	+1 690 355.7

合同号 Q4　　　　　　　　　　　　　　　　　　　　　　　　　　表4-2(2)

序号	变更项目名称	变更理由	变更后方案	工程造价预估增加额(+)(-)(元)	累计金额(元)
1	软基处理	K38+329.75~K38+382、K38+448~K38+476 段地下水位较高,如不处理将存在严重质量隐患	清表后,用50cm 毛渣石稳定基础,上填 50cm 砂砾垫层	+143 907	+143 907
2	K44+130 泥井沟中桥头地基处理	K44+130 泥井沟中桥乐亭台背自 K44+169.97~K44+229.58 段,河床表面是淤泥质软土,接近水面处为粉细砂,为保证质量要求变更	挖除淤泥后,用50cm 毛渣石稳定基础,上填 50cm 砂砾垫层,保证高于河道水平面	+260 831	+404 738
3	软基处理	K42+170~K42+400 段,路基表层60cm 内全部为软弱土	挖除软弱土,采用山皮土,碾压密实	+303 379	+708 117

合同号 T1   表 4-2(3)

序号	变更项目名称	变更理由	变更后方案	工程造价预估增加额(+)(-)（元）	累计金额（元）
1	K90+710 段 4×3.1m 交角 45°箱型涵洞	施工检测中发现本涵洞左幅地基承载力不满足设计要求，需要变更	箱身左幅砂砾垫层的厚度由原来的 30cm 变更为 130cm，厚度由 5.12m 变更为 6.12m	+13 579	+13 579

合同号 T2   表 4-2(4)

序号	变更项目名称	变更理由	变更后方案	工程造价预估增加额(+)(-)（元）	累计金额（元）
1	一般路基变更	两段属于稻田区，由于地下水位高，清表后原地面压实难以达到设计要求	K103+930.35~K104+402.50、K104+475.50~K104+700 两段清表后填 30cm 砂砾	+145 530	+145 530

合同号 T3   表 4-2(5)

序号	变更项目名称	变更理由	变更后方案	工程造价预估增加额(+)(-)（元）	累计金额（元）
1	路基内土路挖方	K111+460~K111+800 段横向土路为田间过道，突出路基较大，为保证路基整体稳定性，需要变更	利用机械配合人工将土路清理后，与原地面找平	+1 248	+1 248

合同号 T5   表 4-2(6)

序号	变更项目名称	变更理由	变更后方案	工程造价预估增加额(+)(-)（元）	累计金额（元）
1	K140+424 中桥增加一跨	原设计中的对既有沟渠、道路进行改移，但征地等问题一时难以解决，所以要求变更	为加快施工进度，将该桥天津方向增加一孔(16m)，将原在沟渠改移取消	+410 921.25	+410 921.25
2	K143+212~k143+242 段路基地基处理	由于该处一道 110kV 高压线路暂时无法拆除，安全净空不够，导致无法施工，要求变更	该段落内，改用循环钻机打设 C20 混凝土实心桩	+603 521.38	+1 014 442.63
3	构造物基坑采用砂砾回填	K132+650~k146+350 段为使桥台及涵洞(通道)基坑回填密实，保证台(涵)背和锥坡填土稳定，要求变更	桥台及涵洞(通道)基坑采用砂砾回填，并分层夯实	+415 133.3	+1 429 575.93
4	增加软基处理设计	南堡互通 CK0+109.838~CK0+247 段路基原为芦苇塘地段，而施工图中没有软基处理设计，要求变更	为保证路基的均匀沉降，增加软基处理设计	+281 973.74	+1 711 549.67

续上表

序号	变更项目名称	变更理由	变更后方案	工程造价预估增加额(+)(-)(元)	累计金额(元)
5	增加软基处理设计	K136+580~K136+757.5段路基成型后容易发生不均匀沉降,要求变更	为保证路基的均匀沉降,增加软基处理设计	+430 386.46	+2 141 936.13
6	增加塑料排水板	K138+446.5~K138+783段地质条件较差,淤泥质亚黏土厚度最大值为15m,要求变更	为保证路基稳定,该段路基处理增加塑料排水板(14.5m)处理	+286 626.72	+2 428 562.85
7	延长原有倒虹吸	K143+051.5黑沿子排水渠大桥原设计不利于黑东分灌区稻田的正常供水,丰南水务局要求对该涵进行变更	取消原设计的1-6m箱涵,将原有倒虹吸扩建,原设计改渠移至倒虹吸加长部分上	+88 160	+2 516 722.85

合同号 T6　　　　　　　　　　　　　　　　　　　　　　表4-2(7)

序号	变更项目名称	变更理由	变更后方案	工程造价预估增加额(+)(-)(元)	累计金额(元)
1	增加排水、清淤、换填砂砾工程量	该段现状为鱼池,应进行排水、清淤、换填砂砾的软基处理措施	K154+670~K154+836段增加排水、清淤、换填砂砾工程量	+439 878.37	+439 878.37
2	K155+513小桥1×13增加搅拌桩工程量	沿海高速(唐)设计代字[2005]013号设计变更报告中只给出了小桥两侧主线位置的搅拌桩	增加K155+513小桥两侧C匝道位置的搅拌桩	+101 100	+540 978.37

知识点二　工程变更的提出

1. 工程变更的提出方

根据提出变更申请和变更要求的不同部门,将工程变更划分为四类:业主变更、施工单位变更、监理单位变更、与工地相邻的第三方提出变更。

(1)业主变更(包含上级部门变更、筹建处变更、设计单位变更)

上级部门变更:指上级交通行政主管部门提出的政策性变更和由于国家政策变化引起的变更。

业主变更:筹建处根据现场实际情况,为提高质量标准、加快进度、节约造价等因素综合考虑而提出的工程变更。

设计单位变更:指设计单位在工程实施中发现工程设计中存在的设计缺陷或需要进行优化设计而提出的工程变更。

(2)监理单位变更

监理工程师根据现场实际情况提出的工程变更和工程项目变更、新增工程变更等。

(3)施工单位变更

施工单位在施工过程中发现的设计与施工现场的地形、地貌、地质结构等情况不一致而提出的工程变更。

(4)与工地相邻的第三方提出的变更。

2. 工程变更的提出

(1)监理提出变更

在合同履行过程中,可能发生第15.1款约定情形的,监理人可向承包人发出变更意向书。变更意向书应说明变更的具体内容和发包人对变更的时间要求,并附必要的图纸和相关资料。变更意向书应要求承包人提交包括拟实施变更工作的计划、措施和竣工时间等内容的实施方案。发包人同意承包人根据变更意向书要求提交的变更实施方案的,由监理人按条款约定发出变更指示。

(2)若承包人收到监理人的变更意向书后认为难以实施此项变更,应立即通知监理人,说明原因并附详细依据。监理人与承包人和发包人协商后确定撤销、改变或不改变原变更意向书。

(3)承包人提出变更

承包人收到监理人按合同约定发出的图纸和文件,经检查认为其中存在第15.1款约定情形的,可向监理人提出书面变更建议。变更建议应阐明要求变更的依据,并附必要的图纸和说明。监理人收到承包人书面建议后,应与发包人共同研究,确认存在变更的,应在收到承包人书面建议后的14天内作出变更指示。经研究后不同意作为变更的,应由监理人书面答复承包人。

3. 变更指示

(1)在合同履行过程中,发生第15.1款约定情形的,监理人应按照约定向承包人发出变更指示。

(2)变更指示只能由监理人发出。

(3)变更指示应说明变更的目的、范围、变更内容以及变更的工程量及其进度和技术要求,并附有关图纸和文件。承包人收到变更指示后,应按变更指示进行变更工作。

在履行合同过程中,经发包人同意,监理人可按第15.3款约定的变更程序向承包人作出变更指示,承包人应遵照执行。没有监理人的变更指示,承包人不得擅自变更。

知识点三　工程变更的申请与审批程序

1. 工程（设计）变更的分类

《公路工程标准文件》公路行业标准专用条款第15.3.4款规定，设计变更程序应执行《公路工程设计变更管理办法》（交通部令2005年第5号）。

设计变更，是指自公路工程初步设计批准之日起至通过竣工验收正式交付使用之日止，对已批准的初步设计文件、技术设计文件或施工图设计文件所进行的修改、完善等活动。

《公路工程设计变更管理办法》规定，公路工程设计变更分为重大设计变更、较大设计变更和一般设计变更。

有下列情形之一的属于重大设计变更：
(1)连续长度10km以上的路线方案调整的。
(2)特大桥的数量或结构型式发生变化的。
(3)特长隧道的数量或通风方案发生变化的。
(4)互通式立交的数量发生变化的。
(5)收费方式及站点位置、规模发生变化的。
(6)超过初步设计批准概算的。

有下列情形之一的属于较大设计变更：
(1)连续长度2km以上的路线方案调整的。
(2)连接线的标准和规模发生变化的。
(3)特殊不良地质路段处置方案发生变化的。
(4)路面结构类型、宽度和厚度发生变化的。
(5)大中桥的数量或结构型式发生变化的。
(6)隧道的数量或方案发生变化的。
(7)互通式立交的位置或方案发生变化的。
(8)分离式立交的数量发生变化的。
(9)监控、通信系统总体方案发生变化的。
(10)管理、养护和服务设施的数量和规模发生变化的。
(11)其他单项工程费用变化超过500万元的。
(12)超过施工图设计批准预算的。

一般设计变更是指除重大设计变更和较大设计变更以外的其他设计变更。

《公路工程设计变更管理办法》中明确规定，重大设计变更由交通部负责审批。较大设计变更由省级交通主管部门负责审批。项目法人负责对一般设计变更进行审查，并应当加强对公路工程设计变更实施的管理。经批准的设计变更一般不得再次变更。

2. 设计变更的审批和管理内容

在合同管理工作中一般都有专职监理人员负责工程变更事宜，其受理程序依据监理合同和监理的工作细则。具体的步骤如下：

(1) 接受变更提出方的工程变更通知或申请

主要内容包括变更项目、部位；变更原因、依据及有关文件、图纸、资料；工程变更对质量、进度、费用、施工环境及对相关方面影响的评价；工程变更的相关合同事宜等。

工程变更的申请或通知应以书面形式为准。

(2) 资料收集、勘察现场

监理工程师根据工程变更的申请，为审查工程变更情况，应搜集相关的合同文件、水文地质、地形、施工记录及有关的法律规定等资料，并对施工现场进行调查或补充勘察。

(3) 工程变更核查

监理工程师以施工合同和实际勘察取得的资料为依据，对工程变更进行核查。主要内容有：

①核查工程变更设计图纸和相关基础资料以及工程变更对环境和相关方面的影响。

②核查工程变更施工方案及其对相关工程施工以及工期的影响；计算变更单价，评估工程变更对工程总合同造价的影响。

(4) 协商价格

监理工程师应与承包人和业主就工程变更费用评审及确定支付单价进行协商，对协商一致的单价可确定为工程支付单价。具体的估算方法和原则后面有论述。

(5) 签发工程变更令

经审查变更资料齐全、变更要求合理、变更工程单价确定，并按监理服务合同授权和监理制度规定完备的有关手续，监理工程师应及时签发工程变更令。变更令包括以下文件：

①文件目录。

②工程变更令。

③工程变更说明。

④工程变更费用估算表。

⑤附件包括变更前后的图纸；业主、承包人、监理工程师三方面的会议、会谈纪录；有关设计部门对变更的意见；有关行业部门、上级主管部门的文件；承包人的预算报告；确定工程数量及单价的证明资料等。

最后工程变更令发至承包人，抄送业主。同时有关工程变更的资料应认真整理作为"工作变更令"的附件存档备查。

3. 工程变更审批的原则

(1) 设计文件是安排建设项目和组织施工的主要依据，设计一经批准，不得任意变更。只有当工程变更得到批准后才可组织施工。

(2) 工程变更必须坚持高度负责的精神与严格的科学态度，在确保工程质量标准的前提下，对于降低工程造价、节约用地和加快施工进度等方面有显著效益时，应考虑工程变更。

(3) 工程变更事先应周密调查，备有图文资料，其要求与现设计相同，以满足施工需要，并填写"变更设计报告单"，详细申述变更设计理由(软基处理类应附土样分析、弯沉检测或承载力试验数据)、变更方案(附上简图及现场图片)、与原设计的技术经济比较(无单价的填写估算费用),按照审批权限报请审批,未经批准的不得按变更设计施工。

(4)工程变更的图纸设计要求和深度等同原设计文件。

4. 变更后的作价

(1)如果取消某项工作,则该项工作的总额价不予以支付。

(2)已标价工程量清单中有适用于变更工作的子目,采用该子目的单价。

(3)已标价工程量清单中无适用于变更工作的子目,但有类似子目的,可在合理范围内参照类似子目的单价,由监理人商定或确定变更工作的单价。

(4)已标价工程量清单中无适用或类似子目的单价,可在综合考虑承包人在投标时所提供的单价分析表的基础上,由监理人商定或确定变更工作的单价。

(5)如果本工程的变更指示是因承包人过错、承包人违反合同或承包人责任造成的,则这种违约引起的任何额外费用应由承包人承担。

知识点四　工程变更单价的确定方法

依照上面的论述,在进行工程变更估价时,首先应以清单中的单价或总额价为依据,但清单中没有适合的单价或总额价时,才采取协商的方法。根据这些规定,一般认为,变更工程单价的确定方法有4种。

1. 采用工程量清单中相应的工程细目的单价

这是确定变更工程单价的首要依据,即工程量清单中有相应工程细目者,原则上应按工程量清单中相应的工程细目单价来确定工程造价。由于工程量清单的价格是承包人投标时填报的,用于变更工程,容易为业主、承包人及监理工程师所接受,而且从合同意义上来说也比较公平合理。

采用工程量清单中相应工程细目的单价作为计价依据,能充分起到单价合同的作用,减少变更工程协商定价的分歧,尽快确定变更工程造价,及时办理变更工程的监理支付。

实践中,采用工程量清单的价格分以下三种情形:

(1)直接套用。直接采用工程清单上的价格。

(2)间接套用。依据工程量清单,经换算后采用。

(3)部分套用。依据工程量清单,取用其价格中的某一部分。

【例4-1】　某项目由于设计变更,使得利用填方增加10 000m^3,且增加直径1m的圆管涵2道共60m。求变更工程的造价。

【解】　合同中,利用填方的单价为12元/m^3,直径1m的圆管涵(含基础)的单价是2 000元/m。上述变更在工程量清单中有相应单价,因此,采用原清单单价,则变更工程的造价为:

10 000×12+60×2 000=240 000元

【例4-2】　在某合同新增加的附属工程项目中,需要浇筑C25混凝土,在工程量清单中,虽然可以找到C25混凝土的价格,但在不同的构造物中,由于几何尺寸、地理位置和施工条件不尽相同,尽管混凝土强度等级相同,但单价却不一样,并且没有明显可与新增的附属工程情况靠近的单价。如何确定其单价?

【解决办法】 监理工程师采取了间接套用的方法。首先将工程量清单中所有C25混凝土价格取出,然后计算其平均值;并以此平均值作为新增工程中C25混凝土的单价。

【例4-3】 某合同工程中要使用的钻孔桩有以下3种:直径为1.0m的共计长1 501m,直径为1.2m的共计长8 178m,直径为1.3m的共计长2 017m,原合同规定采用1.0m的钻孔桩做静载破坏试验。

监理工程师认为,如果选择1.2m的钻孔桩做静载破坏试验,更具指导意义,觉得应进行变更。但原清单中只有1.0m的钻孔桩做静载破坏试验的价格,没有可直接套用的价格。

【解决办法】 部分套用。分析钻孔桩静载破坏试验的费用组成两部分:试验费用+桩的费用。试验方法及设备并未因试验桩直径改变而变化,费用增减的是钻孔桩直径变化引起的。因此,1.2m钻孔桩进行静载破坏试验的费用=直径1.0m桩静载破坏试验费用+直径1.2m钻孔桩的清单价格。

2. 采用计日工单价作计价依据

如果工程量清单中无相应的单价作价依据,当变更工程是一些小型变更工程时,可根据监理工程师的指示使用计日工单价作为计价的依据。

在使用计日工单价作计价依据时,应注意变更工程是一些小型工程,即使对其分解,工程量清单中也无相应工程细目的单价,该方法不适于大型变更工才的计价。

3. 协商确定新工程细目的单价

如果工程量清单中没有相应工程细目的单价,且又不宜采用计日工单价作计价依据,则监理工程师应根据授权和业主、承包人协商确定新的工程细目单价。在协商过程中,《公路工程预算定额》及预算编制办法、承包人投标时提交的单价分析资料及工程量清单中相关细目的单价为作价依据。实践中常采用以下方法:

(1)以合同单价为基础单价

该方法的特点是简单且有合同依据。以原单价为基础,按比例进行新单价的换算。

在原单价是合理的情况下,该方法是相对合理的。承包人在投标时如果采用不平衡报价法,就会使用该方法确定的单价偏高或偏低。

(2)以概预算方法为基础定价

该方法的优点是以《公路工程预算定额》及编制办法作定价依据,产生的价格相对合理,能真实反映完成变更工程的成本和利润。其缺点是不同的施工方案、施工方法会有不同的单价,另外该方法无法反映投标竞争产生的原有招标成果的作用,特别是当承包人有不平衡报价时,该方法会加剧总造价的不合理性。

(3)加权定价法

针对以上两种方法均存在不足,合理的定价方法是在保持原有报价不受实质影响的前提下,对新增工程部分按预算方法定价,原部分采用原报价的加权法来确定新单价。

这种方法既体现了原投标竞价的成果,同时也对新增部分采用合理的价格,使承包人不得到更多的利润或受到更多的损失。

(4)以发票作为定价依据

值得说明的是,在极其特殊的情况下,如果无论哪种办法都找不到某种材料的合理参考价格法,则监理工程师也可用实际发货票据作为定价依据之一。但监理工程师一定要进行市场调查,以验证发货票据的真实性和实际发生费用的符合性。

【例4-4】 设某项目有填方、挖方以及路面三项工程,其工程量和标底价格见表4-3。现发生工程变更,原路面厚度增加到5cm。已知,路面预算单价为 10元/cm·m^2。采用不同的定价方法,比较平衡报价和不平衡报价所发生的效益差异。

工程量和标底价格表 表4-3

序号	工程细目	单位	数量(万)	标底		平衡报价		不平衡报价		备注
				单价(元)	金额(万元)	单价(元)	金额(万元)	单价(元)	金额(万元)	
1	挖方	m^2	100	8.5	850	8.0	800	9.5	950	投标时价格
2	填方	m^2	100	5.5	550	5.0	500	6.0	600	
3	路面(4cm)	m^2	26	40.0	1 040	36.0	936	32.0	832	
4	合计				2 440		2 236		2 382	
合同单价为基础单价定价										
5	路面(5cm)	m^2	26	50.0	1 300	45.0	1 170	40.0	1 040	
6	合计				2 700		2 470		2 590	
7	与原价格差				260		234		208	
预算方法为基础单价										
8	路面(5cm)	m^2	26	50.0	1 300	50.0	1 300	50.0	1 300	
9	合计				2 700		2 470		2 850	
10	与原价格差				260		234		468	
加权定价法										
11	路面(5cm)	m^2	26	50.0	1 300	46.0	1 196	42.0	1 092	
12	合计				2 700		2 496		2 642	
13					260		260		260	

【解】 (1)以合同单价为基础单价,按比例提高。

原厚度单价为4cm,单价为A,新厚度为5cm,单价为B,则 $B = 5/4 \times A$。

(2)以概预算方法为基础定价

全部采用统一价格,预算价格 10元/m^2。

(3)加权定价法

原厚度单价为4cm,单价为A,新厚度为5cm,单价为B,则 $B = A +$ 预算单价/m^2。

分析:采用第一种方法定价时,如果承包人采用了不平衡报价法,且报价偏低时,承包人的损失会加剧。注意表序号7所对应的那一行,增加1cm厚度,需要增加的费用应为260,但当采用不平衡报价时,只有208。该价格的不合理之处在于:对于新增的1cm工程量,同样要求承包人向业主让利,而承包人在投标及签约时并未作此承诺。

采用第二种方法时,承包人的总价已经超过标的价,仅此1项,就使其额外获利268万元(468 - 260 = 268)。其不合理之处在于,原路面的降价现象被新价格完全消除,而其挖方和填方的偏高现象继续执行,显然承包人是占了大便宜的。

采用第三种方法,大家一目了然地就看到了,新增工程既不存在承包人的多损失,也不存在多获利,对大家都公平。

知识点五　工程变更管理的注意事项

(1)工程变更不能随意扩大。工程变更主要涉及的是设计图纸和技术规范文件的变更,而且在合同条款中对其范围做了清楚的说明。因此,超出这一范围就不视为工程变更,而只能作为其他形式的合同变更去处理。

(2)工程变更通常伴随工程数量的变更,但工程数量的改变并不意味着一定有工程变更的发生。例如,在施工过程中经常出现实际工程量与工程量清单中的估算工程量不一致的现象,如果设计不发生修改,则这种现象完全是由于估算误差造成的,这时的工程量增减并不属于工程变更的范围。

(3)承包人在执行工程变更前,必须以监理工程师的书面变更令为依据,即使在紧急情况下执行监理工程师口头指令的工程变更,也应在执行过程中要求监理工程师尽快予以书面确认,否则这样的变更视为无效变更,即使对业主有利,也不一定能得到认可或补偿。工程变更的提出可以是业主、监理工程师、设计单位、承包人及当地政府,但不管发生何种情况,最后须由监理工程师组织实施。

(4)尽管工程变更情况很多,但变更后的工程一般是原合同中已有的同类型工程,否则承包人的施工质量(或履行能力)无法保证,而且可能引起复杂的施工索赔,并增大工程结算和费用监理的难度。

(5)严格按合同中规定的变更工程造价确定原则来确定变更工程的造价。

(6)加强变更工程的计量工作,尤其是要加强变更工程开、竣工测量工作,工程隐蔽部位的计量工作。

(7)对采用计日工开工计价的变更工程项目,监理工程师应及时对发生的计日工数量进行检查和清点,以保证计日工数量的准确性。另外对大型变更工程应避免使用计日工开工计价,因为该方式不利于促进施工效率的提高,甚至增大工程造价,降低投资效益。

(8)当工程量清单中没有相应工程细目的单价而需要监理工程师和承包人协商确定新的单价时,监理工程师应参照《公路工程预算定额》及编制办法,尽量依据承包人在投标时的报价分析资料和工程量清单中的单价来协商确定其价格。

(9)在变更工程的造价管理过程中,严格按管理程序执行分级审批制度,加强内部监督，做到层层把关，以杜绝利用变更钻业主和合同空子的行为。

（10）对有不平衡报价的合同，应加强单价分析，并对与此相关的工程细目和工程量，加强全面综合控制。以下是一些在造价管理中应加强控制的工程变更：

①工程规模扩大的工程变更。
②因工程性质改变的工程变更。
③单价偏高的工程细目其工程量会增大的工程变更。
④单价偏低的工程细目其工程量会减小的工程变更。

模块四　工程延期的管理

知识点一　工程延误的原因

由于各种原因造成的工程施工不能按原定时间要求进行，致使工程进度拖延的称为工期延误。由于公路工程施工自身的复杂性，发生工程施工延误是比较常见的。

工期延误包括时间损失和经济损失两个方面的问题。

造成工期延误的原因，主要有三大方面：一是由于业主方面的原因，包括由于监理工程师的原因造成的工期延误；二是由于客观原因方面的，如不可抗力的发生等；三是承包人自身的原因，如施工组织不好、材料设备供应不足等。

对于不同原因产生的工期延误，其处理方式是不同的。对于承包人来说，延误如果是自身原因造成，则由此而引起的工程误期，应由承包人自己设法赶上，或承担由于未能按期完成的违约责任被罚拖期违约损失偿金，甚至是由业主雇佣另外的承包人来完成未完成的工作，这一切的费用都由承包人承担。

如果工期延误的原因是非承包人自身的原因，即是业主的原因或客观原因的情况下，承包人则有权申请工期的合理延长以及获得经济赔偿。

知识点二　工程延期的内容

1. 发包人的工期延误

《公路工程标准文件》第11.3款规定，在履行合同过程中，由于发包人的下列原因造成工期延误的，承包人有权要求发包人延长工期和(或)增加费用，并支付合理利润。需要修订合同进度计划的，按照约定办理。

（1）增加合同工作内容。
（2）改变合同中任何一项工作的质量要求或其他特性。
（3）发包人迟延提供材料、工程设备或变更交货地点的。

（4）因发包人原因导致的暂停施工。
（5）提供图纸延误。
（6）未按合同约定及时支付预付款、进度款。
（7）发包人造成工期延误的其他原因。

即使由于上述原因造成工期延误，如果受影响的工程并非处在工程施工进度网络计划的关键线路上，则承包人无权要求延长总工期。

2. 异常恶劣的气候条件

由于出现专用合同条款规定的异常恶劣气候的条件导致工期延误的，承包人有权要求发包人延长工期。

异常气候条件是指项目所在地30年一遇的罕见气候现象（包括温度、降水、降雪、风等）。异常恶劣的气候条件在项目专用合同条款中作具体规定。

知识点三　工期延期的申请与审批程序

申请工期延长是一种权利的索赔，也是不索不赔的，所以，承包人在非自身原因引起工期延误时，应在该事件发生后立即报送延期申请意向书，表达延期申请的意向，并随着事件的进展，按合同规定的时间继续进行意向申请，直至延期事件结束，要报送最终的延期申请报告，并提交全部的证明材料。

监理工程师在收到承包人按合同条款规定的延期的通知并提交细节，或按合同条款规定提交了最后详细资料后，应在28天内将审核意见报经业主批准并将决定通知承包人，或要求承包人进一步补充延期的理由。如果监理工程师在28天内不予答复，则应视为承包人要求的延期已经业主批准。

其申请和审批程序同索赔。

知识点四　工期延期审批的依据及注意事项

延期申请能否获得批准，要依据下列条件：
（1）工程延期时间是否属实，强调实事求是。
（2）是否符合本工程合同规定及《范本》合同条款的规定。
（3）延期事件是否发生在工期网络计划图的关键线路上，即延期是否有效合理。
（4）延期天数的计算是否正确，证据资料是否充足。

上述4条中，只有同时满足前三条，延期申请才能成立。上述前三条中，最重要的是第三条。对于时间的计算，监理工程师可根据自己的记录，作出公正合理的计算。

在进行延期审批时，网络计划图的关键线路会随着工程的进展发生变化，有时在计划调整后，原来的非关键线路有可能变为关键线路，监理工程师要随时记录并注意。关键线路的确定,必须是最新批准的工程进度计划。

监理工程在进行工期延期的审批时,要经历暂时批准和最终批准两个阶段。

(1)暂时批准

在《范本》合同条款中,对监理工程作出延期的决定有明确的时间规定(《范本》规定28天)。但在实际工作中,监理工程师必须在合理的时间内作出决定,否则承包人可以由于延期迟迟未获准而被迫加快工程为由,提出费用索赔。为了避免这种情况发生,又使监理工程师有比较充裕的时间评审延期,对于某些较为复杂或持续时间较长的延期申请,监理工程师可以根据初步评审,给予一个临时的延期时间,再进行详细的研究评审,书面批准有效延期时间。合同条款规定,暂时批准的延期时间不能长于最后的书面批准延期时间。

(2)最终批准

严格地讲,在承包人未提出最后一个延期申请时,监理工程师批准的延期时间都是暂定的延期时间,最终延期时间应是承包人的最后一个延期申请批准后的累计时间,但并不是每一项延期时间都累加。如果后面批准的延期内依然有前一个批准的内容,则前一项延期的时间不能予以累计,这称为时间的搭接。

知识点五 承包人延误的处理

(1)承包人应严格执行监理人批准的合同进度计划,对工作量计划和形象进度计划分别控制。出现发包人引起的工程延误的情况外,承包人的实际工程进度曲线应在合同进度管理曲线规定的安全区域之内。若承包人的实际工程进度曲线处在合同进度管理曲线规定的安全区域的下限之外时,则监理人有权认为本合同工程的进度过慢,并通知承包人应采取必要措施,以便加快工程进度,确保工程能在预定的工期内交工。承包人应采取措施加快进度,并承担加快进度所增加的费用。

(2)如果承包人在接到监理人通知后的14天内,未能采取加快工程进度的措施,致使实际工程进度进一步滞后,或承包人虽采取了一些措施,仍无法按预计工期交工时,监理人应立即通知发包人。发包人在向承包人发出书面警告通知14天后,发包人可按承包人违约终止对承包人的雇用,也可将本合同工程中的一部分工作交由其他承包人或其他分包人完成。在不解除本合同规定的承包人责任和义务的同时,承包人应承担因此所增加的一切费用。

(3)由于承包人原因造成工期延误,承包人应支付逾期交工违约金。承包人支付逾期竣工违约金,不免除承包人完成工程及修补缺陷的义务。

【例4-5】 某高速公路建设项目,业主与施工单位签订了工程施工合同,工程未进行投保。在工程施工过程中,遭遇特大暴风雨和洪水不可抗力袭击,使工程遭受到很大损失,施工单位及时向监理工程师提出索赔要求,并附有与索赔有关的资料和证据。索赔报告的基本内容如下:

(1)遭遇特大暴风雨和洪水袭击属不可抗力,是因非施工单位原因造成的损失,故应由业主承担赔偿责任。

(2)给已建部分工程造成破坏,损失22万元,其修复费用应由业主承担,施工单位不承担修复的经济责任。

(3)施工单位人员受此灾害数人受伤,处理伤病医疗费用和补偿金总计2.5万元,业主应给予赔偿。

(4)施工单位进场的正在使用的机械、设备受到损坏,造成损失6万元,由于现场停工造成台班费损失3万元,业主应负担赔偿和修复的经济责任。工人窝工费3万元,业主应予以支付。

(5)因特大暴风雨和洪水造成工地停工10天,要求合同工期顺延10天。

(6)由于工程破坏,现场清理需费用2万元,业主应予以支付。

监理工程师的处理：

监理工程师接到施工单位提交的索赔申请后进行以下主要工作：

(1)审核承包人的索赔申请。索赔事件是事实,天数也准确。

(2)判定索赔成立原则。符合合同通用条款和专用条款的要求。

(3)对索赔报告的审查和核定。按照合同通用条款21.3.1,不可抗力损害责任的承担,进行责任分担和费用计算。

(4)与承包人协商补偿。

(5)签发索赔处理决定,当监理工程师核实的索赔额超过其权限范围时,必须报业主批准。

(6)最终对索赔报告中六条的处理方法：

①经济损失由双方分别承担,工程延期应予以签证顺延。

②工程修复、重建22万元工程款应由业主支付。

③索赔不予认可,由施工单位承担。

④索赔不予认可,由施工单位承担。

⑤应予以认可,顺延合同工期10天。

⑥由业主承担。

第五单元　公路工程施工索赔

模块一　施工索赔概述

知识点一　索赔的概念与特征

建设工程索赔通常是指在工程合同履行过程中，合同当事人一方因对方不履行或未能正确履行合同或者由于其他非自身因素而受到经济损失或权利损害，通过合同规定的程序向对方提出经济或时间补偿要求的行为。在工程建设的各个阶段，都有可能发生索赔，但在施工阶段发生的索赔较多，本单元也主要介绍施工索赔的内容。

施工索赔既可以是承包人向业主索赔，也可以是业主向承包人索赔，为了区分这两种索赔，我们将前者称为"索赔"，将后者称为"反索赔"。

专家提示

索赔包括费用索赔和权利索赔，即费用和工期两个方面。索赔是一种正当的权利要求，它是业主、监理工程师和承包人之间一项正常的、大量发生而普遍存在的合同管理业务，它是在正确履行合同的基础上争取合同的偿付，是一种以法律和合同为依据、合情合理的行为。

索赔的依据主要来自两个方面：法律依据和事实依据。索赔具有如下一些本质特征：

（1）索赔是要求给予补偿的一种权利、主张。
（2）索赔的依据是法律、法规、合同文件、工程建设管理。
（3）索赔是非自身原因导致的，要求索赔的一方没有过错。
（4）索赔必须有事实做证据。
（5）索赔必须是发生了额外的经济损失或工期损害。
（6）索赔是单方行为，双方没有达成协议。

专家提示

索赔的关键在于"索"，不索不赔。索赔一定要证据充分、方式合理、方法适当，要依照法律和合同文件的程序要求，有理、有据、及时地索，才可能得到赔偿。

知识点二　索赔的作用及分类

索赔是法律和合同赋予受损者的权利,对于承包人来讲是维护自己权益、避免和减少损失的手段。同时索赔也是一种约束手段,是保证合同有效实施的保证措施,是落实和调整合同双方经济责、权、利关系的手段。双方签订了合同,就要依法履行,如果一方不履行或履行的不完全造成对方损失,侵害对方权利,就应当承担相应的合同责任予以赔偿。索赔的规定使赔偿责任成为有形、可操作的约束行为,有利于制约违约行为的发生,保证合同的顺利进行。

索赔贯穿于工程项目全过程,可能发生的范围比较广泛,其分类随标准、方法的不同而不同,其主要的分类有以下几种:

1. 按索赔主体分类

(1)承包人与业主间的索赔。

(2)承包人与分包人间的索赔。

(3)承包人与供应商间的索赔。

(4)承包人向保险公司要求的索赔。

2. 按索赔目的分类

(1)工期索赔。

(2)费用索赔。

3. 按索赔事件的性质分类

(1)工期延误索赔

因发包人未按合同要求提供施工条件,如未及时交付设计图纸、施工现场和道路等,或因发包人指令工程暂停或不可抗力事件造成工期拖延的,承包人提出的索赔。

(2)工程变更索赔

由于发包人或者监理工程师指令增加或减少工程量或附加工程、修改设计、变更工程顺序等,造成工期延长和费用增加,承包人对此提出索赔。

(3)合同终止的索赔

由于发包人或承包人违约以及不可抗力事件等原因造成合同非正常终止,无责任的受害方因其蒙受经济损失而向对方提出索赔。

(4)加快工程索赔

由于发包人或工程师指令承包人加快施工速度,缩短工期,引起承包人人、财、物额外开支而提出的索赔。

(5)意外风险和不可预见因素索赔

在工程实施过程中,因人力不可抗拒的自然灾害、特殊风险以及一个有经验的承包通常不能合理预见的不利施工条件或外界障碍,如地下水、地质断层、溶洞和地下障碍等引起的索赔。

(6) 其他索赔

因货币贬值、汇率变化、物价、工资上涨和政策法令变化等原因引起的索赔。

> **专家提示**
>
> 工程施工中常见的索赔是工期索赔、工程变更索赔及意外风险和不可预见因素索赔。

4. 按索赔合同依据分类

(1) 合同中的明示索赔

合同中明示的索赔是指承包人所提出的索赔要求,在该工程项目的合同文件有文字依据,承包人可以据此提出索赔要求,并取得经济补偿。在这些合同文件中有文字规定的合同条款称为明示条款。

(2) 合同中的默示索赔

合同中默示的索赔,即承包人的该项索赔要求,虽然在工程项目的合同条款中没有专门的文字叙述,但可以根据该合同的某些条款的含义,推论出承包人有索赔权。这种经济补偿含义的条款,在合同管理工作中被称为"默示条款"或称"隐含条款"。

5. 按索赔处理方式分类

(1) 单项索赔

单项索赔是针对某一干扰事件提出的,在影响原合同正常运行的干扰事件发生时或者发生后,由于合同管理人员及时处理,并在合同规定的索赔有效期内向业主或监理工程师提交索赔要求和索赔通知。

(2) 综合索赔

综合索赔又称一揽子索赔,一般在工程竣工前和工程移交前,承包人将工程实施过程中因各种原因未能及时解决的单项索赔集中起来进行综合分析,提出一份综合报告,由合同双方在工程交付前后进行最终谈判,以一揽子方案解决索赔问题。

> **专家提示**
>
> 由于在一揽子索赔中许多干扰事件交织在一起,影响因素比较复杂而且相互交叉,责任分析和索赔值计算都很困难,索赔涉及的金额往往又很大,双方都不愿意或不容易做出让步,使索赔的谈判和处理都很困难。因此,综合索赔的成功率比单项索赔要低得多。

知识点三 索赔原因分析

引起索赔的原因是多种多样的,通常包括以下几个方面:

(1) 当事人主观原因——业主违约及工程师指令错误引起的

比如，业主未能按规定时间向承包人提供场地的使用权，未能在规定的时间内付款等行为引起的索赔。

(2) 客观原因——由于施工条件变化

主要指发生了应有业主承担的特殊风险或遇到不利自然条件等情况，使承包人遭受较大损失而向业主通常补偿损失的要求。常见的施工条件变化包括不利的外界障碍和条件、发生不可抗力事件（如洪水、地震等自然灾害）、发生战乱、暴动等政治风险以及核辐射等风险。

(3) 其他原因

国家政策及法律、法令变更引起的费用增加发生的索赔；其他承包人或由于银行等原因引起的索赔。

知识点四　索赔的申请与审批程序

索赔程序是指从索赔事件产生到最终处理全过程所包括的工作内容和工作步骤。具体的索赔工作程序，应根据双方签订的施工合同产生。

在工程实践中，承包人的索赔一般包括以下几个步骤：

1. 承包人索赔的提出

根据合同约定，承包人认为有权得到追加付款和（或）延长工期的，应按以下程序向发包人提出索赔：

(1) 承包人应在知道或应当知道索赔事件发生后 28 天内，向监理人递交索赔意向通知书，并说明发生索赔事件的事由。承包人未在前述 28 天内发出索赔意向通知书的，丧失要求追加付款和（或）延长工期的权利。

(2) 承包人应在发出索赔意向通知书后 28 天内，向监理人正式递交索赔通知书。索赔通知书应详细说明索赔理由以及要求追加的付款金额和（或）延长的工期，并附必要的记录和证明材料。

(3) 索赔事件具有连续影响的，承包人应按合理时间间隔继续递交延续索赔通知，说明连续影响的实际情况和记录，列出累计的追加付款金额和（或）工期延长天数。

(4) 在索赔事件影响结束后的 28 天内，承包人应向监理人递交最终索赔通知书，说明最终要求索赔的追加付款金额和延长的工期，并附必要的记录和证明材料。

2. 承包人索赔处理程序

(1) 监理人收到承包人提交的索赔通知书后，应及时审查索赔通知书的内容，查验承包人的记录和证明材料，必要时监理人可要求承包人提交全部原始记录副本。

(2) 监理人应按第 3.5 款商定或确定追加的付款和（或）延长的工期，并在收到上述索赔通知书或有关索赔的进一步证明材料后的 42 天内，将索赔处理结果答复承包人。

(3) 承包人接受索赔处理结果的，发包人应在作出索赔处理结果答复后 28 天内完成赔付。承包人不接受索赔处理结果的,按争议解决。

索赔申请审批流程如图 5-1 所示。

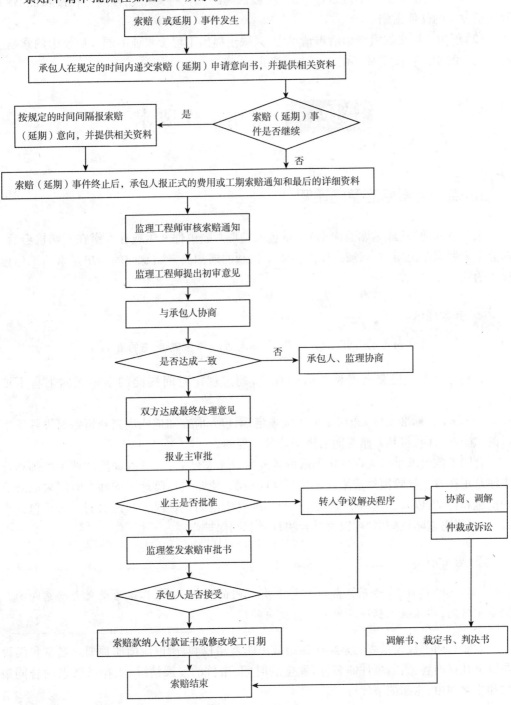

图 5-1 索赔程序框图

3. 承包人提出索赔的期限

（1）承包人接受了竣工付款证书后，应被认为已无权再提出在合同工程接收证书颁发前所发生的任何索赔。

（2）承包人提交的最终结清申请单中，只限于提出工程接收证书颁发后发生的索赔。提出索赔的期限自接受最终结清证书时终止。

模块二　索赔工作要求

知识点一　索赔的意向通知

索赔意向通知（或索赔意向书）是承包人发现索赔事件发生或存在潜在索赔机会后，向业主表明索赔愿望、要求或声明保留索赔权利的通知。索赔意向的提出是索赔工作程序中的第一步。

> **专家提示**
>
> 提交索赔意向书的作用非常重要，它标志着一项索赔事件的开始。

索赔意向书的提交有严格的时间规定，超过规定时间提交的索赔意向书将不被受理。

《公路工程标准文件》通用条款明确规定，承包人应在知道或应当知道索赔事件发生后的二十八天内，将其索赔意向书提交监理工程师。

合同条款要求承包人在规定期限内首先要提出索赔意向，可以提醒监理工程师和业主注意正在发生导致额外费用或延长工期的情况，使业主和监理工程师有时间采取必要的措施和行动，以减少或尽量避免额外费用的发生或缩短延误工程的时间。对承包人来说，及时提出索赔意向书，可以对其合法权益起到保护作用。

> **专家提示**
>
> 不同的项目，在专用条款中可能会有不同的时间要求，具体的提交索赔意向的限制时间，要依据工程项目的专用条款中的规定。

索赔意向书仅仅是表达索赔的愿望或声明索赔权利，所以应简明扼要。通常只需说明以下几点内容：索赔事件的名称、发生的时间、事件的发展情况，索赔所依据的合同条款和主要理由，索赔的事项等。

【索赔意向书示例】

索赔意向书

致：×××监理工程师

　　根据××号会议纪要，K72+250～K72+400路段软土地基处理初步方案为换填砂砾石，补充设计的施工图最迟应于×年×月×日提供给我项目经理部，以便组织施工。但至×月×日，施工图尚未提供，已造成我方人员、施工机械闲置（清单附后）。请对×月×日～×日人员、施工机械闲置情况予以核实和确认。后续闲置情况我方将按合同文件要求按时向你报送。请尽快提供施工图给我方，以便组织施工。同时，根据合同通用条款6.2、6.3款，我方保留要求补偿费用和工期的权利。

　　此致！

××工程公司×合同段项目经理部
×年×月×日

知识点二　索赔的证据和依据

索赔的依据主要是法律、法规、合同条件及"惯例"。索赔中具体可引用的合同条款将在"索赔中可引用的合同条款"中予以介绍。

索赔证据是当事人用了支持其索赔成立或和索赔有关的证明文件和资料。索赔证据要有真实性、全面性和及时性。因此，当承包人发出索赔意向书后，应认真准备和记录索赔的论证资料，特别是保持完整详细的工程记录。

在工程项目的实施过程中，会产生大量的工程信息和资料，这些信息和资料是开展索赔的重要依据。

常见的索赔证据主要有：

1. 政治经济资料

重大新闻报道记录，如罢工、动乱、地震以及其他重大灾害等；重要经济政策文件，如税收决定、海关规定、外币汇率变化、工资调整等；政府官员和工程主管部门领导视察工地时的讲话记录；权威机构发布的天气和气温预报，尤其是异常天气的报告等。

2. 施工现场记录报表及来往函件

监理工程师的指令；与建设单位或监理工程师的来往函件和电话记录；现场施工日志；每日出勤的工人和设备报表；完工验收记录；施工事故详细记录；施工会议记录；施工材料使用记录本；施工质量检查记录；施工进度实况记录；施工图纸收发记录；工地风、雨、温度、湿度记录；索赔事件的详细记录本或摄像；施工效率降低的记录等。

3. 工程项目财务报表

施工进度月报表及收款记录；索赔款月报表及收款记录；工人劳动计时卡及工资历表；材料、设备及配件采购单；付款收据；收款单据；工程款及索赔款迟付记录；迟付款利息报表；向分包人付款记录；现金流动计划报表；会计日报表；会计总账；财务报告；会计来往信件及文件；通用货币汇率变化等。

在引用证据时要注意该证据的效力或可信程度。为此，对重要的证据资料最好附以文字证明或确认件。例如，对一个重要的电话内容，仅附上自己的记录本是不够的，最好附上经过双方签字确认的电话记录；或附上发给对方要求确认该电话记录的函件，即使对方未给复函，亦可说明责任在对方，因为对方未复函确认或修改，按惯例应理解为他已默认。

> **专家提示**
>
> 1. 索赔证据的真实性。索赔证据必须是在实施合同过程中确定存在和发生的，必须完全反映实际情况，经得起推敲。
> 2. 索赔证据的全面性。索赔证据能否全面说明事件的全过程，能否相互说明、相互印证，索赔通知中涉及到的索赔理由、事件过程、影响、索赔数据是否齐全。
> 3. 索赔证据的及时性。索赔证据的取得是否及时，是否符合合同有关规定，特别是取得时间是否与索赔事件相符，相关责任人签字时间是否合理，防止索赔证据事后补签、乱签字现象。
>
> 承包人的索赔证据是多方面的、大量的。必须妥善保管，防止遗失，并能够迅速而准确地找出所需要的资料，承包人要做好信息资料的管理工作。
>
> 建立信息资料管理制度，分类管理，运用计算机进行现代化的信息资料管理系统为工程服务。同时还要注重资料的收集工作，要有意识地从施工准备阶段就开始进行现场的影像资料留存工作、各类往来信件、指令、通知、报表等文件的分类汇总工作等。
>
> 各类人员做好工作日志的记录工作，从天气到设备的使用、人员的情况、工程进度、特殊事件等要详细记录，以备查用。

知识点三　索赔通知的编写

索赔通知是承包人向监理工程师提交的要求业主给予一定经济补偿和延长工期的正式书面报告。它全面反映了承包人对一个或若干个索赔事件的所有要求和主张，监理工程师和业主也是通过对索赔文件的审核、分析和评价来认可或拒绝或要求修改的回答，索赔通知也是双方进行索赔谈判或争议解决的依据，索赔通知的水平与质量直接关系到索赔的成败，所以，承包人必须认真编写索赔文件。

> **专家提示**
>
> 承包人的索赔通知要满足下面的要求：索赔通知的格式要按照工程项目的规定编写和报送。内容要能够证明，索赔事件真实、确凿，索赔依据合理、索赔文件齐全、资料完整、计算依据准确，整个报告的论述要条理清晰，逻辑性强，结论正确，语气委婉，易于对方接受。

索赔通知包括题目、事件、理由、结论、详细计算书及证明材料附件。证明材料一般包括索赔费用总表、事件的详述和结论、合同细节和事实情况、工期延长和费用计算过程及其他证据材料。

【索赔通知示例】

关于补充图纸延误请求费用补偿和工期补偿的报告

致：×××驻地监理工程师

我项目部所施工的F合同段内K72+250~K72+400路基属软土地基，原施工图未对其进行特殊设计处理，施工到此路段后经有关各方协商，初步确定为换填砂砾石的处理方案，并确定了提供补充施工图的最后期限为×年×月×日（见×月×日会议纪要），我方根据会议纪要精神对施工工作面进行了调整，并在第××次工地例会上提出过需要尽快提供该路段的补充设计图纸，否则可能导致施工队伍闲置的问题。但自×月×日开始至×月×日监理工程师通知"软土地基处理方案改为砂桩原该路段土石方施工队伍按正常退场处理，砂桩施工队伍由承包人另行调遣"止，由于补充设计图纸的延误提交，共造成我方土石方施工力量闲置7天；×月×日我方提出对此事件的索赔意向，按合同文件要求提交了人员、机械设备闲置清单，并经监理工程师核实、确认（具体数量见我方的申报表和监理工程师的核实、签证单）。鉴于本事件的责任在业主方（甲方），现我方根据合同通用条款＊＊款的规定，按投标文件和部颁及本省补充规定的有关费用计算及取值情况，以监理工程师核定的人员、设备闲置的数量为准进行计算，请求补偿费用55 164元（费用计算清单见附件1，证据资料见附件2）；请求补偿工期7天。

同时，对监理工程师指示另行调遣砂桩施工队伍所涉及的费用和工期问题，我方保留要求补偿费用和工期的权利；对砂桩施工的计价问题，由于属工程变更，原工程量清单中无此细目和单价，我方要求协商确定单价，以便在施工期中进行计量支付（为今后进一步的索赔埋下了伏笔）。

此致！

××工程公司×合同段项目经理部
×年×月×日

抄送：××高速公路开发公司（业主）

知识点四　索赔的审查

1. 监理工程师对索赔的审查

当承包人将费用索赔通知呈交给监理工程师后，监理工程师要进行查证索赔原因和核实索赔费用计算两个方面的工作。

索赔成立的条件有四个方面：①与合同相比较，事件已经造成了承包人实际的额外费用增加或工期损失；②费用增加或工期损失的原因不是由于承包人自身的责任所造成；③经济损失或权利损害不是由承包人应承担的风险所造成；④承包人在合同规定的期限内提交了书面的索赔意向通知和索赔文件。

监理工程师在审核承包人提出的费用索赔时应注意：索赔费用只能是承包实际发生

的费用,而且必须符合国家和工程项目所在地区的有关法律和规定。另外,绝大部分的费用索赔是不包括利润的,只涉及到直接费和管理费。只有遇到工程变更时,才可以索赔到费用和利润。

2. 业主对索赔的审查

当索赔数额超过业主对工程师的授权范围(额度)时,应由业主直接审查索赔通知,并与承包人谈判解决,工程师应参加业主与承包人之间的谈判,工程师也可以作为索赔争议的调解人。索赔通知经业主审查后,工程师即可签发有关索赔审批书。

专家提示

对于数额较大的索赔,一般需要业主、承包人和监理工程师三方反复协商才能做出最终处理决定。

3. 索赔处理意见的提出及索赔争议的处理

如果业主和承包人双方都同意接受最终的处理决定,索赔时间的处理即告结束。

如果有任何一方不同意,则可根据合同约定,进入合同纠纷的解决程序:监理工程师裁定——友好协商或争议评审——仲裁或诉讼,使索赔问题得到最终解决。

在仲裁或诉讼过程中,监理工程师作为工程全过程的参与者和管理者,可以作为见证人提供证据、证词和证言。

专家提示

工程项目实施中会发生各种各样、大大小小的索赔、争议等问题,应该强调的是:合同各方应该争取尽量在最早的时间,最低的层次,尽最低可能以友好协商的方式解决索赔问题,轻易不要提交仲裁或诉讼。

模块三 索赔费用计算及索赔权利分析

知识点一 索赔费用的构成

费用索赔都是以补偿实际损失为原则,实际损失包括直接损失和间接损失两个方面,其中要注意的是索赔对建设单位不具有任何惩罚性质。因此,所有干扰事件引起的损失以及这些损失的计算,都应有详细的具体证明,并在索赔通知中出具这些证据。没有证据,索赔要求不能成立。

1. 索赔费用的组成

（1）人工费

对于索赔费用中的人工费部分包括：完成合同之外的额外工作所花费的人工费用；由于非施工单位责任导致的工效降低所增加的人工费用；法定的人工费增长以及非施工单位责任工程延误导致的人员窝工费和工资上涨费等。

（2）材料费

对于索赔费用中的材料费部分包括：由于索赔事项的材料实际用量超过计划用量而增加的材料费；由于客观原因材料价格大幅度上涨；由于非施工单位责任工程延误导致的材料价格上涨和材料超期储存费用。

（3）施工机械使用费

对于索赔费用中的施工机械使用费部分包括：由于完成额外工作增加的机械使用费；非施工单位责任的工效降低增加的机械使用费；由于建设单位或监理工程师原因导致机械停工的窝工费。

（4）分包费用

分包费用索赔指的是分包人的索赔费。分包人的索赔应如数列入总承包人的索赔款总额以内。

（5）工地管理费

工地管理费指施工单位完成额外工程、索赔事项工作以及工期延长期间的工地管理费，但如果对部分工人窝工损失索赔时，因其他工程仍然进行，可能不予计算工地管理费索赔。

（6）利息

对于索赔费用中的利息部分包括：拖期付款利息；由于工程变更的工程延误增加投资的利息；索赔款的利息；错误扣款的利息。这些利息的具体利率，有这样几种规定：按当时的银行贷款利率；按当时的银行透支利率；按合同双方协议和利率。

（7）总部管理费

主要指工程延误期间所增加的管理费。

（8）利润

一般来说，由于工程范围的变更和施工条件变化引起的索赔，施工单位可列入利润。索赔利润的款额计算通常是与原报价单中的利润百分率保持一致，即在直接费用的基础上增加原报价单元中的利润率，作为该项索赔的利润。

2. 索赔费用的计算原则

在确定赔偿金额时，应遵循以下两个原则：

（1）所有赔偿金额，都应该是施工单位为履行合同所必须支出的费用。

（2）按此金额赔偿后，应使施工单位恢复到未发生事件前的财务状况。即施工单位不致因索赔事件而遭受任何损失，但也不得因索赔事件而获得额外收益。

根据上述原则可以看出，索赔金额是用于赔偿施工单位因索赔事件而受到的实际损失（包括支出的额外成本的失掉的可得利润），而不考虑利润。所以索赔金额计算的基础是成本,用索赔事件影响所发生的成本减去事件影响时所应有的成本,其差值即为赔偿金额。

知识点二 索赔费用的计算方法

索赔金额的计算方法很多,各个工程项目都可能因具体情况不同而采用不同的方法,主要有三种。

1. 总费用法

计算出索赔工程的总费用,减去原合同报价,即得索赔金额。这种计算方法简单但不尽合理,因为实际完成工程的总费用中,可能包括由于施工单位的原因(如管理不善、材料浪费、效率太低等)所增加的费用,而这些费用是属于不该索赔的;另一方面,原合同价也可能因工程变更或单价合同中的工程量变化等原因而不能代表真正的工程成本。凡此种种原因,使得采用此法往往会引起争议,遇到障碍,故一般不常用。但是在某些特定条件下,当需要具体计算索赔金额很困难,甚至不可能时,则也有采用此法这种情况下应具体核实已开支的实际费用,取消其不合理部分,以求接近实际情况。

2. 修正的总费用法

原则上与总费用法相同,计算对某些方面作出相应的修正,以使用权结果更趋合理,修正的内容主要有:一是计算索赔金额的时期仅限于受事件影响的时段,而不是整个工期;二是只计算在该时期内受影响项目的费用,而不是全部工作项目的费用;三联单不直接采用原合同报价,而是采用在该时期内如未受事件影响而完成该项目的合理费用。根据上述修正,可比较合理地计算出索赔事件影响,而实际增加的费用。

3. 实际费用法

实际费用法即根据索赔事件所造成的损失或成本增加,按费用项目逐项进行分析、计算索赔金额的方法。这种方法比较复杂,但能客观地反映施工单位的实际损失,比较合理,易于被当事人接受,在国际工程中广泛被予采用。实际上费用法是按每个索赔事件所引起损失的费用项目分别分析计算索赔值的一种方法,通常分三步:第一步分析每个或每类索赔事件所影响的费用项目,不得有遗漏。这些费用项目通常应与合同报价中的费用项目一致;第二步计算每个费用项目受索赔事件影响的数值,通过与合同价中的费用价值进行比较,即可得到该项费用的索赔值;第三步将各费用项目的索赔值勤汇总,得到总费用索赔值。

【索赔实例】不可预见的外界障碍或自然条件的索赔

(参照条款:《国内范本》合同通用条款12.2款,FIDIC4.12款,《公路工程标准文件》合同通用条款4.11.2)

【案例回放】

××高速公路×合同段内××隧道(双向),长2 215m,设计图中表明其地质状况良好,雨季有少量裂隙水,不会产生大的涌水,施工中应注意预防煤气和瓦斯。承包人进场后,按要求编制了实施性施工组织设计并经监理工程师批准;对施工中的防、排水制定有专项方案，施工现场采取的措施经监理工程师认可。在进洞至××m处，由于连绵大雨，山体一溶洞与离隧道轴线约2km距离的一个小型水库相通，致使右侧隧道发生大量涌水而使设备被淹，被迫停工。事件发生后，承包人采取了一定措施减小损失，并及时将该事件对施工的影响情况书面报告了监理工程师，认为该事件是一个有经验的承包人无法预见的外界障碍或自然条件，保留要求补偿的权利。

为了确保工程进度和施工安全，监理工程师主持召开有业主、设计单位、承包人等参加的专门会议，商讨解决办法（有会议纪要）。会后，监理工程师指令承包人紧急调运排水设备至现场排水，并要求承包人排除水库余水，对溶洞进行封堵处理，对现场进行清理，尽快恢复施工。承包经过14天奋战，恢复了施工，然后，承包人就此事件向监理工程师提交了正式的索赔通知。

1. 索赔申请

按照索赔程序，承包人在索赔事件首次发生后的一定时间（《公路工程标准文件》为21天，1999年版DIDIC施工合同条件为28天，《公路工程标准文件》为28天）内，应先向监理工程师提交《索赔意向书》。索赔事件终止后的规定时间（《公路工程标准文件》为21天，1999年版DIDIC施工合同条件为28天，《公路工程标准文件》为28天）内，承包人向监理工程师报送正式《索赔通知》（见《公路工程标准文件》53.1、53.3款，《公路工程标准文件》23.1款），并应按规定表格报送《索赔申请单》。由于本索赔事件的影响时间不长（事件发生至索赔通知提交在21天内），承包人将《索赔意向书》和《索赔通知》合并报送监理工程师，具体如下：

关于××隧道施工中涌水（不可预见的外界障碍）请求费用和工期补偿的报告

致：××监理工程师

我项目经理部所施工的×合同段内××隧道，原施工图的地质状况描述为地质状况良好，雨季有少量裂隙水，不会产生大的涌水，施工中应注意预防煤气和瓦斯。项目经理部在施工前编制了实施性施工组织设计并经过批准，制定有施工中的防、排水专项方案，现场采取的措施经监理工程师认可。但右隧道在进洞至××m处，突然发生大量涌水，造成右洞及设备被淹，被迫停工；后经调查发现，由于溶洞与离隧道轴线约2km的一个小型水库相通，加之连绵大雨所致。该事件发生后，监理工程师及时召开专项会议（见会议纪要）并发了监理指令，项目经理部按照会议精神和监理划等号指令经过14天昼夜奋战，恢复了正常施工。

鉴于该事件是一个有经验的承包人所无法预见的事件，保留要求补偿的权利。现根据合同通用条款12.2款及该事件对工期和费用产生的实际影响，请示补偿费用1 291 511元，批准延期16天（详细计算见附件一）。

此致！

××公司×合同段项目经理部

×年×月×日

抄送：××高速公路开发公司（业主）

索赔申请单

承包单位：××工程公司　　　　　　　　　　合同号：×合同段
监理单位：××咨询监理公司　　　　　　　　编　号：　×　×

索赔项目： ××隧道不可预见的外界障碍（施工中涌水）产生的费用和工期索赔	
申请依据：1.会议纪要；2.监理工程师的指令；3.施工记录、图像资料；4.投标文件中的计价依据； 5.设计文件、施工组织设计；6.合同通用条款第12.2款、第53条	
据资料,附件一：（一）索赔费用计算书；（二）索赔工期计算书；附件二：受事件影响人员、设备情况申报表；附件三：会议纪要、监理工程师指令；附件四：施工记录、图像资料；附件五：施工组织设计、设计图纸	
索赔金额和工期： 　　　金额（元） 　　　1 291 511	工期（天） 　　　16
承包人提交日期：×年×月×日 签字：××（项目经理）	监理工程师收到意见：已收到 签字：××（驻地高监）×年×月×日 业主： 签字：××（现场代表）×年×月×日

附件一：

（一）索赔费用计算书

1. 索赔费用计算汇总表

费用项目	金额（元）	备　注
合计	1 291 511	详细计算见索赔费用计算表
其中：1. 排水	186 572	
2. 溶洞封堵	176 765	
3. 洞内清理	68 965	
4. 现场经费	54 038	
5. 间接费	27 235	
6. 利润	20 543	
7. 税金	17 893	
8. 设备维修及报废损失	661 500	
9. 延期16天管理费	78 000	

2. 索赔费用详细计算书

费用项目	计算式	金额(元)	备 注
1. 排水		186 572	
1.1 人工费	320（工日）×16.85	5 392	工日单价按投标时的单价取值,数量按监理工程师核定值计;台班单价按投标时的单价取值,台班数量按监理工程师核定值计;设备进、退场费按运输发票计;措施费按实际发生值计
1.2 设备费		181 180	
1.2.1 设备进、出场费		7 500	
1.2.2 隧道内排水台班费	240（台班）×245	58 800	
1.2.3 水库余水排水台班费	324（台班）×245	79 380	
1.2.4 措施费		35 500	
2. 溶洞封堵		176 765	
2.1 材料费		32 450	材料费按监理工程师核定的发货票面值加运输、采保费计;机械使用费按监理工程师核定的台班数量和投标时的台班单价计;措施费按实际发生值计
2.2 机械使用费		76 860	
2.3 人工费	116（工日）×16.85	1 955	
2.4 措施费		65 500	
3. 洞内清理		68 965	人工工日数按监理工程师核定数计;机械使用费按监理工程师核定的台班数量和投标时的台班单价计
3.1 人工费	84（工日）×16.85	1 415	
3.2 机械费		67 550	
4. 现场经费	432 302×12.5%	54 038	现场经费费率按投标值取值
5. 间接费	486 340×5.6%	27 235	按投标时的费率取值
6. 利润	513 575×4.0%	20 543	按投标时的利润率取值
7. 税金	534 118×3.35%	17 893	按投标时的税率取值
8. 设备维修及报废损失		661 500	报废损失按账面值计
9. 延期16天管理费		78 000	按合同价中管理费与合同工期计算出每天管理费,然后乘以延期天数

(二) 索赔工期计算书

涌水事件发生后,现场处理事故14天,加涌水发生当天1天,再加恢复施工准备时间1天,共16天,因此要求延期16天。

计算人：×××　　　　　复核人：×××　　日期：×年×月×日

附件二：受事件影响人员、设备情况申报表
附件三：会议纪要、监理工程师指令
附件四：施工记录、图像资料
附件五：施工组织设计、设计图纸

2. 索赔的审批

按照合同通用条款 53.1 款的规定，监理工程师根据提供的索赔证据并对详细账目进行审查核实，经与业主和承包人协商(有时需要反复进行协商)后，对承包人的索赔通知进行了回复并按索赔时间/金额审批表进行了审批。

对××隧道施工中涌水请求费用和工期补偿的报告的回复

致：××公司××合同段项目经理部

你项目经理部所施工的×合同段内××隧道，右隧道在进洞至××m处，突然发生大量涌水，造成右洞及设备被淹，被迫停工情况属实。项目经理部根据合同通用条款 12.2 款的规定提出索赔，监理部表示理解。经过审查，监理部认为其索赔符合合同文件的规定。因此予以受理。

鉴于该事件是一个有经验的承包人所无法预见的事件，现就该事件对工期和费用产生的实际影响，根据合同文件、监理工程师的同期记录，对你项目经理的索赔申请进行了认真、负责的核实，并与业主协商，同意补偿费用 451 073 元，鉴于洞身开挖牌网络进度计划的关键线路上，因此同意隧道右洞延期 16 天(具体核定见监表 9 附件)，特此回复。

此致！

××高速公路项目总监办
×年×月×日

抄送：××高速公路开发公司(业主)

索赔时间/金额审批表

承包单位：××工程公司　　　　　　　　　　　合同号：×合同段
监理单位：××咨询监理公司　　　　　　　　　编　号：　××

索赔项目：××高速公路×合同段内××隧道施工发生大量涌水的索赔			
上报日期：×年×月×日		收受日期：×年×月×日	
申请延期天数：16(天)		申请索赔金额(RMB元)：1 291 511	
批准延期天数：16(天)		批准索赔金额(RMB元)：451 073	
索赔金额和延期累计：			
截止目前索赔累计	此项索赔		所有索赔
金额(元)　天数(天) ×××　　××	金额(元) 451 073	天数(天) 16	金额(元)　天数(天) ×××　　××
高级驻地监理工程师：同意索赔金额 451 073(元)；由于该隧道工期在经批准的总体进度计划的关键线路上，因此批准隧道延期 16 天。 　　　　　　　　　　　　　　　　　　　　签字：×××(驻地高监)×年×月×日			
总监理工程师：同意高级驻地监理工程师意见。 　签字：×××(总监理工程师)×年×月×日			
业主：同意索赔金额 451 073(元)，延期 16 天。 　　　　　　　　　　　　　　　　　　　签字：×××(公司总经理)×年×月×日			
附件一：索赔审查报告；附件二：索赔审核单；附件三：(一)索赔费用核定书、(二)索赔工期核定书			

附件一：索赔审查报告

关于××高速公路×合同段内××隧道施工发生大量涌水索赔的审查报告

致：××高速公路开发公司(业主)

　　××公司×合同段项目经理部×年×月×日按规定格式向驻地高监报送了《索赔申请单》(监表8)、《关于××高速公路×合同段内××隧道施工发生大量涌水的索赔通知》及其附件一：(一)索赔费用计算书、(二)索赔工期计算书；附件二：受事件影响人员、设备情况申报表；附件三：会议纪要、监理工程师指令；附件四：施工记录、图像资料；附件五：施工组织设计、设计图纸和索赔依据、索赔证据等书面资料。由于该事件系突发性事件、延续时间短，承包人将《索赔意向书》和正式索赔申请(报告)合并北郊。经审查，其索赔符合合同文件规定的索赔程序和索赔时效，索赔依据符合合同通用条款第12.2款(不可预见的外界障碍或自然条件)、第53条(索赔程序)的规定，因此对其索赔申请予以受理。

　　在接到承包人"隧道发生大量涌水"的事故报告后，现场监理人员对承包人现场受影响的范围和程度进行了如实核对、记录，保持了同期监理记录和图像资料；承包人也保持了同期施工记录及图像资料以便查证。在收到承包人的正式索赔申请(报告)后，经驻地高监、讲师支付监理工程师、有关的现场监理人员一道根据同期监理记录的图像资料，对承包人提出的索赔依据和证据进行了认真审查和核对；对索赔费用和工期的计算方法和参数的取值对照合同文件和承包人的原报价单进行了逐一核对。经过审查后认为，承包人的费用索赔其计算有的数据取值偏高，予以核减；利润应不计；根据合同通用条款22.1款(承包人的雇员及装备的保险)承包人的设备报废、报损的损失，应由保险公司负责赔付或承包人自行承担；承包人提出索赔额1 291 511元，核定为补偿451 073元，核减840 434元；承包人提出的16天工期索赔，由于其隧道开挖处于总进度计划的关键线路上，同意右侧隧道工期延期16天(详细核定情况见附件一)。

　　高级驻地办对索赔的评估经总监办复查属实。同意高级驻地办的评估意见：补偿承包人451 073元，同意延期16天。

　　特此报告！请业主审查，并对索赔金额/时间审批表予以批复！

×××高速公路总监办
×年×月×日

附件二：

索 赔 审 核 单

承包单位：××工程公司	合同号：×合同段
监理单位：××咨询监理公司	编　号：　××

索赔项目名称：××高速公路×合同段内××隧道施工大量涌水的索赔
索赔理由：由于隧道施工中涌水(属于有经验的承包人不可预见的外界障碍)，导致损失。
<div align="right">承包人：×××(项目经理)　　　×年×月×日</div>

续上表

驻地监理组审核意见:情况属实,符合索赔条件 签字:×××(驻地高监)×年×月×日	业主现场代表意见:情况属实,符合索赔条件 签字:×××(业主代表)×年×月×日

项目监理部审核意见	合同管理监理工程师审核意见:根据合同通用条款12.2款,符合索赔条件。 审核人(签字):××× ×年×月×日
	计量支付监理工程师审核意见:符合索赔条件,金额核定为451 073元。 审核人(签字):××× ×年×月×日
	总监理工程师意见:同意索赔451 073元,延期16天。 总监理工程师:××× ×年×月×日

业主审核意见	工程部审核意见:符合索赔条件,经核实,同意索赔451 073元,延期16天。 工程部负责人(签字):××× ×年×月×日
	合同部审核意见:符合合同条款规定,同意索赔费用和工期。 工程部负责人(签字):××× ×年×月×日
	公司主管副经理意见:同意索赔451 073元,延期16天。 签字:××× ×年×月×日

附件三:

(一) 索赔费用核定书

1. 索赔费用计算汇总表

费用项目	金额(元)	备注
合计	451 073	详细计算见索赔费用计算表
其中:1. 排水	175 912	
2. 溶洞封堵	150 065	
3. 洞内清理	68 965	
4. 现场经费	18 365	
5. 间接费	23 145	
6. 利润	0	
7. 税金	14 621	
8. 设备维修及报废损失	0	
9. 延期16天管理费	0	

2. 索赔费用详细计算书

费用项目	计算式	金额(元)	备 注
1. 排水		175 912	
1.1 人工费	320(工日)×16.85	5 392	核定:同意工日单价按投标时的单价取值,数值按核定值计;台班单价按投标时的台班单价取值,台班数量按核定值计;设备进、退场费按运输发票计;措施费系经承包人补充提供费用清单及依据后的核定值
1.2 设备费		169 980	
1.2.1 设备进、出场费		7 500	
1.2.2 隧道内排水台班费	240(台班)×245	58 800	
1.2.3 水库余水排水台班费	324(台班)×245	79 380	
1.2.4 措施费		24 300	
2. 溶洞封堵		150 065	核定:材料费按核定的发货票面值加运输、采保费计;机械使用费按核定的台班数量和投标时的台班单价计;工日数按核定数计;措施费系经承包人补充提供费用清单及依据后的核定值
2.1 材料费		32 450	
2.2 机械使用费		76 860	
2.3 人工费	116(工日)×16.85	1 955	
2.4 措施费		38 800	
3. 洞内清理		68 965	人工工日数按核定数计;机械使用费按核定的台班数量和投标时的台班单价计
3.1 人工费	84(工日)×16.85	1 415	
3.2 机械费		67 550	
4. 现场经费	394 942×12.5%	18 365	核定:只考虑现场管理费,费率按投标值取值
5. 间接费	413 307×5.6%	23 145	核定:按投标时的费率取值
6. 利润		0	核定:应不计利润
7. 税金	436 452×3.35%	14 621	核定:按投标时的税率取值
8. 设备维修及报废损失		0	核定:应由承包人自己承担
9. 延期16天管理费		0	核定:延期只涉及隧道,管理费在4.5项已考虑

(二)索赔工期计算书

同意承包人的索赔工期计算:涌水事件发生后,现场处理事故14天,加涌水发生当天1天,再加恢复施工准备时间1天,共16天,但只限于右洞,左洞不得延期。因此,同意隧道右洞延期16天。

计算人:×××　　　　复核人:×××　　　　日期:×年×月×日

知识点三　发包人的索赔

发包人的索赔是指建设单位(业主)向放工单位(承包人)提出的索赔。《公路工程标准文件》23.4.1 款规定,发生索赔事件后,监理人应及时书面通知承包人,详细说明发包人有权得到的索赔金额和(或)延长缺陷责任期的细节和依据。发包人提出索赔的期限和要求与承包人提出索赔的期限规定相同,延长缺陷责任期的通知应在缺陷责任期届满前发出。

监理人按商定或确定发包人从承包人处得到赔付的金额和(或)缺陷责任期的延长期。承包人应付给发包人的金额可从拟支付给承包人的合同价款中扣除,或由承包人以其他方式支付给发包人。

建设单位向施工单位索赔的主要途径:一是减少或防止可能产生的索赔;二是反索赔,对抗(平衡)施工单位的索赔要求。建设单位向施工单位提出索赔的内容包括:

(1)工期延误反索赔

指工期延误属于施工单位责任时,建设单位对施工单位进行索赔,即由施工单位支付延期竣工违约金。建设单位在确定违约金的费率时,一般要考虑以下因素:建设单位盈利损失;由于工期延长而引起的贷款利息增加;工程拖期带来的附加监理费;由于本工程拖期竣工不能使用,租用其他建筑时的租赁费。

违约金的计算方法,在每个合同文件中均有具体规定,一般按每延误一天赔偿一定的款额计算,累计赔偿额一般不超过合同总额的 10%。

(2)施工缺陷索赔

指施工单位的施工质量不符合施工技术规程的要求,或使用的设备和材料不符合合同规定,或在保修期未满以前未完成应该负责补修的工程时,建设单位有权向施工单位追究责任。如果施工单位未在规定的期限内完成修补工作,建设单位有权雇佣他人来完成工作,发生的费用由施工单位承担。

(3)对指定分包人的付款索赔

指工程施工单位未能提供已向指定分包人付款的合理证明时,建设单位可以直接按照监理工程师的证明书,将施工单位未付给指定分包人的所有款项(扣除保留金)付给这个分包人,并从应付给施工单位的任何款项中如数扣回。

(4)建设单位合理终止合同或施工单位不正当放弃工程的索赔

如果建设单位合理地终止施工单位的承包,或者施工单位不合理地放弃工程,则建设单位有权从施工单位手中收回由新的施工单位完成全部工程所需的工程款与原合同未付部分的差额。

知识点四 索赔中可引用的合同条款

《公路工程标准文件》中涉及到的索赔情况有29项,其中,可以三项索赔(费用、工期延长和利润)的有14项,两项索赔(费用和工期)的6项,一项索赔(费用或工期)的9项。《公路工程标准文件》比《范本》增加了9项可以索赔条款。见表5-1。

《公路标准文件》(表中简称《文件》)与《范本》索赔条款的对照表　　表5-1

序号	《文件》新条款号	内容	可以索赔事项	备注	《范本》合同条款号
1	1.10.1	发掘出化石、文物	费用+工期延长		27.1
2	2.3	发包人未能办妥永久占地征用手续	费用+工期延长	专用条款	42.2
3	4.1.8	他人提供方便	费用		31.1
4	3.4.5	监理指示延误或指示错误	费用+工期延长		6.3
5	4.11.2	不可预见的不利物质条件时	费用+工期延长		12.2
6	5.2.4	发包人提前交货	费用		增加项
7	5.2.6	发包人供货延误或不符合要求	费用+工期延长+利润		增加项
8	5.4.3	发包人提供的材料或设备不符合要求	费用+工期延长		增加项
9	8.3	发包人提供基准资料错误	费用+工期延长+利润		17.1
10	11.3	发包人造成工期延误	费用+工期延长+利润		44.1
11	11.4	异常恶劣的气候条件	延长工期		44.1
12	11.6	发包人要求提前竣工	费用		增加项
13	12.2	发包人引起工程暂停	费用+工期延长+利润		40.1
14	12.4.2	因发包人原因暂停施工后无法按时复工	费用+工期延长+利润		增加项
15	12.5.1	暂停施工持续56天	费用+工期延长+利润	《标准》中按业主违约处理	40.3
16	13.1.3	发包人原因造成工程质量达不到合同约定验收标准的	费用+工期延长+利润		增加项
17	13.5.3	监理人重新检查已覆盖工程	费用+工期延长		38.2
18	13.6.2	发包人提供的材料或工程设备	费用+工期延长+利润		增加项
19	14.1.3	重新试验和检验	费用+工期延长+利润		增加项
20	14.4	监理工程师对未规定的检(试)验	费用	专用条款	36.4

续上表

序号	《文件》新条款号	内 容	可以索赔事项	备注	《范本》合同条款号
21	15	工程变更	费用+工期延长+利润		52
22	16.2	法律变化引起价格调整	价格调整费用		70.2
23	17.3	业主延迟付款	逾期付款违约金		60.15
24	18.4.2	发包人使用已接收的单位工程	费用+工期延长+利润		增加项
25	18.6.2	发包人原因导致试运行失败	费用+利润		增加项
26	19.2.3	非承包人责任的缺陷修复	费用+工期延长+利润		49.3
27	21.3.1	不可抗力	费用+工期延长		20.3、65.4
28	22.2.2	发包人违约	费用+工期延长+利润		69
29	3.1.1	监理发布紧急指令	费用	专用条款	

注:费用指为履行合同所发生的或将要发生的所有合理开支,包括管理费和应分摊的其他费用,但不包括利润。

 专家提示

不论是承包人、业主还是监理工程师都尽量要避免这些不利事件的发生,减少索赔事件的发生,因此在工程建设过程中要加强索赔的管理。

下面对索赔条款进行逐条解析。

1. 发掘出化石、文物

《公路工程标准文件》通用条款1.10规定,在施工场地发掘的所有文物、古迹以及具有地质研究或考古价值的其他遗迹、化石、钱币或物品属于国家所有。一旦发现上述文物,承包人应采取有效合理的保护措施,防止任何人员移动或损坏上述物品,并立即报告当地文物行政部门,同时通知监理人。发包人、监理人和承包人应按文物行政部门要求采取妥善保护措施,由此导致费用增加和(或)工期延误由发包人承担。承包人发现文物后不及时报告或隐瞒不报,致使文物丢失或损坏的应赔偿损失,并承担相应的法律责任。

专家提示

由于工程施工过程中有可能会碰到文物、古迹,本款在处理这一问题时,按照保护现场发现的文物、古迹的规定,承包人可以索赔工期和费用。这其实是一种"激励"条款,不但规定承包人有义务保护现场文物、古迹,而且通过规定承包人有权索赔来鼓励承包人保护文物,并通过法律责任和赔偿责任的约定,警示承包人的不保护行为。

2. 发包人未能办妥永久占地征用手续

《公路工程标准文件》公路行业标准专业条款2.3款规定,发包人负责办理永久占地的征用及与之有关的拆迁赔偿手续并承担相关费用。由于发包人未能按照本项规定办妥永久占地征用手续,影响承包人及时使用永久占地造成的费用增加和(或)工期延误应由发包人承担。由于承包人未能按照本项规定提交占地计划,影响发包人办理永久占地征用手续造成的费用增加和(或)工期延误由承包人承担。

为保证发包人能够分期(也可以一次)将施工所需的永久占地办妥征用及拆迁赔偿手续,承包人应在按合同条款规定提交施工进度计划的同时,应向监理人提交一份按施工先后次序所需的永久占地计划。监理人应在收到此计划后的14天内审核并转报发包人核备。发包人应在监理人发出本工程或分部工程开工通知之前,对承包人开工所需的永久占地办妥征用手续和相关拆迁赔偿手续,通知承包人使用,以使承包人能够及时开工。此后按承包人提交并经监理人同意的合同进度计划的安排,分期(也可以一次)将施工所需的其余永久占地办妥征用及拆迁赔偿手续,通知承包人使用,以使承包人能够连续不间断地施工。由于承包人施工考虑不周或措施不当等原因而造成的超计划占地或拆迁等发生的征用和赔偿费用,应由承包人承担。

专家提示

本条款明确规定,由业主原因造成的未能按期办好永久征地手续的,承包人可以进行工期与费用的共同索赔。但如果起因在承包人,则承包人没有索赔权。

3. 他人提供方便

《公路工程标准文件》通用条款4.1.8 承包人应按监理人的指示为他人在施工场地或附近实施与工程有关的其他各项工作提供可能的条件。除合同另有约定外,提供有关条件的内容和可能发生的费用,由监理人按第3.5款商定或确定。

专家提示

本款可以认为承包人对其负责维护的临时道路、桥梁等没有专用权,即其他承包人也可以使用。应当注意承包人在投标阶段就应该考虑到其他承包人同时在使用时是否会影响自己的现场施工。承包人需要判断工程师的指令是否构成了变更。除非合同的工作范围内有相关内容,否则承包人不应免费为对方提供设施和服务。

4. 监理指示延误或指示错误

《公路工程标准文件》通用条款3.4.4 和3.4.5 款规定,除合同另有约定外,承包人只从总监理工程师或被授权的监理人员处取得指示。

由于监理人未能按合同约定发出指示、指示延误或指示错误而导致承包人费用增加和(或)工期延误的,由发包人承担赔偿责任。

5. 不可预见的不利物质条件时

《公路工程标准文件》通用条款4.11.1 款和4.11.2 款规定,不利物质条件除专用合同条款另有约定外,是指承包人在施工场地遇到的不可预见的自然物质条件、非自然的物质障碍和污染物，包括地下和水文条件，但不包括气候条件。

　　承包人遇到不可预见的不利物质条件时，应采取适应不利物质条件的合理措施继续施工，并及时通知监理人。监理人应当及时发出指示，指示构成变更的，按变更约定办理。监理人没有发出指示的，承包人因采取合理措施而增加的费用和(或)工期延误，由发包人承担。

　　但对于可预见的物质条件，《公路工程标准文件》公路行业标准专用条款4.11.3规定：

　　(1)对于项目专用合同条款中已经明确指出的不利物质条件无论承包人是否有其经历和经验均视为承包人在接受合同时已预见其影响，并已在签约合同价中计入因其影响而可能发生的一切费用。

　　(2)对于项目专用合同条款未明确指出，但是在不利物质条件发生之前，监理人已经指示承包人有可能发生，但承包人未能及时采取有效措施，而导致的损失和后果均由承包人承担。

专家提示

索赔的关键就是所发生的不利物质条件是否有可预见性。
(1)能被有经验的承包人所察觉的任何风险，承包人有责任去承担所花费的款项。
(2)未能预料到的风险(即使是有经验的承包人)，业主有责任去承担所花费的款项。

6. 发货人提供材料和工程设备

《公路工程标准文件》通用条款5.2条指出，发包人可以提供材料和工程设备，并要符合下列要求：

　　(1)发包人提供的材料和工程设备，应在专用合同条款中写明材料和工程设备的名称、规格、数量、价格、交货方式、交货地点和计划交货日期等。

　　(2)承包人应根据合同进度计划的安排，向监理人报送要求发包人交货的日期计划。发包人应按照监理人与合同双方当事人商定的交货日期，向承包人提交材料和工程设备。

　　(3)发包人应在材料和工程设备到货7天前通知承包人，承包人应会同监理人在约定的时间内，赴交货地点共同进行验收。除专用合同条款另有约定外，发包人提供的材料和工程设备验收后，由承包人负责接收、运输和保管。

　　(4)承包人负责接收并按规定对材料进行抽样检验和对工程设备进行检验测试，若发现材料和工程设备存在缺陷，承包人应及时通知监理人，发包人应及时改正通知中指出的缺陷。承包人负责接收后的运输和保管，因承包人的原因发生丢失、损坏或进度拖延，由承包人承担相应责任。

(5)发包人要求向承包人提前交货的,承包人不得拒绝,但发包人应承担承包人由此增加的费用。

(6)承包人要求更改交货日期或地点的,应事先报请监理人批准。由于承包人要求更改交货时间或地点所增加的费用和(或)工期延误由承包人承担。

(7)发包人提供的材料和工程设备的规格、数量或质量不符合合同要求,或由于发包人原因发生交货日期延误及交货地点变更等情况的,发包人应承担由此增加的费用和(或)工期延误,并向承包人支付合理利润。

(8)发包人提供的材料或工程设备不符合合同要求的,承包人有权拒绝,并可要求发包人更换,由此增加的费用和(或)工期延误由发包人承担。

(9)《公路工程标准文件》通用条款 13.6.2 款规定,由于发包人提供的材料或工程设备不合格造成的工程不合格,需要承包人采取措施补救的,发包人应承担由此增加的费用和(或)工期延误,并支付承包人合理利润。

专家提示

本条中承包人可以索赔的事项有以下四项:
(1)发包人提前发货增加费用的。
(2)发包人货品延误或地点变更或规格、数量或质量不符合合同要求,造成费用和工期延误的。
(3)发包人提供的材料不符合要求更换影响承包人的工期和费用的。
(4)发包人材料造成工程不合格的。

以上四项,承包人可以提起索赔申请,可以索取的权利是不一样的。但由于承包人的保管的问题或承包人没有检验出缺陷而造成的损失,则由承包人自行承担。所以,承包人在接收发包人提供的材料和工程设备时,首先要做好检验和测试工作,发现缺陷要及时通知监理人,同时要做好材料的保管和运输工作。

7. 发包人提供基准资料错误

《公路工程标准文件》通用条款 8.3 条指出,发包人应在专用合同条款约定的期限内,通过监理人向承包人提供测量基准点、基准线和水准点及其书面资料。

(1)承包人应负责施工过程中的全部施工测量放线工作,并配置合格的人员、仪器、设备和其他物品。

(2)监理人可以指示承包人进行抽样复测,当复测中发现错误或出现超过合同约定的误差时,承包人应按监理人指示进行修正或补测,并承担相应的复测费用。

(3)发包人应对其提供的测量基准点、基准线和水准点及其书面资料的真实性、准确性和完整性负责。发包人提供上述基准资料错误导致承包人测量放线工作的返工或造成工程损失的,发包人应当承担由此增加的费用和(或)工期延误,并向承包人支付合理利润。

(4)承包人发现发包人提供的上述基准资料存在明显错误或疏忽的,应及时通知监理人。

专家提示

从本条款可以看出,虽然发包人对其提供的错误数据负责,但同时承包人负有校核、复查元素数据准确性的义务。因此使用本条款要注意以下两点:

(1)若测量资料出现错误是因为承包人自己的错误或是承包人已经发现的而未告知监理人的,则承包人应负责相应的费用。

(2)若测量资料是由于发包人提供的数据不正确,并由此引起返工或造成工程损失,且是承包人事先没有发现的,则有权索赔费用、工期以及利润的赔偿。

8. 发包人造成工期延误

《公路工程标准文件》通用条款11.3条指出了发包人引起的工期延误的情形。在履行合同过程中,由于发包人的下列原因造成工期延误的,承包人有权要求发包人延长工期和(或)增加费用,并支付合理利润。需要修订合同进度计划的,承包人按照合同约定办理。

(1)增加合同工作内容。

(2)改变合同中任何一项工作的质量要求或其他特性。

(3)发包人迟延提供材料、工程设备或变更交货地点的。

(4)因发包人原因导致的暂停施工。

(5)提供图纸延误。

(6)未按合同约定及时支付预付款、进度款。

(7)发包人造成工期延误的其他原因。

即使由于上述原因造成工期延误,如果受影响的工程并非处在工程施工进度网络计划的关键线路上,则承包人无权要求延长总工期。

9. 异常恶劣的气候条件

《公路工程标准文件》通用条款11.4条指出了由于出现专用合同条款规定的异常恶劣气候的条件导致工期延误的,承包人有权要求发包人延长工期。

异常气候条件是指项目所在地30年一遇的罕见气候现象(包括温度、降水、降雪、风等)。异常恶劣的气候条件在项目专用合同条款中作具体规定。

异常恶劣气候条件引起的工期延误,承包人只能索赔工期延长,不可以索赔费用和利润。

10. 发包人要求提前竣工

《公路工程标准文件》通用条款11.6条指出,发包人要求承包人提前竣工,或承包人提出提前竣工的建议能够给发包人带来效益的,应由监理人与承包人共同协商采取加快工程进度的措施和修订合同进度计划。发包人应承担承包人由此增加的费用,并向承包人支付专用合同条款约定的相应奖金。

发包人不得随意要求承包人提前交工,承包人也不得随意提出提前交工的建议。如遇特殊情况,确需将工期提前的,发包人和承包人必须采取有效措施,确保工程质量。

如果承包人提前交工,发包人支付奖金的计算方法在项目专用合同条款数据表中约定,时间自交工验收证书中写明的实际交工日期起至预定的交工日期止,按天计算。但奖金最高限额不超过项目专用合同条款数据表中写明的限额。

11. 暂停施工

《公路工程标准文件》通用条款12.1款规定,因下列暂停施工增加的费用和(或)工期延误由承包人承担:

(1)承包人违约引起的暂停施工。

(2)由于承包人原因为工程合理施工和安全保障所必需的暂停施工。

(3)承包人擅自暂停施工。

(4)承包人其他原因引起的暂停施工。

(5)专用合同条款约定由承包人承担的其他暂停施工。

但由于发包人原因引起的暂停施工造成工期延误的,承包人有权要求发包人延长工期和(或)增加费用,并支付合理利润。

暂停施工后,监理人应与发包人和承包人协商,采取有效措施积极消除暂停施工的影响。当工程具备复工条件时,监理人应立即向承包人发出复工通知。承包人收到复工通知后,应在监理人指定的期限内复工。

承包人无故拖延和拒绝复工的,由此增加的费用和工期延误由承包人承担;因发包人原因无法按时复工的,承包人有权要求发包人延长工期和(或)增加费用,并支付合理利润。

监理人发出暂停施工指示后56天内未向承包人发出复工通知,除了该项停工属于第12.1款的情况外,承包人可向监理人提交书面通知,要求监理人在收到书面通知后28天内准许已暂停施工的工程或其中一部分工程继续施工。如监理人逾期不予批准,则承包人可以通知监理人,将工程受影响的部分视为按工程变更的可取消工作。如暂停施工影响到整个工程,应按发包人违约相关规定办理。

由于承包人责任引起的暂停施工,如承包人在收到监理人暂停施工指示后56天内不认真采取有效的复工措施,造成工期延误,应按承包人违约的规定办理。

暂停施工可能引起索赔的情况有以下三种:

(1)发包人原因引起的暂停施工。

(2)发包人原因致使暂停工程不能按时复工的。

(3)发包人引起的暂停施工影响到整个工程时。

以上三种情况,承包人都可以进行费用、工期和利润的索赔。但由承包人引起的暂停施工,不论哪种情况都不存在索赔的情况。

12. 发包人原因造成工程质量达不到合同约定验收标准的

《公路工程标准文件》通用条款13.1.3款规定,工程质量验收按技术规范及《公路工程质量检验评定标准》执行。

(1)因承包人原因造成工程质量达不到合同约定验收标准的,监理人有权要求承包人返工直至符合合同要求为止,由此造成的费用增加和(或)工期延误由承包人承担。

(2)因发包人原因造成工程质量达不到合同约定验收标准的,发包人应承担由于承包人返工造成的费用增加和(或)工期延误,并支付承包人合理利润。

专家提示

(1)发包人和承包人应严格遵守《关于严格落实公路工程质量责任制的若干意见》的相关规定,认真执行工程质量责任登记制度并按要求填写工程质量责任登记表。

(2)项目严格执行质量责任追究制度。质量事故处理实行"四不放过"原则:事故原因调查不清不放过;事故责任者没有受到教育不放过;没有防范措施不放过;相关责任人没受到处理不放过。

13. 监理人重新检查已覆盖工程

《公路工程标准文件》通用条款13.5款规定了工程隐蔽部位覆盖前的检查要求:

(1)经承包人自检确认的工程隐蔽部位具备覆盖条件后,承包人应通知监理人在约定的期限内检查。承包人的通知应附有自检记录和必要的检查资料,监理人应按时到场检查。经监理人检查确认质量符合隐蔽要求,并在检查记录上签字后,承包人才能进行覆盖。监理人检查确认质量不合格的,承包人应在监理人指示的时间内修整返工后,由监理人重新检查。

当监理人有指示时,承包人应对重要隐蔽工程进行拍摄或照相,并应保证监理人有充分的机会对将要覆盖或隐蔽的工程进行检查或量测,特别是在基础以上的任一部分工程修筑之前,对该基础进行检查。

(2)监理人未按约定的时间进行检查的,除监理人另有指示外,承包人可自行完成覆盖工作,并作相应记录报送监理人,监理人应签字确认。监理人事后对检查记录有疑问的,可按约定重新检查。

(3)承包人按前述过程覆盖工程隐蔽部位后,监理人对质量有疑问的,可要求承包人对已覆盖的部位进行钻孔探测或揭开重新检验,承包人应遵照执行,并在检验后重新覆盖恢复原状。经检验证明工程质量符合合同要求的,由发包人承担由此增加的费用和(或)工期延误,并支付承包人合理利润;经检验证明工程质量不符合合同要求的,由此增加的费用和(或)工期延误由承包人承担。

(4)承包人未通知监理人到场检查,私自将工程隐蔽部位覆盖的,监理人有权指示承包人钻孔探测或揭开检查,由此增加的费用和(或)工期延误由承包人承担。

专家提示

（1）不管监理工程师是否对承包人完成的工作已经认可，如果随后他发现已经认可的工作不符合合同要求，他仍可以下达指示令其钻孔探测或揭开重新检验，并且经查明并认为其符合合同规定，则承包人做了超出合同范围以外的工作，可以提出费用索赔。如查明不符合规定，一旦费用应由承包人来承担。

（2）如果是私自覆盖，则无论合格与否，费用都将由承包人承担。

14. 重新试验和检验

《公路工程标准文件》通用条款13.5款规定了材料、工程设备和工程的试验和检验的要求：

（1）承包人应按合同约定进行材料、工程设备和工程的试验和检验，并为监理人对上述材料、工程设备和工程的质量检查提供必要的试验资料和原始记录。按合同约定应由监理人与承包人共同进行试验和检验的，由承包人负责提供必要的试验资料和原始记录。

（2）监理人未按合同约定派员参加试验和检验的，除监理人另有指示外，承包人可自行试验和检验，并应立即将试验和检验结果报送监理人，监理人应签字确认。

（3）监理人对承包人的试验和检验结果有疑问的，或为查清承包人试验和检验成果的可靠性要求承包人重新试验和检验的，可按合同约定由监理人与承包人共同进行。重新试验和检验的结果证明该项材料、工程设备或工程的质量不符合合同要求的，由此增加的费用和(或)工期延误由承包人承担；重新试验和检验结果证明该项材料、工程设备和工程符合合同要求，由发包人承担由此增加的费用和(或)工期延误，并支付承包人合理利润。

专家提示

（1）不管监理工程师是否对承包人完成的工作已经认可，如果随后他对承包人的试验和检验结果有疑问，或为查清承包人试验和检验成果的可靠性，他仍可以下达指示令其重新试验和检验，并且经查明并认为其符合合同规定，则承包人做了超出合同范围以外的工作，可以提出费用索赔。如查明不符合规定，一旦费用应由承包人来承担。

（2）如果不符合合同要求，费用都将由承包人承担。

15. 监理工程师对未规定的检(试)验

《公路工程标准文件》公路行业标准专用条款第14.4款对试验和检验费用做了如下规定：

（1）承包人应负责提供合同和技术规范规定的试验和检验所需的全部样品，并承担其费用。

(2)在合同中明确规定的试验和检验,包括无须在工程量清单中单独列项和已在工程量清单中单独列项的试验和检验,其试验和检验的费用由承包人承担。

(3)如果监理人所要求做的试验和检验为合同未规定的或是在该材料或工程设备的制造、加工、制配场地以外的场地进行的,则检验结束后,如表明操作工艺或材料、工程设备未能符合合同规定,其费用应由承包人承担,否则,其费用应由发包人承担。

专家提示

(1)监理人有权指示承包人对材料或工程设备的制造、加工、制配场地以外的场地进行合同未规定的试验,承包人要按指令进行试验和检验。

(2)如果检验结束,表明符合合同规定,则承包人是做了按监理指令"为完成工程需要追加的额外工作"可以提出索赔。

(3)如果检验结果,表明不符合合同规定,则由承包人承担检查费用,并进行后续的修正工作。

16. 工程变更

《公路工程标准文件》通用条款第15.1款的规定,工程变更的范围和内容是很广泛的。它既包括对合同中任何一项工作进行增加、取消或改变等,同时也可以指示承包人进行为完成工程需要追加的额外工作。

承包人依据《公路工程标准文件》通用条款第15.3.2款的关于变更估价的规定,进行工程变更索赔时,可以索赔费用、工期和利润。

17. 法律变化引起价格调整

《公路工程标准文件》通用条款第16.2款的规定,在基准日后,因法律变化导致承包人在合同履行中所需要的工程费用发生除第16.1款约定以外的增减时,监理人应根据法律,国家或省、自治区、直辖市有关部门的规定,按第3.5款商定或确定需调整的合同价款。

专家提示

承包人编制投标报价的依据之一就是工程所在地的各项法律、法规,如果这些法律发生变动,其工程费用可能受到影响。因此根据影响的程度对合同价格作出调整是公平合理的。无论立法的变动导致工程费用增加或减少,合同价格都应做相应的调整。

注意:本款的规定仅仅适用于工程所在地的法律变动。

18. 业主延迟付款

发包人应在监理人收到进度付款申请单后的28天内,将进度应付款支付给承包人。发包人不按期支付的,按项目专用条款数据表中约定的利率向承包人支付逾期付款违约金。违约金计算基数为发包人的全部未付款额,时间从应付而未付该款额之日算起(不计复利)。

19. 发包人使用已接收的单位工程

《公路工程标准文件》通用条款第18.4.2款规定,发包人在全部工程竣工前,使用已接收的单位工程导致承包人费用增加的,发包人应承担由此增加的费用和(或)工期延误,并支付承包人合理利润。

20. 非承包人责任的缺陷修复

《公路工程标准文件》通用条款第19.2款规定,承包人应在缺陷责任期内对已交付使用的工程承担缺陷责任。

(1)缺陷责任期内,发包人对已接收使用的工程负责日常维护工作。发包人在使用过程中,发现已接收的工程存在新的缺陷或已修复的缺陷部位或部件又遭损坏的,承包人应负责修复,直至检验合格为止。

(2)监理人和承包人应共同查清缺陷和(或)损坏的原因。经查明属承包人原因造成的,应由承包人承担修复和查验的费用。经查验属发包人原因造成的,发包人应承担修复和查验的费用,并支付承包人合理利润。

21. 不可抗力

《公路工程标准文件》通用条款第21.3.1款规定,除专用合同条款另有约定外,不可抗力导致的人员伤亡、财产损失、费用增加和(或)工期延误等后果,由合同双方按以下原则承担:

(1)永久工程,包括已运至施工场地的材料和工程设备的损害,以及因工程损害造成的第三者人员伤亡和财产损失由发包人承担。

(2)承包人设备的损坏由承包人承担。

(3)发包人和承包人各自承担其人员伤亡和其他财产损失及其相关费用。

(4)承包人的停工损失由承包人承担,但停工期间应监理人要求照管工程和清理、修复工程的金额由发包人承担。

(5)不能按期竣工的,应合理延长工期,承包人不需支付逾期竣工违约金。发包人要求赶工的,承包人应采取赶工措施,赶工费用由发包人承担。

不可抗力发生后,发包人和承包人均应采取措施尽量避免和减少损失的扩大,任何一方没有采取有效措施导致损失扩大的,应对扩大的损失承担责任。

 专家提示

> 不可抗力的责任是双方共担,而且承包人可以索赔的也只有费用和工期,不可以索取利润。

22. 监理发布紧急指令

《公路工程标准文件》通用条款第3.1.1款的规定,如果发生紧急情况,监理人认为将造成人员伤亡,或危及本工程或邻近的财产需立即采取行动,监理人有权在未征得发包人的批准的情况下发布处理紧急情况所必需的指令,承包人应予执行,由此造成的费用增加由监理人按第3.5款商定或确定。

23. 发包人违约

发包人发生合同规定的违约行为,发包人违约后,承包人可行使暂停工程、解除合同、索赔等权利。

知识点五 承包人违约的处理

在公路工程施工成本合同履行过程中,不可避免会出现一些违约和争议事件。出现违约和争议事件对业主和承包人来讲,都是一件不愉快的事情,要花费时间、精力和金钱来进行处理。违约和争议事件是不可能完全避免的,为了避免对工程造成重大的损失和中断,保障业主和承包人的正当权益,《公路工程标准文件》规定了违约及争议的处理方法。

1. 承包人违约的情形

在履行合同过程中发生的下列情况属承包人违约:

(1)承包人违反约定,私自将合同的全部或部分权利转让给其他人,或私自将合同的全部或部分义务转移给其他人。

(2)承包人违反约定,未经监理人批准,私自将已按合同约定进入施工场地的施工设备、临时设施、材料或工程设备撤离施工场地。

(3)承包人违反约定使用了不合格材料或工程设备,工程质量达不到标准要求,又拒绝清除不合格工程。

(4)承包人未能按合同进度计划及时完成合同约定的工作,已造成或预期造成工期延误。

(5)承包人在缺陷责任期内,未能对工程接收证书所列的缺陷清单的内容或缺陷责任期内发生的缺陷进行修复,而又拒绝按监理人指示再进行修补。

(6)承包人无法继续履行或明确表示不履行或实质上已停止履行合同。

(7)承包人未能按期开工。

(8)承包人违反规定,未按承诺或未按监理人的要求及时配备称职的主要管理人员、技术骨干或关键施工设备。

(9)经监理人和发包人检查,发现承包人有安全问题或有违反安全管理规章制度的情况。

(10)承包人不按合同约定履行义务的其他情况。

2. 对承包人违约的处理

(1)承包人发生第上述第(6)项约定的违约情况时,发包人可通知承包人立即解除合同,并按有关法律处理。

(2)承包人发生除第(6)项约定以外的其他违约情况时,监理人可向承包人发出整改通知,要求其在指定的期限内改正。承包人应承担其违约所引起的费用增加和(或)工期延误。

(3)经检查证明承包人已采取了有效措施纠正违约行为,具备复工条件的,可由监理人签发复工通知复工。

3. 承包人违约解除合同

监理人发出整改通知二十八天后,承包人仍不纠正违约行为的,发包人可向承包人发出解除合同通知。合同解除后,发包人可派员进驻施工场地,另行组织人员或委托其他承包人施工。发包人因继续完成该工程的需要,有权扣留使用承包人在现场的材料、设备和临时设施。但发包人的这一行动不免除承包人应承担的违约责任,也不影响发包人根据合同约定享有的索赔权利。

4. 合同解除后的估价、付款和结清

(1)合同解除后,监理人按第3.5款商定或确定承包人实际完成工作的价值,以及承包人已提供的材料、施工设备、工程设备和临时工程等的价值。

(2)合同解除后,发包人应暂停对承包人的一切付款,查清各项付款和已扣款金额,包括承包人应支付的违约金。

(3)合同解除后,发包人应按第23.4款的约定向承包人索赔由于解除合同给发包人造成的损失。

(4)合同双方确认上述往来款项后,出具最终结清付款证书,结清全部合同款项。

(5)发包人和承包人未能就解除合同后的结清达成一致而形成争议的,按第24条的约定办理。

5. 协议利益的转让

因承包人违约解除合同的,发包人有权要求承包人将其为实施合同而签订的材料和设备的订货协议或任何服务协议利益转让给发包人,并在解除合同后的十四天内,依法办理转让手续。

6. 紧急情况下无能力或不愿进行抢救

在工程实施期间或缺陷责任期内发生危及工程安全的事件,监理人通知承包人进行抢救,承包人声明无能力或不愿立即执行的,发包人有权雇佣其他人员进行抢救。此类抢救按合同约定属于承包人义务的,由此发生的金额和(或)工期延误由承包人承担。

【案例展示】

××省××高速公路业主,在施工期间,对各土建施工单位人员在岗情况进行了复查。从检查结果来看,有部分单位人员缺岗、离岗情况严重,且未经业主、总监办、监理处审批同意。依据《关于加强土建工程施工单位人员管理的通知》(××司字[2010]33号),业主对各标段的施工单位进行了4~18万的违约处罚。

知识点六 发包人违约的处理

1. 发包人违约的情形

在履行合同过程中发生的下列情形,属于发包人违约:

(1)发包人未能按合同约定支付预付款或合同价款,或拖延、拒绝批准付款申请和支付凭证,导致付款延误的。

(2)发包人原因造成停工的。

(3)监理人无正当理由没有在约定期限内发出复工指示,导致承包人无法复工的。

(4)发包人无法继续履行或明确表示不履行或实质上已停止履行合同的。

(5)发包人不履行合同约定其他义务的。

2. 发包人违约的处理

(1)承包人有权暂停施工

发包人发生除第(4)项以外的违约情况时,承包人可向发包人发出通知,要求发包人采取有效措施纠止违约行为。发包人收到承包人通知后的 28 天内仍不履行合同义务,承包人有权暂停施工,并通知监理人,发包人应承担由此增加的费用和(或)工期延误,并支付承包人合理利润。

(2)发包人违约解除合同

①发生第(4)项的违约情况时,承包人可书面通知发包人解除合同。

②暂停施工 28 天后,发包人仍不纠正违约行为的,承包人可向发包人发出解除合同通知。但承包人的这一行动不免除发包人承担的违约责任,也不影响承包人根据合同约定享有的索赔权利。

3. 解除合同后的付款

因发包人违约解除合同的,发包人应在解除合同后 28 天内向承包人支付下列金额,承包人应在此期限内及时向发包人提交要求支付下列金额的有关资料和凭证:

(1)合同解除日以前所完成工作的价款。

(2)承包人为该工程施工订购并已付款的材料、工程设备和其他物品的金额,发包人付款后,该材料、工程设备和其他物品归发包人所有。

(3)承包人为完成工程所发生的,而发包人未支付的金额。

(4)承包人撤离施工场地以及遣散承包人人员的金额。

(5)由于解除合同应赔偿的承包人损失。

(6)按合同约定在合同解除日前应支付给承包人的其他金额。

发包人应按本项约定支付上述金额并退还质量保证金和履约担保,但有权要求承包人支付应偿还给发包人的各项金额。

专家提示

根据本条款的规定,造成此类索赔的是由业主为及时支付或无故终止,且完全属于业主原因造成的,因此其后果也应由业主承担,主要是赔偿承包人因终止而造成的有关损失;同时若合同终止,承包人也应履行停止工作并撤离现场的义务。如果业主违约导致合同终止,承包人应得到利润补偿。

4. 解除合同后的承包人撤离

因发包人违约而解除合同后,承包人应妥善做好已竣工工程和已购材料、设备的保护和移交工作,按发包人要求将承包人设备和人员撤出施工场地。承包人撤出施工场地应遵守约定,发包人应为承包人撤出提供必要条件。

承包人应按以下要求对施工场地进行清理,直至监理人检验合格为止。竣工清场费用由承包人承担。

(1)施工场地内残留的垃圾已全部清除出场。

(2)临时工程已拆除,场地已按合同要求进行清理、平整或复原。

(3)按合同约定应撤离的承包人设备和剩余的材料,包括废弃的施工设备和材料,已按计划撤离施工场地。

(4)工程建筑物周边及其附近道路、河道的施工堆积物,已按监理人指示全部清理。

(5)监理人指示的其他场地清理工作已全部完成。

承包人未按监理人的要求恢复临时占地,或者场地清理未达到合同约定的,发包人有权委托其他人恢复或清理,所发生的金额从拟支付给承包人的款项中扣除。

【例5-1】 某企业承包的一项工程有效合同价为5 000万元(其利润目标为有效合同价的5%)。动员预付款为合同价的10%,动员预付款在中期支付证书累计金额达到合同价格的30%时开始扣回,到中期支付证书的累计金额达到合同价的80%时全部扣完。保留金的百分比为月支付的10%,保留金限额为合同价的5%。工程完成合同价的60%时,由于业主违约,合同被迫终止。此时承包人另外完成变更工程150万元,完成暂定项目50万元,为工程合理订购材料库存80万元。由于合同被迫终止,承包人设备撤回基地和遣返所有雇佣人员的费用共60万元(工程量清单中未单独列项)。业主就已完成的各类工程均已按规定给予支付(该项目实际工程量与清单工程量一致,且无调价)。

在合同终止时,试述:

(1)业主扣回多少动员预付款?

(2)业主实际已支付各类工程款共计多少?

(3)业主还需支付各类补偿款多少?

(4)业主总共应支付给承包人多少工程款?

【解】 动员预付款=合同价×动员预付款百分比=5 000×10%=500万元

(1)业主扣回动员预付款=[(累计完成工程款)-合同价×30%]×动员预付款÷
合同价的50%(每完成工程款1%扣动员预付款2%)

=[(5 000×60%+150+50)-5 000×30%]×500÷
(5 000×50%)

=340万元

如果没有变更费用和暂定项目:

(60%-30%)×动员预付款×2=0.3×500×2=300万元

(2)业主已实际支付的各类工程款=已完成的合同工程价款+变更工程款+完成的

$$\text{暂定项目款} + \text{动员预付款} - \text{扣回动员预付款} - \text{保留金}$$
$$= 5\,000 \times 60\% + 150 + 50 + 500 - 340 - 250$$
$$= 3\,110 \text{ 万元}$$

(3) 业主还需支付的各类补偿款 = 利润补偿 + 承包人已支付的库存材料款 + 施工设备撤回和遣返人员款 + 已扣回的保留金
$$= 5\,000 \times (1-60\%) \times 5\% + 80 + (1-60\%) \times 60 + 250$$
$$= 100 + 80 + 24 + 250$$
$$= 454 \text{ 万元}$$

(4) 业主总共支付的工程款 = 业主已实际支付的各类工程款 + 业主还需支付的各类补偿款 - 尚未扣回的动员预付款
$$= 3\,110 + 454 - (500 - 340)$$
$$= 3\,404 \text{ 万元}$$

5. 因不可抗力解除合同

合同一方当事人因不可抗力不能履行合同的，应当及时通知对方解除合同。合同解除后，承包人应按照约定撤离施工场地。已经订货的材料、设备由订货方负责退货或解除订货合同，不能退还的货款和因退货、解除订货合同发生的费用，由发包人承担，因未及时退货造成的损失由责任方承担。合同解除后的付款，参照发包人违约解除合同后的付款约定，由监理人按第 3.5 款商定或确定，但由于解除合同应赔偿的承包人损失不予考虑。

6. 第三人造成的违约处理

在履行合同过程中，一方当事人因第三人的原因造成违约的，应当向对方当事人承担违约责任。一方当事人和第三人之间的纠纷，依照法律规定或者按照约定解决。

知识点七　合同争议的解决

1. 常见的合同争议的内容

（1）业主据监理工程师的证明，对承包人的严重施工缺陷或不合格材料、设备要求赔偿、折价或更换，承包人则认为缺陷业已改正或性能试验方法错误等，不属于承包人的责任，不能达成一致意见。

（2）业主提出对承包人的原因引起的拖延工期，除要从承包人的应当款项中扣除施工期的违约损失偿金外，还要求对由于工期延误造成业主利益的损害进行赔偿，承包人则引用困难条款和免责条款提出反索赔，由此产生分歧。

（3）如前面所述，承包人依据合同条款中的一些条款，向业主提出费用索赔，经监理工程师审查，上报业主后，业主不予承认，或者业主同意支付的额外付款与承包人索赔的金额差距极大,双方达不成一致意见。

(4) 承包人提出延长工期的索赔,业主不予承认。

(5) 关于工程变更、分包等方面的纠纷。

(6) 出现不可抗力后的善后处理纠纷等。

2. 合同争议的解决

发包人和承包人在履行合同中发生争议的,可以友好协商解决或者提请争议评审组评审。合同当事人友好协商解决不成,不愿提请争议评审或者不接受争议评审组意见的,可在专用合同条款中约定下列一种方式解决。

①向约定的仲裁委员会申请仲裁。

②向有管辖权的人民法院提起诉讼。

(1) 友好解决

在提请争议评审、仲裁或者诉讼前,以及在争议评审、仲裁或诉讼过程中,发包人和承包人均可共同努力友好协商解决争议。

(2) 争议评审

①采用争议评审的,发包人和承包人应在开工日后的 28 天内或在争议发生后,协商成立争议评审组。争议评审组由有合同管理和工程实践经验的专家组成。

②争议评审组由 3 人或 5 人组成,专家的聘请方法可由发包人和承包人共同协商确定,亦可请政府主管部门推荐或通过合同争议调解机构聘请,并经双方认同。争议评审组成员应与合同双方均无利害关系,争议评审组的各项费用由发包人和承包人平均分担。

③合同双方的争议,应首先由申请人向争议评审组提交一份详细的评审申请报告,并附必要的文件、图纸和证明材料,申请人还应将上述报告的副本同时提交给被申请人和监理人。

④被申请人在收到申请人评审申请报告副本后的 28 天内,向争议评审组提交一份答辩报告,并附证明材料。被申请人应将答辩报告的副本同时提交给申请人和监理人。

⑤除专用合同条款另有约定外,争议评审组在收到合同双方报告后的 14 天内,邀请双方代表和有关人员举行调查会,向双方调查争议细节;必要时争议评审组可要求双方进一步提供补充材料。

⑥除专用合同条款另有约定外,在调查会结束后的 14 天内,争议评审组应在不受任何干扰的情况下进行独立、公正的评审,作出书面评审意见,并说明理由。在争议评审期间,争议双方暂按总监理工程师的确定执行。

⑦发包人和承包人接受评审意见的,由监理人根据评审意见拟定执行协议,经争议双方签字后作为合同的补充文件,并遵照执行。

⑧发包人或承包人不接受评审意见,并要求提交仲裁或提起诉讼的,应在收到评审意见后的 14 天内将仲裁或起诉意向书面通知另一方,并抄送监理人,但在仲裁或诉讼结束前应暂按总监理工程师的确定执行。

(3) 仲裁

①对于未能友好解决或通过争议评审解决的争议,发包人或承包人任一方均有权提交给条款约定的仲裁委员会仲裁。

②仲裁可在交工之前或之后进行,但发包人、监理人和承包人各自的义务不得因在工程实施期间进行仲裁而有所改变。如果仲裁是在终止合同的情况下进行,则对合同工程应采取保护措施,措施费由败诉方承担。

③仲裁裁决是终局性的并对发包人和承包人双方具有约束力。

④全部仲裁费用应由败诉方承担或按仲裁委员会裁决的比例分担。

(4) 仲裁的执行

①任何一方不履行仲裁机构裁决的,对方可以向有管辖权的人民法院申请执行。

②任何一方提出证据证明裁决有《中华人民共和国仲裁法》第五十八条规定情形之一的,可以向仲裁委员会所在地的中级人民法院申请撤销裁决。人民法院认定执行该裁决违背社会公共利益的,裁定不予执行。仲裁裁决被人民法院裁定不予执行的,当事人可以根据双方达成的书面仲裁协议重新申请仲裁,也可以向人民法院起诉。

上述内容适用于采用仲裁方式最终解决争议的项目。

【实例展示1】

××市公路管理局与中铁××局集团有限公司建设工程施工合同纠纷一案。

【案例回放】

2003年3月16日经招投标,××市公路管理局(以下简称××公路局)、中铁××局集团有限公司(以下简称××公司)签订S231线南阳市境鲁南交界至朱家沟段公路改建工程合同协议书一式八份。

其主要内容为:

(1) 工程内容

第S231JZ—1合同段由K186+800~K202+800长约16km,技术标准二级,沥青混凝土路面,大中桥2座以及其他构建物工程等。

(2) 合同总价

根据合同量清单所列的预计数量和单价或总额价计算的合同总价为人民币(大写)贰仟叁佰肆拾伍万捌仟叁佰叁拾叁圆整(23 458 333元)。

(3) 双方立约

业主给承包人支付合同价款,承包人在此立约:保证在各方面按合同文件的规定承担本合同工程的实施和完成及其缺陷的修复。

作为对本合同工程的实施和完成及其缺陷修复的报酬,业主在此立约:保证按照合同文件规定的时间和方式向承包人支付合同价款。

(4) 开工时间

承包人应在监理工程师发出开工令之后,在投标书附录中写明的开工期限内开工,本合同工程工期为11个月,工期从上述开工期的最后一天算起,开工令应在签订合同协议书以后,在投标书附录中写明的开工通知书期限内发出。

合同签订后,于2003年4月9日监理工程师发出开工令。在工程施工过程中,双方因为履约不完全发生了纠纷,2004年10月7日中铁××局集团有限公司以××市公路管理局未支付部分工程款为由擅自撤离工地,遗留部分未完工程需重新组织招标、施工,使该工程至今未进行工程竣工验收。

2006年3月1日,中铁××公司将××市公路管理局起诉至法院称:中铁××公司与××公路局就S231JZ—1标段公路改造工程事宜,经招投标程序于2003年3月26日签订了建设工程施工合同。中铁××公司如约履行合同。但业主有如下违约行为:

(1)业主拆迁不力,造成人员窝工、工期延误

在施工过程中,由于××公路局拆迁不力导致工程阻滞,造成中铁××公司人员机械大量窝工、停滞,增加了中铁××公司的施工成本,延误工期,给中铁××公司造成了巨大的经济损失。

(2)业主克扣工程款

××公路局还在挖方工程中克扣工程量,在软基处理、沥青厚度增加的变更工程中拒不计价,上述各项××公路局累计拖欠中铁××公司工程款2 826 570.81元。

(3)业主不及时付款,造成损失

××公路局不按约定支付工程款,迫使中铁××公司增加巨额的垫资投入,使中铁××公司在附属工程中被迫退出。

(4)诉讼请求

中铁××公司诉请法院判令××公路局向中铁××公司支付所欠的工程款2 826 570.81元,并赔偿利息损失,承担本案诉讼费用。

【法院调查】

(1)基本情况

中铁××公司与××公路局就S231线南阳市境鲁南交界至朱家沟段公路改建工程S231JZ—1合同段,经招投标程序,于2003年3月26日签订了建设工程施工合同,由中铁××公司承建该合同段工程。合同约定:S231JZ—1合同段自K186+800~K202+800,长约16km,技术标准二级,沥青混凝土路面,合同总价为23 458 333元,工期为11个月。除本合同及附件外,中标通知书、投标书及附录、合同专用条款、合同通用条款、技术规范、图纸、标价的工程量清单等均视为构成并作为阅读和理解本合同的组成部分,上述文件互相补充,有不明确或不一致之处,以上列次序在先者为准。

投标书附录规定了未付款额(即逾期付款)的利率为日万分之一。

2003年4月9日,总监办下达了开工令。施工期间,中铁××公司共完成了路基、路面、桥涵、部分路缘石等工程。

××公路局计量工程总金额计20 459 875.38元,按10%扣留了保留金2 045 987.54元,向中铁××公司计付工程款共计18 413 887.84元。

2004年8月17日,中铁××公司施工路段沥青路面经驻地监理工程师查验,符合技

术规范,予以交工,全线通车。

中铁××公司完成第十二期计量申报表确定的截至2004年11月16日的工作量,经总监办审核批准拨付该期工程计量款1 060 509元,××公路局于2005年1月31日向中铁××公司拨付该款。

后中铁××公司以××公路局拖欠部分工程款为由从施工现场撤离,遗留部分路缘石等附属工程。

(2) 土石方工程价款未支付

施工过程中,中铁××公司共计挖土方40 364m^3,挖石方292 716m^3。××公路局分别以土方乘系数1.16、石方乘系数0.92计量挖方数后向中铁××公司计付工程款5 379 355.79元。按实际净方量计算,××公路局应向中铁××公司计付5 788 046.04元。二者相差408 690.25元,××公路局未予计付。

(3) 软土地基处理未支付

在路基施工过程中,由于连续降雨,土的含水量过大,中铁××公司各工程队碾压时,出现软基情况。为保证路基质量,经监理工程师同意,中铁××公司各工程队进行了软基换填。经监理工程师确认,中铁××公司各工程队共计换填沙砾9 606.32m^3,换填石渣21 175.91m^3。经河南江河会计师事务所有限责任公司鉴定,软基换填共计产生工程费1 259 853.66元,××公路局未予计付。

(4) 沥青混凝土路面面层增加厚度未予支付

施工过程中,××公路局于2004年3月17日以宛公路工(2004)38号《关于转发<河南省交通厅公路管理局关于全省路网项目主要质量指标抽查情况的通报>的通知》,要求南阳市沥青混凝土面层设计厚度为7.5cm时,铺筑碾压密实后的厚度控制在7.5cm以上,不能低于7.5cm,由此超出该工程设计沥青厚度0.5cm。S231线公路改建工程总监办于2004年5月1日以宛S231监[2004]15号《关于路面结构层施工的几项要求》的文件形式,要求包括中铁××公司施工路段在内的路面沥青层要按××公路局要求,总厚度一般不小于7.5cm。中铁××公司按此要求施工,该项施工数据经中铁××公司自检和监理工程师签认,符合规范要求。经河南江河会计师事务所有限责任公司鉴定,该部分工程量的费用为335 900.80元,××公路局未予计付。

(5) 业主拆迁不力,造成承包人损失未支付

施工过程中,由于中铁××公司施工路段涉及的铁通地下电缆、铁路通信线、259储备库高压线、电线、电话线、线杆、房屋征地、树木征地未拆迁、村民不同意设计方案阻挡施工等原因,造成中铁××公司机械设备、人员间断性窝停工,经监理工程师确认,中铁××公司机械设备、人员实际窝停工时间为:挖掘机(PC220)367.00台班、装载机(ZJ50)393.00台班、自卸车(8T)1 044.00台班、压路机(YZ18)186.00台班、人工4 154.00的工日。经河南江河会计师事务所有限责任公司鉴定,中铁××公司由此产生机械、人员窝工费共计55 446.32元,××公路局未予计付。

【审理结果】

洛阳铁路运输法院一审认为,中铁××公司与××公路局双方就S231线南阳市境

鲁南交界至朱家沟段公路改建工程S231JZ—1合同段,经招投标程序签订的建设工程施工合同,是当事人双方真实意思表示,不违反法律规定,属于有效合同。

(1)关于中铁××公司在施工过程中的挖方量,××公路局以乘系数后的挖方量计付工程款是否适当问题。中铁××公司关于该项事实的请求成立,予以支持。

工程招标文件之合同通用条款57.1条明确规定,"工程的计量应以净值为准,除非合同对部分工程另有规定";交通部《公路工程预算定额》(1992版)亦规定,"除定额中另有说明者外,土方挖方按天然密实体积计,填方按压(夯)的体积计算,石方爆破按天然密实体积计算"。××公路局以土方乘系数1.16、石方乘系数0.92计量挖方数的做法,不符合合同约定及交通部《公路工程预算定额》(1992版)关于土方挖方、石方爆破按天然密实体积计算的规定。××公路局由此少计付该项工程款408 690.25元,中铁××公司关于该项事实的请求成立,予以支持。

(2)关于中铁××公司施工路段内各工程队所施软基换填工程是否系××公路局所为问题。中铁××公司的该项请求成立,予以支持。

(3)关于中铁××公司施工路面沥青厚度是否增加了0.5cm的问题。中铁××公司的该项诉讼请求成立,予以支持。

中铁××公司施工的S231JZ—1合同段沥青混凝土面层原设计厚度为7cm,××公路局宛公路工[2004]38号、总监办宛S231监[2004]15号文件均要求包括中铁××公司施工路段在内的路面沥青层总厚度不小于7.5cm。中铁××公司该项施工数据经自检和监理工程师确认,达到了××公路局及总监办两份文件的规范要求,应认定中铁××公司施工路面沥青厚度比原设计增加了0.5cm。中铁××公司由此增加的工程费用,××公路局应予支付。中铁××公司的该项诉讼请求成立,予以支持。××公路局关于其下发的文件只是对沥青厚度提出宏观上的要求,并非变更工程的辩解意见,与查明的事实不符,不予支持。

(4)关于中铁××公司机械设备、人员窝停工产生的原因是否系××公路局拆迁不力所致问题。中铁××公司的诉求,予以支持;南阳公司的举证,不予支持。

监理工程师已对中铁××公司机械设备、人员窝停工的原因进行了确认,结合合同通用条款42.1条"业主应在监理工程师发出本工程或部分工程开工令之前,对承包人开工所需的永久占地办妥征用手续和青苗、树木、房屋建筑、管线设施等的拆迁手续,通知承包人使用,以使承包人能够及时开工;……。永久占地的征用以及与之有关的拆迁赔偿手续均由业主负责办理并承担其费用"的规定,中铁××公司机械设备、人员窝停工系××公路局履行义务不当所致。××公路局应偿付中铁××公司由此产生的费用损失。

××公路局关于中铁××公司人员、机械设备窝停工是中铁××公司自身原因造成的辩解意见,因其提供的相关证据在证明力上不能推翻中铁××公司提供的并经监理工程师签字确认的关于中铁××公司窝停工原因的事实认定,不予支持。

(5)关于中铁××公司的诉讼请求是否超过合同约定的索赔时效、违反索赔程序问题。××公路局关于中铁××公司的诉讼请求超过合同约定的索赔时效、违反索赔程序的辩解意见,不予支持。

综上所述,××公路局少付中铁××公司挖方工程款 408 690.25 元,拖欠中铁××公司因软基换填产生的工程款 1 259 853.66 元,因增加沥青厚度而产生的工程款 335 900.80 元,因拆迁不力造成中铁××公司窝工费损失 554 406.32 元,总计 2 558 851.03 元,应承担相应的违约责任。

【案件评析】

这是一个典型的业主多项违约原因造成索赔的工程案例。

【实例展示2】

长沙某公司诉湖南某公司建设工程合同纠纷案。

【案例回放】

2006 年 8 月 8 日,长沙某公司与湖南某公司签订《人民东路延长线交通设施施工承包合同》一份。合同约定如下:

(1)工程名称及承包路段、工程造价

湖南某公司将人民路(红旗路至长梛路)延长线三标一段的道路交通设施工程承包给长沙某公司施工,湖南某公司按财政投资评审中心审定的总金额下浮 20% 后,作为与长沙某公司的最终结算价。

(2)工程质量

长沙某公司应严格按照道路设计示意图和长沙市交警支队设施大队要求施工,工程质量必须符合有关交通工程设施的规范要求标准,严格按照《道路交通标志和标线》(GB 5768—1999)执行。

(3)工程结算及付款方式

当本项目基础土建项目完工后,支付清单总金额的 15%,全部验收完毕后支付至工程总金额的 50%,2007 年春节前支付至工程总金额的 70%,2007 年 8 月支付工程总金额的 95%,余下 5% 作为质保金,质保期满后一个月内付清。

(4)附则

本合同经过双方签字盖章后生效,如单方面毁约,处违约金 2 万元。此外,长沙某公司与湖南某公司还对其他权利义务进行了约定。

合同签订后,长沙某公司于 2006 年 8 月 18 日进场施工,人民路(红旗路至长梛路)延长线三标一段道路交通设施工程于 2006 年 12 月 5 日竣工。2007 年 1 月 31 日,长沙市公安局交通警察支队交通工程设施大队对该交通设施工程进行了验收,经验收为合格。

【案例评析】

2009 年 9 月 22 日,长沙市芙蓉区审计局政府投资审计中心对长沙某公司施工完成的人民东路延长线二期三标一段道路交通设施工程进行了审核,并于同年 9 月 24 日作出芙审投结报【2009】008 号审计报告,其中对本案所涉及交通设施工程部分审计金额为 735 911 元。按照合同约定本案涉诉工程价款经长沙市芙蓉区审计局审定为 735 911 元,根据合同约定扣除总金额的 20% 计 147 182.2 元(即 735 911 元×20% = 147 182.2 元),

以及湖南某公司已向长沙某公司支付的30万元,湖南某公司还应支付长沙某公司工程款288 728.8元。

长沙某公司因索款未果,遂诉讼至法院,请求依法裁决。

长沙某公司于2005年12月24日取得《道路工程专业承包交通安全设施资质证书》。

上述事实,有《人民东路延长线交通设施施工承包合同》、长沙市市政道路桥梁工程竣工验收交接表、芙审投结报【2009】008号审计报告、《道路工程专业承包交通安全设施资质证书》,及当事人的陈述等证据佐证,足以认定。

法院认为:长沙某公司与湖南某公司签订《人民东路延长线交通设施施工承包合同》,系双方当事人真实意思表示,其内容没有违反法律、行政法规禁止性规定,合法、有效,双方应严格履行。长沙某公司已按合同约定履行了人民东路延长线二期三标一段道路交通设施工程建设任务,且该建设工程已经验收合格,湖南某公司应向长沙某公司支付相应的工程价款,湖南某公司未按合同约定全额支付工程价款,其行为已构成违约,应依法承担相应的民事责任。故长沙某公司的诉求合法,法院予以支付。

判决:湖南某公司向原告长沙某公司支付工程款288 728.8元;湖南某公司向原告长沙某公司支付违约金2万元。

第六单元 工程经济基础知识

模块一　复利分析基本原理

知识点一　资金时间价值的概念和意义

1. 资金时间价值的概念和内涵

资金时间价值是指一定量资金在不同时点上的价值量的差额。资金时间价值是资金在周转使用中产生的,是资金所有者让渡资金使用权而参与社会财富分配的一种形式,即投资者将资金用于投资或生产而不用于消费的一种必要补偿。比如,将今天的100元钱存入银行,在年利率为10%的情况下,一年后就会产生110元,可见经过一年时间,这100元钱发生了10元的增值。人们将资金在使用过程随时间的推移而发生增值的现象,称为资金具有时间价值的属性。资金时间价值是一个客观存在的经济范畴。

资金时间价值的大小取决于多方面的因素,从投资角度看主要有:
(1)投资收益率,即单位投资所能取得的利润。
(2)通货膨胀因素,即对因货币贬值造成损失所应作的补偿。
(3)风险因素,即对因风险的存在可能带来的损失所应作的补偿。

2. 研究资金时间价值的意义

认识资金的时间价值规律,有利于合理利用资金,将有限的资金用于投资效益最好的项目,在投资和生产过程中加速资金周转,克服浪费资金和无偿占有资金的现象,提高资金的利用率和投资效益。

研究资金时间价值是生产实践和工程建设实践的经验总结,通过资金时间价值的研究,能够更客观、真实地评价方案的技术经济效果。在工程实践中,主要涉及以下几类实践问题:
(1)投资时间不同的工程项目技术方案的经济效果评价问题。
(2)投产时间不同的工程项目技术方案的经济效果评价问题。
(3)使用寿命不同的工程项目技术方案的经济效果评价问题。
(4)技术方案实现后,经营费用不同的技术方案的经济效果评价问题。
(5)技术方案实现后,产出效果不同的技术方案的经济效果评价问题。

知识点二　利息与利率

资金时间价值可以用绝对数表示,也可以用相对数表示,即以利息额或利息率来表示。但是在实际工作中对这两种表示方法并不作严格的区别,通常以利息率进行计量。

利息率的实际内容是社会资金利润率。各种形式的利息率(贷款利率、债券利率等)

的水平就是根据社会资金利润率确定的。但是,一般的利息率除了包括资金时间价值因素以外,还要包括风险价值和通货膨胀因素。

资金时间价值通常被认为是没有风险和没有通货膨胀条件下的社会平均利润率,这是利润平均化规律作用的结果。作为资金时间价值表现形态的利息率,应以社会平均资金利润率为基础,而又不应高于这种资金利润率。

利息和利率是衡量资金的时间价值大小的指标。在工程经济分析中,对资金时间价值的计算方法与银行利息的计算方法相同。实际上,银行利息也是一种资金时间价值的表现形式。

1. 利息

利息是指占用资金(或放弃使用资金)所付(或所得)的代价(或报酬),是占用资金者支付给放弃使用资金者获得的利润的一种利益再分配。一般用 I 表示,利息通常根据利率来计算。

2. 利率

单位本金在单位时间内获得的利息就是利率。即在一个计息周期内所得的利息额与借贷金额(即本金)之比,一般用百分数表示。

若用 i 表示利率,I 表示利息,P 表示本金,则:

$$i = \frac{I}{P} \times 100\% \tag{6-1}$$

利率根据计息的周期不同,可以用年利率、月利率、日利率表示。在工程经济分析中除特殊指明外,一般都是年利率。

从生产观点看,利率可看作收益率,即生产产生的净收益与投资金额之比;从消费观点看,利率是一个导致节余的诱导物,具有推迟消费的吸引力。

3. 利息的计算

利息的计算有单利和复利两种形式。

单利是指按照固定的本金计算利息,不考虑前一期的利息再生利息的问题。复利是指第一期产生利息后,第二次的本金包括本金和第一次产生的利息,一次为本金计算利息。复利又叫利滚利。

(1)单利法的利息计算公式

单利法:只对本金计息,对每期的利息不再计息,从而每期的利息是固定不变的,均为 $I = P \cdot i$,则 n 期末的利息计算公式为:

$$I_n = P \cdot i \cdot n \tag{6-2}$$

本利和的计算公式为:

$$F_n = P(1 + i \cdot n) \tag{6-3}$$

(2)复利法

利息要再产生利息,第一期本例和为 $F = P + P \cdot i$,第二期期初本金为 $P(1+i)$,利息为 $P(1+i) \cdot i$,期末终值 $= P(1+i) + P(1+i) \cdot i = P(1+i)^2$,如此推算 n 期末本利和的

计算公式为：
$$F_n = P(1+i)^n \tag{6-4}$$

复利计息符合资金在社会再生产过程中发生增值现象的实际情况，在技术经济分析中，一般均采用复利计息。

4. 名义利率和实际利率

复利计息有间断复利计息和连续复利计息之分。如果计息周期为一定的时间区间（如年、季、月），称为间断复利；如果计息周期无限缩短，则称为连续复利。

从理论上讲，资金是在不停地运动，每时每刻都在通过生产和流通增值，因而应该采用连续复利计息，但是实际使用中因时间的不断连续性变化使得连续复利计息不可能实现，所以均采用间断性复利计息。

在工程经济分析中，一般计息周期与复利周期是相同的。但在实际经济活动中，计息周期也存在与复利周期不相同的情况，如年利率12%，一年计息两次，这就出现了不同计息周期利率换算问题。

设本金为 P，r 为名义利率，m 为一年内的计息次数，则计息期的实际利率为 r/m，则一年内 P 经过 m 次计息其复本利和为：

$$F_n = P\left(1 + \frac{r}{m}\right)^m$$

其一年内产生的利息为：

$$I = F_n - P = P\left(1 + \frac{r}{m}\right)^m - P = P\left[\left(1 + \frac{r}{m}\right)^m - 1\right]$$

则一年中所获得利息与本金之比为：

$$\frac{I}{P} = \left(1 + \frac{r}{m}\right)^m - 1$$

通常将一年中所获利息与本金之比称为实际年利率，用字母 i 表示。将按年计的年利率称为名义利率，用 r 表示；则名义利率与实际年利率的关系为：

$$i = \left(1 + \frac{r}{m}\right)^m - 1 \tag{6-5}$$

若计息周期无限缩短，即复利计息在一年中按无限多次计算，此时实际年利率为：

$$i = \lim_{m \to \infty}\left(1 + \frac{r}{m}\right)^m - 1$$

容易证明 $i = e^r - 1$。 (6-6)

> **专家提示**
>
> 在进行技术经济分析时，每年计算利息次数不同的名义利率，相互之间没有可比性，应预先将它们转化为计息期为年的实际利率后才能进行比较。当计息期以年为计算单位时，就不存在名义利率。

【例6-1】 现有本金1 000元,投资5年,年利率8%,每季度复利一次,问5年后终值是多少?

【解】 方法一:每季度利率$=8\%\div4=2\%$

复利的次数$=5\times4=20$

$F_{20}=1\,000\times(F/P,2\%,20)=1\,000\times1.486=1\,486$元

方法二:$i=\left(1+\dfrac{r}{m}\right)^m-1=\left(1+\dfrac{8\%}{4}\right)^4-1=8.24\%$

$F_5=P(1+i)^5=1\,000\times(1+8.24\%)^5=1\,486$元

知识点三 现金流量图

资金运动形式具体表现为货币的支出和收入,反映在项目中表现为现金流入和现金流出。

现金流入:实施项目带来的收入(即流入项目的资金),称为现金流入。

现金流出:项目所支出的各种费用(即流出项目的资金),称为现金流出。

现金流量:同一时期现金流入和现金流出的总称,称为现金流量。

净现金流量:同一时期的现金流入减去现金流出的余额称为这个时期的净现金流量。

某期净现金流量 = 同期现金流入 − 同期现金流出

将现金流量以图的形式表示出来,即为现金流量图,如图6-1所示。

现金流量图是描述现金流量作为时间函数的图形,它能表示资金在不同时间点流入与流出的情况。

现金流量图包括三个要素:大小、流向和时间点。现金流量图的做法和规则如下:

(1)先作一水平线为时间坐标(横坐标),按单位时间分段(等分),自左向右为时间的递增,表示时间的历程。时间一般以年为单位,用$0,1,2,3,\cdots,n$表示。在分段点所定的时间通常表示该时点末(一般表示为年末),同时也表示为下一个时点初(下一年的年初),如图6-1中,时点1表示第1年的年末或第2年的年初。

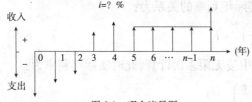

图6-1 现金流量图

(2)垂直线表示时点上系统所发生的现金流量,即实际收益或费用的情况,其中箭头向下表示现金流出(费用),向上则表示现金流入(收益),线段的长度代表发生的金额大小,按比例画出。流入或流出通常从资金使用者的角度考虑。

(3)利率标注于水平线上方。为计算方便,常将上述现金流入与现金流出所发生的具体时间定在期初(年初)或期末(年末)。例如将项目投资定在年初发生,而将逐年所发生的经营成本(费用)、销售收入(收益)均定在年末发生。

【例6-2】 设有某项贷款为5 000元,偿还期为5年,年利率为10%,偿还方式有两种:一是到期本利一次偿还;二是每年付息,到期一次还本。现仅就这笔借贷资金作现金流量图。

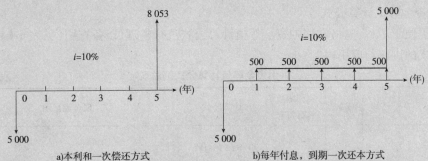

图6-2 贷款者的现金流量图

【解】 从贷款者角度,该系统现金流量图,按照不同偿还方式分别如图6-2a)、b)所示。

若从借款者角度,则系统的现金流量图中的流入、流出方向应相反,如图6-3a)、b)所示。

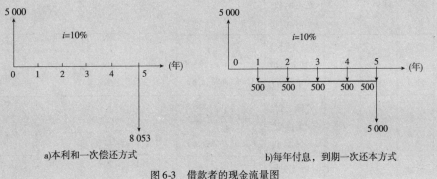

图6-3 借款者的现金流量图

知识点四 资金等值计算

1. 基本概念

在技术经济分析中,为了考察投资项目的经济效果,必须对项目寿命期内不同时间发生的全部费用和全部收益进行计算和分析。在考虑资金时间价值的情况下,不同时间发生的收入或支出,其数值不能直接相加或相减,只能通过资金等值计算将它们换算到同一时间点上进行分析。

我们把不同时间发生的资金具有相等价值的现象称为资金的等值。把在一个时点上发生的资金金额,在考虑资金的时间价值后换算成另一个时点上的等值金额的过程,称为资金的等值计算。把将来某一时点上的资金金额换算成现在时点的等值金额的过程称之为折现,其折现后的资金金额称为现值;与现值等价的将来时点的资金金额称为终值或将来值。

资金等值计算公式和复利计算公式的形式是相同的。

2. 资金等值计算公式

为了便于了解,先将常用的资金等值计算公式进行整理,以备查用(见表6-1)。下面进行公式的讲解与应用内容。

常用资金等值计算公式汇总表　　　　　　　　表6-1

类别		已知	求解	复利函数名称符号	计算公式	现金流量图
一次支付	终值公式	P	F	一次支付终值函数 $(F/P,i,n)$	$F = P(1+i)^n$ $F = P(F/P,i,n)$	
	现值公式	F	P	一次支付现值函数 $(P/F,i,n)$	$P = F(1+i)^{-n}$ $P = F(P/F,i,n)$	
等额支付	终值公式	A	F	等额支付终值函数 $(F/A,i,n)$	$F = A\dfrac{(1+i)^n - 1}{i}$ $F = A(F/A,i,n)$	
	偿债基金公式	F	A	等额支付偿债基金函数 $(A/F,i,n)$	$A = F\dfrac{i}{(1+i)^n - 1}$ $A = F(A/F,i,n)$	
	现值公式	A	P	等额支付现金函数 $(P/A,i,n)$	$P = A\dfrac{(1+i)^n - 1}{i(1+i)^n}$ $P = A(P/A,i,n)$	
	资金回收公式	P	A	等额支付资金回收函数 $(A/P,i,n)$	$A = P\dfrac{i(1+i)^n}{(1+i)^n - 1}$ $A = P(A/P,i,n)$	

(1)一次支付类型

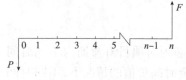

图6-4　一次支付现金流量图

一次支付又称整付,是指所分析系统的现金流量,无论是流入还是流出,均在一个时点上一次发生。其典型现金流量如图6-4所示。

一次支付终值公式:

适用情况:已知 P,i,n,求 F。即如果现在存入银行 P 元,年利率为 i,n 年后本利和为多少?

$$F_n = P(1+i)^n \qquad (6-7)$$

其中系数 $(1+i)^n$ 称为一次支付终值系数,也可用符号 $(F/P,i,n)$ 表示,$(F/P,i,n)$ 可由复利系数表查出,所以式(6-7)又可以写成:

$$F = P(F/P, i, n) \qquad (6\text{-}8)$$

一次支付现值公式：

适用情况：已知 F, i, n，求 P。即已知 n 年后一笔资金 F，在利率 i 下，相当于现在多少钱？计算公式：

$$P = F(1+i)^{-n} \qquad (6\text{-}9)$$

这是一次支付终值公式的逆运算。系数 $(1+i)^{-n}$ 记为 $(P/F, i, n)$，$(P/F, i, n)$ 的值可查复利系数表，所以式(6-9)又可写成：

$$P = F(P/F, i, n) \qquad (6\text{-}10)$$

【例6-3】 某人因购房一次向银行贷款20万元，贷款利率为10%，按年计息，贷款年限为5年，问此人5年后一次性向银行还款多少？

【解】 $P = 20$ 万元，$i = 10\%$，$n = 5$，$F = ?$

$$F = P(F/P, i, n) = P(F/P, 10\%, 5) = 20 \times 1.6105 = 32.210 \text{ 万元}$$

这就意味着，5年内此人付银行利息12.2万元。

【例6-4】 某人计划30年后从银行提取1万元，如果银行利率为12%，现在应存入银行多少钱？

【解】 $F = 1$ 万元，$i = 12\%$，则 $P = ?$

$$P = F(1+i)^{-n} = (1 + 12\%)^{-30} = 0.0334 \text{ 万元}$$

所以，该人现在需存款334元。

这也就意味着在利率12%时，30年后的10 000元相当于现在的334元。

(2) 等额分付类型

等额分付是多次支付形式中的一种。多次支付是指现金流入和流出在多个时点上发生，而不是集中在某个时点上。现金流数额的大小可以是不等的，也可以是相等的。当现金流序列是连续的，且数额相等，则称之为等额系列现金流。下面介绍等额系列现金流的四个等值计算公式。

① 等额分付终值公式

从第1年末至第 n 年末有一等额的现金流序列，每年的金额均为 A。若已知每年的等额年值 A，欲求终值 F。现金流量图如图6-5所示，可把等额序列视为 n 个一次支付的组合，利用一次支付终值公式推导出等额分付终值公式。

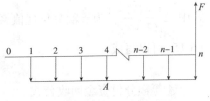

图6-5 等额分付终值现金流量图

由图6-5看出，第 n 年末资金的终值总额 F 等于各年存入资金 A 的终值总和，即：

$$F = A(1+i)^{n-1} + A(1+i)^{n-2} + \cdots + A(1+i) + A$$

根据等比级数求和公式，推导出：

$$F = A \frac{(1+i)^n - 1}{i} \qquad (6\text{-}11)$$

式中：$\frac{(1+i)^n-1}{i}$ 为等额分付终值系数，用 $(F/A,i,n)$ 表示，其值可由附表查出。则式 (6-11) 又可以写成。

$$F = A(F/A,i,n) \tag{6-12}$$

②等额分付偿债基金公式

等额分付偿债基金公式是等额分付终值公式的逆运算，即已知终值 F，求与之等价的等额年值 A。由式(6-11)可直接导出：

$$A = F\frac{i}{(1+o)^n-1} \tag{6-13}$$

式中：$\frac{i}{(1+i)^n-1}$ 为等额分付偿债基金系数，用符号 $(A/F,i,n)$ 表示，其值可查附表。则式 (6-13)，又可以写成。

$$A = F(A/F,i,n) \tag{6-14}$$

偿债基金的含义是：希望在未来某一时刻需要一笔资金 F 用于偿债，从现在起每年年末应存一等额款项 A 作为偿债基金。

③等额分付现值公式

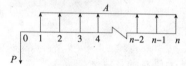

图6-6 等额分付现金流量图

如图6-6所示，从第1年末到第 n 年末有一个等额的现金流序列，每年的金额均为 A，这一等额年金序列在利率为 i 的条件下，其现值是多少？

如图6-6，可把等额序列视为 n 个一次支付的组合，利用一次支付现值公式推导等额分付现值公式：

$$P = \frac{A}{(1+i)} + \frac{A}{(1+i)^2} + \cdots + \frac{A}{(1+i)^n}$$

利用级数求和公式即得等额分付现值公式：

$$P = A\frac{(1+i)^n-1}{i(1+i)^n} \tag{6-15}$$

式中：$\frac{(1+i)^n-1}{i(1+i)^n}$ 为等额分付现值系数，记为 $(P/A,i,n)$，$(P/A,i,n)$ 的值可查附表。则式(6-15)可以写成。

$$P = A(P/A,i,n) \tag{6-16}$$

④等额分付资金回收公式

银行现提供贷款 P 元，年利率为 i，要求在 n 年内等额分期回收全部贷款，问每年末应回收多少资金？这是已知现值 P 求年金 A 的问题。

根据等额分付现值公式可得：

$$A = P\frac{i(1+i)^n}{(1+i)^n-1} \tag{6-17}$$

式中：$\frac{i(1+i)^n}{(1+i)^n-1}$ 为等额分付资金回收系数，可记为 $(A/P,i,n)$，$(A/P,i,n)$ 的值可查附

表。则式(6-17)又可以写成

$$A = P(A/P, i, n) \tag{6-18}$$

【例6-5】 某人从30岁起每年末向银行存入8 000元,连续10年,若银行年利率为8%,问10年后共有多少本利和?

【解】 直接应用式(6-11),计算可得:

$$F = A\frac{(1+i)^n - 1}{i} = 8\,000\,\frac{(1+8\%)^{10} - 1}{8\%} = 115\,892.50\ \text{元}$$

或 $F = A(F/A, i, n) = 8\,000 \times 14.486\,51 = 115\,892.5\ \text{元}$

所以,10年后共有 115 892.5 元。

【例6-6】 某厂欲积累一笔设备更新基金,用于4年后更新设备。此项投资总额为500万元,银行利率12%,问每年末至少要存款多少?

【解】 由式(6-13)可得:

$$A = F\frac{i}{(1+i)^n - 1} = 500\,\frac{12\%}{(1+12\%)^4 - 1} = 104.62\ \text{万元}$$

或 $A = F(A/F, i, n) = 500 \times 0.209\,24 = 104.62\ \text{万元}$

所以,每年年末至少要存款 104.62 万元。

【例6-7】 某设备经济寿命为8年,预计年净收益20万元,残值为0,若投资者要求的收益率为20%,问投资者最多愿意出多少价格购买该设备?

【解】 这一问题等同于在银行的利率为20%条件下,若存款者连续8年每年从银行取出20万元,则现在应存入银行多少钱?

$$P = A\frac{(1+i)^n - 1}{i(1+i)^n} = 20\,\frac{(1+20\%)^8 - 1}{20\%(1+20\%)^8} = 76.74\ \text{万元}$$

或 $P = A(P/A, i, n) = 20 \times 3.837\,1 = 76.74\ \text{万元}$

所以,投资者最多愿意出 76.74 万元。

【例6-8】 某投资项目贷款200万元,银行4年内等额收回全部贷款,已知贷款利率为10%,那么项目每年的净收益不应少于多少万元?

【解】 根据资金回收公式得:

$$A = P\frac{i(1+i)^n}{(1+i)^n - 1} = 200\,\frac{10\%(1+10\%)^4}{(1+10)^4 - 1} = 63.09\ \text{万元}$$

或 $A = P(A/P, i, n) = 200 \times 0.315\,47 = 63.09\ \text{万元}$

所以,项目每年净收益至少应为 63.09 万元。

模块二 技术经济分析的基本方法

技术经济分析是投资项目经济效益或投资效果的定量化及其直观的表现形式,它通常是通过对投资项目所涉及的费用和效益的量化和比较来确定的。

为了系统、全面地评价技术方案的经济效益,需要采用多个评价指标,从多个方面进行分析考察。根据经济评价指标所考虑的因素及使用方法的不同,可进行不同的分类。其中,最常用的分类方法之一是按照是否考虑所量化的费用和效益的时间因素,即是否考虑资金的时间价值,将评价指标分为静态评价指标和动态评价指标两类,其评价方法也分为静态分析方法和动态分析方法两类。

知识点一 静态分析方法

静态分析方法是指在对方案进行技术经济评价时,不考虑时间对资金价值的影响。静态分析法主要包括静态投资回收期法、投资效果系数、折算费用法等。

1. 静态投资回收期

静态投资回收期是指在不考虑资金时间价值的情况下,以项目每年的净收益回收项目全部投资所需要的时间,是考察项目财务上投资回收能力的重要指标。这里所说的全部投资既包括固定资产投资,也包括流动资金投资。

投资回收期一般从建设开始年算起,也可以从投资年开始算起,计算时应具体注明。

静态投资回收期的计算公式如下:

$$\sum_{t=0}^{P_t}(CI-CO)_t = 0 \tag{6-19}$$

式中: CI——现金流入;

CO——现金流出;

$(CI-CO)_t$——第 t 年的净现金流量。

(1)直接计算法(按达产后净收益计算)

如果项目建成后各年的净收益(也即净现金流量)均相等,则静态投资回收期的计算公式如下:

$$P_t = NB/I \tag{6-20}$$

式中:P_t——投资回收期;

NB——年收益;

I——总投资额。

(2)累计法

累计法是根据方案的净现金流量,从投资开始时刻(即零时点)依次求出以后各年的净现金流量之和(也称累计净现金流量),直至累计净现金流量等于零的年份为止。对应于净现金流量等于零的年份数,即为该方案从投资开始年算起的静态投资回收期,其计算公式为:

$$P_t = (累计净现金流量开始出现正值的年份数 - 1) +$$
$$上一年累计净现金流量绝对值/当年净现金流量 \tag{6-21}$$

(3)静态投资回收期计算过程

采用静态投资回收期对投资方案进行评价时,其基本做法如下:
①确定行业的基准投资回收期(Pc)。
②计算项目的静态投资回收期(Pt)。
③比较 Pt 和 Pc。若 $Pt \leq Pc$,则项目可以考虑接受;若 $Pt > Pc$,则项目是不可行的。

(4)静态投资回收期的优点及缺点

优点:概念清晰,简单易用。该指标不仅在一定程度上反映项目的经济性,而且反映项目风险大小。

缺点:它没有反映资金的时间价值,只考虑投资回收期之前的现金流量,故不能全面反映项目在寿命期内真实的效益,也难于对不同方案的比较选择做出正确判断。

Pc 尚未确定,取决于寿命。各项目寿命取决于技术、需求、经济等因素,各行业 Pc 不同,不利于资金在企业流通和产业调整。

2. 投资效果系数

投资效果系数(又称投资收益率、投资回收率法),它是年收益与投资额之比,表明每年的回收额占总投资的比重,可用公式表示为:

$$E = \frac{NB}{I} \tag{6-22}$$

式中:NB——年收益;
I——总投资额;
E——投资效果系数。

采用投资效果系数指标对技术方案进行经济评价时,应将计算得到的结果与标准投资收益系数 E_b 进行比较,若 $E \geq E_b$,则方案在经济上可取,否则方案不可取。

3. 追加(增量)投资回收期

进行两方案比较时,经常遇到投资额大的方案经营费用少,而投资额小的方案经营费用多。所谓追加投资回收期是指当两个方案比较时,用投资额大的比用投资额小的方案所节约的经营费用来回收多追加的投资所需要的时间。

假如方案Ⅰ的投资(K_1)大于方案Ⅱ的投资(K_2),但方案Ⅰ的年费用(C_1)小于方案Ⅱ的年费用(C_2)(或者方案Ⅰ的年收益(B_1)大于方案Ⅱ的年费用(B_2),且这两个方案具有相同的产出(或成本)和受寿命期,那么方案Ⅰ的年费用(或超额的年收益)去补充增加的投资额所需的时间,即为增量投资回收期。其计算公式为:

$$\Delta T = \frac{K_1 - K_2}{C_2 - C_1} \quad \text{(产出相同)} \tag{6-23}$$

或

$$\Delta T = \frac{K_1 - K_2}{B_1 - B_2} \quad \text{(成本相同)} \tag{6-24}$$

式中:K_1、K_2——分别为两方案的投资额,且 $K_2 > K_1$,ΔK 为增量投资额;
C_1、C_2——分别为两方案的年成本,且 $C_1 > C_2$,ΔC 为成本节约额。

其评价准则是若 $\Delta T < T_b$(标准投资回收期),则投资大的方案较优;反之投资小的方案较优。

若 $\Delta T < T_b$，说明投资大的方案其追加的投资通过年费用的节约(或年收益的增加)，在标准的年限内可全部收回，其经济效果好，所以投资大的方案较优；反之亦然。

4. 追加（增量）投资效果系数

追加投资效果系数是当两个方案相比较时，投资大的方案 I 比投资小的方案 II 所节约的年经营费用与其追加的投资额之比。计算公式为：

$$E_a = \frac{C_2 - C_1}{I_1 - I_2} = \frac{\Delta C}{\Delta I} \tag{6-25}$$

当 $E_a \geq E_b$，则投资大的方案 I 优；反之，投资小的方案 II 优。

追加投资效果系数和追加投资回收期指标只是反映两方案对比的相对经济效益，而不能反映两方案自身的经济效益。为了正确地进行两方案的评价与选优，应注意以下要求：投资小的方案或投资大的方案做为基础方案，应满足绝对效益评价标准（比如净现值大于0，内部收益率大于基准贴现率或投资回收期小于标准投资回收期）。

5. 静态评价方法的特点

(1) 技术经济分析的静态评价方法是一种在世界范围内被广泛应用的方法，它的最大优点是简便、直观，主要适用于方案的粗略评价。

(2) 静态投资回收期、投资收益率等指标都要与相应的基准值比较，由此形成评价方案的约束条件。

(3) 静态投资回收期和投资收益率是绝对指标，即只能判断方案可行与否，不能判断两个或两个以上的方案孰优孰劣。增量投资回收期是相对指标，可用于评价选择两个或两个以上的方案。

(4) 静态评价方法也有一些缺点：
① 不能客观地反映方案在寿命周期内的全部经济效果。
② 未考虑各方案经济寿命的差异对经济效果的影响。
③ 没有引入资金的时间因素，当项目运行时间较长时，不宜用这种方法进行评价。

由于静态评价方法的局限性，因此只能用于对方案进行粗略的评价和判断标准，不能作为选择标准，对方案的选择只能采用动态的分析方法。

【例6-9】 某投资方案一次性投资500万元，估计投产后各年的平均净收益为80万元，求该方案的静态投资回收期。

【解】 根据式(6-20)，有：

$P_t = NB/I = 500/80 = 6.25$ 年

【例6-10】 某投资方案的净现金流量如图6-7所示，试计算其静态投资回收期。

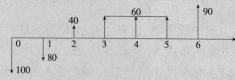

图6-7 某投资方案现金流量图

【解】 列出该投资方案的累计现金流量情况表,见表6-2。

累计现金流量情况表　　　　表6-2

年序	0	1	2	3	4	5	6
净现金流量	−100	−80	40	60	60	60	90
累计净现金流量	−100	−180	−140	−80	−20	40	130

根据式(6-21),有:

$$P_t = 5 - 1 + |-20|/60 = 4.33 \text{ 年}$$

【例6-11】 某汽车发动机的制造工艺过程有三种方案,它们的投资和年生产成本分别为:

第Ⅰ方案 $K_1 = 100$ 万元,$C_1 = 120$ 万元

第Ⅱ方案 $K_2 = 110$ 万元,$C_2 = 115$ 万元

第Ⅲ方案 $K_3 = 140$ 万元,$C_3 = 105$ 万元

若该工业部门规定 $T_b = 5$ 年,问哪个方案最好?

【解】 第Ⅱ方案与第Ⅰ方案比较:

$\Delta T_{21} = (K_2 - K_1)/(C_1 - C_2) = (10/5) = 2 \text{ 年} < T_b$

表明第Ⅱ方案优于第Ⅰ方案。

第Ⅲ方案与第Ⅱ方案的比较:

$\Delta T_{32} = (K_3 - K_2)/(C_2 - C_3) = 30/10 = 3(\text{年}) < T_b$

表明第Ⅲ方案优于第Ⅱ方案。结果是第Ⅲ方案最优。

知识点二　动态分析方法

静态分析方法虽然计算简便、直观,但由于没有考虑资金的时间价值和不能反映项目整个寿命周期的全面情况,因此在对项目进行经济性评价时,应以动态分析为主。

国内外提出的经济评价指标与方法很多,通常根据项目对资金的回收速度、获利能力和资金的使用效率进行分类,一般分为三类:

第一类:以时间作为计量单位的时间型指标,如投资回收期(动态)。

第二类:以货币单位计量的价值型指标,如净现值。

第三类:反映资源利用效率的效率型指标,如内部收益率、效益费用比等。

1. 净现值(NPV)

(1)概念

净现值就是项目经济寿命周期内,各年的净现金流量按一定的基准贴现率折现在某一基准年度(通常在投资期初)的现值累加值。

(2)计算公式

$$NPV = \sum_{t=0}^{n} (CI - CO)_t (1 + i_0)^{-1} \tag{6-26}$$

式中: NPV——净现值;

$(CI-CO)_t$——第 t 年的净现金流量,其中 CI 为现金流入,CO 为现金流出;

i_0——基准收益率(或基准折现率);

n——计算期,$n \leqslant 30$ 年。

净现值表示在规定的折现率 i_0 的情况下,方案在不同时点发生的净现金流量,折现到期初时,整个寿命期内所能得到的净收益。

(3)净现值的效果含义

如果方案的净现值等于 0,表示方案正好达到了规定的基准收益率水平;如果方案的净现值大于 0,则表示方案除能达到规定的基准收益率之外,还能得到超额收益;如果净现值小于 0,则表示方案达不到规定的基准收益率水平。

(4)净现值的绝对评价标准

因此,用净现值指标评价单个方案的准则是:若 $NPV \geqslant 0$,则方案是经济合理的;若 $NPV < 0$,则方案应予以否定。

(5)净现值的相对评价标准

当方案 Ⅰ 和方案 Ⅱ 进行比较时,若 $NPV_1 \geqslant NPV_2$,则说明方案 Ⅰ 优于方案 Ⅱ;反之,则说明方案 Ⅱ 较优。即对多方案比选时,净现值越大,方案越优。

(6)净现值指数

净现值指标用于多个方案比较时,没有考虑各方案投资额的大小,因而不直接反映资金的利用效率。为了考察资金的利用效率,通常用净现值指数作为净现值的辅助指标。净现值指数是项目净现值与项目投资总额现值 K_P 之比,是一种效率型指标,其经济涵义是单位投资现值所能带来的净现值。其计算公式为:

$$NPVI = \frac{NPV}{K_P}$$

$$\frac{NPV}{K_P} = \frac{\sum_{t=0}^{n}(CI-CO)_t(1+i_0)^{-1}}{\sum_{t=0}^{m}K_t(1+i_0)^{-1}} \tag{6-27}$$

式中:K_t——第 t 年的投资额。

对于单一方案评价而言,若 $NPV \geqslant 0$,则 $NPVR \geqslant 0$(因为 $K_P > 0$);若 $NPV < 0$,$NPVR < 0$(因为 $K_P > 0$),故净现值指数与净现值是等效评价指标。

(7)净现值与折现率的关系

净现值与折现率的关系如图 6-8 所示。

一般情况下,同一净现金流量的净现值随着折现率 i 的增大而减小,故基准折现率 i_0 定得越高,能被接受的方案越少。

图 6-8 中,在某一个 i^* 值上,净现值曲线与横坐标相交,表示该折现率下的净现值 $NPV = 0$,且当 $i_0 < i^*$ 时,$NPV(i_0) > 0$;$i_0 > i^*$ 时,$NPV(i_0) < 0$。i^* 是一个具有重要经济

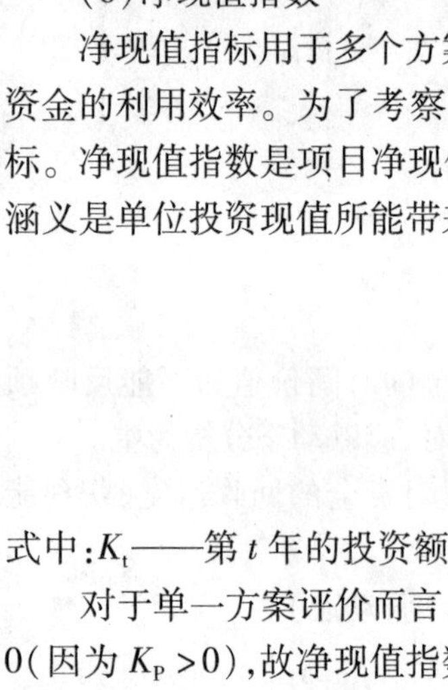

图 6-8 净现值与折现率的关系

意义的折现率临界值,被称之为内部收益率,后面将作详细分析。

NPV 之所以随着 i 的增大而减小,是因为一般投资项目正的现金流入(如收益)总是发生在负的现金流出(如投资)之后,使得随着折现率的增加,正的现金流入折现到期初的时间长,其现值减小得多,而负的现金流出折现到期初的时间短,相应现值减小得少,这样现值的代数和就减小。

这里也可以看出,规定的折现率 i_0(基准收益率)对方案的评价起重要的作用。i_0 定得较高,计算的 NPV 比较小,容易小于 0,使方案不容易通过评价标准,容易否定投资方案;反之,i_0 定得较低,计算的 NPV 比较大,不容易小于 0,使方案容易通过评价标准,容易接受投资方案。

因此,国家正是通过制定并颁布各行业的基准收益率,作为投资调控的手段。采用净现值评价投资方案,需要预先给定折现率,而给定折现率的高低又直接影响净现值的大小。在投资制约的条件下,方案净现值的大小一般不能直接评定投资额不同的方案的优劣,需要与其他的评价方法一起来综合进行方案选择。

(8)净年值

与净现值指标相类似的还有一个评价指标是净年值(NAV),它是通过资金等值计算,将项目的净现值分摊到寿命期内各年的等额年值。其表达式为:

$$NAV = NPV(A/P, i_0, n) = \sum_{t=0}^{n}(CI - CO)_t(1 + i_0)^{-1}(A/P, i_0, n) \quad (6\text{-}28)$$

由于 $(A/P, i_0, n) > 0$,若 $NPV \geq 0$,则 $NAV \geq 0$,方案在经济效果上可以接受;若 $NPV < 0$,则 $NAV < 0$,方案在经济效果上应予以否定。因此,净年值与净现值也是等效评价指标。

(9)净现值法的评价

净现值法的优点是:

①计算较简便,考虑了资金的时间价值和项目整个寿命期内的现金流入流出情况,净现值法全面、科学。

②计算结果稳定,不会因现金流量的换算方法的不同而带来任何差异。项目净现值的计算只要能避免重复计算和漏算,那么,无论你采用总收入和总成本分别折现之差,还是采用净收益折现,结果总是一样的。

净现值法的缺陷是:

①需要预先给定折现率,这给项目决策带来了困难。因为若折现率定得略高,可行项目就可能被否定;反之,折现率定得过低,不合理的项目就可能被选中。由此可见,净现值法的运用,折现率 i_0 对方案的取舍影响很大,必须对折现率 i_0 有较为客观的令人满意的估计。

②净现值指标用于多方案比较时,没有考虑各方案投资额的大小,因而不能直接反映资金的利用效率。当方案间的初始投资额相差较大时,可能出现失误。因为一个勉强合格的大型项目的正净现值可以比一个很好的小型项目的正净现值大得多,这样决策时就有可能选择大项目造成失误。

③对于寿命期不同的技术方案,不宜直接使用净现值(NPV)指标评价。

【例6-12】 某设备的购价为40 000元,每年的运行收入为15 000元,年运行费用3 500元,4年后该设备可以按5 000元转让,如果基准折现率$i_0 = 20\%$,问此项设备投资是否值得?

【解】 按净现值指标进行评价

$NPV(20\%) = -40\ 000 + (15\ 000 - 3\ 500)(P/A, 20\%, 4) + 5\ 000(P/F, 20\%, 4)$
$\qquad\qquad = -7\ 818.5$ 元

由于$NPV(20\%) < 0$,此投资经济上不合理。

【例6-13】 在例6-10中,若其他情况相同,基准折现率$i_0 = 5\%$,问此项投资是否值得?

【解】 计算此时的净现值:

$NPV(5\%) = -40\ 000 + (15\ 000 - 3\ 500)(P/A, 5\%, 4) + 5\ 000(P/F, 5\%, 4)$
$\qquad\qquad = 4\ 892.5$ 元 > 0

这意味着若基准收益率为5%,此项投资是值得的。

专家提示

显然,净现值的大小与基准折现率i_0有很大关系。

2. 费用现值与费用年值

在对多个方案比较选优时,如果诸方案产出价值相同,或者诸方案能够满足同样需要但其产出效益难以用价值形态计量(如环保、教育、保健、国防项目)时,可以通过对各方案费用现值或费用年值的比较进行选择。

费用现值就是把不同方案计算期内的各年年成本按基准收益率换算成基准年的现值和,再加上方案的总投资现值。费用现值越小,其方案经济效益越好。

费用现值的计算式为:

$$PC = \sum_{t=0}^{n} CO_t (P/F, i_0, t) \qquad (6-29)$$

费用年值的计算式为:

$$AC = PC(A/P, i_0, n) = \sum_{t=0}^{n} CO_t (P/F, i_0, t)(A/P, i_0, n) \qquad (6-30)$$

式中:PC——费用现值;

AC——费用年值;

CO_t——第t年的现金流出;

n——方案寿命年限;

i_0——基准收益率(或基准折现率)。

费用现值和费用年值用于多个方案的比选,其判别准则是:费用现值或费用年值最小的方案为优。

将式(6-29)与式(6-30)作一比较,在一定的基准折现率i_0和寿命期n下:

$$\frac{AC}{PC}(A/P_0,i,n) = 常数 \tag{6-31}$$

因此,费用现值与费用年值的关系就项目的评价结论而言,费用现值最小的方案即为费用年值最小的方案,二者是等效评价指标。二者除了指标含义不同外,使用各有所长。比如费用现值适用于多个方案寿命相同的情况比选,当各个方案寿命不等时比选,则可采用费用年值指标。

【例 6-14】 有三种设备投资方案均可满足道路施工需要,各方案的投资与年营运费用见表 6-3,设备使用寿命 10 年,基准折现率取 15%,哪个方案最好?

【解】 各方案的费用现值如下:

三个方案的投资与年营运费用　　　　　表 6-3

方案	1	2	3	方案	1	2	3
投资(万元)	25	21	23	年运营费用(万元)	3	4.5	5

$PC_1 = 25 + 3 \times (P/A, 15\%, 10) = 40.056$ 万元

$PC_2 = 21 + 4.5 \times (P/A, 15\%, 10) = 43.385$ 万元

$PC_3 = 23 + 5 \times (P/A, 15\%, 10) = 48.094$ 万元

显然,方案 I 为最优方案。

3. 内部收益率

(1) 内部收益率的概念与计算方法

净现值指标虽然简单易行,但必须事先给定一个折现率,而且采用该法时只知其结论是否达到或超过基本要求的效率,并没有求得项目实际达到的效率。内部收益率法则不需要事先给定折现率,它求出的是项目实际能达到的投资效率(即内部收益率)。因此,在所有的经济评价指标中,内部收益率是最重要的评价指标之一。

内部收益率(IRR)简单地说就是净现值为零时的折现率。在图 6-9 中,随着折现率的不断增大,净现值不断减小,当折现率取 i^* 时,净现值为零。此时的折现率 i^* 即为内部收益率。

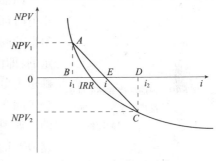

图 6-9　线性内插法求 IRR 图解

内部收益率也可以通过解下述方程求得:

$$NPV(IRR) = \sum_{t=0}^{n}(CI-CO)_t(1+IRR)^{-t} = 0 \tag{6-32}$$

式中:IRR——内部收益率;

其他符号意义同上。

上式是一个高次方程,不容易直接求解,通常采用线性内插法求 IRR 的近似解,从图 6-9 可以看出,IRR 在 i_1 与 i_2 之间,用 i^* 近似代替 IRR,当 i_2 与 i_1 的距离控制在一定范围内,可以达到要求的精度。

具体计算步骤如下:

①设初始折现率值 i_1,一般可以先取行业的基准收益率 i_0 作为 i_1,并计算对应的净现值 $NPV(i_1)$。

②若 $NPV(i_1) \neq 0$,则根据 $NPV(i_1)$ 是否大于零,再设 i_2。若 $NPV(i_1) > 0$,则设 $i_2 > i_1$;若 $NPV(i_1) < 0$,则设 $i_2 < i_1$。i_2 与 i_1 的差距取决于 $NPV(i_1)$ 绝对值的大小,较大的绝对值可以取较大的差距;反之取较小的差距。计算对应的 $NPV(i_2)$。

③重复步骤②,直到出现 $NPV(i_1) > 0, NPV(i_2) < 0$ 或 $NPV(i_1) < 0, NPV(i_2) > 0$ 时,用线性内插法求得 IRR 近似值,即:

$$IRR = i_1 + \frac{NPV(i_1)}{|NPV(i_2)| + |NPV(i_1)|}(i_2 - i_1) \qquad (6-33)$$

④计算的误差取决于 $(i_2 - i_1)$ 的大小,为此,一般控制在 $|i_2 - i_1| < 0.05$ 之内。

对于复杂的技术方案,采用人工试算法求内部收益率很费时间,需经过多次的大量计算才能成功。若利用计算机求解,就十分容易。

设基准收益率为 i_0,用内部收益率指标 IRR 评价单个方案的判别准则是:若 $IRR \geq i_0$,则项目在经济上可以接受;若 $IRR < i_0$,则项目在经济上应予以否定。

一般情况下,当 $IRR \geq i_0$ 时,有 $NPV(i_0) \geq 0$,反之,当 $IRR < i_0$ 时,则 $NPV(i_0) < 0$。因此,对于单个方案的评价,内部收益率准则与净现值准则,其评价结论是一致的。

内部收益率被普遍认为是项目投资的盈利率,反映了投资的使用效率,概念清晰明确。比起净现值与净年值来,各行各业的实际经济工作者更喜欢采用内部收益率。

内部收益率指标的另一个优点,就是在计算净现值和净年值时都需事先给定基准折现率,这是一个既困难又易引起争论的问题;而内部收益率不是事先外生给定的,是内生决定的,即由项目现金流计算出来的。当基准折现率 i_0 不易被确定为单一值而是落入一个小区间时,若内部收益率落在该小区间之外,则使用内部收益率指标的优越性是显而易见的。如图6-10所示,当 $i_1 \leq i_0 \leq i_2$ 时,若 $IRR > i_2$ 或 $IRR < i_1$,根据 IRR 的判别准则,很容易判断项目的取舍。

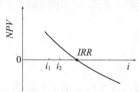

图6-10 内部收益率 IRR 与基准折现率为一区间值 (i_1, i_2) 时的比较

(2)内部收益率的经济涵义

内部收益率的经济涵义可以这样理解:在项目的整个寿命期按利率 $i = IRR$ 计算,始终存在未能收回的投资,而在寿命结束时,投资恰好被完全收回。也就是说,在项目寿命期内,项目始终处于"偿付"未被收回的投资的状况。因此,项目的"偿付"能力完全取决于项目内部,故有"内部收益率"之称。

(3)增量内部收益率

当内部收益率指标用于两个方案的比选时(图6-11),通常采用增量内部收益率(ΔIRR)指标。所

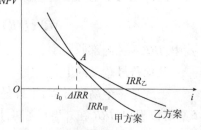

图6-11 两方案的增量内部收益率

谓增量内部收益率,简单地说是增量净现值等于零的折现值。增量净现值根据两个方案的增量现金流量计算。增量内部收益率的计算表达式为:

$$\Delta NPV(\Delta IRR) = \sum_{t=0}^{n}(\Delta CI - \Delta CO)_t(1+\Delta IRR)^{-1} = 0 \qquad (6-34)$$

式中:ΔNPV——增量净现值;

ΔIRR——增量内部收益率;

ΔCI——方案 A 与方案 B 的增量现金流入,即
$$\Delta CI = CI_A - CI_B$$

ΔCO——方案 A 与方案 B 增量现金流出,即 $\Delta CO = CO_A - CO_B$。

将式(6-34)变换,即:

$$\sum_{t=0}^{n}(CI_A - CO_A)_t(1+\Delta IRR)^{-1} = \sum_{t=0}^{n}(CI_B - CO_B)_t(1+\Delta IRR)^{-1} \qquad (6-35)$$

或者
$$NPV_A(\Delta IRR) = NPV_B(\Delta IRR) \qquad (6-36)$$

式中:NPV_A——方案 A 的净现值;

NPV_B——方案 B 的净现值。

因此,增量内部收益率计算的另一表达方式是:两个方案净现值(或净年值)相等时的折现率。利用式(6-35)和式(6-36)求解的 ΔIRR 的结果是一样的。

用增量内部收益率比选两个方案的准则是:

若 $\Delta IRR \geq i_0$,则增量投资部分达到了规定的要求,增加投资有利,投资(现值)大的方案为优;若 $\Delta IRR < i_0$,则投资小的方案为优,如图 6-11 所示。

在图 6-11 中,A 点对应的甲、乙方案净现值相等,此时的折现率为 ΔIRR。当 $\Delta IRR \geq i_0$ 时,$NPV_甲(i_0) > NPV_乙(i_0)$;当 $\Delta IRR < i_0$ 时,$NPV_甲(i_0) < NPV_乙(i_0)$。因此,用 ΔIRR 与 NPV 比选两方案,其评价结论是一致的。

专家提示

(1)对于单体方案来说,内部收益率与净现值是一致的,对方案进行评价的结论是一致的。

(2)在多方案评价中,用净现值和内部收益率标准对方案作出评价选择,其结论有时不一致,因为内部收益率是使方案净现值等于零时的折现率,也就是项目的现金流入等于现金流出的现值的利率。这个利率不是表示初期投资收益的利率,它是根据随时间变化的未回收投资余额得出的利率,这个利率使得项目在使用期满刚好投资完全回收。一个项目的技术方案的内部收益率,只表示这个项目的现金流在各个时期出现的未回收投资余额应当采用的利率,它与项目的绝对投资规模无关。

因此,不能用技术方案的内部收益率来排列两个或多个技术方案的优劣次序。因为对于多个技术方案,若不考虑投资规模,会有排错方案优劣次序的可能。

【例6-15】 某项目净现金流量见表6-4。当基准折现率 $i_0 = 12\%$ 时,试用内部收益率指标判断该项目在经济效果上是否可以接受。

某项目的净现金流量表　　　　　　　　　　　表6-4

（单位:万元）

年末	0	1	2	3	4	5
净现金流量	-100	20	30	20	40	40

【解】 设 $i_1 = 10\%$,$i_2 = 15\%$,分别计算其净现值:

$NPV_1 = -100 + 20(P/F,10\%,1) + 30(P/F,10\%,2) + 20(P/F,10\%,3) + 40(P/F,10\%,4) + 40(P/F,10\%,5) = 10.16$ 万元

$NPV_2 = -100 + 20(P/F,15\%,1) + 30(P/F,15\%,2) + 20(P/F,15\%,3) + 40(P/F,15\%,4) + 40(P/F,15\%,5) = -4.02$ 万元

再用内插法算出内部收益率 IRR:

$$IRR = 10\% + (15\% - 10\%) \frac{10.16}{10.16 + 4.02} = 13.5\%$$

由于 $IRR(13.5\%)$ 大于基准折现率(12%),故该项目在经济效果上是可以接受的。

【例6-16】 某建设项目有三个设计方案,其寿命期均为10年,各方案的初始投资和年净收益见表6-5,用净现值法、内部收益率法和增量内部收益率法选择最佳方案(已知 $i_C = 10\%$)。

各个方案的净现金流量表　　　　　　　　　　　表6-5

年份 方案	0	1~10	年份 方案	0	1~10
A	-170	44	C	-300	68
B	-260	59			

【解】 (1)净现值法对方案进行比选

根据各个方案的现金流量情况,可计算出 NPV 分别为:

$NPV_A = -170 + 44 \times (P/A,10\%,10) = 100.34$ 万元

$NPV_B = -260 + 59 \times (P/A,10\%,10) = 102.50$ 万元

$NPV_C = -300 + 68 \times (P/A,10\%,10) = 117.79$ 万元

由于C方案的 NPV 最大,因此根据净现值的判别准则,以方案C为最佳方案。

(2)采用内部收益率指标进行比选

根据 IRR 的定义及各个方案的现金流量情况,有:

$-170 + 44 \times (P/A,IRR_A,10) = 0$

$(P/A,IRR_A,10) = 4.023$

查复利系数表得: $IRR_A = 22.47\%$

$-260 + 59 \times (P/A,IRR_B,10) = 0$

$(P/A, IRR_B, 10) = 4.407$

查复利系数表得:$IRR_B = 18.49\%$

$-300 + 68 \times (P/A, IRR_C, 10) = 0$

$(P/A, IRR_C, 10) = 4.412$

查复利系数表得:$IRR_C = 18.52\%$

可见,$IRR_A > IRR_C > IRR_B$,且 IRR_A、IRR_B、IRR_C 均大于 i_C,即方案 A 为最佳方案。这个结论与采用净现值法计算得出的结论是矛盾的。为什么两种方法得出的结论会产生矛盾?究竟哪一种方法正确?这个问题通过图 6-12 加以说明。

(3) 差额内部收益率法进行比选。

由于三个方案的 IRR 均大于 i_C,将它们按投资额由小到大排列为:A→B→C,先对方案 A 和 B 进行比较。

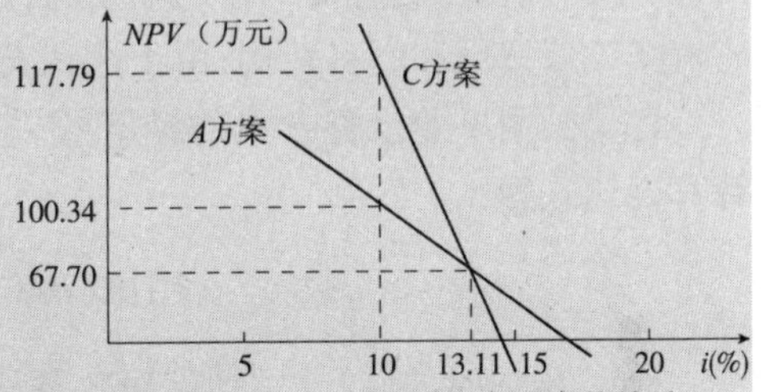

根据差额内部收益率的计算公式,有:

$(-260 - 170) + (59 - 44)(P/A, \Delta IRR_{B-A}, 10) = 0$

可求出:$\Delta IRR_{B-A} = 10.58\% > i_C = 10\%$

图 6-12 方案 A、C 的净现值与折现率的关系

故方案 B 优于方案 A,保留方案 B。将方案 B 和方案 C 进行比较:

$-(300 - 260) + (68 - 59)(P/A, \Delta IRR_{C-B}, 10) = 0$

可求出:$\Delta IRR_{C-B} = 14.48\% > i_C = 10\%$

故方案 C 优于方案 B。最后可得结论:方案 C 为最佳方案。

4. 动态投资回收期

为了克服静态投资回收期未考虑资金时间价值的缺点,在投资项目评价中有时采用动态投资回收期。动态投资回收期的计算公式为:

$$\sum_{t=1}^{T_P} \frac{CI_t - CO_t}{(1+r)^n} = 0 \qquad (6-37)$$

式中:T_P——以年表示的投资回收期;

CI_t——第 t 年现金流入;

CO_t——第 t 年现金流出;

T——年份;

r——名义利率。

动态投资回收期 T_P 评价投资项目的可行性,需要与根据同类项目的历史数据和投资者意愿确定的基准动态投资回收期相比较。设基准动态投资回收期为 T_b,判别准则为:若 $T_P \leq T_b$,项目可以被接受;否则,应予以拒绝。

计算动态投资回收期的实用公式为:

$$T_P^* = \begin{pmatrix} 累计净现金流量折现值 \\ 开始出现正值的年份 \end{pmatrix} - 1 + \frac{|上年累计净现金流量折现值|}{当年净现金流量折现值} \qquad (6-38)$$

动态投资回收期的计算公式表明,在给定的折现率 i_0 下,要经过 T_p^* 年,才能使累计的现金流入折现值抵消累计的现金流出折现值,投资回收期反映了投资回收的快慢。

5. 效益费用比

如前所述,用动态投资回收期、净现值或者内部收益率等指标评价工程方案(项目)的经济效果时,都要求达到或超过标准的收益率。这对于以盈利为目的的营利性企业或投资者来说,是方案经济决策的基本前提。

但是,对于一些非营利性的机构或投资者,投资的目的是为公众创造福利或效果,并非一定要获得直接的超额收益。例如,不以盈利为目的的公路建设,对使用该公路的公众产生效果。这种效果可以包括:由于汽车速度的加快和公交设施的建设而节省运输时间;由于路线变得更直而缩短运输距离;由于路面的平整而节约燃料;由于路面光滑而节省汽车维修费用和燃料费用;由于达到安全标准而减少车祸,等等。

评价公用事业投资方案的经济效果,一般采用效益/费用比(Benefit/Cost, B/C),其计算表达式为:

$$效益/费用比(B/C) = \frac{净效益(现值或年值)}{净费用(现值或年值)} \quad (6-39)$$

计算 B/C 时,需要分别计算净效益和净费用。净效益包括投资方案对承办者和社会带来的收益,并减去方案实施给公众带来的损失。净费用包括方案投资者的所有费用支出,并扣除方案实施对投资者带来的所有节约。实际上,净效益是指公众得益的净累积值,净费用是指公用事业部门净支出的累积值。因此,B/C 是针对公众而言的。

净效益和净费用的计算,常采用现值或年值表示,计算采用的折现率应该是公用事业资金的基准收益率或基金的利率。若方案净效益大于净费用,即 B/C > 1,则这个方案在经济上认为是可以接受的;反之,则是不可取的。因此,效益/费用比的评价标准是:

$$B/C > 1$$

B/C 是一种效率型指标,用于两个方案的比选时,一般不能简单地根据两方案 B/C 的大小选择最优方案,而应采用增量指标的比较法,即比较两方案之增加的净效益与增加的净费用之比(增量 B/C),若此比值(增量 B/C)大于1,则说明增加的净费用是有利的。

6. 评价指标小结

本节讨论了从经济效果角度评价项目的常用指标,包括净现值、费用现值、净年值、费用年值、净现值指数、内部收益率、外部收益率、静态投资收益率、静态投资回收期和动态投资回收期。在这些指标中,净现值、内部收益率和投资回收期是最常用的项目评价指标。

就指标类型而言,净现值、净年值、费用现值和费用年值是以货币表述的价值型指标;内部收益率、外部收益率、投资收益率和净现值指数则是反映投资效率的效率型指标。

在价值型指标中,就考察的内容而言,费用现值和费用年值分别是净现值和净年值的特例,即在方案比选时,前二者只考察项目方案的费用支出。

就评价结论而言,净现值与净年值是等效评价指标,费用现值和费用年值是等效评价指标。图 6-13 给出了各评价指标的类型及关系。

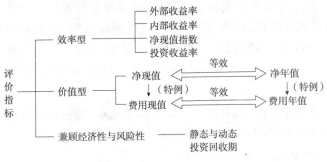

图 6-13　评价指标的类型及关系

知识点三　多方案评价

工程方案经济性评价除了采用前述评价指标(如投资回收期 T_P、净现值 NPV、内部收益率 IRR),分析该方案评价指标值是否达到了标准的要求(如 $T_P \leq Tb$,$NPV(i_0) \geq 0$,$\Delta IRR \geq i_0$)之外,往往需要在多个备选方案中进行比选。多方案比选的方法与备选方案之间关系的类型有关。因此,本节在分析备选方案及其类型的基础上,讨论如何正确运用各种评价指标进行备选方案的评价与选择。

通常,备选方案之间的相互关系可分为以下三种类型:

(1)独立型,是指各个方案的现金流量是独立的,不具有相关性,且任一方案的采用与否都不影响其他方案是否采用的决策。比如个人投资可以购买国债,也可以购买股票,还可以购房增值等。可以选择其中一个方案,也可选择其中两个或三个,方案之间的效果与选择不受影响,互相独立。

独立方案的特点是具有"可加性"。比如,A 与 B 两个投资方案,只选择 A 方案时,投资 30 万元,净收益 36 万元;只选择 B 方案时,投资 40 万元,净收益 47 万元。当 A 与 B 一起选择时,共需投资 30 + 40 = 70 万元,得到净收益共为 36 + 47 = 83 万元。那么,A 与 B 具有可加性,在这种情况下,认为 A 与 B 之间是独立的。

(2)互斥型,是指各方案之间具有排他性,在各方案当中只能选择一个。比如,同一地域的土地利用方案是互斥方案,是建居民住房还是建写字楼等等,只能选择其中之一;厂址问题,也是互斥方案的选择问题,杭州新机场是建在萧山、余杭,还是建在建德,只能选择其中之一;建设规模问题也是互斥方案的选择问题。

(3)混合型,是指独立方案与互斥方案混合的情况。在没有资源约束的条件下,独立型多方案的检验方法同单一方案。可以使用净现值、内部收益率等指标,只要满足评价判别标准就可以接受。

1. 互斥方案的经济评价方法

在对互斥方案进行评价时,经济效果评价包含了两部分的内容:一是考察各个方案自身的经济效果,即进行绝对效果检验,用经济效果评价标准(如 $NPV \geq 0$, $NAV \geq 0$, $IRR \geq i_0$)检验方案自身的经济性,称为"绝对(经济)效果检验"。凡通过绝对效果检验的方案,就认为它在经济效果上是可以接受的,否则就应予以拒绝;二是考察哪个方案相对最优,称"相对(经济)效果检验"。一般先用绝对经济效果方法筛选方案,然后以相对经济效果方法优选方案。

投资回收期、净现值、净年值和内部收益率都是绝对经济效果指标,而增量投资回收期、增量净现值和增量内部收益率则是相对经济效果指标。

互斥型方案进行比较时,必须具备以下的基本条件:
(1)被比较方案的费用及效益计算方式一致。
(2)被比较方案在时间上可比。
(3)被比较方案现金流量具有相同的时间特征。

如果以上条件不能满足,各个方案之间不能进行直接比较,必须经过一定转化后方能进行比较。

互斥方案的比选可以采用不同的评价指标,也有许多方法。其中,通过计算增量净现金流量评价增量投资经济效果,即增量分析法,是互斥方案比选的基本方法。

2. 寿命周期相同的互斥方案的选择

对于寿命周期相同的互斥方案,计算期通常设定为其寿命周期,这样能满足在时间上的可比性。互斥方案的评价与选择的指标通常采用净现值、净年值和内部收益率比较法。

【例6-17】 现有 A、B 两个互斥方案,寿命相同,各年的现金流量见表6-6,试评价选择方案($i_0 = 12\%$)。

【解】 分别计算 A、B 方案和增量投资的 NPV 和 IRR,计算结果列于表6-6。

$NPV_A(12\%) = -20 + 5.8(P/A, 12\%, 10) = 12.8$ 万元

$NPV_B(12\%) = -30 + 7.8(P/A, 12\%, 10) = 14.1$ 万元

由方程式:

$$\begin{cases} -20 + 5.8(P/A, IRR_A, 10) = 0 \\ -30 + 7.8(P/A, IRR_B, 10) = 0 \end{cases}$$

可求得:$IRR_A = 26\%$,$IRR_B = 23\%$

互斥方案 A、B 的净现金流及评价指标　　　　　　表6-6

年　份	0	1~10	NPW(万元)	IRR(%)
方案 A 的净现金流(万元)	-20	5.8	12.8	26
方案 B 的净现金流(万元)	-30	7.8	14.1	23
增量净现金流(B-A)	-10	2	1.3	15

由于 NPV_A、NPV_B 均大于零，IRR_A、IRR_B 均大于基准收益率 12%，所以方案 A、B 都达到了标准要求，就单个方案评价而言都是可行的。

问题在于 A 与 B 是互斥方案，只能选择其中一个，按 NPV 最大准则，由于 $NPV_A < NPV_B$，则 B 优于 A；但如果按 IRR 最大准则，由于 $IRR_A > IRR_B$，则 A 优于 B，两种指标评价的结论是矛盾的。

实际上，投资额不等的互斥方案比选的实质是判断增量投资的经济效果，即投资大的方案相对于投资小的方案多投入的资金能否带来满意的增量收益。显然，若投资额小的方案达到了标准的要求，增量投资又能带来满意的增量收益（也达到标准的要求），那么增加投资是有利的，投资额大的方案（可以看成是投资额小的方案与增量投资方案的组合）为优；反之，增量投资没有达到标准的要求，则投资额小的方案优于投资额大的方案。

表 6-6 也给出了 B 相对于 A 方案的增量现金流，同时计算了相应的增量净现值（ΔNPV）与增量内部收益率（ΔIRR）。

$$\Delta NPV_{B-A}(12\%) = -10 + 2(P/A, 12\%, 10) = 1.3 \text{ 万元}$$

由方程式： $-10 + 2(P/A, \Delta IRR, 10) = 0$

可解得：$\Delta IRR = 15\%$

从表 6-6 中可见，$\Delta NPV_{B-A} > 0$，$\Delta IRR > 15\%$，因此增加投资有利，投资额大的 B 方案优于 A 方案。

上例表明了互斥方案比选的基本方法，即采用增量分析法，计算增量现金流量的增量评价指标，通过增量指标的判别准则，分析增量投资的有利与否，从而确定两方案的优劣。净现值、内部收益率和投资回收期等评价指标都可用于增量分析。实际上，增量分析法是经济学中边际原理的一种具体应用。边际原理认为，边际收入等于边际成本时企业实现的利润最大。

3. 寿命期不相等的互斥方案的选择

以上分析互斥方案的评价方法都是在各方案寿命期相同的情况下进行的。这样，评价各方案的经济效果在时间上具有可比性。当各方案的寿命不相等时，要采用合理选择评价指标或者计算期的办法，使之具有时间上的可比性。

(1) 净现值法

当互斥方案寿命不相等时，一般情况下，各方案在各自寿命期内的净现值不具有可比性。如果要使用净现值指标进行方案比选，必须设定一个共同的分析期。分析期的设定应根据决策的需要和方案的特征来决定，通常有以下几种方法：

①寿命期最小公倍数法

这种方法是取各个比较方案寿命期的最小公倍数为分析期。在此分析期内各方案的现金流量均以其方案使用寿命为周期重复实施，即这里存在着所谓重复型更新假设。例如有两个备选方案，A 方案的寿命期为 3 年，B 方案的寿命期为 4 年，则取它们的最小公倍数 12 年作为分析期。在 12 年中 A 方案重复实施 4 次，B 方案重复实施 3 次。

②分析期截止法

由于取方案寿命期的最小公倍数作为分析期,有时所考虑的时间间隔很长。例如,方案 A 的寿命期为 7 年,方案 B 的寿命期为 9 年,其最小公倍数为 63 年,在这么长的时期内计算十分繁琐,意义也不大。因而可以取一个分析的截止期,在备选方案寿命期比较接近的情况下,一般取最短方案的寿命期作为分析期。对于寿命期长的方案来讲,分析期短于寿命期,在多余的这段时间里,项目尚存在着可利用价值。对这部分价值可在分析期末的资产余值中进行估价,到分析期结束时回收资产余值。

③取无穷大年限作为分析期

如果备选方案能够满足重复型更新假设条件,即各方案的现金流量均以其方案使用寿命为周期重复变化,此时可通过计算各方案在无穷大年限内的净现值进行方案的比选。具体比选方法如下:

假定有 m 个备选方案,寿命期不同,则方案 j 在其寿命期 N_j 年限内的净现值为:

$$NPV_N = \sum_{t=0}^{N_j}(CI-CO)_t(1+i)^{-t} \tag{6-40}$$

假定各方案在其寿命期终了时,再继续采用原方案直至第二个寿命期 $2N_j$,第二个寿命期终了时再采用原方案,如此这样一直延续到无穷大,这样便可以分别计算各方案在无穷大年限内的总净现值,即:

$$NPV_j = \lim NPV_{Nj} = NPV_{Nj}\left[1+\frac{1}{(1+i)^{N_j}}+\frac{1}{(1+i)^{2N_j}}+\cdots+\frac{1}{(1+i)^{nN_j}}\right] \tag{6-41}$$

此为一等比级数,用其求和公式可得总净现值为:

$$NPV_j = NPV_{Nj}\left[\frac{(1+i)^N}{(1+i)^N-1}\right] \tag{6-42}$$

用这种方法计算出的净现值用于寿命不相等互斥方案进行比选的标准依然是:总净现值大于或等于零且取净现值最大的方案为最优方案。这种方法的优点避免了两两方案循环比较的麻烦,同时也避免了分析期截止法中将超出最短寿命期年份的生产能力作为残值处理的不足,但使用这种方法要满足重复型更新的假定条件。

(2)年值法

在对寿命不相等的互斥项目方案进行比选时,年值法是最为简便的方法。因为这种方法不管项目方案的寿命期限为多少,只要将各项目方案的现金流量都换算成年值,就可以在共同的时段"年"度内,用净年值或费用年值法进行比较。在用年值法进行寿命不相等的互斥项目方案比选时,实际上隐含着一种假设:各备选项目方案在其寿命结束时均可按原方案重复实施或以与原方案经济效果水平相同的方案接续。因为一个方案无论重复实施多少次,其年值是不变的。年值法包括净年值法和费用年值法。

在用净年值法进行方案比选时,其判别标准为:净年值大于或等于零且净年值最大的方案是最优方案。如果仅有或仅需计算费用现金流量的互斥方案比选时,用费用年值指标,其判别的标准为:费用年值最小的方案为最优方案。

【例6-18】 A、B两个互斥方案各年的现金流量见表6-7,基准收益率 $i_0=10\%$,试比选方案。

【解】 A与B的寿命不相等,要使方案在时间上可比,常用以下两种方法。

(1)寿命期最小公倍数作为计算期,采用方案重复型假设。以A与B的最小公倍数18年为计算期,A方案重复实施三次,B方案二次。此时,如果以净现值为评价指标,则18年的各方案净现值为:

寿命不等的互斥方案的现金流量(单位:万元)　　　　表6-7

方案	投资	年净现金流	残值	寿命(年)
A	-10	3	1.5	5
B	-15	4	2	9

$NPV_A = -10[1+(P/F,10\%,6)+(P/F,10\%,12)] + 3(P/A,10\%,18) + 1.5[(P/F,10\%,6)+(P/F,10\%,12)+(P/F,10\%,18)]$

　　　$= 7.37$ 万元

$NPV_B = -15[1+(P/F,10\%,9)] + 4(P/A,10\%,18) + 2[(P/F,10\%,9)+(P/F,10\%,18)]$

　　　$= 12.65$ 万元

因为 $NPV_B > NPV_A > 0$,故B方案较优。

(2)用年值法进行比选,此时用净年值(NAV)作为评价指标,则各方案的NAV为:

$NAV_A = 3 + 1.5(A/F,10\%,6) - 10(A/P,10\%,6)$

　　　$= 0.90$ 万元

$NAV_B = 4 + 2(A/F,10\%,9) - 15(A/P,10\%,9)$

　　　$= 1.54$ 万元

因为 $NAV_B > NAV_A > 0$,故B优于A。

年值法实际上假定了各方案可以无限多次重复实施,使其年值不变。

知识点四　价值工程

1. 价值工程的产生和发展

价值工程(Value Engineering,VE)产生于20世纪40年代的美国,创始人是美国通用电器公司(GE)负责物资采购工作的电器工程师L.D.麦尔斯。

第二次世界大战期间,美国的军事工业获得很大发展,但同时也出现了原材料供应紧张问题。设计工程师麦尔斯当时在美国通用电气公司采购部门工作。战争期间,他的工作是为通用电气公司寻找取得军事生产中的短缺材料和产品。由于材料采购困难,麦尔斯认为如果得不到所需要的材料和产品,同样可以利用其他材料和产品代替而获得相同的功能,于是他就开始研究材料替代问题。麦尔斯等人通过他们的实践活动,总结出一套在保证同样功能的前提下降低成本的比较完整的科学方法,当时称它为价值分析(Value Analysis,VA),以后价值分析内容又不断丰富、发展与完善,目前统称价值工程。

第二次世界大战以后,价值分析在美国得到了迅速发展。1954年,美国海军首先开始推行,主要用这种方法指导新产品的设计,并把这种方法称之为价值工程。20世纪60年代传到了西欧和日本,得到了广泛的应用,并取得了显著的效果。据报道,美国在1960~1970年10年中,由于在国防订货中推行价值工程,仅订货费用就节约了几百亿美元,连一向不重视成本的航天局也采用了价值工程。1977年美国参议院通过172号决议,以法令的形式要求推广应用VE。现在美国的一些产品说明书中,除了产品性能说明外,还有价值工程说明书,说明零部件有哪些功能,是否保证了必要功能,成本花费是否合理等。由于VE的应用,美国每年节约额为20.19亿美元。

1978年以后,价值工程引入我国,为许多企业所采用,也取得了很大的经济效益。例如,1979~1989年,上海在轻工、机电、纺织和仪表等四个行业373家公司、企业开展VE活动,改进项目580多个,节约成本2.5亿元;一汽从1978~1989年,完成VE项目270项,取得效益3 000多万元;大屯煤电公司在物资供应系统推广VE,八年创效益5 400多万元。

经过二十多年的应用实践,价值工程这一理论和方法已被广大学术界,尤其是企业界所认可,其成为改进产品质量、降低产品成本和提高经济效益的有效方法之一。

2. 价值工程的基本概念

(1)功能(function)

功能是指研究对象能满足某种需要的一种需要,即物品的用途、功用,也可称为机能或产品的使用价值。

功能是产品最本质的属性,是一物区别于另一物的重要标志。它回答的问题是"这个产品是干什么用的?"而性能是指物品实现其功能的程度。

功能分为必要功能和不必要功能,其中必要功能是指用户所要求的功能,以及实现用户需求功能有关的功能。功能是根据用户的特定要求,由设计者通过产品的结构设计来实现的。用户购买产品,实际上购买产品的功能,例如顾客想买一只手表,他所需要的不是手表本身,而是需要"显示时间"这种功能,显示时间就是手表的作用和职能。用户对其所需要的功能还往往带有一些附加的制约条件,例如功能实现的程度、时间、地点、可靠性和寿命等,这些条件称为功能要求,也是设计产品的出发点。

因此,价值工程对产品的分析,首先是对其功能的分析,通过功能分析,弄清哪些功能是必要的,哪些功能是不必要的或过剩的。从而在改进方案中去掉不必要的功能,削减过剩的功能,补充不足的功能,使产品的功能结构更加合理,达到可靠地实现所需功能的目的。

(2)产品寿命周期成本

产品寿命周期成本是指产品从开发设计、制造、使用到报废全过程所付出的费用总和,这些费用大致分为两部分,即生产成本和使用成本。生产成本是企业生产产品必须付出的费用,包括科研、设计、试制、制造及销售过程中的费用。使用成本是用户为了使用产品必须付出的费用,包括产品使用过程中的能源消耗、维修费及"三废"处理等费用,还包括报废以后的清理费用。产品寿命周期成本见表6-8。

产品寿命周期成本 表6-8

产品寿命周期			
开发设计	制造	销售	使用
生产成本 C_1			使用成本 C_2
寿命周期成本 C			

一般来说,在技术经济条件不变的情况下,随着产品功能水平的提高,生产成本 C_1 和使用成本 C_2 有不同的变化,即生产成本一般随着功能水平(技术性能)的提高有所增长,而使用成本则往往朝相反的方向变化。寿命周期成本 C 与功能 F 的关系如图6-14所示。这里存在一个最低成本 $C_{\min}$,它所对应的功能 F_0 称为最适宜功能。

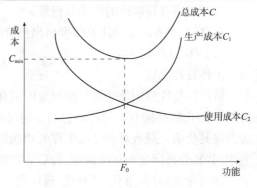

图6-14 成本、功能关系示意图

(3)价值

价值是指对象所具有的功能与获得该功能的全部费用之比,可用下式表示:

$$价值(V) = \frac{功能(F)}{成本(C)} \tag{6-43}$$

即价值是单位费用所实现的用途。从上式可以看出,要提高价值可以有以下五种途径:

①成本不变,功能提高。
②功能不变,成本降低。
③成本略有提高,功能有更大提高。
④功能略有下降,成本大幅度下降。
⑤功能提高,成本降低。

(4)价值工程

价值工程是以最低的寿命周期成本,可靠地实现产品(或劳务)的必要功能,着重于功能分析的有组织的创造性活动。从定义可以看出价值工程基本原理是:

①价值工程的目的是以最低的寿命周期成本,可靠地实现产品(或劳务)的必要功能。

②价值工程的核心是对产品(或劳务)进行功能分析,通过功能分析研究出更好的办法来实现这个功能,从而达到取得良好经济效益的目的。

③价值工程的性质是一种依靠集体智慧所进行的有组织的创造性活动。

3. VE 的应用领域和原则

（1）VE 的应用领域

①对材料和代用品的选择和分析。

②对现有产品生产工艺的分析。

③对现有产品改进方案的分析。

④对新产品设计方案的分析。

⑤对新技术开发的分析。

⑥对节约能源及消除污染的分析。

⑦对企业经营管理的分析。

⑧对人事管理制度的改进分析等。

总之，凡是有功能要求和需要付出代价的一切场合，都可以开展 VE 活动。

（2）VE 的基本原则

①怀疑性原则

所谓怀疑性原则就是对分析对象的现有功能结构持怀疑态度，也就是认为现有对象（产品）的功能结构并不是最理想的。通过改进其功能可以再提高，成本可以再降低，进而提高其价值。只有对产品或工程的功能结构持怀疑态度，才有可能在开展 VE 活动时发现问题，分析问题和解决问题，最后达到提高价值的目的。

②三化原则（标准化、系列化、通用化）

所谓三化原则是在保证产品或工程必要功能的前提下，要求产品或工程的设计、制造（施工）必须符合标准化、系列化、通用化的要求。实行标准化可以加快设计和准备过程，提高产品质量，扩大产品零件的互换性，降低成本；实行系列化可以通过对产品或新用材料的选择、合并、简化，做到用尽可能少的产品品种来适应广泛的用途，以扩大产品产量和降低生产成本；实行通用化可以扩大通用件比重，减少自制件，这不仅可以简化企业的生产环节，使企业的主要机器设备得以充分利用，还可以达到提高劳动生产率，降低产品成本的目的。

③剔除性原则

所谓剔除性原则就是去掉产品的不必要功能和剩余功能，保证产品的必要功能，以降低产品的成本和提高产品的价值。具体说就是通过价值分析，去掉无用的零部件或工艺，排除不合理的生产组织和管理程序、方法等。

④替代性原则

所谓替代性原则就是在保证产品相同功能的前提下，研究用不同的零部件、不同的材料、不同的工艺、不同的管理方法替代原有的零部件、材料、工艺、管理方法等，目的是提高功能和降低成本。

综上所述，怀疑性原则是开展 VE 活动的前提，而三化原则、剔除性原则和替代性原则，则是开展 VE 活动的技术性原则。

4. 价值工程的工作程序

价值工程的工作程序可分为两个阶段7个步骤进行。见表6-9。

价值工程工作程序　　　　　　　　　　　表6-9

构思的一般过程	程序内容		对应的问题
	基本步骤	详细步骤	
分析	1. 功能定义	1. 对象的确定	1. 这是什么？
		2. 收集情报	
		3. 功能定义	2. 这是干什么用的？
		4. 功能整理	
综合评价	2. 功能评价	5. 功能成本分析	3. 它的成本是多少？
		6. 功能评价	
		7. 确定对象范围	4. 它的价值是多少？
	3. 制定改进方案	8. 创造	5. 有其他方法达到功能吗？
		9. 概略评价	
		10. 具体化、调查	6. 新方案的成本是多少
		11. 评细评价	7. 新方案能满足功能要求吗？
		12. 提案	

（1）选择对象。确定价值工程的研究对象，即要找出有待改进的产品或问题。

（2）收集资料。围绕所选定的对象，为开展价值工程活动而收集一切必要的情报资料。

（3）功能分析。对选定的对象进行功能分析。搞清分析对象有哪些功能？这些功能是否都是必要的？功能之间的关系如何？

（4）功能评价。在功能分析的基础上进行功能评价。

（5）创造方案。依靠集体智慧，尽可能提出各种改进方案和设想。

（6）方案评价与选择。对提出的各种改进方案和设想，进行技术经济、社会各方面的综合评价，选出有价值的方案并使其具体化。

（7）试验与提案。通过试验后证实的最优方案，可作为正式提案送交有关方面审批。

单元精练

一、思考题

1. 要约的构成要件。
2. 承诺的构成要件。
3. 合同法定解除的情形。
4. 合同效力类型及其相互关系。
5. 债之保全中撤销权的行使要件。
6. 试论缔约过失责任。
7. 试说明双务合同履行中抗辩权的种类、构成及其效力。
8. 招标投标法的立法目的是什么？它的适用范围有哪些？
9. 我国招标投标法规定的招标方式有哪些？其含义是什么？
10. 招标投标活动应当遵循哪些原则？其含义是什么？
11. 招标代理机构的选择需要得到有关部门的批准吗？招标代理机构应具备哪些条件？
12. 招标公告、邀请招标、招标文件的概念？
13. 违反《招标投标法》的法律责任有哪些？
14. 工程具备哪些条件后才可以进行施工招标？
15. 经营性项目法人应履行哪些职责？
16. 哪些情形下的投标人不符合投标人资格，不能允许参加投标？
17. 投标文件要包括哪些内容？
18. 什么情况下投标保证金将被没收？
19. 投标人编写资格预审申请文件时，应注意哪些问题？
20. 评标时对投标文件进行算术性复核的修正原则是什么？
21. 《公路工程标准施工招标文件》中有几种评标办法？其各自的适用条件如何？
22. 合同文件由哪些内容构成？
23. 投标报价计算前要做好哪些准备工作？
24. 甲组文件和乙组文件各包括哪些内容？
25. 概（预）算总金额包括哪些费用？
26. 建筑安装工程费包括哪些费用？
27. 直接费包括哪些费用？如何计算直接费？
28. 间接费包括哪些内容？如何计算间接费？

29. 规费包括哪些内容？如何计算？
30. 什么是不平衡报价法？如何应用？
31. 定额的作用和特点是什么？
32. 按反映的实物消耗内容来分类，定额有几种？
33. 定额的抽换在哪几方面进行？为什么进行抽换？
34. 何谓产量定额？何谓时间定额？两者有何关系？
35. 工程计量的程序。
36. 工程计量的原则。
37. 工程计量的依据。
38. 路基工程的计量方法。
39. 路面工程的计量方法。
40. 工程费用支付按内容分有哪些？
41. 开工预付款、材料预付款的支付条件及扣回方法。
42. 质量保证金的退回。
43. 什么叫工程分包？一般分包与指定分包各有什么特点？
44. 监理工程师如何审批一般分包和指定分包？
45. 承包人应办理哪些保险？
46. 工程变更的范围和内容有哪些？
47. 承包人可以申请工程延期的情况有哪些？
48. 承包人可以引用的索赔合同条款有哪些？
49. 不可抗力的责任后果是怎样划分的？
50. 发包人的索赔一般有哪些？
51. 什么是现金流量？财务现金流量与国民经济效益费用流量有什么区别？
52. 构成现金流量的基本经济要素有哪些？
53. 经济成本与会计成本的主要区别是什么？
54. 为什么在技术经济分析中要引入经营成本的概念？
55. 绘制现金流量图的目的及主要注意事项是什么？
56. 在技术经济分析中是如何对时间因素进行研究的？试举例说明之。
57. 何为资金的时间价值？如何理解资金的时间价值？
58. 单利和复利的区别是什么？试举例说明之。
59. 什么是终值？现值？资金等值？
60. 什么是名义利率？什么是实际利率？

二、应用与实践

1. 2000年4月，乙工厂在报纸上刊登了一则广告："本厂现有一辆已行使3万公里的解放牌141型卡车一部，现欲以5万元的价格出售，有意者请尽快与我们联系，先来先买。"甲在看了广告后，于5月1日向乙工厂询问了该车的具体情况后，发信表示愿以

3万元价格购买。该信于5月4日到达乙工厂,该工厂负责人看到该信,但未作出表示。后甲因觉得该车便宜,便于5月9日发信表示愿以5万元的价格购买该车。该信于5月13日到达乙工厂的收发室,5月15日,该工厂负责人看到该信后,打电话告知甲前来工厂具体协商一下细节问题,双方达成如下书面协议:甲需要在5月20日之前交付定金5 000元,并约定在6月底交车后15日余款付清,工厂晚交车一天,扣除车款50元,甲晚交车款一天应多交车款50元;一方有其他违约情形,应向对方支付违约金6 000元。甲于5月18日向乙工厂交付了定金5 000元。

后该卡车因外出运货耽误,未能在6月底以前返回。7月1日,卡车在途经山路时,因遇暴雨,被一块落下的石头砸中,车头受损,工厂对卡车进行了修理,于7月10日交付给甲。10天后,甲在运货中发现卡车发动机有毛病,经检查,该发动机根本不是原车件,遂请求退还卡车,并要求工厂双倍返还定金,支付6 000元违约金,赔偿因其不能履行对第三人的运输合同而造成的经营收入损失3 000元。乙工厂意识到对自己不利,即提出汽车没有办理过户手续,合同无效,双方只需返还财产。

[问题]

(1)请分析合同订立过程中的要约与承诺情况,并说明合同于何时成立?

(2)请回答合同于何时生效?并简要说明理由。

(3)卡车因被石头砸中的损失应由谁承担?并简要说明理由。

(4)甲可否要求退车?

(5)甲能否请求工厂支付违约金并双倍返还定金?

(6)甲能否请求工厂赔偿经营损失?该损失的性质如何?

(7)甲能否同时请求工厂支付6 000元违约金和支付每天50元的迟延履行违约金?

[参考答案]

(1)乙工厂刊登广告属要约邀请;甲5月1日发出的信为要约;5月9日发出的信为新要约;5月15日乙工厂的电话告知为承诺。该合同于5月15日成立。

(2)合同于5月15日生效,因为该合同是诺成合同,诺成合同一般自合同成立时即生效,而双方后续的详谈主要是对合同履行的约定,并不影响合同的成立与生效。

(3)卡车受损应由某工厂负责。依《合同法》第142条之规定,标的物毁损、灭失的风险,在标的物交付之前由出卖人承担。此时卡车尚未交付,故应由出卖人乙工厂承担。

(4)甲能够要求退车,解除合同。

(5)甲不能同时请求支付违约金并双倍返还定金。

(6)甲能够请求工厂赔偿经营损失。因为该经营损失属可预见的可得利益损失范畴,依法应予赔偿。

(7)甲能够同时请求工厂支付6 000元违约金和支付每天50元的迟延履行违约金。

因为这两个违约金属于不同性质,并不冲突。

【自我训练】

1. 美达家具厂得知Z机关所建办公楼要购置一批办公桌椅,便于2004年2月1日致函Z机关以每套1 000元的优惠价格销售办公桌椅。Z机关考虑到美达家具厂生产的家具质量可靠,便于2月2日回函订购300套桌椅,提出每套价格800元,同时要求3个月将桌椅送至Z机关,验货后七日内电汇付款。美达家具厂收到函件后,于2月4日又发函Z机关,同意Z机关提出的订货数量、交货时间及方式、付款时间及方式,但同时提出其每套桌椅定价1 000元已属优惠价格,考虑Z机关所订桌椅数量较多,可以按每套桌椅900元出售。Z机关2月6日发函表示同意。2月7日,美达家具厂电话告知Z机关收到2月6日函件。

[问题]

确认下列日期发出的是要约还是要约邀请?哪个是承诺函件?

(1)2月1日美达家具厂发出的函件。

(2)2月2日Z机关发出的函件。

(3)2月4日美达家具厂发出的函件。

(4)2月6日Z机关发出的函件。

2. 某公路项目总投资1个亿进行施工招标,要求投标企业为二级以上资质。

(1)请选用招标方式,并说明理由。

(2)共有13家单位报名参加,其中3家为私有企业(资质为二级),在资格预审时,有人提出不能用私人企业,请说明你的观点。

(3)在现场勘察时,有两家企业未参加,是否可以继续参加投标?

(4)该工程投标保证金为30万元,共有12家在规定时间内交上,问共有几家企业可参加开标会?

(5)在开标时,一家企业因路上堵车迟到30分钟(事先打过电话),问能否继续参加开标会?

(6)一家企业标书未按规定加盖企业法人章,请判断最后共有几家企业可参与到正式评审中。

(7)评委一般如何组成?

(8)评审过程中,发现某家企业报价大写与小写不符,应如何处理?

(9)最后专家评委按照招标要求推荐了3名候选单位,但排名第一的企业未说明原因拒绝与建设单位签订工程合同,请问应如何处理?

(10)所有投标企业保证金应如何处理?

[参考答案]

(1)公开招标。凡是公共事业的建设项目,涉及公共利益、公共安全项目的,设计、勘察、施工、监理、设备采购都采用公开招标的方式,而且,建设规模已经超过公开招标的要求限度以上。

(2)不能用民营企业的要求是错误的,任何单位和个人不得以任何形式,排斥投标人,或者以不平等的要求对待投标人,不管是民营还是国营都应相同对待。

(3)勘察有企业未参加,所造成的对预算的估计不足等后果由企业自己承担,企业也可自行勘察现场,不影响继续投标。

(4)投标保证金交足的企业才可以参加投标,只有12家交足投标保证金,就只有这12家可以参加。

(5)开标会议不取消投标资格,视为对开标结果默认。

(6)企业的投标书没有加盖法人章的,按无效标处理。只有10家可以参加。

(7)评委应由招标办在专家库随即抽取,由工程、经济方面的专家组成。

(8)金额的大写小写不符合的时候,以大写金额为准。

(9)没收投标保证金,经招标人同意,以第二顺位的投标人为中标人。

(10)中标单位在合同签订后,退还投标保证金;未中标单位在公告后五个工作日退还保证金。

【自我训练】

某医院决定投资1亿余元,兴建一幢现代化的住院综合楼。其中土建工程采用公开招标的方式选定施工单位,但招标文件对省内的投标人与省外的投标人提出了不同的要求,也明确了投标保证金的数额。该院委托某建筑事务所为该项工程编制标底。2010年10月6日招标公告发出后,共有A、B、C、D、E、F等6家省内的建筑单位参加了投标。投标文件规定2010年10月30日为提交投标文件的截止时间,2010年11月13日举行开标会。其中,E单位在2010年10月30日提交了投标文件,但2010年11月1日才提交投标保证金。开标会由该省建委主持。结果,其所编制的标底高达6 200多万元,与其中A、B、C、D等4个投标人的投标报价均在5 200万元以下,与标底相差1 000万余元,引起了投标人的异议。这4家投标单位向该省建委投诉,称某建筑事务所擅自更改招标文件中的有关规定,多计漏算多项材料价格。为此,该院请求省建委对原标底进行复核。2011年1月28日,被指定进行标底复核的省建设工程造价总站(以下简称总站)拿出了复核报告,证明某建筑事务所在编制标底的过程中确实存在这4家投标单位所提出的问题,复核标底额与原标底额相差近1 000万元。

由于上述问题久拖不决,导致中标书在开标三个月后一直未能发出。为了能早日开工,该院在获得了省建委的同意后,更改了中标金额和工程结算方式,确定某省公司为中标单位。

[问题]

(1)上述招标程序中,有哪些不妥之处?请说明理由。

(2)E单位的投标文件应当如何处理?为什么?

(3)对D单位撤回投标文件的要求应当如何处理?为什么?

(4)问题久拖不决后,某医院能否要求重新招标?为什么?

(5)如果重新招标,给投标人造成的损失能否要求该医院赔偿?为什么?

3. 某高速公路项目利用世界银行贷款修建,施工合同采用《公路工程标准》合同条件,业主委托某监理单位进行施工阶段监理。该工程在施工过程中,陆续发生了如下索赔事件(索赔工期与费用数据均符合实际):

(1)施工期间,承包方发现施工图纸有误,需设计单位进行修改,由于图纸修改造成停工20d,承包方提出工期延长20d与费用补偿2万元的要求。

(2)施工期间因下雨,为保证路基工程填筑质量,总监理工程师下达了暂停施工指令,共停工10d,其中连续4d出现低于工程所在地雨季平均降雨量的雨天气候,连续6d出现50年一遇的特大暴雨。承包方提出工程延期10d与费用补偿2万元的要求。

(3)施工过程中,现场周围居民段承包方施工噪声对他们造成干扰,阻止承包方的混凝土浇筑工作,承包方提出工期延期5d与费用补偿1万元的要求。

(4)由于业主要求,在原设计中的一座互通式立交桥设计长度增加了5m,监理工程师向承包方下达了变更指令,承包方收到变更指令后及时向该桥的分包单位发出了变更通知。分包方及时向承包方提出了索赔报告,报告内容包括:

①由于增加立交桥长度,需增加费用20万元和分包合同工期延长30d的索赔。

②设计变更前因承包方使用而未按分包合同规定提供施工场地,导致工程材料到场二次倒运增加的费用1万元和分包合同工期延期10d的索赔。承包方以已向分包单位支付索赔款21万元的凭证为索赔证据,向监理工程师提出要求补偿该笔费用21万元和延长工期40d的要求。

(5)由于某段路基基底是淤泥,根据设计文件要求需进行换填,在招标文件中已提供了地质的技术资料。承包方原计划使用隧道出渣作为填料换填,但施工中发现隧道出渣级配不符合设计要求,需要进一步破碎以达到级配要求,承包方认为施工费用高出合同单价,如仍按原价支付不合理,需另外给予延期20d和费用补偿20万元的要求。

[问题]
针对承包方提出的上述索赔要求,监理工程师应如何处理?

[参考答案]
(1)这是非承包方原因造成的,故监理工程师应批准工期补偿和费用补偿。

(2)由于异常恶劣气候造成的6d停工是承包方不可预见的,应签证给予工期补偿6d,而不应给予费用补偿。

对于低于雨季正常雨量造成的4d停工是承包方应该预见的,故不应该签证给予工期补偿和费用补偿。

(3)这是承包方自身原因造成的,故不应给予费用补偿和工期补偿。

(4)监理工程师应批准由于设计变更导致的费用补偿20万元和工期补偿30d,因其属于业主责任(或不属于承包方责任);不应批准材料倒运增加的费用补偿1万元和工期补偿10d,因其属于承包方责任。

(5)这是承包方应合理预见的,故监理工程师不应签证给予费用补偿和工期补偿。

【自我训练】
某高速公路工程的施工,业主通过公开招标方式选定了承包人。签订合同时,业主为了约束承包人能保证工程质量,要求承包人支付了20万元履约保证金。业主与承包人双方在施工合同中对工程预付款、工程质量、工程价款、工期和违约责任等都作了具体约定。施工合同履行时,在基础工程施工中碰到地下有大量文物,使整个工程停工10天;主体工程施工中由于施工机械出现故障,使进度计划中关键线路上的部分工作停工15天。两次停工承包人都及时向监理工程师提出了工期索赔申请,并提供了施工记录。

[问题]

(1)招标时对承包人的资质审查的内容有哪些?

(2)履约保证金与预付款有什么区别?

(3)监理工程师判定承包人索赔成立的条件是什么?

(4)监理工程师对两次索赔申请应如何处理?

4. 某施工单位(乙方)与某建设单位(甲方)签订了一项地基强夯处理工程承包合同,工程项目主要包括开挖土方、填方、点夯、满夯等工程细目。由于工程量无法在合同中准确确定,据此在施工合同中规定,按施工图预算方式计价,乙方必须严格按照施工及施工合同规定的内容及技术规范要求施工,工程量由监理工程师负责现场计量。根据该工程的合同特点,监理工程师制订的工程量计量与工程款支付程序要点如下:

(1)乙方对已完工的分项工程在7d内向监理工程师申请质量认证,取得质量合格证书后,再提出计量申请报告。

(2)监理工程师在接到计量申请报告后7d内核实已完成的工程数量,并在计量前24h通知乙方,乙方为计量提供一切便利条件并派专人参加计量工作。如果乙方不派人参加计量工作,监理工程师按照规定的计量方法自行计量,计量结果有效。计量工作结束后,监理工程师签发计量证书。

(3)乙方凭质量合格证书和计量证书向监理工程师提出付款申请。

(4)监理工程师审核申报材料,确定支付款额,并向甲方提供付款证明材料。

(5)甲方根据乙方取得的质量证书和计量证书以及付款证明材料,对工程价款进行支付与结算。同时,工程开工前乙方向业主提交了施工组织设计并得到了监理工程师的批准。

[问题]

(1)现场计量范围

在工程施工过程中,当进行到施工图所规定的处理范围边缘时,乙方在取得在场的监理工程师认可的情况下,为了使夯击质量得到保证,将夯实范围适当扩大,施工完成后,乙方将扩大范围内的工程数量向监理工程师提出额外计量要求,但遭到拒绝。试问监理工程师拒绝乙方的要求是否合理?为什么?

(2)确定本合同变更价款的原则

工程施工过程中,乙方根据监理工程师指令就部分工程进行了变更施工。试问本合同中变更部分的合同价款应根据什么原则进行确定?

[参考答案]

(1)监理工程师拒绝扩大范围的工程量计量是合理的,其原因如下:

该部分工程量超出了施工图的要求,也就是超出了工程合同约定的工程计量范围,所以监理工程师无权处理合同以外的工程计量内容。而监理工程师认可的是施工单位保证质量技术措施,一般在建设单位没有批准追加相应工程内容引起的增加费用的情况下,技术措施费用应由承包方自己承担。

(2)本合同变更价款的确定可按以下原则处理:

①合同中已有适用于变更工程价格的,按合同已有的价格计算并确定变更合同价款。

②合同中含有类似变更工程价格的,可以参照类似价格确定变更合同价款。

③合同中没有适用或类似变更工程价格的,由承担人提出适当的变更价格,监理工程师与业主及承包人协商确定变更合同价款,如果协商变更价格达不成一致时,可报上级主管部门仲裁。

【自我训练】

某高速公路分路基、路面两期施工,路面为沥青路面。第一期工程某路基施工合同包括7座天桥的施工,桥面顶面为5cm沥青混合料路面,施工单位、监理单位都是通过公开招标产生的,在天桥桥面施工前后发生下列事情:施工单位和监理单位在天桥附近高速公路上路床共同测得一点的压实度是95.5%,施工单位判断为合格,而监理单位却判断为不合格。施工到桥面前,施工单位向设计单位提出书面申请,路基施工单位不便于施工沥青混合料路面,要求变更为水泥混凝土路面。设计单位表示同意,立即对设计图纸进行了修改,直接交给路基施工单位。在铺筑水泥混凝土路面过程中,水泥混凝土路面的设计宽度为8m,设计长度是100m,路面施工单位考虑到地形的特点和施工模板的长度,实际铺筑了100.5m。假设单价为53 550元/(1 000m²)。

[问题]

(1)推断施工单位、监理单位得出不同结论的原因?谁的结论正确?

(2)施工单位的做法是否妥当?为什么?

(3)设计单位的做法是否妥当?为什么?

(4)多铺筑的0.5m水泥混凝土路面是否予以计量?为什么?

(5)根据《公路工程施工监理规范》,工程计量的主要依据有哪些?

(6)计算铺筑水泥混凝土路面的计量工程量和工作量。

三、计算

1.某拟建公路,预计每年可获得的净收益及投资回收情况见题表1,试计算投资回收期。若标准投资回收期为5年,判断其在经济上的合理性。

某拟建公路净收益及投资回收表　　　　题表1

年限	0	1	2	3	4	5	6	7
投资	700	300						
净收益		200	400	500	500	500	500	800

2.某拟建项目,初始投资为2 500万元,投资后每年可获得调动净收益为500万元,试计算投资回收期。若标准投资回收期为6年,判断其在经济上的合理性。

3. 某项目有关数据见题表2，试计算该项目的动态投资回收期（设 $i_c = 10\%$）。

某项目的有关数据表 题表2

年序	0	1	2	3	4	5	6	7
投资	20	500	100					
经营成本				300	450	450	450	450
销售收入				450	700	700	700	700

4. 现有 A、B、C 三个互斥方案，其寿命期均为16年，各方案的净现金流量见题表3，试用净现值法选择出最佳方案，已知 $i_c = 10\%$。

方案现金流量 题表3

年份 方案	建设期		生产期		
	1	2	3	4~15	16
A	-2 024	-2 800	500	1 100	2 100
B	-2 800	-3 000	570	1 310	2 300
C	-1 500	-2 000	300	700	1 300

5. 某项目有 A、B 两种不同的工艺设计方案，均能满足同样的生产技术需要，其有关费用支出见题表4，试用费用现值比较法选择最佳方案，已知 $i_c = 10\%$。

A、B 两方案费用支出表 题表4

费用项目	投资（第1年末）	年经营成本（2~10年末）	寿命期（年）
A	600	280	10
B	785	245	10

四、公式的拓展应用训练

1. 若 P 位于第一年年初，等额值 A 位于每年初，复利利率为 i，画出现金流量图并写出 P 的表达式。

2. 若 P 位于第一年年末，等额值 A 位于每年初，复利利率为 i，画出现金流量图并写出 P 的表达式。

3. 若 P 位于第一年年末，等额值 A 位于每年末，复利利率为 i，画出现金流量图并写出 P 的表达式。

4. 若 F 位于第 n 年年末，等额值 A 位于每年初，复利利率为 i，画出现金流量图并写出 F 的表达式。

5. 若 P 位于第一年年初，等额值 A 位于每年初，复利利率为 i，画出现金流量图并写出 A 的表达式。

6. 若 F 位于第 n 年年末，等额值 A 位于每年初，复利利率为 i，画出现金流量图并写出 A 的表达式。

7. 若 P 位于第一年年初，F 位于第 n 年年初，复利利率为 i，画出现金流量图并写出 F 的表达式。

8. 若 P 位于第一年年初，F 位于第 n 年初，复利利率为 i，画出现金流量图并写出 F 的表达式。

五、综合检验

(一) 单项选择题

1. 建设工程合同的公证和鉴证，在法律上的相同之处是（　　）。
   A. 性质相同，都是国家行政机关对工程合同按照法定程序进行审查
   B. 效力相同，即经过法定程序公证和鉴证的合同可以作为人民法院认定事实的依据
   C. 适用范围相同，即在国内国外均可采用鉴证和公证任何一种合同审查方式
   D. 申请原则相同，都是合同当事人自愿决定是否进行合同的鉴证和公证

2. 某小型施工项目，甲乙双方只订立了口头合同。工程完工后，因甲方拖欠乙方工程款而发生纠纷，应当认定该合同（　　）。
   A. 未成立　　　　B. 补签后成立　　　　C. 成立　　　　D. 备案登记后成立

3. 依据《合同法》的规定，下列文件中属于要约的是（　　）。
   A. 招标公告　　　B. 投标书　　　C. 寄送的价目表　　　D. 招股说明书

4. 甲将工程机械借给乙使用，乙却将该工程机械卖给丙。依据我国《合同法》的规定，乙丙之间买卖工程机械合同的效力是（　　）。
   A. 有效　　　　B. 无效　　　　C. 效力待定　　　　D. 可变更或撤销

5. 下列有关合同履行中行使代位权的说法，正确的是（　　）。
   A. 债权人必须以债务人的名义行使代位权
   B. 债权人代位权的行使必须取得债务人的同意
   C. 代位权行使的费用由债权人自行承担
   D. 债权人代位权的行使必须通过诉讼程序，且范围以其债权为限

6. 乙订立合同，规定甲应于 2007 年 8 月 1 日交货，乙应于同年 8 月 7 日付款。月底，甲发现乙财产状况恶化，已没有支付货款的能力，并有确切证据，遂提出终止合同，但乙未允。基于上述情况，甲于 8 月 1 日未按约定交货。依照《合同法》的原则，下列关于甲行为的论述中，正确的是（　　）。
   A. 甲必须按合同约定交货，但可以要求乙提供相应的担保
   B. 甲有权不按合同约定交货，除非乙提供了相应的担保
   C. 甲必须按合同约定交货，但可以仅先交付部分货物
   D. 甲应按合同约定交货，如乙不支付货款可追究其违约责任

7. 某工程施工合同的发包人拖欠工程进度款，承包人按照合同的约定及时调整了施工进度，放慢施工速度。依照《合同法》的规定，承包人行使的是（　　）。
   A. 不安抗辩权　　　　　　　　　　B. 先履行抗辩权
   C. 同时履行抗辩权　　　　　　　　D. 后履行抗辩权

8. 某工程招标中，投标文件的内容未完全响应招标文件，但仍属于有效投标文件的情况是（　　）。

A. 联合体投标没有提交联合体协议书
B. 投标工期长于招标文件中要求的工期
C. 投标保函金额少于招标文件的要求
D. 未详细说明使用专利施工的技术细节

9. 根据《合同法》对违约责任的规定,既具有对合同守约方给予补偿,又具有对违约方实行制裁双重性质的承担违约责任的方式是( )。
   A. 罚金　　　　B. 利息　　　　C. 赔偿金　　　　D. 违约金

10. 甲公司与乙公司订立了一份总货款额为20万元的设备供货合同。合同约定的违约金为货款总值的10%。同时,甲公司向乙公司给付定金5 000元,后乙公司违约,给甲公司造成损失2万元。乙公司应依法向甲公司支付( )。
    A. 2万元　　　B. 2.5万元　　C. 3万元　　　D. 3.5万元

11. 建设工程施工合同纠纷第一审案件的管辖地为( )。
    A. 工程项目投资人所在地　　　B. 工程项目承包人所在地
    C. 工程项目发包方所在地　　　D. 工程项目所在地

12. 依据《招标投标法》,项目公开招标的资格预审阶段,在"资格预审须知"文件中,可以( )。
    A. 要求投标人必须组成联合体投标
    B. 要求严格的专业资质等级
    C. 要求必须使用某种品牌的建筑材料
    D. 对本行业外的投标人提出特别要求

13. 与邀请招标相比,公开招标的特点是( )。
    A. 竞争程度低　　B. 评标量小　　C. 招标时间长　　D. 费用低

14. 某工程项目招标过程中,甲投标人研究招标文件后,以书面形式提出质疑问题。招标人对此问题给予了书面解答,则该解答( )。
    A. 只对甲投标人有效
    B. 对全体投标人有效,但无须发送给其他投标人
    C. 应发送给全体投标人,并说明问题来源
    D. 应发送给全体投标人,但不说明问题来源

15. 在评标委员会成员中,不能包括( )。
    A. 招标人代表　　　　　　　B. 招标人上级主管代表
    C. 技术专家　　　　　　　　D. 经济专家

16. 某建设项目开标后,评标委员会发现某投标人的工程量清单中,总价金额和单价与工程量乘积之和的金额不一致。请该投标人澄清时,投标授权人经核算后,认为总价、单价都有错误,遂提出新的单价和总价。该投标书的报价应以( )为准。
    A. 原总价　　　　　　　　　B. 原单价与工程量乘积之和
    C. 新总价　　　　　　　　　D. 新单价与工程量乘积之和

17. 招标过程中,由于招标人原因在投标文件规定的投标有效期内未能确定中标人。下列对投标保函的处理,正确的是( )。

　　A. 返还所有投标人的投标保函
　　B. 要求所有投标人延长投标保函有效期
　　C. 要求评标报告推荐的候选中标人延长投标保函有效期
　　D. 要求评标报告中推荐候选中标人之外的投标人延长投标保函有效期

18. 某施工合同履行中,发包人派驻施工现场的代表甲平时很少参与管理,都由发包人的员工乙对承包人完成的工程量确认,并以甲的名义签字后支付工程款,但乙并未获得发包人法定代表人的书面授权。工程竣工结算时,甲对乙确认的其中几项进度款提出异议。此时,对已支付的工程款( )。

　　A. 经乙签字的均无效,全部由甲重新确认
　　B. 经甲确认的有效,甲不予确认的无效
　　C. 经乙签字的全部有效
　　D. 需委托造价管理部门确定

19. 下列施工合同文件中,解释顺序优先的是( )。

　　A. 中标通知书　　　　　　B. 投标书
　　C. 施工合同专用条款　　　D. 规范

20. 某施工合同履行过程中,承包人发现由于公路管理部门的责任,连接施工场地与国道之间的道路不符合招标文件中说明的条件,则承包人由此增加的费用应由( )承担。

　　A. 公路管理部门　　　　　B. 承包人
　　C. 发包人　　　　　　　　D. 承包人与发包人共同

21. 某施工合同履行过程中,由承包人负责设计的图纸,经工程师审核签认后使用。一旦由于设计质量缺陷给工程造成损失,则该损失应由( )承担。

　　A. 发包人　　　　　　　　B. 工程师
　　C. 承包人　　　　　　　　D. 发包人与承包人共同

22. 施工合同履行过程中,由承包人采购的材料,使用前已按工程师的要求进行了抽检试验并表明质量合格。投入使用后,工程师发现由于材料原因已完工程的质量不符合标准要求,工程师要求拆除重做。则下列关于损失承担的表述中,正确的是( )。

　　A. 费用由承包人承担,由此延误的工期不予顺延
　　B. 费用由承包人承担,由此延误的工期可以顺延
　　C. 费用由发包人承担,由此延误的工期不予顺延
　　D. 费用由发包人承担,由此延误的工期可以顺延

23. 某建设项目施工过程中,现场有甲、乙两个分别承包的施工单位同时进行施工。当甲受到乙施工干扰时,甲受到的损失应( )。

　　A. 向发包人索赔　　　　　B. 向乙施工单位索赔

C. 向监理单位索赔　　　　　　　　D. 自行承担

24. 某施工合同履行过程中,经工程师确认质量合格后已隐蔽的工程,工程师又要求剥露重新检验。重新检验的结果表明质量合格,则下列关于损失承担的表述中,正确的是(　　)。

　　A. 发包人支付发生的全部费用,工期不予顺延
　　B. 发包人支付发生的全部费用,工期给予顺延
　　C. 承包人承担发生的全部费用,工期给予顺延
　　D. 承包人承担发生的全部费用,工期不予顺延

25. 施工合同履行过程中,因工程所在地发生洪灾所造成的损失中,应由承包人承担的是(　　)。

　　A. 工程本身的损害　　　　　　　B. 因工程损害导致的第三方财产损失
　　C. 承包人的施工机械损坏　　　　D. 工程所需清理费用

26. 施工合同履行过程中,发现在有放射、毒害性环境中施工时,承包人准备采取的相应安全防护措施(　　)。

　　A. 需经工程师认可,费用由承包人承担
　　B. 需经工程师认可,费用由发包人承担
　　C. 不需工程师认可,费用由承包人承担
　　D. 不需工程师认可,费用由发包人承担

27. 某工程竣工验收阶段,承包人于3月1日向工程师送交了竣工验收报告,发包人于3月15日组织生产设备启动试车检验,3月18日试车完毕后发包人、承包人、工程师和设计代表在试车记录上签字确认质量合格,工程师于3月20日签发工程移交证书。则承包人的实际竣工日应为(　　)。

　　A. 3月1日　　　B. 3月15日　　　C. 3月18日　　　D. 3月20日

28. 某材料采购合同中,双方约定的违约金是10万元。由于供货方违约不能交货,采购方为避免停工待料,不得不以较高价格紧急采购,为此多付价款20万元(无其他损失),若停工待料采购方的损失为50万元。供货方应支付的违约金额为(　　)。

　　A. 10万元　　　B. 20万元　　　C. 30万元　　　D. 50万元

29. 在FIDIC的《施工合同条件》中,合同协议书应当在(　　)后签订。

　　A. 开标　　　B. 发出中标函　　　C. 提交履约保证　　　D. 开工

30. 《公路工程标准施工招标文件》通用条款规定,工程索赔事件发生后的28天内,承包人应向工程师递交(　　)。

　　A. 索赔事件发生的原因和证据资料　　B. 索赔的依据
　　C. 索赔意向通知　　　　　　　　　　D. 索赔报告

(二)多项选择题

1. 建设工程项目实施过程中,下列行为属于委托代理的有(　　)。

　　A. 项目法人授权工程招标机构为其办理招标事宜

B. 施工企业法定代表人代表企业参加施工投标
C. 监理公司的总监理工程师代表公司执行工程监理任务
D. 项目经理代表施工企业负责具体工程项目的施工管理
E. 设计单位的设计负责人向施工单位和监理单位进行设计交底

2. 工程项目建设过程中,发包人要求承包人提供的担保通常有(　　)。
   A. 施工投标保证 　　B. 施工合同履约保证
   C. 施工合同支付保证 D. 工程预付款保证
   E. 施工合同工程款垫支保证

3. 下列关于格式条款的表述中错误的有(　　)。
   A. 格式条款是经双方协商采用的标准合同条款
   B. 当格式条款与非格式条款不一致时,应当采用非格式条款
   C. 提供格式条款方设置排除对方主要权利的条款无效
   D. 若对争议条款有两种解释时,应做出有利于提供格式条款方的解释
   E. 若对争议条款有两种解释时,应做出不利于提供格式条款方的解释

4. 甲乙两公司签订了一份执行国家定价的购销合同。在乙公司逾期交货的情况下,依照《合同法》对迟延履行的规定,当交货时的价格浮动变化时,则该产品的结算价格(　　)。
   A. 无论上涨或下降,仍按原定价格执行
   B. 遇价格上涨时,按原价格执行
   C. 遇价格上涨时,按新价格执行
   D. 遇价格下降时,按新价格执行
   E. 遇价格下降时,按原价格执行

5. 甲乙两公司签订的购货合同约定,乙公司应当在8月30日向甲公司交付货物。8月初,乙公司通过铁路运输将货物发运到甲公司所在地车站。此时甲公司享有的权利有(　　)。
   A. 拒收货物
   B. 接收货物并要求对方承担提前交货的保管费用
   C. 不接收货物并要求对方承担违约责任
   D. 接收货物后不立即付款,仍按合同约定时间付款
   E. 接收货物并不对保管不善造成的损失负责

6. 甲公司将与乙公司所签合同中的义务转让给丙公司。依据《合同法》的规定,下列关于该转让行为的表述中,正确的包括(　　)。
   A. 合同主体不变,仍为甲、乙两公司
   B. 丙公司可以对乙公司行使抗辩权
   C. 甲公司无须征得乙公司对转让的同意,但应通知对方
   D. 丙公司承担对乙公司与合同有关的从债务履行责任

E. 丙公司直接对乙公司承担合同义务

7. 根据《合同法》的规定,合同当事人承担违约责任的原则包括( )。
   A. 严格责任原则   B. 惩罚性原则
   C. 过错推定源原则   D. 公平责任原则
   E. 补偿性原则

8. 招标准备阶段招标人的主要工作包括( )。
   A. 向建设行政主管部门办理申请招标手续
   B. 选择招标方式   C. 发布招标公告
   D. 编制招标有关文件   E. 资格预审

9. 某招标项目由于主观原因,导致在招标文件规定的投标有效期内没有完成评标和定标,则投标人有权( )。
   A. 要求撤回投标文件
   B. 要求赔偿损失
   C. 拒签延长投标保函有效期
   D. 要求将合同授予他们协商推举的中标人
   E. 要求退还投标保证金

10. 在招标程序中,( )等将作为未来合同文件的组成部分。
    A. 招标文件
    B. 中标人的投标文件
    C. 中标函
    D. 未发中标通知书前双方协商对投标价格的修改
    E. 发出中标通知书后双方协商对投标价格的修改

11. 施工合同的当事人包括( )。
    A. 发包人   B. 发包人法定代表人
    C. 工程师   D. 承包人
    E. 承包人法定代表人

12. 在施工合同中,发包人的义务通常包括( )。
    A. 平整施工场地   B. 确保施工所需水、电供应
    C. 提供工程进度计划   D. 负责施工现场的安全保卫
    E. 办理施工临时用地的批准手续

13. 在施工合同履行过程中,如果发包人不按合同规定及时向承包人支付工程进度款,则承包人有权( )。
    A. 立即停止施工
    B. 要求签订延期付款协议
    C. 在未达成付款协议且施工无法进行时停止施工
    D. 追究违约责任

E. 立即解除合同

14. 指定分包人与一般分包人的不同之处表现在( )等方面。
   A. 选择分包单位的权利不同　　　B. 分包合同的工作内容不同
   C. 分包合同的当事人不同　　　　D. 业主对分包人利益的保护不同

15. 工程师对承包人提交的索赔报告进行审查时,证据材料包括( )。
   A. 合同专用条件中的条款　　　　B. 经工程师认可的施工进度计划
   C. 施工现场和施工会议记录　　　D. 工程延期审批表
   E. 费用索赔审批表

16. 依据《公路工程标准文件》通用条款规定,仅给予承包人工期和费用补偿而不补偿利润的事件有( )。
   A. 延误移交施工现场　　　　　　B. 不可预见的外界条件
   C. 施工遇到文物和古迹　　　　　D. 后续法规的调整
   E. 不可抗力事件造成的损害

[参考答案]

(一)单项选择题

1. D　2. C　3. B　4. C　5. D　6. B　7. C　8. D　9. D　10. A
11. D　12. B　13. B　14. D　15. B　16. D　17. B　18. B　19. A　20. C
21. C　22. A　23. A　24. B　25. C　26. B　27. A　28. B　29. C　30. C

(二)多项选择题

1. ACDE　2. ABD　3. BCE　4. BD　5. ABDE
6. BDE　7. BE　8. ABD　9. ACE　10. BC
11. AD　12. ABE　13. BCD　14. ABE　15. ABC
16. BCDE

附录1 其他工程费费率表

冬季施工增加费费率表(%)　　　　　表1-1

气温区	冬季期平均气温(℃)								准一区	准二区
	-1以上		-1～-4		-4～-7	-7～-10	-10～-14	-14以下		
	冬一区		冬二区		冬三区	冬四区	冬五区	冬六区		
工程类别	Ⅰ	Ⅱ	Ⅰ	Ⅱ						
人工土方	0.28	0.44	0.59	0.76	1.44	2.05	3.07	4.61	—	—
机械土方	0.43	0.67	0.93	1.17	2.21	3.14	4.71	7.07	—	—
汽车运输	0.08	0.12	0.17	0.21	0.40	0.56	0.84	1.27	—	—
人工石方	0.06	0.10	0.13	0.15	0.30	0.44	0.65	0.98	—	—
机械石方	0.08	0.13	0.18	0.21	0.42	0.61	0.91	1.37	—	—
高级路面	0.37	0.52	0.72	0.81	1.48	2.00	3.00	4.50	0.06	0.16
其他路面	0.11	0.20	0.29	0.37	0.62	0.80	1.20	1.80	—	—
构造物Ⅰ	0.34	0.49	0.66	0.75	1.36	1.84	2.76	4.14	0.06	0.15
构造物Ⅱ	0.42	0.60	0.81	0.92	1.67	2.27	3.40	5.10	0.08	0.19
构造物Ⅲ	0.83	1.18	1.60	1.81	3.29	4.46	6.69	10.03	0.15	0.37
技术复杂大桥	0.48	0.68	0.93	1.05	1.91	2.58	3.87	5.81	0.08	0.21
隧道	0.10	0.19	0.27	0.35	0.58	0.72	1.12	1.69	—	—
钢材及钢结构	0.02	0.05	0.07	0.09	0.15	0.19	0.29	0.43	—	—

表 1-2

雨季施工增加费费率表（％）

雨季期（月数）	1	1.5	2		2.5		3		3.5		4		4.5		5		6		7	8
雨量区 / 工程类别	Ⅰ	Ⅰ	Ⅰ	Ⅱ	Ⅰ	Ⅱ	Ⅰ	Ⅱ	Ⅰ	Ⅱ	Ⅰ	Ⅱ	Ⅰ	Ⅱ	Ⅰ	Ⅱ	Ⅰ	Ⅱ	Ⅱ	Ⅱ
人工土方	0.04	0.05	0.07	0.11	0.09	0.13	0.11	0.15	0.13	0.17	0.15	0.20	0.17	0.23	0.19	0.26	0.21	0.31	0.36	0.42
机械土方	0.04	0.05	0.07	0.11	0.09	0.13	0.11	0.15	0.13	0.17	0.15	0.20	0.17	0.23	0.19	0.27	0.22	0.32	0.37	0.43
汽车运输	0.04	0.05	0.07	0.11	0.09	0.13	0.11	0.16	0.13	0.19	0.15	0.22	0.17	0.25	0.19	0.27	0.22	0.32	0.37	0.43
人工石方	0.02	0.03	0.05	0.07	0.06	0.09	0.07	0.11	0.08	0.13	0.09	0.15	0.10	0.17	0.12	0.19	0.15	0.23	0.27	0.32
机械石方	0.03	0.04	0.06	0.10	0.08	0.12	0.10	0.14	0.12	0.16	0.14	0.19	0.16	0.22	0.18	0.25	0.20	0.29	0.34	0.39
高级路面	0.03	0.04	0.06	0.10	0.08	0.13	0.10	0.15	0.12	0.17	0.14	0.19	0.16	0.22	0.18	0.25	0.20	0.29	0.34	0.39
其他路面	0.03	0.04	0.06	0.09	0.08	0.12	0.09	0.14	0.10	0.16	0.12	0.18	0.14	0.21	0.16	0.24	0.19	0.28	0.32	0.37
构造物Ⅰ	0.03	0.04	0.05	0.08	0.06	0.09	0.07	0.11	0.08	0.13	0.10	0.15	0.12	0.17	0.14	0.19	0.16	0.23	0.27	0.31
构造物Ⅱ	0.03	0.04	0.05	0.08	0.07	0.10	0.08	0.12	0.09	0.14	0.11	0.16	0.13	0.18	0.15	0.21	0.17	0.25	0.30	0.34
构造物Ⅲ	0.06	0.08	0.11	0.17	0.14	0.21	0.17	0.25	0.20	0.30	0.23	0.35	0.27	0.40	0.31	0.45	0.35	0.52	0.60	0.69
技术复杂大桥	0.03	0.05	0.07	0.10	0.08	0.12	0.10	0.14	0.12	0.16	0.14	0.19	0.16	0.22	0.18	0.25	0.20	0.29	0.34	0.39
隧道	—	—	—	—	—	—	—	—	—	—	—	—	—	—	—	—	—	—	—	—
钢材及钢结构	—	—	—	—	—	—	—	—	—	—	—	—	—	—	—	—	—	—	—	—

附录1 其他工程费费率表

夜间施工增加费费率表(%)　　　　　　　　　　　　　　　　表1-3

工程类别	费率	工程类别	费率
构造物Ⅱ	0.35	技术复杂大桥	0.35
构造物Ⅲ	0.70	钢材及钢结构	0.35

注：设备安装工程及金属标志牌、防撞钢护栏、防眩板(网)、隔离栅、防护网等不计夜间施工增加费。

高原地区施工增加费费率表(%)　　　　　　　　　　　　　　　　表1-4

工程类别	海 拔 (m)							
	1 501~2 000	2 001~2 500	2 051~3 000	3 001~3 500	3 501~4 000	4 001~4 500	4 501~5 000	5 000以上
人工土方	7.00	13.25	19.75	29.75	43.25	60.00	80.00	110.00
机械土方	6.56	12.60	18.66	25.60	36.05	49.08	64.72	83.80
汽车运输	6.50	12.50	18.50	25.00	35.00	47.50	62.50	80.00
人工石方	7.00	13.25	19.75	29.75	43.25	60.00	82.00	110.00
机械石方	6.71	12.82	19.03	27.01	38.50	52.80	69.92	92.72
高级路面	6.58	12.61	18.69	25.72	36.26	49.41	65.17	84.58
其他路面	6.73	12.84	19.07	27.15	38.74	53.17	70.44	93.60
构造物Ⅰ	6.87	13.06	19.44	28.56	41.18	56.86	75.61	102.47
构造物Ⅱ	6.77	12.90	19.17	27.54	39.41	54.18	71.85	96.03
构造物Ⅲ	6.73	12.85	19.08	27.19	38.81	53.27	70.57	93.84
技术复杂大桥	6.70	12.81	19.01	26.94	38.37	52.61	69.65	92.27
隧道	6.76	12.90	19.16	27.50	39.50	54.09	71.72	95.81
钢材及钢结构	6.78	12.92	19.20	27.66	39.62	54.50	72.30	96.80

风沙地区施工增加费费率表(%)　　　　　　　　　　　　　　　　表1-5

风沙区划 工程类别	风沙一区			风沙二区			风沙三区		
	沙 漠 类 型								
	固定	半固定	流动	固定	半固定	流动	固定	半固定	流动
人工土方	6.00	11.00	18.00	7.00	17.00	26.00	11.00	24.00	37.00
机械土方	4.00	7.00	12.00	5.00	11.00	17.00	7.00	15.00	24.00
汽车运输	4.00	8.00	13.00	5.00	12.00	18.00	8.00	17.00	26.00
人工石方	—	—	—	—	—	—	—	—	—
机械石方	—	—	—	—	—	—	—	—	—
高级路面	0.50	1.00	2.00	1.00	2.00	3.00	2.00	3.00	5.00
其他路面	2.00	4.00	7.00	3.00	7.00	10.00	4.00	10.00	15.00

续上表

风沙区划 工程类别	风沙一区			风沙二区			风沙三区		
	沙 漠 类 型								
	固定	半固定	流动	固定	半固定	流动	固定	半固定	流动
构造物Ⅰ	4.00	7.00	12.00	5.00	11.00	17.00	7.00	16.00	24.00
构造物Ⅱ	—	—	—	—	—	—	—	—	—
构造物Ⅲ	—	—	—	—	—	—	—	—	—
技术复杂大桥	—	—	—	—	—	—	—	—	—
隧道	—	—	—	—	—	—	—	—	—
钢材及钢结构	1.00	2.00	4.00	1.00	3.00	5.00	2.00	5.00	7.00

沿海地区施工增加费费率表(%) 表1-6

工程类别	费率	工程类别	费率
构造物Ⅱ	0.15	技术复杂大桥	0.15
构造物Ⅲ	0.15	钢材及钢结构	0.15

行车干扰工程施工增加费费率表(%) 表1-7

工程类别	施工期间平均每昼夜双向行车次数(汽车、畜力车合计)							
	51~100	101~500	501~1 000	1 001~2 000	2 001~3 000	3 001~4 000	4 001~5 000	5 000以上
人工土方	1.64	2.46	3.28	4.10	4.76	5.29	5.86	6.44
机械土方	1.39	2.19	3.00	3.89	4.51	5.02	5.56	6.11
汽车运输	1.36	2.09	2.85	3.75	4.35	4.84	5.36	5.89
人工石方	1.66	2.40	3.33	4.06	4.71	5.24	5.81	6.37
机械石方	1.16	1.71	2.38	3.19	3.70	4.12	4.56	5.01
高级路面	1.24	1.87	2.50	3.11	3.61	4.01	4.45	4.88
其他路面	1.17	1.77	2.36	2.94	3.41	3.79	4.20	4.62
构造物Ⅰ	0.94	1.41	1.89	2.36	2.74	3.04	3.37	3.71
构造物Ⅱ	0.95	1.43	1.90	2.37	2.75	3.06	3.39	3.72
构造物Ⅲ	0.95	1.42	1.90	2.37	2.75	3.05	3.38	3.72
技术复杂大桥	—	—	—	—	—	—	—	—
隧道	—	—	—	—	—	—	—	—
钢材及钢结构	—	—	—	—	—	—	—	—

安全及文明施工增加费费率表(%)　　　　　　　　　　　表1-8

工程类别	费率	工程类别	费率
人工土方	0.59	构造物Ⅰ	0.72
机械土方	0.59	构造物Ⅱ	0.78
汽车运输	0.21	构造物Ⅲ	1.57
人工石方	0.59	技术复杂大桥	0.86
机械石方	0.59	隧道	0.73
高级路面	1.00	钢材及钢结构	0.53
其他路面	1.02		

注:设备安装工程按表中费率的50%计算。

临时设施费费率表(%)　　　　　　　　　　　表1-9

工程类别	费率	工程类别	费率
人工土方	1.57	构造物Ⅰ	2.65
机械土方	1.42	构造物Ⅱ	3.14
汽车运输	0.92	构造物Ⅲ	5.81
人工石方	1.60	技术复杂大桥	2.92
机械石方	1.97	隧道	2.57
高级路面	1.92	钢材及钢结构	2.48
其他路面	1.87		

施工辅助费费率表(%)　　　　　　　　　　　表1-10

工程类别	费率	工程类别	费率
人工土方	0.89	构造物Ⅰ	1.30
机械土方	0.49	构造物Ⅱ	1.56
汽车运输	0.16	构造物Ⅲ	3.03
人工石方	0.85	技术复杂大桥	1.68
机械石方	0.46	隧道	1.23
高级路面	0.80	钢材及钢结构	0.56
其他路面	0.74		

工地转移费费率表(%)　　　　　　　　　　　表1-11

工程类别	工地转移距离(km)					
	50	100	300	500	1 000	每增加100
人工土方	0.15	0.21	0.32	0.43	0.56	0.03
机械土方	0.50	0.67	1.05	1.37	1.82	0.08

续上表

工程类别	工地转移距离(km)					
	50	100	300	500	1 000	每增加100
汽车运输	0.31	0.40	0.62	0.82	1.07	0.05
人工石方	0.16	0.22	0.33	0.45	0.58	0.03
机械石方	0.36	0.43	0.74	0.97	1.28	0.06
高级路面	0.61	0.83	1.30	1.70	2.27	0.12
其他路面	0.56	0.75	1.18	1.54	2.06	0.10
构造物Ⅰ	0.56	0.75	1.18	1.54	2.06	0.11
构造物Ⅱ	0.66	0.89	1.40	1.83	2.45	0.13
构造物Ⅲ	1.31	1.77	2.77	3.62	4.85	0.25
技术复杂大桥	0.75	1.01	1.58	2.06	2.76	0.14
隧道	0.52	0.71	1.11	1.45	1.94	0.10
钢材及钢结构	0.72	0.97	1.51	1.97	2.64	0.13

附录2 间接费费率表

基本费用费率表(%)　　　　　　　　　　　　　　　　表2-1

工程类别	费率	工程类型	费率
人工土方	3.36	构造物Ⅰ	4.44
机械土方	3.26	构造物Ⅱ	5.53
汽车运输	1.44	构造物Ⅲ	9.79
人工石方	3.45	技术复杂大桥	4.72
机械石方	3.28	隧道	4.22
高级路面	1.91	钢材及钢结构	2.42
其他路面	3.28		

主副食补贴费率表(%)　　　　　　　　　　　　　　　　表2-2

工程类别	综合里程(km)											
	1	3	5	8	10	15	20	25	30	40	50	每增加10
人工土方	0.17	0.25	0.31	0.39	0.45	0.56	0.67	0.76	0.89	1.06	1.22	0.16
机械土方	0.13	0.19	0.24	0.30	0.35	0.43	0.52	0.59	0.69	0.81	0.95	0.13
汽车运输	0.14	0.20	0.25	0.32	0.37	0.45	0.55	0.62	0.73	0.86	1.00	0.14
人工石方	0.13	0.19	0.24	0.30	0.34	0.42	0.51	0.58	0.67	0.80	0.92	0.12
机械石方	0.12	0.18	0.22	0.28	0.33	0.41	0.49	0.55	0.65	0.76	0.89	0.12
高级路面	0.08	0.12	0.15	0.20	0.22	0.28	0.33	0.38	0.44	0.52	0.60	0.08
其他路面	0.09	0.12	0.15	0.20	0.22	0.28	0.33	0.38	0.44	0.52	0.61	0.09
构造物Ⅰ	0.13	0.18	0.23	0.28	0.32	0.40	0.49	0.55	0.65	0.76	0.89	0.12
构造物Ⅱ	0.14	0.20	0.25	0.30	0.35	0.43	0.52	0.60	0.70	0.83	0.96	0.13
构造物Ⅲ	0.25	0.36	0.45	0.55	0.64	0.79	0.96	1.09	1.28	1.51	1.76	0.24
技术复杂大桥	0.11	0.16	0.20	0.25	0.29	0.36	0.43	0.49	0.57	0.68	0.79	0.11
隧道	0.11	0.16	0.19	0.24	0.28	0.34	0.42	0.48	0.56	0.66	0.77	0.10
钢材及钢结构	0.11	0.16	0.20	0.26	0.30	0.37	0.44	0.50	0.59	0.69	0.80	0.11

职工探亲路费费率表(%)　　　　　　　　　　　　　　　　表2-3

工程类别	费率	工程类型	费率
人工土方	0.10	构造物Ⅰ	0.29
机械土方	0.22	构造物Ⅱ	0.34

续上表

工程类别	费率	工程类型	费率
汽车运输	0.14	构造物Ⅲ	0.55
人工石方	0.10	技术复杂大桥	0.20
机械石方	0.22	隧道	0.27
高级路面	0.14	钢材及钢结构	0.16
其他路面	0.16		

职工取暖补贴费率表(%) 表2-4

工程类别	气温区						
	准二区	冬一区	冬二区	冬三区	冬四区	冬五区	冬六区
人工土方	0.03	0.06	0.10	0.15	0.17	0.26	0.31
机械土方	0.06	0.13	0.22	0.33	0.44	0.55	0.66
汽车运输	0.06	0.12	0.21	0.31	0.41	0.51	0.62
人工石方	0.03	0.06	0.10	0.15	0.17	0.25	0.31
机械石方	0.05	0.11	0.17	0.26	0.35	0.44	0.53
高级路面	0.04	0.07	0.13	0.19	0.25	0.31	0.38
其他路面	0.04	0.07	0.12	0.18	0.24	0.30	0.36
构造物Ⅰ	0.06	0.12	0.19	0.28	0.36	0.46	0.56
构造物Ⅱ	0.06	0.13	0.20	0.30	0.41	0.51	0.62
构造物Ⅲ	0.11	0.23	0.37	0.56	0.74	0.93	1.13
技术复杂大桥	0.05	0.10	0.17	0.26	0.34	0.42	0.51
隧道	0.04	0.08	0.14	0.22	0.28	0.36	0.43
钢材及钢结构	0.04	0.07	0.12	0.19	0.25	0.31	0.37

财务费用费率表(%) 表2-5

工程类别	费率	工程类型	费率
人工土方	0.23	构造物Ⅰ	0.37
机械土方	0.21	构造物Ⅱ	0.40
汽车运输	0.21	构造物Ⅲ	0.82
人工石方	0.22	技术复杂大桥	0.46
机械石方	0.20	隧道	0.39
高级路面	0.27	钢材及钢结构	0.48
其他路面	0.30		

附录3 复利系数表

1%的复利系数表

表3-1

年份	一次支付		等额系列			
	终值系数	现值系数	年金终值系数	年金现值系数	资本回收系数	偿债基金系数
n	$F/P,i,n$	$P/F,i,n$	$F/A,i,n$	$P/A,i,n$	$A/P,i,n$	$A/F,i,n$
1	1.010	0.990 1	1.000	0.991 0	1.010 0	1.000 0
2	1.020	0.980 3	2.010	1.970 4	0.507 5	0.497 5
3	1.030	0.970 6	3.030	2.940 1	0.430 0	0.330 0
4	1.041	0.961 0	4.060	3.902 0	0.256 3	0.246 3
5	1.051	0.951 5	5.101	4.853 4	0.206 0	0.196 0
6	1.062	0.942 1	6.152	5.795 5	0.172 6	0.162 6
7	1.702	0.932 7	7.214	6.728 2	0.148 6	0.138 6
8	1.083	0.923 5	8.286	7.651 7	0.130 7	0.120 7
9	1.094	0.914 3	9.369	8.566 0	0.116 8	0.106 8
10	1.105	0.905 3	10.426	9.471 3	0.105 6	0.095 6
11	1.116	0.896 3	11.567	10.367 6	0.096 5	0.086 5
12	1.127	0.887 5	12.683	11.255 1	0.088 9	0.078 9
13	1.138	0.878 7	13.809	12.133 8	0.082 4	0.072 4
14	1.149	0.870 0	14.974	13.003 7	0.076 9	0.066 9
15	1.161	0.861 4	16.097	13.865 1	0.072 1	0.062 1
16	1.173	0.852 8	17.258	14.719 1	0.068 0	0.058 0
17	1.184	0.844 4	18.430	15.562 3	0.063 4	0.054 3
18	1.196	0.836 0	19.615	16.398 3	0.061 0	0.051 0
19	1.208	0.827 7	20.811	17.226 0	0.058 1	0.048 1
20	1.220	0.819 6	22.019	18.045 6	0.055 4	0.045 4
21	1.232	0.811 4	23.239	18.857 0	0.053 0	0.043 0
22	1.245	0.803 4	24.472	19.660 4	0.050 9	0.040 9
23	1.257	0.795 5	25.716	20.455 8	0.048 9	0.038 9
24	1.270	0.787 6	26.973	21.243 5	0.047 1	0.037 1
25	1.282	0.779 8	28.243	22.023 2	0.045 4	0.035 4
26	1.295	0.772 1	29.526	22.795 2	0.043 9	0.033 9
27	1.308	0.764 4	30.821	23.559 6	0.042 5	0.032 5
28	1.321	0.756 8	32.129	24.316 5	0.041 1	0.031 1
29	1.335	0.749 4	33.450	25.065 8	0.039 9	0.029 9
30	1.348	0.741 9	34.785	25.807 7	0.038 8	0.028 8
31	1.361	0.734 6	36.133	26.542 3	0.037 7	0.027 7
32	1.375	0.727 3	37.494	27.269 6	0.036 7	0.026 7
33	1.389	0.720 1	38.869	27.989 7	0.035 7	0.025 7
34	1.403	0.713 0	40.258	28.702 7	0.034 8	0.024 8
35	1.417	0.705 0	41.660	29.408 6	0.034 0	0.024 0

3%的复利系数表 表 3-2

年份	一次支付		等 额 系 列			
	终值系数	现值系数	年金终值系数	年金现值系数	资本回收系数	偿债基金系数
n	$F/P,i,n$	$P/F,i,n$	$F/A,i,n$	$P/A,i,n$	$A/P,i,n$	$A/F,i,n$
1	1.030	0.970 9	1.000	0.970 9	1.030 0	1.000 0
2	1.061	0.942 6	2.030	1.913 5	0.522 6	0.492 6
3	1.093	0.915 2	3.091	2.828 6	0.353 5	0.323 5
4	1.126	0.888 5	4.184	3.717 1	0.269 0	0.239 0
5	1.159	0.862 6	5.309	4.579 7	0.218 4	0.188 4
6	1.194	0.837 5	6.468	5.417 2	0.184 6	0.154 6
7	1.230	0.813 1	7.662	6.230 3	0.160 5	0.130 5
8	1.267	0.789 4	8.892	7.019 7	0.142 5	0.112 5
9	1.305	0.766 4	10.159	7.786 1	0.128 4	0.098 4
10	1.344	0.744 1	11.464	8.530 2	0.117 2	0.087 2
11	1.384	0.722 4	12.808	9.252 6	0.108 1	0.078 1
12	1.426	0.701 4	14.192	9.954 0	0.100 5	0.070 5
13	1.469	0.681 0	15.618	10.645 0	0.094 0	0.064 0
14	1.513	0.661 1	17.086	11.296 1	0.088 5	0.058 5
15	1.558	0.641 9	18.599	11.937 9	0.083 8	0.053 8
16	1.605	0.623 2	20.157	12.561 1	0.079 6	0.049 6
17	1.653	0.605 0	21.762	13.166 1	0.076 0	0.046 0
18	1.702	0.587 4	23.414	13.753 5	0.072 7	0.042 7
19	1.754	0.570 3	25.117	14.323 8	0.069 8	0.039 8
20	1.806	0.553 7	26.870	14.877 5	0.067 2	0.037 2
21	1.860	0.537 6	28.676	15.415 0	0.064 9	0.034 9
22	1.916	0.521 9	30.537	15.936 9	0.062 8	0.032 8
23	1.974	0.506 7	32.453	16.443 6	0.060 8	0.030 8
24	2.033	0.491 9	34.426	16.935 6	0.059 1	0.029 1
25	2.094	0.477 6	36.495	17.413 2	0.057 4	0.027 4
26	2.157	0.463 7	38.553	17.876 9	0.055 9	0.025 9
27	2.221	0.450 2	40.710	18.327 0	0.054 6	0.024 6
28	2.288	0.437 1	42.931	18.764 1	0.053 3	0.023 3
29	2.357	0.424 4	45.219	19.188 5	0.052 1	0.022 1
30	2.427	0.412 0	47.575	19.600 5	0.051 0	0.021 0
31	2.500	0.400 0	50.003	20.000 4	0.050 0	0.020 0
32	2.575	0.388 3	52.503	20.388 8	0.049 1	0.019 1
33	2.652	0.377 0	55.078	20.765 8	0.048 2	0.018 2
34	2.732	0.366 1	57.730	21.131 8	0.047 3	0.017 3
35	2.814	0.355 4	60.462	21.487 2	0.046 5	0.016 5

4%的复利系数表

表 3-3

年份	一次支付		等额系列			
	终值系数	现值系数	年金终值系数	年金现值系数	资本回收系数	偿债基金系数
n	$F/P, i, n$	$P/F, i, n$	$F/A, i, n$	$P/A, i, n$	$A/P, i, n$	$A/F, i, n$
1	1.040	0.961 5	1.000	0.961 5	1.040 0	1.000 0
2	1.082	0.924 6	2.040	1.886 1	0.530 2	0.490 2
3	1.125	0.889 0	3.122	2.775 1	0.360 4	0.320 4
4	1.170	0.854 8	4.246	3.619 9	0.275 5	0.235 5
5	1.217	0.821 9	5.416	4.451 8	0.224 6	0.184 6
6	1.265	0.790 3	6.633	5.242 1	0.190 8	0.150 8
7	1.316	0.759 9	7.898	6.002 1	0.166 6	0.126 6
8	1.396	0.730 7	9.214	6.738 2	0.148 5	0.108 5
9	1.423	0.702 6	10.583	7.435 1	0.134 5	0.094 5
10	1.480	0.675 6	12.006	8.110 9	0.123 3	0.083 3
11	1.539	0.649 6	13.486	8.760 5	0.114 2	0.074 2
12	1.601	0.624 6	15.036	9.385 1	0.106 6	0.066 6
13	1.665	0.600 6	16.627	9.985 7	0.100 2	0.060 2
14	1.732	0.577 5	18.292	10.563 1	0.094 7	0.054 7
15	1.801	0.555 3	20.024	11.118 4	0.090 0	0.050 0
16	1.873	0.533 9	21.825	11.652 3	0.085 8	0.045 8
17	1.948	0.513 4	23.698	12.165 7	0.082 2	0.042 2
18	2.026	0.493 6	25.645	12.659 3	0.079 0	0.039 0
19	2.107	0.474 7	27.671	13.133 9	0.076 1	0.036 1
20	2.191	0.456 4	29.778	13.509 3	0.073 6	0.033 6
21	2.279	0.438 8	31.969	14.029 2	0.071 3	0.031 3
22	2.370	0.422 0	34.248	14.451 1	0.069 2	0.029 2
23	2.465	0.405 7	36.618	14.856 9	0.067 3	0.027 3
24	2.563	0.390 1	39.083	15.247 0	0.065 6	0.025 6
25	2.666	0.375 1	41.646	15.622 1	0.064 0	0.024 0
26	2.772	0.306 7	44.312	15.982 8	0.062 6	0.022 6
27	2.883	0.346 8	47.084	16.329 6	0.061 2	0.021 2
28	2.999	0.333 5	49.968	16.663 1	0.060 0	0.020 0
29	3.119	0.320 7	52.966	16.987 3	0.058 9	0.018 9
30	3.243	0.308 3	56.085	17.292 0	0.057 8	0.017 8
31	3.373	0.296 5	59.328	17.588 5	0.056 9	0.016 9
32	3.508	0.285 1	62.701	17.873 6	0.056 0	0.016 0
33	3.648	0.274 1	66.210	18.147 7	0.055 1	0.015 1
34	3.794	0.263 6	69.858	18.411 2	0.054 3	0.014 3
35	3.946	0.253 4	73.652	18.664 6	0.036 6	0.013 6

5%的复利系数表

年份	一次支付		等额系列			
	终值系数	现值系数	年金终值系数	年金现值系数	资本回收系数	偿债基金系数
n	$F/P,i,n$	$P/F,i,n$	$F/A,i,n$	$P/A,i,n$	$A/P,i,n$	$A/F,i,n$
1	1.050	0.9524	1.000	0.9524	1.0500	1.0000
2	1.103	0.9070	2.050	1.8594	0.5378	0.4878
3	1.158	0.8638	3.153	2.7233	0.3672	0.3172
4	1.216	0.8227	4.310	3.5460	0.2820	0.2320
5	1.276	0.7835	5.526	4.3295	0.2310	0.1810
6	1.340	0.7462	6.802	5.0757	0.1970	0.1470
7	1.407	0.7107	8.142	5.7864	0.1728	0.1228
8	1.477	0.6768	9.549	6.4632	0.1547	0.1047
9	1.551	0.6446	11.027	7.1078	0.1407	0.0907
10	1.629	0.6139	12.587	7.7217	0.1295	0.0795
11	1.710	0.5847	14.207	8.3064	0.1204	0.0704
12	1.796	0.5568	15.917	8.8633	0.1128	0.0628
13	1.886	0.5303	17.713	9.3936	0.1065	0.0565
14	1.980	0.5051	19.599	9.8987	0.1010	0.0510
15	2.079	0.4810	21.597	10.3797	0.0964	0.0464
16	2.183	0.4581	23.658	10.8373	0.0932	0.0432
17	2.292	0.4363	25.840	11.2741	0.0887	0.0387
18	2.407	0.4155	28.132	11.6896	0.0856	0.0356
19	2.527	0.3957	30.539	12.0853	0.0828	0.0328
20	2.653	0.3769	33.066	12.4622	0.0803	0.0303
21	2.786	0.3590	35.719	12.8212	0.0780	0.0280
22	2.925	0.3419	38.505	13.1630	0.0760	0.0260
23	3.072	0.3256	41.430	13.4886	0.0741	0.0241
24	3.225	0.3101	44.502	13.7987	0.0725	0.0225
25	3.386	0.2953	47.727	14.0940	0.0710	0.0210
26	3.556	0.2813	51.113	14.3753	0.0696	0.0196
27	3.733	0.2679	54.669	14.6340	0.0683	0.0183
28	3.920	0.2551	58.403	14.8981	0.0671	0.0171
29	4.116	0.2430	62.323	15.1411	0.0661	0.0161
30	4.322	0.2314	66.439	15.3725	0.0651	0.0151
31	4.538	0.2204	70.761	15.5928	0.0641	0.0141
32	4.765	0.2099	75.299	15.8027	0.0633	0.0133
33	5.003	0.1999	80.064	16.0026	0.0625	0.0125
34	5.253	0.1904	85.067	16.1929	0.0618	0.0118
35	5.516	0.1813	90.320	16.3742	0.0611	0.0111

6%的复利系数表

表 3-5

年份	一次支付		等 额 系 列			
	终值系数	现值系数	年金终值系数	年金现值系数	资本回收系数	偿债基金系数
n	$F/P, i, n$	$P/F, i, n$	$F/A, i, n$	$P/A, i, n$	$A/P, i, n$	$A/F, i, n$
1	1.060	0.9434	1.000	0.9434	1.0600	1.0000
2	1.124	0.8900	2.060	1.8334	0.5454	0.4854
3	1.191	0.8396	3.184	2.6704	0.3741	0.3141
4	1.262	0.7291	4.375	3.4561	0.2886	0.2286
5	1.338	0.7473	5.637	4.2124	0.2374	0.1774
6	1.419	0.7050	6.975	4.9173	0.2034	0.1434
7	1.504	0.6651	8.394	5.5824	0.1791	0.1191
8	1.594	0.6274	9.897	6.2098	0.1610	0.1010
9	1.689	0.5919	11.491	6.8071	0.1470	0.0870
10	1.791	0.5584	13.181	7.3601	0.1359	0.0759
11	1.898	0.5268	14.972	7.8869	0.1268	0.0668
12	2.012	0.4970	16.870	8.3839	0.1193	0.0593
13	2.133	0.4688	18.882	8.8527	0.1130	0.0530
14	2.261	0.4423	21.015	9.2956	0.1076	0.0476
15	2.397	0.4173	23.276	9.7123	0.1030	0.0430
16	2.540	0.3937	25.673	10.1059	0.0990	0.0390
17	2.693	0.3714	28.213	10.4773	0.0955	0.0355
18	2.854	0.3504	30.906	10.8276	0.0924	0.0324
19	3.026	0.3305	33.760	11.1581	0.0896	0.0296
20	3.207	0.3118	36.786	11.4699	0.0872	0.0272
21	3.400	0.2942	39.993	11.7641	0.0850	0.0250
22	3.604	0.2775	43.329	12.0461	0.0831	0.0231
23	3.820	0.2618	46.996	12.3034	0.0813	0.0213
24	4.049	0.2470	50.816	12.5504	0.0797	0.0197
25	4.292	0.2330	54.865	12.7834	0.0782	0.0182
26	4.549	0.2198	59.156	13.0032	0.0769	0.0169
27	4.822	0.2074	63.706	13.2105	0.0757	0.0157
28	5.112	0.1956	68.528	13.4062	0.0746	0.0146
29	5.418	0.1846	73.640	13.5907	0.0736	0.0136
30	5.744	0.1741	79.058	13.7648	0.0727	0.0127
31	6.088	0.1643	84.802	13.9291	0.0718	0.0118
32	6.453	0.1550	90.890	14.0841	0.0710	0.0110
33	6.841	0.1462	97.343	14.2302	0.0703	0.0103
34	7.251	0.1379	104.184	14.3682	0.0696	0.0096
35	7.686	0.1301	111.435	14.4983	0.0690	0.0090

7%的复利系数表

表 3-6

年份	一次支付		等 额 系 列			
	终值系数	现值系数	年金终值系数	年金现值系数	资本回收系数	偿债基金系数
n	$F/P,i,n$	$P/F,i,n$	$F/A,i,n$	$P/A,i,n$	$A/P,i,n$	$A/F,i,n$
1	1.070	0.9346	1.000	0.9346	1.0700	1.0000
2	1.145	0.8734	2.070	1.8080	0.5531	0.4831
3	1.225	0.8163	3.215	2.6234	0.3811	0.3111
4	1.311	0.7629	4.440	3.3872	0.2952	0.2252
5	1.403	0.7130	5.751	4.1002	0.2439	0.1739
6	1.501	0.6664	7.153	4.7665	0.2098	0.1398
7	1.606	0.6228	8.645	5.3893	0.1856	0.1156
8	1.718	0.5280	10.260	5.9713	0.1675	0.0975
9	1.838	0.5439	11.978	6.5152	0.1535	0.0835
10	1.967	0.5084	13.816	7.0236	0.1424	0.0724
11	2.105	0.4751	15.784	7.4987	0.1334	0.0634
12	2.252	0.4440	17.888	7.9427	0.1259	0.0559
13	2.410	0.4150	20.141	8.3577	0.1197	0.0497
14	2.597	0.3878	22.550	8.7455	0.1144	0.0444
15	2.759	0.3625	25.129	9.1079	0.1098	0.0398
16	2.952	0.3387	27.888	9.4467	0.1059	0.0359
17	3.159	0.3166	30.840	9.7632	0.1024	0.0324
18	3.380	0.2959	33.999	10.0591	0.0994	0.0294
19	3.617	0.2765	37.379	10.3356	0.0968	0.0268
20	3.870	0.2584	40.996	10.5940	0.0944	0.0244
21	4.141	0.2415	44.865	10.8355	0.0923	0.0223
22	4.430	0.2257	49.006	11.0613	0.0904	0.0204
23	4.741	0.2110	53.436	11.2722	0.0887	0.0187
24	5.072	0.1972	58.177	11.4693	0.0872	0.0172
25	5.427	0.1843	63.249	11.6536	0.0858	0.0158
26	5.807	0.1722	68.676	11.8258	0.0846	0.0146
27	6.214	0.1609	74.484	11.9867	0.0834	0.0134
28	6.649	0.1504	80.698	12.1371	0.0824	0.0124
29	7.114	0.1406	87.347	12.2777	0.0815	0.0115
30	7.612	0.1314	94.461	12.4091	0.0806	0.0106
31	8.145	0.1228	102.073	12.5318	0.0798	0.0098
32	8.715	0.1148	110.218	12.6466	0.0791	0.0091
33	9.325	0.1072	118.933	12.7538	0.0784	0.0084
34	9.978	0.1002	128.259	12.8540	0.0778	0.0078
35	10.677	0.0937	138.237	12.9477	0.0772	0.0072

8%的复利系数表

表 3-7

年份	一次支付		等 额 系 列			
	终值系数	现值系数	年金终值系数	年金现值系数	资本回收系数	偿债基金系数
n	$F/P,i,n$	$P/F,i,n$	$F/A,i,n$	$P/A,i,n$	$A/P,i,n$	$A/F,i,n$
1	1.080	0.925 9	1.000	0.925 9	1.080 0	1.000 0
2	1.166	0.857 3	2.080	1.783 3	0.560 8	0.408 0
3	1.260	0.793 8	3.246	2.577 1	0.388 0	0.308 0
4	1.360	0.735 0	4.506	3.312 1	0.301 9	0.221 9
5	1.496	0.680 6	5.867	3.992 7	0.250 5	0.170 5
6	1.587	0.630 2	7.336	4.622 9	0.216 3	0.136 3
7	1.714	0.583 5	8.923	5.206 4	0.192 1	0.112 1
8	1.851	0.540 3	10.637	5.746 6	0.174 0	0.094 0
9	1.999	0.500 3	12.488	6.246 9	0.160 1	0.080 1
10	2.159	0.463 2	14.487	6.710 1	0.149 0	0.069 0
11	2.332	0.428 9	16.645	7.139 0	0.140 1	0.060 1
12	2.518	0.397 1	18.977	7.536 1	0.132 7	0.052 7
13	2.720	0.367 7	21.459	7.803 8	0.126 5	0.046 5
14	2.937	0.340 5	24.215	8.244 2	0.121 3	0.041 3
15	3.172	0.315 3	27.152	8.559 5	0.116 8	0.036 8
16	3.426	0.291 9	30.324	8.851 4	0.113 0	0.033 0
17	3.700	0.270 3	33.750	9.121 6	0.109 6	0.029 6
18	3.996	0.250 3	37.450	9.371 9	0.106 7	0.026 7
19	4.316	0.231 7	41.446	9.603 6	0.104 1	0.021 4
20	4.661	0.214 5	45.762	9.818 2	0.101 9	0.021 9
21	5.034	0.198 7	50.423	10.016 8	0.099 8	0.019 8
22	5.437	0.184 0	55.457	10.200 8	0.098 0	0.018 0
23	5.871	0.170 3	60.893	10.371 1	0.096 4	0.016 4
24	6.341	0.157 7	66.765	10.528 8	0.095 0	0.015 0
25	6.848	0.146 0	73.106	10.674 8	0.937 0	0.013 7
26	7.396	0.135 2	79.954	10.810 0	0.092 5	0.012 5
27	7.988	0.125 2	87.351	10.935 2	0.091 5	0.011 5
28	8.627	0.115 9	95.339	11.051 1	0.090 5	0.010 5
29	9.317	0.107 3	103.966	11.158 4	0.089 6	0.009 6
30	10.063	0.099 4	113.283	11.257 8	0.088 8	0.008 8
31	10.868	0.092 0	123.346	11.349 8	0.088 1	0.008 1
32	11.737	0.085 2	134.214	11.435 0	0.087 5	0.007 5
33	12.676	0.078 9	145.951	11.513 9	0.086 9	0.006 9
34	13.690	0.073 1	158.627	11.586 9	0.086 3	0.006 3
35	14.785	0.067 6	172.317	11.654 6	0.085 8	0.005 8

9%的复利系数表 表3-8

年份	一次支付		等额系列			
	终值系数	现值系数	年金终值系数	年金现值系数	资本回收系数	偿债基金系数
n	$F/P,i,n$	$P/F,i,n$	$F/A,i,n$	$P/A,i,n$	$A/P,i,n$	$A/F,i,n$
1	1.090	0.917 4	1.000	0.917 4	1.090 0	1.000 0
2	1.188	0.841 7	2.090	1.759 1	0.568 5	0.478 5
3	1.295	0.772 2	3.278	2.531 3	0.395 1	0.305 1
4	1.412	0.708 4	4.573	3.239 7	0.308 7	0.218 7
5	1.539	0.649 9	5.985	3.889 7	0.257 1	0.167 1
6	1.677	0.596 3	7.523	4.485 9	0.222 9	0.132 9
7	1.828	0.547 0	9.200	5.033 0	0.198 7	0.108 7
8	1.993	0.501 9	11.028	5.534 8	0.180 7	0.090 7
9	2.172	0.460 4	13.021	5.995 3	0.166 8	0.076 8
10	2.367	0.422 4	15.193	6.417 7	0.155 8	0.065 8
11	2.580	0.387 5	17.560	6.805 2	0.147 0	0.057 0
12	2.813	0.355 5	20.141	7.160 7	0.139 7	0.049 7
13	3.066	0.326 2	22.953	7.486 9	0.133 6	0.043 6
14	3.342	0.299 3	26.019	7.786 2	0.128 4	0.038 4
15	3.642	0.274 5	29.361	8.060 7	0.124 1	0.034 1
16	3.970	0.251 9	33.003	8.312 6	0.120 3	0.030 3
17	4.328	0.231 1	36.974	8.543 6	0.117 1	0.027 1
18	4.717	0.212 0	41.301	8.755 6	0.114 2	0.024 2
19	5.142	0.194 5	46.018	8.950 1	0.111 7	0.021 7
20	5.604	0.178 4	51.160	9.128 6	0.109 6	0.019 6
21	6.109	0.163 7	56.765	9.202 3	0.107 6	0.017 6
22	6.659	0.150 2	62.873	9.442 4	0.105 9	0.015 9
23	7.258	0.137 8	69.532	9.580 2	0.104 4	0.014 4
24	7.911	0.126 4	76.790	9.706 6	0.103 0	0.013 0
25	8.623	0.116 0	84.701	9.822 6	0.101 8	0.011 8
26	9.399	0.106 4	93.324	9.929 0	0.100 7	0.010 7
27	10.245	0.097 6	102.723	10.026 6	0.099 7	0.009 7
28	11.167	0.089 6	112.968	10.116 1	0.098 9	0.008 9
29	12.172	0.082 2	124.135	10.198 3	0.098 1	0.008 1
30	13.268	0.075 4	136.308	10.273 7	0.097 3	0.007 3
31	14.462	0.069 2	149.575	10.342 8	0.096 7	0.006 7
32	15.763	0.063 4	164.037	10.406 3	0.096 1	0.006 1
33	17.182	0.058 2	179.800	10.464 5	0.095 6	0.005 6
34	18.728	0.053 4	196.982	10.517 8	0.095 1	0.005 1
35	20.414	0.049 0	215.711	10.568 0	0.094 6	0.004 6

附录 3 复利系数表

10%的复利系数表 表3-9

年份	一次支付		等额系列			
	终值系数	现值系数	年金终值系数	年金现值系数	资本回收系数	偿债基金系数
n	$F/P,i,n$	$P/F,i,n$	$F/A,i,n$	$P/A,i,n$	$A/P,i,n$	$A/F,i,n$
1	1.100	0.909 1	1.000	0.909 1	1.100 0	1.000 0
2	1.210	0.826 5	2.100	1.735 5	0.576 2	0.476 2
3	1.331	0.751 3	3.310	2.486 9	0.402 1	0.302 1
4	1.464	0.688 0	4.641	3.169 9	0.315 5	0.215 5
5	1.611	0.629 9	6.105	3.790 8	0.263 8	0.163 8
6	1.772	0.564 5	7.716	4.355 3	0.229 6	0.129 6
7	1.949	0.513 2	9.487	4.868 4	0.205 4	0.105 4
8	2.144	0.466 5	11.436	5.334 9	0.187 5	0.087 5
9	2.358	0.424 1	13.579	5.759 0	0.173 7	0.073 7
10	2.594	0.385 6	15.937	6.144 6	0.162 8	0.062 8
11	2.853	0.350 5	18.531	6.495 1	0.154 0	0.054 0
12	3.138	0.318 6	21.384	6.813 7	0.146 8	0.046 8
13	3.452	0.289 7	24.523	7.103 4	0.140 8	0.040 8
14	3.798	0.263 3	27.975	7.366 7	0.135 8	0.035 8
15	4.177	0.239 4	31.772	7.606 1	0.131 5	0.031 5
16	4.595	0.217 6	35.950	7.823 7	0.127 8	0.027 8
17	5.054	0.197 9	40.545	8.021 6	0.124 7	0.024 7
18	5.560	0.179 9	45.599	8.201 4	0.121 9	0.021 9
19	6.116	0.163 5	51.159	8.364 9	0.119 6	0.019 6
20	6.728	0.148 7	57.275	8.513 6	0.117 5	0.017 5
21	7.400	0.135 1	64.003	8.648 7	0.115 6	0.015 6
22	8.140	0.122 9	71.403	8.771 6	0.114 0	0.014 0
23	8.954	0.111 7	79.543	8.883 2	0.112 6	0.012 6
24	9.850	0.101 5	88.497	8.984 8	0.111 3	0.011 3
25	10.835	0.092 3	98.347	9.077 1	0.110 2	0.010 2
26	11.918	0.083 9	109.182	9.161 0	0.109 2	0.009 2
27	13.110	0.076 3	121.100	9.237 2	0.108 3	0.008 3
28	14.421	0.069 4	134.210	9.306 6	0.107 5	0.007 5
29	15.863	0.063 0	148.631	9.369 6	0.106 7	0.006 7
30	17.449	0.057 3	164.494	9.426 9	0.106 1	0.006 1
31	19.194	0.052 1	181.943	9.479 0	0.105 5	0.005 5
32	21.114	0.047 4	201.138	9.526 4	0.105 0	0.005 0
33	23.225	0.043 1	222.252	9.569 4	0.104 5	0.004 5
34	25.548	0.039 2	245.477	9.608 6	0.104 1	0.004 1
35	28.102	0.035 6	271.024	9.644 2	0.103 7	0.003 7

12%的复利系数表　　　表 3-10

年份	一次支付		等额系列			
	终值系数	现值系数	年金终值系数	年金现值系数	资本回收系数	偿债基金系数
n	$F/P,i,n$	$P/F,i,n$	$F/A,i,n$	$P/A,i,n$	$A/P,i,n$	$A/F,i,n$
1	1.120	0.892 9	1.000	0.892 9	1.120 0	1.000 0
2	1.254	0.797 2	2.120	1.690 1	0.591 7	0.471 7
3	1.405	0.711 8	3.374	2.401 8	0.416 4	0.296 4
4	1.574	0.635 5	4.779	3.037 4	0.329 2	0.209 2
5	1.762	0.567 4	6.353	3.604 8	0.277 4	0.157 4
6	1.974	0.506 6	8.115	4.111 4	0.243 2	0.123 2
7	2.211	0.452 4	10.089	4.563 8	0.219 1	0.099 1
8	2.476	0.403 9	12.300	4.967 6	0.201 3	0.081 3
9	2.773	0.360 6	14.776	5.328 3	0.187 7	0.067 7
10	3.106	0.322 0	17.549	5.650 2	0.177 0	0.057 0
11	3.479	0.287 5	20.655	5.937 7	0.168 4	0.048 4
12	3.896	0.256 7	24.133	6.194 4	0.161 4	0.041 4
13	4.364	0.229 2	28.029	6.423 6	0.155 7	0.035 7
14	4.887	0.204 6	32.393	6.628 2	0.150 9	0.030 9
15	5.474	0.182 7	37.280	6.810 9	0.146 8	0.026 8
16	6.130	0.163 1	42.752	6.974 0	0.143 4	0.023 4
17	6.866	0.145 7	48.884	7.119 6	0.140 5	0.020 5
18	7.690	0.130 0	55.750	7.249 7	0.137 9	0.017 9
19	8.613	0.116 1	63.440	7.365 8	0.135 8	0.015 8
20	9.646	0.103 7	72.052	7.469 5	0.133 9	0.013 9
21	10.804	0.092 6	81.699	7.562 0	0.132 3	0.012 3
22	12.100	0.082 7	92.503	7.644 7	0.130 8	0.010 8
23	13.552	0.073 8	104.603	7.718 4	0.129 6	0.009 6
24	15.179	0.065 9	118.155	7.784 3	0.128 5	0.008 5
25	17.000	0.058 8	133.334	7.843 1	0.127 5	0.007 5
26	19.040	0.052 5	150.334	7.895 7	0.126 7	0.006 7
27	21.325	0.046 9	169.374	7.942 6	0.125 9	0.005 9
28	23.884	0.041 9	190.699	7.984 4	0.125 3	0.005 3
29	26.750	0.037 4	214.583	8.021 8	0.124 7	0.004 7
30	29.960	0.033 4	421.333	8.055 2	0.124 2	0.004 2
31	33.555	0.029 8	271.293	8.085 2	0.123 7	0.003 7
32	37.582	0.026 6	304.848	8.111 6	0.123 3	0.003 3
33	42.092	0.023 8	342.429	8.135 4	0.122 9	0.002 9
34	47.143	0.021 2	384.521	8.156 6	0.122 6	0.002 6
35	52.800	0.018 9	431.664	8.175 5	0.122 3	0.002 3

15%的复利系数表 表3-11

年份	一次支付		等额系列			
	终值系数	现值系数	年金终值系数	年金现值系数	资本回收系数	偿债基金系数
n	$F/P,i,n$	$P/F,i,n$	$F/A,i,n$	$P/A,i,n$	$A/P,i,n$	$A/F,i,n$
1	1.150	0.869 6	1.000	0.869 6	1.150 0	1.000 0
2	1.323	0.756 2	2.150	1.625 7	0.615 1	0.465 1
3	1.521	0.657 5	3.473	2.283 2	0.438 0	0.288 0
4	1.749	0.571 8	4.993	2.855 0	0.350 3	0.200 3
5	2.011	0.497 2	6.742	3.352 2	0.298 3	0.148 3
6	2.313	0.432 3	8.754	3.784 5	0.264 2	0.114 2
7	2.660	0.375 9	11.067	4.160 4	0.240 4	0.090 4
8	3.059	0.326 9	13.727	4.487 3	0.222 9	0.072 9
9	3.518	0.284 3	16.786	4.771 6	0.209 6	0.059 6
10	4.046	0.247 2	20.304	5.018 8	0.199 3	0.049 3
11	4.652	0.215 0	24.349	5.233 7	0.191 1	0.041 1
12	5.350	0.186 9	29.002	5.420 6	0.184 5	0.034 5
13	6.153	0.165 2	34.352	5.583 2	0.179 1	0.029 1
14	7.076	0.141 3	40.505	5.724 5	0.174 7	0.024 7
15	8.137	0.122 9	47.580	5.847 4	0.171 0	0.021 0
16	9.358	0.106 9	55.717	5.954 2	0.168 0	0.018 0
17	10.761	0.092 9	65.075	6.047 2	0.165 4	0.015 4
18	12.375	0.080 8	75.836	6.128 0	0.163 1	0.012 3
19	14.232	0.070 3	88.212	6.198 2	0.161 3	0.011 3
20	16.367	0.061 1	102.444	6.259 3	0.159 8	0.009 8
21	18.822	0.053 1	118.810	6.312 5	0.158 4	0.008 4
22	21.645	0.046 2	137.632	6.358 7	0.157 3	0.007 3
23	24.891	0.040 2	159.276	6.398 8	0.156 3	0.006 3
24	28.625	0.034 9	184.168	6.433 8	0.155 4	0.005 4
25	32.919	0.030 4	212.793	6.464 2	0.154 7	0.004 7
26	37.857	0.026 4	245.712	6.490 6	0.154 1	0.004 1
27	43.535	0.023 0	283.569	6.513 5	0.153 5	0.003 5
28	50.066	0.020 0	327.104	6.533 8	0.153 1	0.003 1
29	57.575	0.017 4	377.17	6.550 9	0.152 7	0.002 7
30	66.212	0.015 1	434.745	6.566 0	0.152 3	0.002 3
31	76.144	0.013 1	500.957	6.579 1	0.152 0	0.002 0
32	87.565	0.011 4	577.100	6.590 5	0.151 7	0.001 7
33	100.700	0.009 9	664.666	6.600 5	0.151 5	0.001 5
34	115.805	0.008 6	765.365	6.609 1	0.151 3	0.001 3
35	133.176	0.007 5	881.170	6.616 6	0.151 1	0.001 1

20％的复利系数表　　　　　表 3-12

年份	一次支付		等额系列			
	终值系数	现值系数	年金终值系数	年金现值系数	资本回收系数	偿债基金系数
n	$F/P,i,n$	$P/F,i,n$	$F/A,i,n$	$P/A,i,n$	$A/P,i,n$	$A/F,i,n$
1	1.200	0.833 3	1.000	0.833 3	1.200 0	1.000 0
2	1.440	0.684 5	2.200	1.527 8	0.654 6	0.454 6
3	1.728	0.578 7	3.640	2.106 5	0.474 7	0.274 7
4	2.074	0.482 3	5.368	2.588 7	0.386 3	0.196 3
5	2.488	0.401 9	7.442	2.990 6	0.334 4	0.134 4
6	2.986	0.334 9	9.930	3.325 5	0.300 7	0.100 7
7	3.583	0.279 1	12.916	3.604 6	0.277 4	0.077 4
8	4.300	0.232 6	16.499	3.837 2	0.260 6	0.060 6
9	5.160	0.193 8	20.799	4.031 0	0.248 1	0.048 1
10	6.192	0.161 5	25.959	4.192 5	0.238 5	0.038 5
11	7.430	0.134 6	32.150	4.327 1	0.231 1	0.031 1
12	8.916	0.112 2	39.581	4.439 2	0.225 3	0.025 3
13	10.699	0.093 5	48.497	4.532 7	0.220 6	0.020 6
14	12.839	0.077 9	59.196	4.610 6	0.216 9	0.016 9
15	15.407	0.064 9	72.035	4.765 5	0.213 9	0.013 9
16	18.488	0.054 1	87.442	4.729 6	0.211 4	0.011 4
17	22.186	0.045 1	105.931	4.774 6	0.209 5	0.009 5
18	26.623	0.037 6	128.117	4.812 2	0.207 8	0.007 8
19	31.948	0.031 3	154.740	4.843 5	0.206 5	0.006 5
20	38.338	0.026 1	186.688	4.869 6	0.205 4	0.005 4
21	46.005	0.021 7	225.026	4.891 3	0.204 5	0.004 5
22	55.206	0.018 1	271.031	4.909 4	0.203 7	0.003 7
23	66.247	0.015 1	326.237	4.924 5	0.203 1	0.003 1
24	79.497	0.012 6	392.484	4.937 1	0.202 6	0.002 6
25	95.396	0.010 5	471.981	4.947 6	0.202 1	0.002 1
26	114.475	0.008 7	567.377	4.956 3	0.201 8	0.001 8
27	137.371	0.007 3	681.853	4.963 6	0.201 5	0.001 5
28	164.845	0.006 1	819.223	4.969 7	0.201 2	0.001 2
29	197.814	0.005 1	984.068	4.974 7	0.201 0	0.001 0
30	237.376	0.004 2	1 181.882	4.978 9	0.200 9	0.000 9
31	284.852	0.003 5	1 419.258	4.982 5	0.200 7	0.000 7
32	341.822	0.002 9	1 704.109	4.985 4	0.200 6	0.000 6
33	410.186	0.002 4	2 045.931	4.987 8	0.200 5	0.000 5
34	492.224	0.002 0	2 456.118	4.989 9	0.200 4	0.000 4
35	590.668	0.001 7	2 948.341	4.991 5	0.200 3	0.000 3

25％的复利系数表　　　　表3-13

年份	一次支付		等 额 系 列			
	终值系数	现值系数	年金终值系数	年金现值系数	资本回收系数	偿债基金系数
n	$F/P, i, n$	$P/F, i, n$	$F/A, i, n$	$P/A, i, n$	$A/P, i, n$	$A/F, i, n$
1	1.250	0.800 0	1.000	0.800 0	1.250 0	1.000 0
2	1.156	0.640 0	2.250	1.440 0	0.694 5	0.444 5
3	1.953	0.512 0	3.813	1.952 0	0.512 3	0.262 3
4	2.441	0.409 6	5.766	2.361 6	0.423 5	0.173 5
5	3.052	0.327 7	8.207	2.689 3	0.371 9	0.121 9
6	3.815	0.262 2	11.259	2.951 4	0.338 8	0.088 8
7	4.678	0.209 7	15.073	3.161 1	0.316 4	0.066 4
8	5.960	0.167 8	19.842	3.328 9	0.300 4	0.050 4
9	7.451	0.134 2	25.802	3.463 1	0.288 8	0.038 8
10	9.313	0.107 4	33.253	3.570 5	0.280 1	0.030 1
11	11.642	0.085 9	42.566	3.656 4	0.273 5	0.023 5
12	14.552	0.068 7	54.208	3.725 1	0.268 5	0.018 5
13	18.190	0.055 0	68.760	3.780 1	0.264 6	0.014 6
14	22.737	0.044 0	86.949	3.824 1	0.261 5	0.011 5
15	28.422	0.035 2	109.687	3.859 3	0.259 1	0.009 1
16	35.527	0.028 2	138.109	3.887 4	0.257 3	0.007 3
17	44.409	0.022 5	173.636	3.909 9	0.255 8	0.005 8
18	55.511	0.018 0	218.045	3.928 0	0.254 6	0.004 6
19	69.389	0.014 4	273.556	3.942 4	0.253 7	0.003 7
20	86.736	0.011 5	342.945	3.953 9	0.252 9	0.002 9
21	108.420	0.009 2	429.681	3.963 1	0.252 3	0.002 3
22	135.525	0.007 4	538.101	3.970 5	0.251 9	0.001 9
23	169.407	0.005 9	673.626	3.976 4	0.251 5	0.001 5
24	211.758	0.004 7	843.033	3.981 1	0.251 1	0.001 2
25	264.698	0.003 8	1 054.791	3.984 9	0.251 0	0.001 0
26	330.872	0.003 0	1 319.489	3.987 9	0.250 8	0.000 8
27	413.590	0.002 4	1 650.361	3.990 3	0.250 6	0.000 6
28	516.988	0.001 9	2 063.952	3.992 3	0.250 5	0.000 5
29	646.235	0.001 6	2 580.939	3.993 8	0.250 4	0.000 4
30	807.794	0.001 2	3 227.174	3.995 1	0.250 3	0.000 3
31	1 009.742	0.001 0	4 034.968	3.996 0	0.250 3	0.000 3
32	1 262.177	0.000 8	5 044.710	3.996 8	0.250 2	0.000 2
33	1 577.722	0.000 6	6 306.887	3.997 5	0.250 2	0.000 2
34	1 972.152	0.000 5	788.609	3.998 0	0.250 1	0.000 1
35	2 465.190	0.000 4	9 856.761	3.998 4	0.250 1	0.000 1

30%的复利系数表　　　　　表3-14

年份	一次支付		等 额 系 列			
	终值系数	现值系数	年金终值系数	年金现值系数	资本回收系数	偿债基金系数
n	$F/P,i,n$	$P/F,i,n$	$F/A,i,n$	$P/A,i,n$	$A/P,i,n$	$A/F,i,n$
1	1.300	0.769 2	1.000	0.769 2	1.300 0	1.000 0
2	1.690	0.591 7	2.300	1.361 0	0.734 8	0.434 8
3	2.197	0.455 2	3.990	1.816 1	0.550 6	0.250 6
4	2.856	0.350 1	6.187	2.166 3	0.461 6	0.161 6
5	3.713	0.269 3	9.043	2.435 6	0.410 6	0.110 6
6	4.827	0.207 2	12.756	2.642 8	0.378 4	0.078 4
7	6.275	0.159 4	17.583	2.802 1	0.356 9	0.056 9
8	8.157	0.122 6	23.858	2.924 7	0.341 9	0.041 9
9	10.605	0.094 3	32.015	3.019 0	0.332 1	0.031 2
10	13.786	0.072 5	42.620	3.091 5	0.323 5	0.023 5
11	17.922	0.055 8	65.405	3.147 3	0.317 7	0.017 7
12	23.298	0.042 9	74.327	3.190 3	0.313 5	0.013 5
13	30.288	0.033 0	97.625	3.223 3	0.310 3	0.010 3
14	39.374	0.025 4	127.913	3.248 7	0.307 8	0.007 8
15	51.186	0.019 5	167.286	3.268 2	0.306 0	0.006 0
16	66.542	0.015 0	218.472	3.283 2	0.304 6	0.004 6
17	86.504	0.011 6	285.014	3.294 8	0.303 5	0.003 5
18	112.455	0.008 9	371.518	3.303 7	0.302 7	0.002 7
19	146.192	0.006 9	483.973	3.310 5	0.302 1	0.002 1
20	190.050	0.005 3	630.165	3.315 8	0.301 6	0.001 6
21	247.065	0.004 1	820.215	3.319 9	0.301 2	0.001 2
22	321.184	0.003 1	1 067.280	3.323 0	0.300 9	0.000 9
23	417.539	0.002 4	1 388.464	3.325 4	0.300 7	0.000 7
24	542.801	0.001 9	1 806.003	3.327 2	0.300 6	0.000 6
25	705.641	0.001 4	2 348.803	3.328 6	0.300 4	0.000 4
26	917.333	0.001 1	3 054.444	3.329 7	0.300 3	0.000 3
27	1 192.533	0.000 8	3 971.778	3.330 5	0.300 3	0.000 3
28	1 550.293	0.000 7	5 164.311	3.331 2	0.300 2	0.000 2
29	2 015.381	0.000 5	6 714.604	3.331 7	0.300 2	0.000 2
30	2 619.996	0.000 4	8 729.985	3.332 1	0.300 1	0.000 1
31	3 405.994	0.000 3	11 349.981	3.332 4	0.300 1	0.000 1
32	4 427.793	0.000 2	14 755.975	3.332 6	0.300 1	0.000 1
33	5 756.130	0.000 2	19 183.768	3.332 8	0.300 1	0.000 1
34	7 482.970	0.000 1	24 939.899	3.332 9	0.300 1	0.000 1
35	9 727.860	0.000 1	32 422.868	3.333 0	0.300 0	0.000 0

35%的复利系数表　　　　　　　表 3-15

年份	一次支付		等　额　系　列			
	终值系数	现值系数	年金终值系数	年金现值系数	资本回收系数	偿债基金系数
n	$F/P,i,n$	$P/F,i,n$	$F/A,i,n$	$P/A,i,n$	$A/P,i,n$	$A/F,i,n$
1	1.350 0	0.740 7	1.000 0	0.740 4	1.350 0	1.000 0
2	1.822 5	0.548 7	2.350 0	1.289 4	0.775 5	0.425 5
3	2.460 4	0.406 4	4.172 5	1.695 9	0.589 7	0.239 7
4	3.321 5	0.301 1	6.632 9	1.996 9	0.500 8	0.150 8
5	4.484 0	0.223 0	9.954 4	2.220 0	0.450 3	0.100 5
6	6.053 4	0.165 2	14.438 4	2.385 2	0.419 3	0.069 3
7	8.172 2	0.122 4	20.491 9	2.507 5	0.398 8	0.048 8
8	11.032 4	0.090 6	28.664 0	2.598 2	0.384 9	0.034 9
9	14.893 7	0.067 1	39.696 4	2.665 3	0.375 2	0.025 2
10	20.106 6	0.049 7	54.590 2	2.715 0	0.368 3	0.018 3
11	27.149 3	0.036 8	74.697 6	2.751 9	0.363 4	0.013 4
12	36.644 2	0.027 3	101.840 6	2.779 2	0.359 8	0.009 8
13	49.469 7	0.020 2	138.484 8	2.799 4	0.357 2	0.007 2
14	66.784 1	0.015 0	187.954 4	2.814 4	0.355 3	0.005 3
15	90.158 5	0.011 1	254.738 5	2.825 5	0.353 9	0.003 9
16	121.713 9	0.008 2	344.897 0	2.833 7	0.352 9	0.002 9
17	164.313 8	0.006 1	466.610 9	2.839 8	0.352 1	0.002 1
18	221.823 6	0.004 5	630.924 7	2.844 3	0.351 6	0.001 6
19	299.461 9	0.003 3	852.748 3	2.847 6	0.351 2	0.001 2
20	404.273 6	0.002 5	1 152.210 3	2.850 1	0.350 9	0.000 9
21	545.769 3	0.001 8	1 556.483 8	2.851 9	0.350 6	0.000 6
22	736.788 6	0.001 4	2 102.253 2	2.853 3	0.350 5	0.000 5
23	994.664 6	0.001 0	2 839.041 8	2.854 3	0.350 4	0.000 4
24	1 342.797	0.000 7	3 833.706 4	2.855 0	0.350 3	0.000 3
25	1 812.776	0.000 6	5 176.503 7	2.855 6	0.350 2	0.000 2
26	2 447.248	0.000 4	6 989.280 0	2.856 0	0.350 1	0.000 1
27	3 303.785	0.000 3	9 436.528 0	2.856 3	0.350 1	0.000 1
28	4 460.110	0.000 2	12 740.313	2.856 5	0.350 1	0.000 1
29	6 021.148	0.000 2	17 200.422	2.856 7	0.350 1	0.000 1
30	8 128.550	0.000 1	23 221.57	2.856 8	0.350 0	0.000 0
31	10 973.54	0.000 1	31 350.12	2.856 9	0.350 0	0.000 0
32	14 814.28	0.000 1	42 323.661	2.856 9	0.350 0	0.000 0
33	19 999.28	0.000 1	57 137.943	2.857 0	0.350 0	0.000 0
34	26 999.03	0.000 0	77 137.223	2.857 0	0.350 0	0.000 0
35	36 448.69	0.000 0	104 136.25	2.857 1	0.350 0	0.000 0

40%的复利系数表

表3-16

年份	一次支付		等额系列			
	终值系数	现值系数	年金终值系数	年金现值系数	资本回收系数	偿债基金系数
n	$F/P,i,n$	$P/F,i,n$	$F/A,i,n$	$P/A,i,n$	$A/P,i,n$	$A/F,i,n$
1	1.400	0.714 3	1.000	0.714 3	1.400 1	1.000 1
2	1.960	0.510 3	2.400	1.224 5	0.816 7	0.416 7
3	2.744	0.365 4	4.360	1.589 0	0.629 4	0.229 4
4	3.842	0.260 4	7.104	1.849 3	0.540 8	0.140 8
5	5.378	0.186 0	10.946	2.035 2	0.491 4	0.091 4
6	7.530	0.132 9	16.324	2.168 0	0.461 3	0.061 3
7	10.541	0.094 9	23.853	2.262 9	0.442 0	0.042 0
8	14.758	0.067 8	34.395	2.330 6	0.429 1	0.029 1
9	20.661	0.048 5	49.153	2.379 0	0.420 4	0.020 4
10	28.925	0.034 6	69.814	2.413 6	0.414 4	0.014 4
11	40.496	0.024 7	98.739	2.438 3	0.410 2	0.010 2
12	56.694	0.017 7	139.234	2.456 0	0.407 2	0.007 2
13	79.371	0.012 6	195.928	2.468 6	0.405 2	0.005 2
14	111.120	0.009 0	275.299	2.477 5	0.403 7	0.003 7
15	155.568	0.006 5	386.419	2.484 0	0.402 6	0.002 6
16	217.794	0.004 6	541.986	2.488 6	0.401 9	0.001 9
17	304.912	0.003 3	759.780	2.491 8	0.401 4	0.001 4
18	426.877	0.002 4	104.691	2.494 2	0.401 0	0.001 0
19	597.627	0.001 7	1 491.567	2.495 9	0.400 7	0.000 7
20	836.678	0.001 2	2 089.195	2.497 1	0.400 5	0.000 5
21	1 171.348	0.000 9	2 925.871	2.497 9	0.400 4	0.000 4
22	1 639.887	0.000 7	4 097.218	2.498 5	0.400 3	0.000 3
23	2 295.842	0.000 5	5 373.105	2.499 0	0.400 2	0.000 2
24	3 214.178	0.000 4	8 032.945	2.499 3	0.400 2	0.000 2
25	4 499.847	0.000 3	1 1247.11	2.499 5	0.400 1	0.000 1
26	6 299.785	0.000 2	15 746.96	2.499 7	0.400 1	0.000 1
27	8 819.695	0.000 2	22 046.73	2.499 8	0.400 1	0.000 1
28	12 347.57	0.000 1	30 866.43	2.499 8	0.400 1	0.000 1
29	17 286.59	0.000 1	43 213.99	2.499 9	0.400 1	0.000 1
30	24 201.23	0.000 1	60 500.58	2.499 9	0.400 1	0.000 1

45%的复利系数表

表 3-17

年份	一次支付		等额系列			
	终值系数	现值系数	年金终值系数	年金现值系数	资本回收系数	偿债基金系数
n	$F/P,i,n$	$P/F,i,n$	$F/A,i,n$	$P/A,i,n$	$A/P,i,n$	$A/F,i,n$
1	1.450 0	0.689 7	1.000 0	0.690	1.450 00	1.000 00
2	2.102 5	0.475 6	2.450	1.165	0.858 16	0.408 16
3	3.048 6	0.328 0	4.552	1.493	0.669 66	0.219 66
4	4.420 5	0.226 2	7.601	1.720	0.581 56	0.131 56
5	6.409 7	0.156 0	12.022	1.867	0.533 18	0.083 18
6	9.294 1	0.107 6	18.431	1.983	0.504 26	0.054 26
7	13.476 5	0.074 2	27.725	2.057	0.486 07	0.036 07
8	19.540 9	0.051 2	41.202	2.109	0.474 27	0.024 27
9	28.334 3	0.035 3	60.743	2.144	0.466 46	0.016 46
10	41.084 7	0.024 3	89.077	2.168	0.461 23	0.011 23
11	59.572 8	0.016 8	130.162	2.158	0.457 68	0.007 68
12	86.380 6	0.011 6	189.735	2.196	0.455 27	0.005 27
13	125.251 8	0.008 0	267.115	2.024	0.453 26	0.003 62
14	181.615 1	0.005 5	401.367	2.210	0.452 49	0.002 49
15	263.341 9	0.003 8	582.982	2.214	0.451 72	0.001 72
16	381.845 8	0.002 6	846.324	2.216	0.451 18	0.001 18
17	553.676 4	0.001 8	1 228.17	2.218	0.450 81	0.000 81
18	802.830 8	0.001 2	1 781.846	2.219	0.450 56	0.000 56
19	1 164.104 7	0.000 9	2 584.677	2.220	0.450 39	0.000 39
20	1 687.951 8	0.000 6	3 748.782	2.221	0.450 27	0.000 27
21	2 447.530 1	0.000 4	5 436.743	2.221	0.450 18	0.000 18
22	3 548.918 7	0.000 3	7 884.246	2.222	0.450 13	0.000 13
23	5 145.932 1	0.000 2	11 433.182	2.222	0.450 09	0.000 09
24	7 461.601 5	0.000 1	16 579.115	2.222	0.450 06	0.000 06
25	10 819.322	0.000 1	24 040.716	2.222	0.450 04	0.000 04
26	15 688.017	0.000 1	34 860.038	2.222	0.450 03	0.000 03
27	22 747.625		50 548.056	2.222	0.450 02	0.000 02
28	32 984.056		73 295.681	2.222	0.450 01	0.000 01
29	47 826.882		106 279.74	2.222	0.450 01	0.000 01
30	69 348.978		154 106.62	2.222	0.450 01	0.000 01

50%的复利系数表

表 3-18

年份	一次支付		等 额 系 列			
	终值系数	现值系数	年金终值系数	年金现值系数	资本回收系数	偿债基金系数
n	$F/P,i,n$	$P/F,i,n$	$F/A,i,n$	$P/A,i,n$	$A/P,i,n$	$A/F,i,n$
1	1.500 0	0.666 7	1.000	0.667	1.500 00	1.000 00
2	2.250 0	0.444 4	2.500	1.111	0.900 00	0.400 00
3	3.375 0	0.296 3	4.750	1.407	0.710 53	0.210 53
4	5.062 5	0.197 5	8.125	1.605	0.623 03	0.123 08
5	7.593 8	0.131 7	13.188	1.737	0.575 83	0.075 83
6	11.390 6	0.087 8	20.781	1.824	0.548 12	0.048 12
7	17.085 9	0.058 5	32.172	1.883	0.531 08	0.031 08
8	25.628 9	0.039 0	49.258	1.922	0.520 30	0.020 30
9	38.443 4	0.026 0	74.887	1.948	0.513 35	0.013 35
10	57.665 0	0.017 3	113.330	1.965	0.508 82	0.008 82
11	86.497 6	0.011 6	170.995	1.977	0.505 85	0.005 85
12	129.746 3	0.007 7	257.493	1.985	0.503 88	0.003 88
13	194.619 5	0.005 1	387.239	1.990	0.502 58	0.002 58
14	291.929 3	0.003 4	581.859	1.993	0.501 72	0.001 72
15	437.893 9	0.002 3	873.788	1.995	0.501 14	0.001 14
16	656.840 8	0.001 5	1 311.682	1.997	0.500 76	0.000 76
17	985.261 3	0.001 0	1 968.523	1.998	0.500 51	0.000 51
18	1 477.891 9	0.000 7	2 953.784	1.999	0.500 34	0.000 34
19	2 216.837 8	0.000 5	4 431.676	1.999	0.500 23	0.000 23
20	3 325.256 7	0.000 3	6 648.513	1.999	0.500 15	0.000 15
21	4 987.885 1	0.000 2	9 973.770	2.000	0.500 10	0.000 10
22	7 481.827 6	0.000 1	14 961.655	2.000	0.500 07	0.000 07
23	11 222.742	0.000 1	22 443.483	2.000	0.500 04	0.000 04
24	16 834.112	0.000 1	33 666.224	2.000	0.500 03	0.000 03
25	25 251.168	0.000 0	50 500.337	2.000	0.500 02	0.000 02

参 考 文 献

[1] 中华人民共和国合同法(实用版). 北京:中国法制出版社,2009
[2] 沈其明等. 公路工程合同管理与索赔及案例分析. 北京:人民交通出版社,2005
[3] 雒应. 合同管理. 北京:人民交通出版社,2007
[4] 窦希名. 最新合同法解读与案例精析. 北京:中国法制出版社,2008
[5] 董丽艳等. 公路工程施工招投标及施工监理实务. 沈阳:东北大学出版社,2006
[6] 王力强等. 公路工程招投标与造价. 北京:人民交通出版社,2010
[7] 刘燕. 技术经济学. 成都:电子科技大学出版社,2007
[8] 刘三会. 合同管理. 北京:人民交通出版社,2006